高等院校应用型教材——经济管理系列

财务管理实用教程
(第3版)

姜彤彤　主　编
吴修国　徐金丽　副主编

清华大学出版社
北京

内 容 简 介

本书以《中华人民共和国公司法》《中华人民共和国证券法》《企业会计准则》等为基础进行编写，将抽象的理论与生动翔实的案例相结合，注重培养学生的基本理财观念和解决实际问题的能力，力争做到本土化与国际化相融合、课程思政与协同育人相融合。本书的主要内容包括财务管理总论、财务管理基本价值观念、财务报表分析、企业筹资管理、资本成本与资本结构、固定资产投资管理、证券投资管理、营运资金管理、利润分配管理和资本运营。

本书既可作为高等学校经济管理类专业本、专科及研究生教材，也可作为在职人员培训教材或参考书。

本书封面贴有清华大学出版社防伪标签，无标签者不得销售。
版权所有，侵权必究。举报：010-62782989，beiqinquan@tup.tsinghua.edu.cn。

图书在版编目(CIP)数据

财务管理实用教程/姜彤彤主编. —3版. —北京：清华大学出版社，2024.4
高等院校应用型教材. 经济管理系列
ISBN 978-7-302-65783-5

Ⅰ.①财… Ⅱ.①姜… Ⅲ.①财务管理—高等学校—教材 Ⅳ.①F275

中国国家版本馆 CIP 数据核字(2024)第 048562 号

责任编辑：陈冬梅 陈立静
装帧设计：李 坤
责任校对：李玉茹
责任印制：宋 林

出版发行：清华大学出版社
网　　址：https://www.tup.com.cn，https://www.wqxuetang.com
地　　址：北京清华大学学研大厦A座　　邮　编：100084
社 总 机：010-83470000　　邮　购：010-62786544
投稿与读者服务：010-62776969，c-service@tup.tsinghua.edu.cn
质量反馈：010-62772015，zhiliang@tup.tsinghua.edu.cn
课件下载：https://www.tup.com.cn，010-62791865

印 装 者：三河市君旺印务有限公司
经　　销：全国新华书店
开　　本：185mm×260mm　　印　张：20　　字　数：486千字
版　　次：2010年1月第1版　2024年4月第3版　印　次：2024年4月第1次印刷
定　　价：58.00元

产品编号：092566-01

前　言

2020年5月，教育部印发《高等学校课程思政建设指导纲要》，要求把思想政治教育贯穿于人才培养体系始终，全面推进高校课程思政建设，发挥好每门课程的育人作用，提高高校人才培养质量。2022年10月，举世瞩目的中国共产党第二十次全国代表大会在北京召开。党的二十大报告提出"加快构建以国内大循环为主体、国内国际双循环相互促进的新发展格局"，这是未来我国经济社会努力发展与追寻的方向。构建新发展格局中，财政金融无疑发挥着举足轻重的作用。充分发挥财政金融的资金调配功能，企业财务管理在新形势下的重要性与日俱增。鉴于此，我们结合党的二十大的最新精神并融合课程思政元素，对《财务管理实用教程》这本教材进行了修订，以满足时代发展的需要。

本书分十章，主要内容包括财务管理总论、财务管理基本价值观念、财务报表分析、企业筹资管理、资本成本与资本结构、固定资产投资管理、证券投资管理、营运资金管理、利润分配管理和资本运营。

本书具有如下特点。

(1) 重视案例教学和课程思政建设。将国内外财务管理领域的典型案例贯穿于始终，将抽象的理论与生动翔实的案例相结合，使学生在轻松愉快的气氛中学到知识。同时，围绕立德树人的根本任务，在教材中将正确的理念和知识传授、能力培养有机地融合，帮助学生塑造正确的世界观、人生观、价值观。

(2) 注重培养学生的基本理财观念和解决实际问题的能力。每章设有教学要点及目标、核心概念、引导案例、知识链接、复习与思考题、案例分析等，有助于学生掌握扎实的基本理论和方法，并提升实用技能。

(3) 根据最新法律法规编写。以《中华人民共和国公司法》《中华人民共和国证券法》《企业会计准则》等为依据，结合我国经济体制改革以来企业财务管理的实践经验，吸收和借鉴现代企业行之有效的理财理论和方法，完善并充实教材的内容。

(4) 本土化与国际化相融合。充分借鉴国际先进理念，吸收西方教材的优点，摒弃其缺点，学习国外行之有效的经验和方法。同时，我们也充分认识到中国企业的财务管理有自己的特点，所以在教材中也体现了本土化特色，力争做到本土化与国际化相融合。

本书由姜彤彤任主编，吴修国、徐金丽任副主编。姜彤彤负责全书总体框架设计、初稿修订、补充以及最后定稿。具体编写分工如下：第一章～第六章由山东师范大学经济学院姜彤彤编写；第七章～第八章由山东财经大学管理科学与工程学院吴修国编写；第九章～第十章由山东师范大学经济学院徐金丽编写。需要说明的是，本书中提到的南海公司、昌都公司、东方公司、昌盛公司等公司名均为虚构。本书的编写、出版得到了清华大学出版社的大力支持，在此我们表示衷心的感谢。

在本书编写过程中，我们努力将财务管理的理论教学与实践教学相结合。尽管这是一次很好的尝试，但限于作者的水平，难免有错误和疏漏之处，希望使用本书的教师和同学不吝指正，以便我们进一步修改和完善。

编　者

目　录

第一章　财务管理总论 1
第一节　财务管理的基本概念 2
一、财务管理的对象 3
二、财务管理的含义 4
三、财务管理的基本环节 7
四、企业财务的工作组织 8
五、财务管理与相关学科的关系 10
第二节　财务管理的目标 11
一、企业组织形式 12
二、企业经营的目标及其对财务管理的要求 13
三、企业财务管理的目标 15
四、股东与相关利益人目标的冲突和协调 17
第三节　财务管理原则 21
一、有关竞争环境的原则 22
二、有关创造价值的原则 23
三、有关财务交易的原则 24
第四节　财务管理环境 26
一、经济环境 26
二、法律环境 27
三、金融环境 29
本章小结 31
思政课堂 31
复习与思考题 33
案例分析 33

第二章　财务管理基本价值观念 35
第一节　货币时间价值 36
一、货币时间价值的含义 37
二、单利的计算 37
三、复利的计算 38
四、年金的计算 40
五、货币时间价值应用中的特殊问题 47
第二节　投资风险价值 49
一、风险与收益 50
二、风险的衡量 52
三、风险收益的计算 54
本章小结 55
思政课堂 56
复习与思考题 56
计算题 57
案例分析 58

第三章　财务报表分析 61
第一节　财务报表概述 63
一、资产负债表 63
二、利润表 64
三、现金流量表 66
第二节　财务分析的内容及方法 68
一、财务分析的内容 68
二、财务分析的方法 70
第三节　财务指标分析 73
一、短期偿债能力分析 73
二、长期偿债能力分析 75
三、营运能力分析 76
四、盈利能力分析 79
五、市场价值指标分析 80
第四节　财务综合分析与评价 82
一、杜邦财务分析体系 82
二、沃尔比重评分法 84
本章小结 84
思政课堂 85
复习与思考题 86
计算题 86
案例分析 88

第四章　企业筹资管理 91
第一节　筹资管理概述 92
一、筹资的动机 92
二、筹资的分类 93
三、筹资渠道与筹资方式 94

四、筹资原则 96
第二节　资金需要量的预测 97
　　一、定性预测法 97
　　二、定量预测法——销售百分比法 97
第三节　权益资金的筹集 100
　　一、吸收直接投资 101
　　二、发行普通股 104
　　三、发行优先股 108
第四节　负债资金的筹集 111
　　一、向银行借款 111
　　二、发行公司债券 115
　　三、发行可转换公司债券 119
　　四、利用商业信用筹资 122
本章小结 124
思政课堂 125
复习与思考题 125
计算题 126
案例分析 127

第五章　资本成本与资本结构 131

第一节　资本成本 132
　　一、资本成本概述 132
　　二、个别资本成本 133
　　三、加权平均资本成本 136
　　四、边际资本成本 137
第二节　杠杆效应 140
　　一、杠杆效应的含义 141
　　二、成本习性、边际贡献与息税前
　　　　利润 141
　　三、经营杠杆与经营风险 143
　　四、财务杠杆与财务风险 145
　　五、复合杠杆与复合风险 147
第三节　资本结构 150
　　一、资本结构概述 150
　　二、资本结构理论 151
　　三、资本结构决策方法 154
本章小结 159
思政课堂 159
复习与思考题 160
计算题 160
案例分析 162

第六章　固定资产投资管理 165

第一节　固定资产概述 167
　　一、固定资产的概念和特点 167
　　二、固定资产的分类 167
　　三、固定资产的计价 168
第二节　固定资产折旧管理 170
　　一、固定资产折旧 170
　　二、固定资产折旧的计算方法 171
第三节　固定资产投资管理 175
　　一、固定资产投资概述 175
　　二、现金流量的概念 176
　　三、利润与现金流量的关系 178
　　四、项目投资决策的一般方法 179
第四节　项目投资决策评价指标的应用 ... 185
　　一、单一的独立投资项目的财务
　　　　可行性评价 185
　　二、多个互斥方案的比较与优选 186
　　三、多个投资方案组合的决策 189
本章小结 190
思政课堂 190
复习与思考题 191
计算题 191
案例分析 193

第七章　证券投资管理 197

第一节　证券投资管理概述 199
　　一、证券投资概述 199
　　二、证券投资交易程序 200
第二节　债券投资 202
　　一、债券的主要种类 202
　　二、债券的价值 203
　　三、债券的收益率 204
　　四、债券投资的风险 206
第三节　股票投资 207
　　一、股票的有关概念 208
　　二、股票的价值 209
　　三、股票的投资收益率 211
　　四、市盈率分析 212
第四节　基金投资 214
　　一、投资基金的概念 214

二、投资基金的分类 215
　　三、投资基金的估价与收益率 215
　　四、基金投资的优缺点 216
第五节　证券投资组合的风险和收益 217
　　一、证券投资组合的意义 217
　　二、证券投资组合的风险 217
　　三、β系数及资本资产定价模型 219
　　四、证券投资组合的策略 222
　　五、证券投资灵活操作方法 223
本章小结 224
思政课堂 225
复习与思考题 226
计算题 226
案例分析 227

第八章　营运资金管理 229

第一节　现金管理 231
　　一、现金概述 231
　　二、现金管理模型 233
　　三、现金的日常管理 236
第二节　应收账款管理 239
　　一、应收账款概述 241
　　二、信用政策的确定 242
　　三、应收账款的日常管理 246
第三节　存货管理 248
　　一、存货概述 248
　　二、存货决策 250
　　三、存货的日常管理 254
本章小结 256
思政课堂 257
复习与思考题 258
计算题 258
案例分析 260

第九章　利润分配管理 263

第一节　利润分配的内容 264
　　一、利润分配的项目 264
　　二、利润分配的顺序 265
第二节　股利支付的程序和方式 266

　　一、股利支付的程序 266
　　二、股利支付的方式 266
第三节　股利理论和股利分配政策 267
　　一、股利理论 267
　　二、影响股利分配的因素 269
　　三、股利分配政策 271
第四节　股票股利和股票分割 274
　　一、股票股利 274
　　二、股票分割 276
　　三、股票回购 277
本章小结 278
思政课堂 279
复习与思考题 280
计算题 280
案例分析 281

第十章　资本运营 285

第一节　资本运营概述 287
　　一、资本运营的含义和原则 287
　　二、资本运营的形式 287
　　三、买壳或借壳上市——一种典型的
　　　　上市运营方式 288
第二节　企业兼并与收购 289
　　一、兼并与收购的概念 289
　　二、企业并购的分类 289
　　三、并购的动因 291
　　四、企业并购的财务分析 292
　　五、反并购的策略 299
第三节　公司重组与清算 300
　　一、公司重组 301
　　二、公司清算 302
本章小结 305
思政课堂 306
复习与思考题 307
计算题 307
案例分析 308

参考文献 311

第一章

财务管理总论

【学习要点及目标】

通过本章的学习,要求学生了解财务管理的对象、财务管理的环节;了解企业的组织形式、企业财务的工作组织;理解企业应该承担的社会责任;理解股东、经营者和债权人目标的冲突与协调;掌握财务管理的含义、财务管理的目标;掌握财务管理的原则;掌握影响财务管理的三种环境因素。

【核心概念】

财务管理　财务活动　财务关系　首席财务官　企业组织形式
利润最大化　每股收益最大化　股东财富最大化　企业价值最大化
竞争环境　创造价值　财务交易　经济环境　金融环境　法律环境

【引导案例】

从诺基亚的兴衰看财务管理的重要性

诺基亚诞生在北欧小国芬兰。1998 年诺基亚历史性地超越摩托罗拉，以 27%的市场份额成为世界上最大的手机制造商。到 2000 年，诺基亚以高达 3 030 亿欧元的市值荣登欧洲公司的市值冠军，7 年后成为全球市场占有率达四成的手机霸主。

2007 年，苹果公司推出 iPhone，虽然当时诺基亚实际上已经拥有了全球一半的智能手机市场份额，但是 iPhone 的出现确立了另外一种标准：高分辨率多点触摸屏、手势操作、内置先进传感器、强大的多媒体及互联网能力。随后，随着 iOS 开始内置 App Store，可以直接在手机应用商店中下载安装应用，极大地改变了智能手机 App 的使用体验，相比之下，其他的操作系统显得相当笨拙。后来谷歌 Android 系统开始赶上，提供了相似的体验。而这时的诺基亚仍然拒绝改变。诺基亚讨厌触摸屏，所以当时最火的诺基亚手机仍是 E71 那样的键盘手机，直到 iPhone 发布一年之后，内置电阻触摸屏的 5800 才姗姗来迟。不幸的是，触摸屏对于 5800 就像是一双不合脚的鞋子，其用户界面完全没有针对触摸屏操作优化。很快，仍然坚持键盘手机，顺便做做触摸屏手机的诺基亚便看到了竞争对手的崛起和自身市场份额的下降。

之后，诺基亚又作出了一个不够明智的决定，诺基亚作为微软的战略伙伴加入 Windows Phone 阵营，然而在苹果的 iPhone 和三星等公司 Android 手机的夹击下，Windows Phone 手机败下阵来，诺基亚的处境更加艰难。终于在苦苦支撑了数年后，2014 年 4 月，诺基亚的设备与服务部门被微软收购。

诺基亚公司的衰落在公司的财务数据上体现得十分清晰。它包括：第一，断臂求生欲舍命一搏。2003—2012 年诺基亚的现金储备缩水严重，即便采取裁员和关闭工厂等重组措施，甚至终结了连续 143 年向股东派发股息的纪录，仍然难以摆脱前所未有的危险境地。第二，资金吃紧偿债成问题。诺基亚短期偿债能力逐年下降，不断亏损的手机业务使该公司的资产负债率日益恶化。第三，周转受制于人。由于手机毛利率连续降低，渠道抵触情绪蔓延，导致诺基亚的存货周转速度不及苹果公司的 1/5。第四，业绩下降遭集体诉讼。各种利润率指标持续下降，投资者越来越没有耐心，甚至指责公司欺诈，并对诺基亚发起了集体诉讼。在这样的背景下，诺基亚的衰落成为必然。

(资料来源：周炜，宋晓满. 财务管理案例分析[M]. 3 版. 上海：立信会计出版社，2020.)

第一节　财务管理的基本概念

英文 corporate finance 中的 finance 有财务、金融、财政、筹措资金、理财等多重含义，都与"钱"的获取、运用和管理有关，即理财。通常，当涉及微观层面的内容时，人们习惯上把 finance 译为财务，如公司财务、财务状况、财务报表等；而当涉及宏观层面的内容时，人们习惯上把其译为金融、财政。本书研究的是现代企业的理财活动，故将 finance 译为财务。

财务管理是财务学的一部分，通过制定决策和进行适当的资源管理，在组织内部应用财务原理来创造并保持价值。从企业的角度来看，财务管理就是对企业财务活动过程的管理，具体来说，就是对企业资金的筹集、投放、营运、分配以及相关财务活动的全面管理。

一、财务管理的对象

财务管理主要是对资金的管理，其对象是资金及其周转。资金周转的起点和终点都是货币资金，其他资产是货币资金在周转过程中的转化形式，因此，财务管理的对象也可以说是货币资金及其周转。财务管理也会涉及成本、收入和利润等问题。从财务的观点来看，成本和费用是货币资金的耗费，收入和利润是货币资金的来源。财务管理主要在这种意义上研究成本和收入，而不同于一般意义上的成本管理和销售管理，也不同于计量收入、成本和利润的会计工作。

资金的循环周转有多种途径。例如，企业进行生产经营活动，首先要用货币资金去购买材料物资，为生产过程作准备；生产产品时，再到仓库领取材料物资；生产出产品后，还要对外销售，售后还应收回已售产品的货款。这样，制造业企业的资金就陆续经过了供应过程、生产过程和销售过程。资金的形态也在发生变化：用货币购买材料物资的时候，货币资金转化为储备资金(材料物资等所占用的资金)；车间生产产品领用材料物资时，储备资金又转化为生产资金(生产过程中各种在产品所占用的资金)；将车间加工完毕的产品验收到产成品库后，生产资金又转化为成品资金(待售产成品或自制半成品占用的资金)；将产成品出售又收回货币资金时，成品资金又转化为货币资金。

在以上的资金周转中，还应考虑固定资产的价值转移问题。企业用货币购买的固定资产在生产产品的过程中逐渐被损耗掉，其价值逐渐转移到新生产出来的产品中。因此，每一单位产品的价值都包含了一部分固定资产的转移价值。为了维持生产能力，企业必须将部分回笼的资金投资于购买新的固定资产。

购买材料和固定资产所耗费的现金的周转速度不同，即从投入现金开始到收回现金所需的时间不同。购买材料的现金可能一个月以内就收回了，购买机器的现金可能需要许多年才能全部返回现金状态。总之，整个资金循环和周转的目的就是使循环产生的现金超过初始现金。资金周转的整个过程如图 1.1 所示。

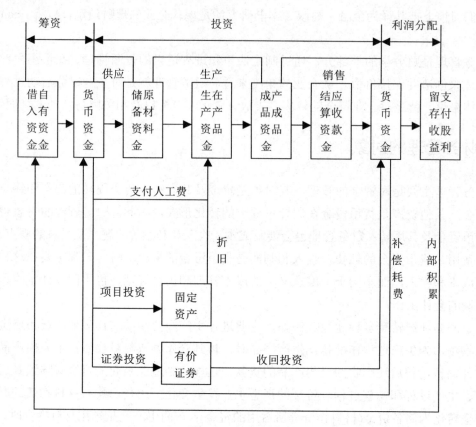

图 1.1 资金周转图

二、财务管理的含义

(一)企业财务活动

企业资金运动过程的各阶段总是与一定的财务活动相对应。或者说,资金运动形式是通过一定的财务活动内容来实现的。所谓财务活动,是指资金筹集、资金投放、资金营运及收益分配等活动。

1. 资金筹集引起的财务活动

企业无论是新建、扩建,还是组织正常的生产经营活动,都必须以能够占有和支配一定数量的资金为前提。企业可以通过发行股票和债券、吸收直接投资等各种筹资方式筹集资金,表现为企业资金的流入。企业偿还借款、支付利息、分配股利以及支付各种筹资费用,则表现为企业资金的流出。这种由资金筹集而产生的资金流入流出,就是筹资引起的企业中最基本的财务活动。企业筹资活动的结果,一方面表现为取得所需要的货币形态和非货币形态的资金,另一方面表现为形成了一定的资本结构。

2. 资金投放引起的财务活动

企业取得资金后,必须将资金投入使用,以谋求最大的经济利益。否则,筹资就失去了目的和意义。投资可分为广义的投资和狭义的投资两种。广义的投资是指企业将筹集的资金投入使用的过程,包括企业将资金投入到企业内部使用的过程(如购置固定资产、无形资产等)和对外投放资金的过程(如投资购买其他企业的股票、债券或与其他企业联营)。狭义的投资仅指对外投资。

无论企业购买内部所需资产,还是购买各种有价证券,都需要支付资金,这表现为企业资金的流出;而当企业变卖其对内投资的各种资产或收回其对外投资时,则会产生企业资金的流入。这种因企业投资活动而产生的资金的流动,便是由投资引起的财务活动。企业投资活动的结果是形成各种具体形态的资产及一定的资产结构。

3. 资金营运引起的财务活动

资金营运活动是指在日常生产经营活动中所发生的一系列资金的收付活动。首先,企业要采购材料或商品,以便从事生产和销售活动,同时,还要支付工资和其他销售费用;其次,当企业把产品或商品售出后,便可取得收入,回收资金;最后,企业在生产经营过程中还会形成应付账款等债务,并最终需要偿还。这种因企业日常生产经营活动而产生的资金流入流出属于企业经营引起的财务活动,都称为资金营运活动。

相对于其他财务活动而言,资金营运活动是最频繁的财务活动。资金营运活动围绕着营运资金展开,如何加快营运资金的周转、提高营运资金的利用效果,是资金营运活动的关键。

4. 收益分配引起的财务活动

企业通过投资活动和资金营运活动会取得一定的收入,并相应地实现资本的增值。企业必须依据现行法律法规对企业取得的各项收入进行分配。

所谓收益分配,广义地讲,是指对各项收入进行分割和分派的过程,这一分配的过程分为以下四个层次:①企业取得的销售收入要用来弥补生产经营耗费,缴纳相关税费,剩余部分形成企业的营业毛利,营业毛利扣除企业的期间费用并加上投资收益后构成企业的营业利润;②营业利润和营业外收支净额等构成企业的利润总额;③利润总额首先要按法律的规定缴纳所得税,缴纳所得税后形成净利润;④净利润在弥补亏损后要提取盈余公积金,然后向投资者分配利润。狭义地说,收益分配仅指净利润的分派过程,即广义分配的第四个层次。

上述各项财务活动并非各自独立、互不相关,而是相互依存、相互制约的,它们构成了完整的企业财务活动体系,这也是财务管理活动的基本内容。

(二)企业财务关系

企业财务关系是指企业在组织财务活动过程中与各有关方面发生的各种各样的经济利益关系。企业进行筹资、投资、营运及收益分配,会因交易双方在经济活动中所处的地位不同,各自拥有的权利、承担的义务和追求的经济利益不同,而形成不同性质及特色的财务关系。企业财务关系如图1.2所示。

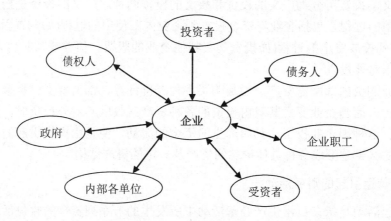

图 1.2　企业财务关系

1. 企业与投资者之间的财务关系

企业与投资者之间的财务关系是指企业的投资者，包括国家、法人单位、个人和外商向企业投入资金，企业向其支付投资报酬而形成的经济利益关系。一方面，企业投资者要按照投资合同或协议、章程的约定履行出资义务，以便及时形成企业的资本金；另一方面，企业利用投资者投入的资金进行经营，并按照出资比例或合同章程的规定，向投资者支付投资报酬。这种关系体现了经营权和所有权分离的特点。

2. 企业与债权人之间的财务关系

企业与债权人之间的财务关系，主要是指企业向债权人借入资金，并按借款合同的规定按时还本付息所形成的经济关系。企业除了利用投资者投入的资本进行经营活动外，还要借入一定数量的债务资本，以扩大企业经营规模，并相应地降低企业的资本成本。企业的债权人主要有本公司债券持有人、金融信贷机构、商业信用提供者及其他出借资金给企业的单位或个人。企业使用债权人的资金，要按约定的利率及时向债权人支付利息。债务到期时，要合理调度资金，按时向债权人偿还本金。

3. 企业与受资者之间的财务关系

企业可以将生产经营中闲置下来、游离于生产过程以外的资金投放于其他企业，形成对外的股权性投资。企业向外单位投资应当按照合同、协议的规定，按时、足额地履行出资义务，以取得相应的股份，从而参与被投资企业的经营管理和利润分配。受资企业受资后，必须将实现的税后利润按照规定的分配方案在不同的投资者之间进行分配。企业与受资者之间的财务关系表现为所有权性质上的投资与受资关系。

4. 企业与债务人之间的财务关系

企业与债务人之间的财务关系主要是指企业将资金通过购买债券、提供借款或商业信用等形式出借给其他单位而形成的经济利益关系。企业将资金出借后，有权要求债务人按照事先约定的条件支付利息和偿还本金。企业与债务人之间的财务关系体现为债权与债务的关系。

5. 企业与政府之间的财务关系

企业从事生产经营活动所取得的各项收入应按照税法的规定依法纳税，从而形成企业与国家税务机关之间的财务关系。在市场经济条件下，任何企业都有依法纳税的义务，以保证国家财政收入的实现，满足社会公共需要。因此，企业与国家税务机关之间的财务关系体现为企业在妥善安排税收战略筹划的基础上依法纳税和依法征税的权利、义务关系，是一种强制和无偿的分配关系。

6. 企业内部各单位之间的财务关系

企业内部各单位之间的财务关系是指企业内部各单位之间在生产经营各环节中相互提供产品或劳务所形成的经济利益关系。企业在生产经营活动中，由于分工协作会产生内部各单位相互提供产品或劳务的情况，在实行内部独立核算以及履行经营责任制的要求下，各单位相互提供产品、劳务应按照独立企业的原则计价结算，从而形成内部的资金结算关系和利益分配关系，体现的是内部单位之间的关联关系。

7. 企业与企业职工之间的财务关系

企业与企业职工之间的财务关系是在企业向职工支付劳务报酬的过程中形成的经济利益关系。它主要表现为：企业接受职工提供的劳动，并用自身的营业所得向职工支付工资、津贴、奖金等，按照提供的劳动数量和质量支付职工的劳动报酬。这种企业与职工之间的财务关系，体现了职工和企业在劳动成果上的分配关系。

综上所述，企业财务是指企业在生产经营过程中客观存在的资金运动及其所体现的经济利益关系。前者称为财务活动，表明了企业财务的内容和形式特征；后者称为财务关系，揭示了企业财务的实质。可见，企业财务管理是组织企业财务活动、处理财务关系的一项经济管理工作。

三、财务管理的基本环节

财务管理的基本环节是指财务管理的一般工作步骤和程序。财务管理的环节是否严密、科学和完善，直接关系到企业管理工作的成败。实践表明，一个完善的财务管理系统至少应包括财务预测、财务决策、财务预算、财务控制和财务分析五个基本环节。

(一)财务预测

财务预测是指企业根据财务活动的历史资料，考虑现实条件与要求，运用特定方法对企业未来的财务活动和财务成果作出科学的预计或测算。财务预测是进行财务决策的基础，是编制财务预算的前提。

财务预测所采用的方法主要有两种：一种是定性预测，是指企业缺乏完整的历史资料或有关变量之间不存在较为明显的数量关系的情况下，专业人员进行的主观判断与推测；另一种是定量预测，是指企业根据比较完备的资料，运用数学方法，建立数学模型，对事物的未来进行的预测。在实际工作中，通常将两者结合起来进行财务预测。

(二)财务决策

财务决策是财务人员在财务目标的总体要求下，运用专门的方法从各种备选方案中选出最佳方案的过程。在现代企业财务管理系统中，财务决策是核心，它决定着企业未来的发展方向，关系到企业的兴衰成败。财务决策的工作步骤如下：①确定决策目标；②提出备选方案；③选择最优方案。

(三)财务预算

财务预算是运用先进的技术和方法，对预算目标进行综合平衡，制订出主要的计划指标的过程。财务预算是以财务决策确立的方案和财务预测提供的信息为基础编制的，是财务预测和财务决策所确定的经营目标的系统化、具体化，是控制、分析财务收支的依据。财务预算的主要工作步骤如下：①分析财务环境，确定预算指标；②协调财务能力，实现综合平衡；③选择预算方法，编制财务预算。

(四)财务控制

财务控制是财务管理机构及人员以财务制度或预算指标为依据，采用特定的手段和方法，对各项财务收支进行日常的计算、审核和调节，将其控制在制度和预算规定的范围内，发现偏差，及时进行纠正，以保证企业财务目标实现的过程。财务控制的主要工作步骤如下：①分解指标，落实责任；②计算误差，实时调控；③考核业绩，奖优罚劣。

(五)财务分析

财务分析是根据企业核算资料，运用特定方法，对企业财务活动过程及其结果进行分析和评价的一项工作。财务分析既是本期财务活动的总结，也是下一期财务预测的前提，具有承上启下的作用。通过财务分析，管理者可以掌握企业财务预算的完成情况，评价财务状况，研究和掌握企业财务活动的规律，改善财务预测、财务决策、财务预算和财务控制，提高企业财务管理水平。

四、企业财务的工作组织

由于财务管理在企业管理中处于核心地位，因此，企业组织好财务活动、处理好财务关系、加强企业财务的工作组织，对于实现财务管理的预期目标具有重要意义。企业财务的工作组织主要包括完善企业内部财务管理体制和健全企业财务管理机构两方面内容。

(一)完善企业内部财务管理体制

完善企业内部财务管理体制，就是要通过相关的制度，对组织企业内部各项财务活动和处理企业内部各级各部门的财务关系作出明确、具体的规定，从而达到加强企业理财的目的。在这一过程中，对于企业理财主体层级的划分与确定，可以因企业性质和规模而异，从而确定适合本企业特点的财务管理体制。

小型企业可以采用一级核算与财务管理体制。在这种体制下，企业核算与理财的权力集中于厂部或公司总部，由其集中调度企业资金，统一安排进行筹资、投资、利润分配、日常财务收支管理和核算。下属部门(如车间或班组等)只是按厂部要求开展活动，不负责财务管理与核算工作。

在大中型企业中，则应该采用二级甚至三级核算的财务管理体制。在这种体制下，公司总部或母公司负责公司宏观的财务管理事项，即事关公司总体的筹资、投资、利润分配等理财工作；公司分部或分厂等负责本部的各项企业理财工作，以及分部或分厂之间的业务结算工作。

(二)健全企业财务管理机构

财务管理机构的设置因企业规模和性质的不同而不同。在规模较大的企业或公司中，总公司需设立开展财务管理及其相关的专门机构，如财务部、审计部、融资部、投资部、财务结算中心、内部银行、财务公司等，或者将一些财务机构合署办公，如财务部与财务结算中心。子公司一般仅设置财务部。对较大规模的子公司，还可增设审计或地区性结算中心。分公司等分支机构可以设立财务部，主要侧重核算和成本控制。分支机构也可由上级公司总部财务部单独立账，进行内部核算。而在小型企业中，一般不设置专门的财务管理机构，有关财务管理工作与会计工作合二为一，财务管理是企业财务会计工作的一部分。

在具有代表性的股份有限公司的组织结构中，首席财务官由首席执行官提请聘任，直接领导财务部经理和会计部经理，负责制定公司的财务政策，与其他副总经理协调，提出在其他领域决策中的财务问题，统领公司有关财务事项等。

首席财务官，即 CFO(Chief Financial Officer)，是现代企业管理中重要的高级管理职位。CFO 处于股东和经营管理者之间，是公司重要战略决策的制定者和执行者之一，在现代公司治理中具有重要的地位和作用。

(1) CFO 独立行使职权。CFO 受股东或董事会委派，在公司中与总经理处于平行地位。

(2) CFO 既是经理层成员，又是董事会成员。在现代企业中，董事会在公司中的重要作用就是决策和监督。CFO 作为执行董事，首先是董事会成员。因为无论是股东委派，还是董事会任命，CFO 在公司治理中所特有的监督功能和参与决策功能，在客观上都要求 CFO 进入董事会。

(3) CFO 肩负着三方的受托责任，即受到股东、董事会和首席执行官的委托，在重大决策方面具有相应的权力，最终对上述三方负责。

公司组织中的 CFO 与其他经理的关系如图 1.3 所示。

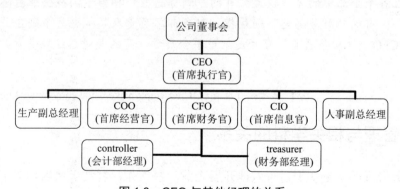

图 1.3　CFO 与其他经理的关系

【知识链接】

首席财务官、总会计师与财务总监的差异

首席财务官(CFO)是地位显赫的公司高级管理者，在公司治理中扮演着重要角色，他们同时进入董事决策层和经理执行层，以股东价值创造为基础，参与公司战略。CFO一般同时管辖会计部经理(controller)和财务部经理(treasurer)，在有些公司甚至管辖CIO(Chief Information Officer，首席信息官)。首席财务官负责财务、会计、投资、融资、投资关系和法律等事务。除了负责公司与投资人的公共关系，CFO要保证公司在发展过程中拥有足够的现金、足够的办公和生产经营空间，他们可以通过银行贷款，也可以从股市中筹钱。此外，公司自身的投资事务和复杂的法律事务，也都由CFO来统筹管理。

总会计师的提法源自苏联的计划经济体制。当时它是一个既对国家负责，又对厂长(经理)负责的职位。进入市场经济之后，我国企业一般都是在"对总经理负责"这一含义上定位总会计师的职责。国务院发布的《总会计师条例》对总会计师的定位为"总会计师是单位行政领导成员，协助单位主要行政领导人工作，主要对单位主要行政领导负责。凡设置总会计师的单位，在单位行政领导成员中，不设与总会计师职权重叠的副职"。在西方国家，"总会计师"更多地被称为"主计长""会计长""会计经理"或"会计负责人"，这一职位的主要工作是主管企业会计工作，向财务总监汇报工作。

财务总监制度起源于西方国家，第二次世界大战前后，西方国家的国有企业有了一定的发展。在所有权和经营权分离的背景下，很多高级管理人员在目标、利益、行为等方面与所有者存在很大差异，当双方利益不一致时，经理层往往通过选择会计政策、会计方法、会计程序等来维护自身的利益，从而使所有者的利益受到损害。为了解决这个问题，西方国家通过建立财务总监制，监督总经理及经理层，以有效地避免"内部人控制"，保护所有者的利益，满足所有者对企业经营监控的要求。

在我国，"财务总监"的提法在"总会计师"之后。与西方国家相同，我国财务总监制度源自政府委派财务总监对国有企业实施监督，其工作内容涉及财务监督的主要方面，实质上是对国有大中型企业总会计师制度和企业内部审计制度关于财务工作组织运行与财务监督上的更高层次的发展与完善，它吸收和集中了总会计师和内部审计中的部分财务管理与监督职能，也弥补了总会计师在企业组织中地位和职责权限上的不足。财务总监是经理层高级财务管理人员，主要承担内部受托责任。如今"财务总监"这一称谓已经很普遍，但是其定位在各个企业中的差异较大。有的"财务总监"相当于国有企业对总经理负责的"总会计师"；有的"财务总监"则是指"财务部门负责人"；也有个别企业的"财务总监"相当于CFO。"财务总监"有的是对董事会负责，有的是对总经理负责，还有的是对监事会负责。

(资料来源：百度百科.CFO. http://baike.baidu.com/view/94.htm.2023-04-02.)

五、财务管理与相关学科的关系

掌握财务管理的理论知识，有效地开展企业理财工作，客观上要求相关工作者必须具备经济学、管理学、会计学等学科的知识。

(一)财务管理与经济学

财务管理与经济学具有深厚的历史渊源和不可分割的内在联系。在 19 世纪末期以前,财务管理的相关内容属于经济学范畴,经济学中的许多方法在财务管理中不可或缺,主要包括:边际成本、交易成本、机会成本、市场有效性等概念的大量使用;供求分析、均衡分析等经济学中常用方法的大量应用;等等。因此,可以毫不夸张地讲,没有经济学基本理论与方法的应用,就没有现代财务管理。

(二)财务管理与管理学

财务管理是管理学的一个分支,具有管理学的属性。管理学学科中的有关目标管理、战略管理、分析与决策、监督与评价、约束与激励等管理理念和手段的应用,在财务管理中无处不在。作为企业财务管理者,必须具备足够的管理学知识,在财务管理的实践中能够熟练地运用各种管理手段,有效地组织财务活动,协调处理好各种财务关系。

(三)财务管理与会计学

财务管理与会计学的联系是多方面的:一是早期的企业理财曾经是企业财务会计的组成部分,即便是今天,仍然有为数众多的企业财务管理人员与会计同属一个部门,没有明确的职责分工;二是财务管理和会计学的研究对象都是资金运动,两者相互依存;三是财务管理中的财务预算、筹资决策、投资决策、营运资金管理决策、股利政策等均需要企业会计信息系统提供大量真实、可靠的信息,财务分析更是需要直接以企业财务报告资料为主要依据。可见,企业财务管理者必须具备深厚的会计学基础知识。

财务管理与相关学科的关系如图 1.4 所示。

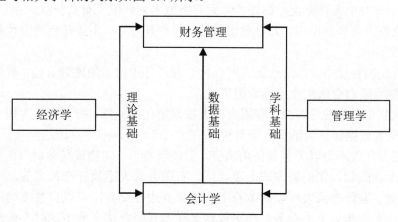

图 1.4 财务管理与相关学科的关系

第二节 财务管理的目标

企业财务管理的目标,是企业组织财务活动、处理财务关系的根本目的,是一切理财活动的出发点和归宿。企业理财目标的选择和确定与企业组织形式密切相关。因此,要正确选择企业财务管理的目标，首先必须全面了解企业组织形式。

一、企业组织形式

企业应当根据其组织结构或者责任形式，在企业名称中标明企业组织形式。企业组织形式影响财务管理，这是因为不同的组织形式在资本市场上的地位不同，税收政策不同，内部的治理结构不同。企业组织形式主要包括个人独资企业、合伙制企业和公司制企业等。

(一)个人独资企业

个人独资企业是由一个自然人投资，全部资产为投资者个人所有，全部债务由投资者个人承担的经营实体。个人独资企业是非法人企业，不具有法人资格。

个人独资企业具有创立容易、经营管理灵活自由、不需要缴纳企业所得税等优点。

个人独资企业的局限性表现为以下几点。

(1) 需要业主对企业承担无限责任，当企业的损失超过业主最初对企业的投资时，需要用业主个人的其他财产偿债。

(2) 难以从外部获得大量资金用于经营。

(3) 个人独资企业所有权的转移比较困难。

(4) 企业的生命有限，将随着业主的死亡而自动消亡。

(二)合伙制企业

合伙制企业是指由两个或两个以上的合伙人共同出资创办、共同经营、共负盈亏的企业。合伙制企业分为普通合伙制和有限合伙制两种。

合伙制企业与个人独资企业在许多方面有类似之处，但又有其特点。

(1) 合伙制企业容易组成，开办费用较低，但在开办时，不论是何种合伙制企业都应有相关的书面文件。

(2) 在合伙制企业中，普通合伙人对合伙企业债务承担无限连带责任，有限合伙人以其认缴的出资额为限对合伙企业债务承担责任。

(3) 合伙制企业实现的盈余，有限合伙人按预定比例分红，普通合伙人按合约分配其余收入，并以此为依据计算缴纳个人所得税。

(4) 有限合伙人不得以劳务和信用出资，只能以货币、实物或其他财产出资，而普通合伙人则不受上述限制，在出资方式上更灵活。有限合伙人不执行合伙事务，不得对外代表有限合伙企业。有限合伙人可以同本有限合伙企业进行交易，可以自营或同他人合作经营与本有限合伙企业相竞争的业务，还可以将其在本有限合伙企业中的财产份额出质，但上述行为对于普通合伙人却是绝对禁止的。

(5) 普通合伙制企业的产权对外转让必须经全体合伙人一致同意，有限合伙人对其在企业所拥有的权益有转让权，但应当提前通知其他合伙人。

(6) 合伙制企业的权益资本总量取决于合伙人自身的财力，企业要筹集更多的资金难度很大。

(三) 公司制企业

公司是企业组织发展到一定阶段的高层次组织形式。公司制企业依法设立，依法享有民事权利，承担民事责任。股东作为出资者，依其投资额的大小享有收益权、重大决策表决权，并以其出资额为限对公司承担有限责任。我国的公司制企业主要有两种组织形式：股份有限公司和有限责任公司。

股份有限公司，是指全部注册资本由等额股份构成并通过发行股票筹集资本的企业法人。股份有限公司的基本特征如下：一是将公司的资本总额划分为等额且每股金额相等的股份，以股票形式向投资者发行，投资者以所持有的股份为限对公司承担责任，公司以全部资产为限对公司债务承担责任；二是公司发行的股票同股同权、同股同利，投资者持有的股票可依法自由转让；三是股份有限公司的股东人数有下限而无上限，股东可以是自然人，也可以是法人；四是公司涉及大量的公开信息的披露，如公司章程、发行公告、股东大会决议、经过注册会计师审计的年度财务报告等。

有限责任公司简称有限公司，是由 50 个以下的股东出资设立，每个股东以其所认缴的出资额为限对公司承担有限责任，公司法人以其全部资产对公司债务承担全部责任的经济组织。有限责任公司包括国有独资公司以及其他有限责任公司。有限责任公司的基本特征如下：一是设立程序比股份有限公司简单，一般没有公开信息披露义务；二是公司资本无须划分为等额股份，公司向股东签发出资证明，而不是发行股票；三是股东持有的证明可在公司内部股东之间相互转让，但不能在市场上自由买卖；四是股东人数有限额；五是股东按出资比例享受权利和承担义务。企业各种组织形式的比较如表 1.1 所示。

表 1.1　企业组织形式的比较

内容	个人独资企业	合伙制企业	有限责任公司	股份有限公司
管理	拥有和经营企业	拥有和经营企业；任命普通合伙人之一为经理；合伙协议规定其经营和管理权限	公司拥有和经营企业，员工管理企业	公司拥有和经营企业，员工管理企业
责任性质	独资人承担全部责任	普通合伙人对企业的全部义务以及任一合伙人发生的特定负债负责；有限合伙人除特别承担的义务，不对企业的义务负责	股东不对公司的财务义务直接负责	股东对公司的财务义务不承担责任
责任大小	责任无限	普通合伙人的责任是无限的；有限合伙人的责任以其出资额为限	限于所投入的权益	限于所投入的权益

二、企业经营的目标及其对财务管理的要求

企业一旦成立，就会面临竞争，并始终处于生存和倒闭、发展和萎缩的矛盾之中。企业只有生存下去，才能获利；只有不断发展，才能求得生存；只有获利，才能确保资本的保值增值。因此，企业经营的目标可以细分为生存、发展和获利。

(一)生存

企业生存下去要依靠各种市场,包括商品市场、金融市场、人力资源市场和技术市场等。一个企业在市场中生存下去的基本条件有两个:一是以收抵支;二是偿还到期债务。

企业作为市场的主体,一方面付出货币,从市场上获得所需资源;另一方面提供市场需要的商品或服务,从市场上换回货币。企业从市场上获得的货币至少要等于其付出的货币以便持续经营,这是企业长期存续的基本条件。因此,企业要想生存,就必须不断创新,以独特的产品和服务在市场上取得收入,并且不断地降低成本,减少货币的流出。如果企业不能做到以收抵支,经营规模就会萎缩,直到无法维持最低的运营条件而终止。如果长期亏损,扭亏无望,企业也就失去了存在的意义。

企业生存的另一个基本条件是到期偿债。企业为了扩大经营规模或满足资金周转的临时需要,可以向其他个人或法人借债。为了维护市场经济秩序,国家法律规定了债务人必须偿还到期债务,必要时破产还债。企业如果不能偿还到期债务,就有可能被债权人接管或被法院判定破产。

综上,企业生存的主要威胁来自两个方面:一是长期亏损,它是企业终止的内在原因;二是不能到期偿债,这是企业终止的直接原因。

因此,力求保持以收抵支和偿还到期债务的能力,减少破产的风险,使公司能够长期、稳定地生存下去,是对财务管理的第一个要求。

(二)发展

公司是在发展中求生存,"优胜劣汰"是市场经济的必然法则。一个公司如果不能发展,不能提高产品和服务的质量,不能扩大自己的市场份额,就会被其他企业排挤出去,在激烈的竞争中被淘汰。

一个公司要想发展,就要扩大收入。扩大收入的根本途径是提高产品的质量和扩大销售的数量,这就要求企业不断更新设备、技术和工艺,不断提高各种人员的素质,也就是要投入更多、更好的物质资源、人力资源,改进技术和管理。在市场经济中,各种资源的取得都要付出货币,企业的发展离不开资金。因此,筹集企业发展所需的资金,是对财务管理的第二个要求。

(三)获利

企业是以营利为目的而建立起来的,只有获利才有存在的价值。从财务的角度来看,盈利就是使资产获得超过其投资的回报。在市场经济中,并不存在可以免费使用的资金,资金的每项来源都有其成本。每项资产都是投资,都应获得相应的回报。财务人员务必使企业正常经营所产生的资金和从外部获得的资金两项得到最有效的利用。因此,通过合理、有效地使用资金使企业获利,是对财务管理的第三个要求。

总之,企业的目标是生存、发展和获利。这个目标要求财务管理人员必须完成筹集资金并有效地投放和使用资金的任务。

三、企业财务管理的目标

随着经济的发展，人们对企业财务目标的认识是不同的，主要有以下四种观点。

(一)利润最大化

利润最大化是西方微观经济学的理论基础。西方经济学家以往都是以利润最大化为基础来分析和评价企业行为与业绩的。

这种观点认为，企业是营利性经济组织，将利润最大化作为企业的发展目标有其合理性。

(1) 利润是企业新创造的价值，是企业的新财富，它是企业生存和发展的必要条件，是企业和社会经济发展的重要动力。

(2) 利润是一项综合性指标，它反映了企业综合运用各项资源的能力和经营管理状况，是评价企业绩效的重要指标，也是社会优胜劣汰自然法则的基本尺度。

(3) 企业追求利润最大化是市场体制发挥作用的基础。企业作为社会经济生活的基本单位，自主经营，自负盈亏，可以在价值规律和市场机制的调节下，达到优化资源配置和提高社会经济效益的目标。

但这种观点存在以下问题。

(1) 利润最大化没有充分考虑货币的时间价值。例如，今年获利 10 万元和明年获利 10 万元，哪一个更符合企业的目标？若不考虑货币的时间价值，就难以作出正确判断。

(2) 以利润总额的形式作为企业目标，忽视了投入与产出的关系。例如，同样获得 10 万元利润，一个企业投入 50 万元，另一个企业投入 80 万元，哪一个更符合企业的目标？若不与投入的资本额联系起来，就难以作出正确判断。不考虑利润和投入资本的关系，也会使财务决策优先选择高投入的项目，而不利于高效率项目的选择。

(3) 没有考虑利润和所承担的风险的关系，而事实上高风险才能取得高收益。不考虑风险大小，会使财务决策优先选择高风险的项目，一旦出现不利状况，企业将陷入困境，甚至可能破产。

(4) 短期行为及忽视企业社会责任。片面追求利润最大化，容易使企业目光短浅，经常为了获得眼前利益而忽略或舍弃长远利益；或者忽视社会责任，导致出现一系列社会问题，如环境污染、劳动保护差、产品质量低劣等。

(二)每股收益最大化

每股收益最大化是将股东的利益放到首位来考虑的。所有者作为企业的投资者，其投资目标是取得资本收益，具体表现为净利润与出资额或股份数(普通股)的对比关系，这种关系可以用每股收益这一指标来反映。每股收益是一定时期税后利润额与普通股股数的比值。这种观点认为，每股收益将收益和企业的资本量联系起来，体现资本投资额与资本增值——利润额之间的关系。

以每股收益最大化作为财务管理目标，可以有效地克服利润最大化目标的缺陷，如不能反映出企业所得利润额同投入资本额之间的投入产出关系，不能在不同资本规模企业或同一企业不同时期之间进行比较等，它既能反映企业的盈利能力和发展前景，又便于投资者凭借其评价企业经营状况的好坏，分析和揭示不同企业盈利水平的差异，确定投资方向和规模。但该指标同利润最大化目标一样，仍然没有考虑每股收益的风险性，可能会导致与企业战略目标相背离的行为；同时仍然没有考虑货币时间价值，也不能避免企业的短期行为。

(三) 股东财富最大化

公司制企业是企业组织形式的典型形态，股份有限公司是现代企业的主要形式。股东财富最大化，就是指通过企业财务管理，为股东谋取最大限度的财富。显然股东财富的大小直接取决于持有股票的数量和股票的市场价格两个因素，在股票数量一定的情况下，股票价格将是股东财富的决定性因素。因此，股东财富最大化可以表现为股票每股市价最大化。但是，众所周知，股票价格的变动受诸多因素的影响，是一个极复杂的过程。因此，股东财富最大化表现为每股市价最大化的前提条件是资本市场的运行是健康的、有效的。

与利润最大化相比较，以股东财富最大化作为企业理财目标的优点如下。

(1) 股东财富，特别是每股市价的概念明晰、具体。

(2) 充分考虑了货币的时间价值因素，因为股票的市场价值是股东持有股票未来现金净流量的现值之和。

(3) 综合考虑了风险因素，因为在运行良好的资本市场中，每股市价的变动已反映了风险情况。

(4) 股东财富的计量，是以现金流量为基础，而不是以利润为标准，有利于克服片面追求利润的短期行为。

以股东财富最大化作为企业理财目标，其不足之处主要有以下几个方面。

(1) 只适用于上市公司。

(2) 只强调了股东利益的最大化，而忽略了其他利益相关者。

(3) 要求具有运行良好的资本市场这一重要前提条件，而且，即使资本市场运行良好，股票价格本身也会受多种因素影响。

(四) 企业价值最大化

这种观点认为，财务管理目标与企业多个利益集团有关，是多个利益集团共同作用和相互博弈的结果，而各个利益集团的目标都可以折中为企业长期稳定发展和企业总价值的不断增长。企业价值是其全部资产的市场价值，企业价值最大化强调的是包括负债与股东权益在内的全部资产市场价值的最大化，而股东财富最大化强调的仅是股东权益市场价值的最大化。很多人认为以企业价值最大化作为财务管理的目标，比以股东财富最大化作为现代企业的财务管理目标更科学。其原因有以下几方面。

(1) 现代意义上的企业与传统企业有很大差异，现代企业是多边契约关系的总和，股东、债权人和职工都要承担风险，政府也承担了很大的风险。企业价值最大化目标既考虑了股东的利益，又充分考虑了其他利益集团的利益。

(2) 企业价值最大化目标科学地考虑了风险与收益的联系。

(3) 企业价值最大化能克服企业在追求利润上的短期行为，因为不仅目前的利润会影响企业的价值,预期未来的利润对企业价值的影响所起的作用更大。

这种观点的缺陷是:企业价值最大化比股东财富最大化更抽象,这就为实际操作带来了很大困难。从理论上讲,企业总价值等于自有资本价值与债务价值之和。债务的价值比较容易计算,一般就是债务的面值。而自有资本价值的估价则相当困难,它既受资本结构的影响,也与公司股利政策直接相关。因此,以企业价值最大化为目标的最大困难在于企业价值的评估。

以上四种观点的优缺点如表1.2所示。

表1.2 四种观点的优缺点

目标	优 点	缺 点
利润最大化	1. 直接反映企业新创造的价值 2. 反映企业综合运用各项资源的能力和经营管理状况 3. 有助于市场机制发挥作用	1. 没有考虑货币时间价值 2. 没有反映利润(产出)与投入资本的关系 3. 没有考虑风险因素 4. 短期行为及忽视企业社会责任
每股收益最大化	1. 反映了利润(产出)与投入资本的关系 2. 可以在不同资本规模企业或同一企业不同时期之间进行比较	同利润最大化缺点中的1、3、4
股东财富最大化	1. 考虑了货币时间价值 2. 考虑了风险的作用 3. 克服了片面性和短期行为 4. 有利于社会资源合理配置	1. 非上市公司难以估价 2. 忽略了其他利益相关者 3. 要求具有运行良好的资本市场
企业价值最大化	同股东财富最大化优点中的1、2、3、4 充分考虑了股东之外的其他利益集团的利益	同股东财富最大化缺点中的1、3 实务操作困难

企业财务管理的目标,除了上述典型观点以外,还有许多其他观点,如资本利润率最大化、经济附加值最大化等。这些观点虽然都有其一定的理论基础,但事实上都难以超越上述四种观点。综上所述,我们认为公司制企业,特别是股份有限公司,以股东财富最大化或企业价值最大化作为理财目标,应该是一个比较合理的选择,但是这并不意味着就应该彻底抛弃利润最大化的目标。

四、股东与相关利益人目标的冲突和协调

股东与经营者、债权人等相关利益人之间的关系是企业最重要的财务关系。股东是企业的所有者,财务管理的目标主要指的是股东的目标。股东委托经营者代表他们管理企业,为实现他们的目标而努力,但经营者与股东的目标并不完全一致。债权人把资金借给企业,并不是为了"股东财富最大化"或"企业价值最大化",其与股东的目标也不一致。企业必须协调这三方面的冲突,才能实现理财目标。

(一)股东与经营者目标的冲突和协调

1. 经营者的目标

所有权和经营权的分离,是现代企业制度的重要特征。股东的目标是使股东财富或企业价值更大,并要求经营者尽其所能去完成这个目标。但经营者也是个人效用最大化的追求者,他们是理性的经济人,其具体行为目标与股东不一致。经营者的目标如下。

(1) 提高自己的工作报酬。它包括物质和非物质的报酬,如工资、奖金、荣誉和社会地位的提高等。

(2) 增加闲暇时间。它包括较少的工作时间、工作时间里较多的空闲和有效工作时间中较低的劳动强度等。

(3) 避免风险。经营者努力工作可能得不到应有的报酬,他们的行为和结果之间具有不确定性,经营者总是力图避免这种风险,希望付出一分劳动便能得到一分收获。

2. 经营者对股东目标的偏离

经营者的目标和股东的目标不完全一致,经营者可能会为了自身的目标而背离股东的利益,主要表现在以下两个方面。

(1) 道德风险。公司的所有者和经营者是一种委托代理关系,经营者和所有者目标的不一致性,很可能导致经营者在不违反合同的前提下,竭力追求自身目标的最大化,而忽视了所有者的利益。比如,经理人员在工作时并非"鞠躬尽瘁",而是"做一天和尚撞一天钟"。这样做仅仅是道德问题,不构成法律和行政责任问题,股东很难追究其责任。

(2) 逆向选择。经营者为了自己的目标而直接背离股东的目标。例如,以工作需要为借口乱花股东的钱,装修豪华的办公室,要求企业提供更好的配车,参加国际会议实际上是公费旅行,更多地增加享受成本;蓄意压低股票价格,以自己的名义购回,从中渔利而不顾股东的利益等。

3. 防止经营者背离股东目标的方法

股东通常可以采取监督和激励两种方法来防止经营者背离自己的目标。

(1) 监督。经营者背离股东的目标,其前提是双方的信息不对称,经营者了解的信息比股东多。为了避免"道德风险"和"逆向选择",股东须获取更多的信息,对经营者进行监督,在经营者背离股东目标时,减少其各种形式的报酬,甚至解雇他们。

股东对经营者的监督,主要通过以下两种方式进行:一是通过公司的监事会来检查公司财务,当发现经营者的行为损害股东利益时,要求董事会和经理予以纠正,解聘有关责任人员;二是股东也可以支付审计费聘请注册会计师审查公司的财务状况,监督经营者的财务行为。

股东对公司情况的了解和对经营者的监督是必要的,但由于受到合理成本的限制,不可能全面监督。监督可以减少经营者背离股东目标的行为,但不能解决全部问题。

(2) 激励。防止经营者背离股东利益的另一途径是制定并实行一套激励制度,使经营者的利益与公司未来的利益相结合,鼓励其自觉采取符合企业最大利益的行动。例如,可以通过"股票期权""绩效股"等形式,使经营者自觉自愿地采取各种措施增加股票价值,从而达到股东财富最大化的目标。

通常，股东同时采取监督和激励两种方法来协调自己和经营者的目标。尽管如此，仍不可能使经营者完全按股东的意愿行事，他们仍然可能采取一些对自己有利但不符合股东最大利益的决策，并由此给股东带来一定的损失。监督成本、激励成本和偏离股东目标的损失之间此消彼长，相互制约。股东要权衡轻重，力求找出使三者之和最小的解决办法，也就是最佳的解决办法。

(二)股东与债权人目标的冲突和协调

当公司向债权人借入资金后，两者就形成了一种委托代理关系。债权人把资金交给企业，其目标是到期时收回本金，并获得约定的利息收入；公司借款的目的是用它扩大经营，投入高收益的生产经营项目。两者的目标并不一致。

债权人事先知道借出资金是有风险的，并把这种风险的相应报酬纳入利率。通常要考虑的因素包括公司现有资产的风险、预计新添资产的风险、公司现有的负债比率、预期公司未来的资本结构等。

但是借款合同一旦成为事实，资金到了企业，债权人就失去了控制权，股东可能通过经营者为了自身利益而伤害债权人的利益，其常用的方式如下。

第一，股东不经债权人的同意，投资于比债权人预期风险要高的新项目。如果高风险的计划侥幸成功，超额的利润归股东独吞；如果计划不幸失败，公司无力偿债，债权人与股东将共同承担由此造成的损失。尽管《中华人民共和国企业破产法》规定，债权人先于股东分配破产财产，但多数情况下，破产财产不足以偿债。所以，对债权人来说，超额利润肯定拿不到，产生的损失却有可能要分担。

第二，股东为了提高公司的利润，不征得债权人的同意而迫使公司经营管理者发行新债，致使旧债券的价值下降，使旧债权人蒙受损失。旧债券价值下降的原因是发行新债后公司负债比率加大，公司破产的可能性增加，如果公司破产，旧债权人和新债权人要共同分配破产后的财产，使旧债券的风险增加，其价值下降。尤其是不能转让的债券或其他借款，债权人没有出售债权来摆脱困境的出路，处境更加不利。

债权人为了防止其利益被损害，除了寻求立法保护，如破产时优先接管外，通常采取以下措施。

第一，在借款合同中加入限制性条款，如规定资金的用途，规定不得发行新债或限制发行新债的数额等。

第二，发现公司有剥夺其财产意图时，拒绝进一步合作，不再提供新的借款或提前收回借款。

(三)企业财务管理目标与社会责任

【知识链接】

企业社会责任报告

企业社会责任报告是指企业将其履行社会责任的理念、战略、方式方法，其经营活动对经济、环境、社会等领域造成的直接影响和间接影响、取得的成绩及不足等信息，进行系统的梳理和总结，并向利益相关方进行披露的方式。企业社会责任报告是企业非财务信息披露的重要载体，是企业与利益相关方沟通的重要桥梁。

企业之所以选择发布社会责任报告的方式进行非财务信息披露，是因为企业身处的经营环境越来越复杂。传统的以股东财富最大化为目标的运营方式所带来的雇员福利问题、环境污染问题、产品质量问题等越来越引起社会各方面的关注，由此带来的压力要求企业对除股东之外的更广大利益相关方负责，以实现可持续发展。

在日趋复杂的经营环境中，以货币的方式对企业的历史经营活动进行计量的财务信息无法将企业面临的机会和风险充分反映出来，也不能将企业的价值充分体现出来。企业社会责任报告所披露的非财务信息弥补了这一不足，两者的结合可以更好地反映企业未来的财务状况。

因此，越来越多的企业在投资者、消费者等利益相关方的压力下，并从企业内部运营的需要出发，选择了发布企业社会责任报告。广义的企业社会责任报告包括以正式形式反映企业承担社会责任的某一个方面或某几个方面的所有报告类型，即包括了雇员报告、环境报告、环境健康安全报告、慈善报告等单项报告，以及囊括经济、环境、社会责任的综合性报告。

(资料来源：百度百科.企业社会责任报告.
https://baike.baidu.com/item/%E4%BC%81%E4%B8%9A%E7%A4%BE%E4%BC%9A%E8%B4%A3%E4%B
B%BB%E6%8A%A5%E5%91%8A/
2065452?fr=aladdin.2023-04-02.)

一般认为，企业财务管理目标和社会的目标总的来说是一致的。企业是社会的一分子，是社会资源的受托管理者。同时，企业也使用、消耗大量的社会资源，如社会为企业提供了必不可少的法律及监管环境、公平竞争的市场环境、良好的公共基础设施、环境保护、经营管理所需要的各类人才等。因此，企业在谋求自身利益的同时，也应该为增加社会福利作出贡献。而且，企业对社会有巨大的影响力，根据权责相符的原则，企业必须承担与此相称的社会责任。

有时两者也会出现矛盾。当企业过分关注自身利益而忽视社会公众利益时，企业的目标和社会公众的目标就会出现矛盾。例如，公司为了获利，可能会生产伪劣产品、不顾工人的健康和利益、造成环境污染、损害其他企业的利益等。

为了解决这一矛盾，可以采取以下方式。

第一，立法。企业在追求自身理财目标的同时，不应损害他人的利益。政府要保证所有公民的正当权益。为此，政府颁布了一系列保护公众利益的法律，如《中华人民共和国公司法》《中华人民共和国反不正当竞争法》《中华人民共和国环境保护法》《中华人民共和国民法典》《消费者权益保护法》和有关产品质量的法规等，从而调节股东和社会公众的利益冲突。

第二，监督。企业除了要在遵守法律的前提下追求企业理财的目标之外，还必须受到道德的约束，接受政府和社会公众的监督，并进一步协调企业和社会的矛盾。近年来，随着网络媒体的发展，很多不愿承担社会责任的企业被网络曝光。

以上所述，股东、经营者、债权人和社会公众目标的冲突与协调方法如表1.3所示。

表 1.3　股东与经营者、债权人、社会公众目标的冲突与协调方法

关系人	目标	冲突的表现	协调方法
经营者	报酬、闲暇、低风险	道德风险、逆向选择	监督、激励
债权人	到期收回本息	违约投资高风险项目、发行新债使旧债贬值	契约限制、终止合作
公众	可持续发展	伪劣产品、环境污染、劳动保护差	法律、道德约束，行政和舆论监督

第三节　财务管理原则

财务管理原则也称理财原则，是指人们对财务活动的共同的、理性的认识。它是联系财务管理理论与实务的纽带。财务管理原则具有以下特征：理财原则是财务假设、概念和原理的推论；理财原则必须符合大量观察和事实，被大多数人所接受；理财原则是财务交易和财务决策的基础；理财原则为解决新的问题提供指引。

关于财务管理的具体原则，理论界尚未取得一致的结论。道格拉斯·爱默瑞(Douglas Emery)和约翰·芬尼特(John Finnerty)的观点具有代表性。他们将财务管理原则概括为三类，共 12 种，如图 1.5 所示。

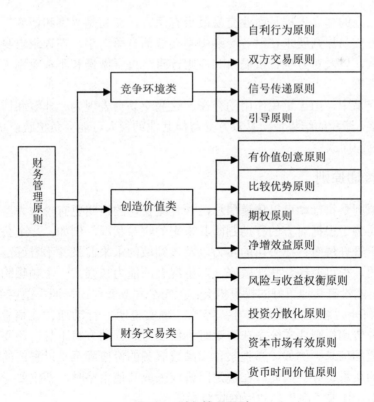

图 1.5　财务管理原则

一、有关竞争环境的原则

(一)自利行为原则

自利行为原则是指人们进行财务决策时按照自己的财务利益行事,在其他条件相同时,所有利益主体都会选择使自己经济利益最大化的行为方法。自利行为原则的依据是理性的经济人假设。当然,它也并不认为钱以外的东西都是不重要的,而是说在"其他条件都相同时",所有财务交易集团都会选择使自己经济利益最大化的行动。

自利行为原则的一个重要应用是委托代理理论。委托代理理论就是在承认股东、债权人、管理层都在追求各自利益最大化的前提下研究企业代理冲突的表现以及如何解决等问题。自利行为原则的另一个应用是机会成本的概念。当一个人采取某个行动时,就等于取消了其他可能的行动,因此,他必然要用这个行动与其他可能的行动相比较,看该行动是否对自己最有利。决策者在多种方案择优时考虑机会成本就是自利行为原则的表现。

(二)双方交易原则

双方交易原则是指每一项交易至少存在两方,在一方根据自己的经济利益作出决策时,另一方也会按照自己的经济利益行动,即交易的双方都在交易中试图为自己赢得经济利益,交易的双方同样聪明、勤奋和富有创造力,因此,在进行财务决策时要正确预见对方的反应。

双方交易原则的建立依据是商业交易最少有两方,交易是"零和博弈",并且各方都是自利的。双方交易原则要求在财务交易中不要低估竞争对手,在谋求自身利益的同时要注意对方的存在,以及对方也在遵循自利原则行事。过于傲慢和不尊重别人的行为,往往会导致错误的决策。

在并购等交易中,由于避税作用的存在,这些交易会表现为"非零和博弈"。但从整个社会范围观察,避税的结果使交易双方受益但其他纳税人可能会负担政府更多支出,"零和博弈"并未因此而改变。

(三)信号传递原则

信号传递原则是指行动可以传递信息,并且比公司的声明更有说服力,同时,信号传递原则要求公司善于根据对方的行动判断其未来的收益状况。例如,一个公司决定退出一个领域,反映出管理层对自己公司的实力以及该领域的未来前景并不看好;一个大量发放现金股利的公司,很可能经营状况较好,产生现金的能力较强;一个频频购买固定利率债券的公司,很可能没有其他更好的投资机会;上市公司高管纷纷辞职,抛售手中股票套现,常常是公司盈利能力恶化的重要信号;等等。事实说明,行动通常比语言更有说服力。

另外,信号传递原则要求公司在决策时不仅要考虑行动方案本身,还要考虑该项行动可能给人们传递的信息。例如,当把某种商品或服务的价格降至难以置信的程度时,人们就会认为商品的质量不好。因此,在决定降价或采取其他策略时,不仅要考虑决策本身带来的收益和成本,还要考虑信息效应的收益和成本。

(四)引导原则

引导原则是指当所有的办法都失败时，寻找一个可以信赖的榜样作为自己的引导。所谓"当所有办法都失败"，是指我们的理解力存在局限性，不知道如何做对自己更有利；或者寻找最准确答案的成本过高，以至于不值得把问题完全搞清楚。在这种情况下，不妨直接模仿成功榜样或者大多数人的做法。例如，你到外地旅行，如果不清楚当地饭馆的饭菜质量，而且时间宝贵，不值得去调查每个饭馆的信息，那么你应当找一个顾客较多的饭馆就餐。

不能将引导原则混同于"盲目模仿"。引导原则不一定能帮你找到最好的答案，却常常可以使你避免采取最差的行动。引导原则的一个重要应用是行业标准概念。引导原则的另一个重要应用就是"自由跟庄"概念。一个"领头人"花费资源得出一个最佳的行动方案，其他"追随者"通过模仿节约了信息处理成本。在股票市场上，许多小股民经常跟随"庄家"或机构投资者操作，以节约信息成本。当然，"庄家"也会利用"自由跟庄"现象进行恶意炒作，掠夺小股民，所以中小投资者不能盲目跟庄。

二、有关创造价值的原则

(一)有价值创意原则

有价值创意原则，是指新创意能获得额外收益。竞争理论认为，企业的竞争优势可以分为差异化和成本领先两方面。差异化，是指产品本身、销售交货、营销渠道等客户广泛重视的方面在产业内独树一帜。任何独树一帜都来源于新的创意。实现经营差异化的企业，如果其产品溢价超过了为产品的独特性而附加的成本，它就能获得高于平均水平的利润。正是许多新产品的出现，使发明人和生产企业获得可观的收益。

有价值创意原则主要应用于直接投资项目。一个项目依靠什么取得正的净现值？它必须是一个有创意的投资项目。重复过去的投资项目或者别人的已有做法，最多只能取得平均收益率，维持而不是增加股东财富。新的创意迟早会被别人效仿，失去原有的优势，因此，创新的优势都是暂时的。企业长期的竞争优势，只有通过一系列短期优势才能维持。只有不断创新，才能维持经营的差异化并不断增加股东财富。该原则还应用于经营和销售活动。例如，某种新式烤肉的方式使其发明者变得非常富有，麦当劳的连锁经营方式也帮助它赚取了相当可观的利润。

(二)比较优势原则

比较优势原则是指专长能够创造价值。在市场上要想赚钱，必须发挥企业的专长。没有比较优势的人，很难取得超出平均水平的收入；没有比较优势的企业，很难增加股东财富。比较优势理论的核心内容是："两利取其重，两害取其轻。"

试想，马龙的专长是打乒乓球，但若他改行去打篮球就违背了比较优势原则。比较优势原则的依据是分工理论。让每一个人去做最适合他做的工作，让每一个企业生产最适合它生产的产品，社会的经济效益才会提高。比较优势原则的一个应用是"人尽其才，物尽其用"，另一个应用是优势互补。比较优势原则要求企业把主要精力放在自己的比较优势上,而不是日常营运上。建立和维持比较优势,是企业长期获利的根本。

(三)期权原则

期权是指不附带义务的权利,它是有经济价值的。期权原则是指在估价时要考虑期权的价值。期权概念最初产生于金融交易中。在金融交易中,一个明确的期权合约经常是指按照预先约定的价格买卖一项资产的权利,如可转换债券、可转换优先股、股票期权等。广义的期权不限于金融合约,任何不附带义务的权利都属于期权。许多资产都是隐含的期权。例如,一个企业可以决定某项设备出售或者不出售,如果价格不令人满意就不出售,如果价格令人满意就出售。这种选择权是广泛存在的。一个投资项目,未来预期有正的净现值,因此被采纳并实施了。但上马以后发现它并没有原先设想的那么好,决策者此时可以考虑修改方案或让方案下马,以使损失降到最低。这种后续的选择权是有价值的,它增加了项目的净现值。在评价项目时就应考虑到后续选择权是否存在以及它的价值有多大,有时一项资产附带的期权比该资产本身更有价值。

(四)净增效益原则

净增效益原则是指财务决策建立在净增效益的基础上,一项决策的价值取决于它和替代方案相比所增加的净收益。一项决策的优劣,是与替代方案(包括维持现状而不采取行动)相比较而言的。如果一个方案的净收益大于替代方案,我们就认为它是一个比替代方案好的决策,其价值是增加的净收益。在财务决策中,净收益通常用现金流量计量,主要指该方案现金流入减去现金流出的差额,也称为现金流量净额。现金流入是指该方案引起的现金流入量的增加额。现金流出是指该方案引起的现金流出量的增加额。"方案引起的增加额",是指某些现金流量依存于特定方案,如果不采纳该方案就不会发生这些现金流入和流出。

净增效益原则的一个应用是差额分析法。例如,在固定资产更新改造决策中,需要将继续使用旧设备和购买新设备做差额现金流量分析。净增效益原则的另一个应用是沉没成本概念。沉没成本是指已经发生、不会被以后的决策改变的成本。沉没成本与将要采纳的决策无关,因此在分析决策方案时应将其排除。

三、有关财务交易的原则

(一)风险与收益权衡原则

一般而言,风险和收益之间存在着一种对等关系,即高收益的投资机会必然伴随巨大的风险,风险小的投资机会则只有较低的收益。风险与收益权衡原则就是指公司必须对收益和风险作出权衡,为追求较高的收益而承担较大的风险,或者为减少风险而接受较低的收益。它要求公司在财务管理中尽可能对产生风险的各种因素进行充分估计,预先找出分散风险、化解风险的措施。例如,在筹资时,可以从多种渠道、多种方式获取资金;在投资时,认真分析影响投资决策的各种因素,科学地进行投资项目的可行性研究,既要考虑投资项目收益的高低,又要考虑其风险的大小。总之,风险与收益权衡原则的核心是公司不能承担超过收益限度的风险,在收益既定的条件下,应最大限度地降低、分散风险;在风险既定的情况下，应最大限度地争取收益。

(二)投资分散化原则

投资分散化原则是指不要把全部资金投放在一个项目或者一项资产中，而应该分散投资。投资分散化原则的理论依据是投资组合理论。马克维茨的投资组合理论认为，若干种股票组成的投资组合，其收益是这些股票收益的加权平均数，但其风险要小于这些股票的加权平均数，所以投资组合能够降低风险。通俗地理解就是，在投资组合中，一些股票会获得超出市场平均收益的报酬，而另一些股票可能会获得低于市场平均收益的报酬，它们相互抵消从而获得与市场平均收益较为接近的稳定报酬。分散化原则具有普遍意义，不仅适用于证券投资，公司各项决策都应注意分散化原则，即不应当把公司的全部投资集中于个别项目、个别产品和个别行业，不应当把销售集中于少数客户，不应当使资源供应集中于个别供应商，重要的事情不要让一个人完成，重要的决策不要由一个人作出。凡是有风险的事情，都要贯彻分散化原则，以降低风险。

(三)资本市场有效原则

资本市场是指证券买卖的市场。资本市场有效原则，是指在资本市场上频繁交易的金融资产的市场价格反映了所有可获得的信息，而且对新信息能完全迅速地作出调整。有效市场假设根据资本市场在形成证券价格中对信息的反映程度的大小，进一步将有效资本市场区分为弱式市场有效假设、半强式市场有效假设和强式市场有效假设。具体如下：

(1) 弱式市场有效假设。弱式市场有效假设是假设证券的价格反映了所有过去的信息。

(2) 半强式市场有效假设。半强式市场有效假设是假设股票的价格已经反映了所有公开的信息。

(3) 强式市场有效假设。强式市场有效假设是假设股票的价格反映了所有相关的信息。

资本市场有效原则要求理财时重视市场对企业的估价。通过改变会计处理方法是无法影响企业价值的。资本市场有效原则还要求企业在理财过程中慎重使用金融工具。如果资本市场是有效的，购买或出售金融工具交易的净现值就为零。在资本市场上，只获得与投资风险相称的收益(即与资本成本相同的收益)是不会增加企业价值的。因此，企业应该努力通过提高企业的竞争能力，使企业在同等风险水平下，获取较高的投资收益来增加企业价值。

(四)货币时间价值原则

货币时间价值原则，要求在进行财务计量时，充分考虑货币时间价值因素。我们知道，"今天的一元钱要多于将来的一元钱"。原因是现在的一元钱可以进行投资，将来收到的价值要多于一元。货币时间价值就是指货币经过一定时间的投资和再投资所增加的价值。货币投入市场后，其数额会随着时间的延续而不断增加，这是一种客观的经济现象。

货币时间价值原则的首要运用是现值概念。由于现在的一元货币比将来的一元货币经济价值大，所以不同时间的货币价值不能直接进行加减运算，需要进行折算。通常，要把不同时间的货币价值折算到"现在"时点，然后进行运算或比较，这个过程称为"贴现"或"折现"。贴现使用的百分率称为贴现率，贴现后的价值称为现值。在财务估价中，广泛地使用现值来计量资产的价格。

货币时间价值原则的另一个重要运用是"早收晚付"观念。对于不附带利息的货币收支,与其晚收不如早收,与其早付不如晚付。货币在自己手上,可以立即用于消费而不必等待将来消费,可以投资获利而无损其原来的价值,还可以用于预料不到的支付。总之,早收晚付在经济上是有利的。

第四节 财务管理环境

财务管理环境即理财环境,是指对企业财务活动产生影响的外部条件。财务管理环境是企业财务决策难以改变的外部约束条件,企业更多的是适应它们的要求和变化。企业必须不断增强对环境的适应能力和应变能力,根据环境的变化,采取相应的财务政策,才能保证财务活动的顺利进行。财务管理环境涉及的范围很广,其中最重要的是经济环境、法律环境和金融环境。

一、经济环境

财务管理的经济环境是指对财务管理有重要影响的一系列经济因素,一般包括经济周期、经济政策、通货膨胀和行业市场竞争等。

(一)经济周期

经济发展总是呈现出周期性交替的变化态势,经济发展的周期性变化对企业理财活动有着重大影响。当经济发展进入不同阶段时,首先对企业的营业额产生直接影响,当企业的营业额发生变化时,将会使企业的经营发生变化。经济发展的周期性变化一般要经过四个阶段:经济复苏期、经济繁荣期、经济衰退期和经济萧条期。在不同的经济发展时期,企业应相应地采用不同的财务管理策略,具体如表1.4所示。

表1.4 企业在不同的经济发展周期相应采取不同的财务策略

经济复苏期	经济繁荣期	经济衰退期	经济萧条期
1. 增加厂房设备; 2. 增加存货; 3. 开发新产品; 4. 增加雇员; 5. 拟定进入战略; 6. 寻求适当的资金来源(如租赁等)	1. 扩充厂房设备; 2. 继续增加存货; 3. 制定并实施扩张战略; 4. 增加雇员; 5. 制定适宜的筹资策略	1. 停止扩张; 2. 处置不用或闲置的设备; 3. 减少存货; 4. 调整产品结构和资本结构; 5. 适当地减员增效	1. 保持市场份额; 2. 缩减不必要的支出和管理费用; 3. 削减存货; 4. 实施减员增效; 5. 制定并实施退出战略

(二)经济政策

经济政策是国家进行宏观经济调控的重要手段。国家的产业政策、金融政策、财税政策、价格政策对企业的筹资活动、投资活动和分配活动都会产生重要影响。如金融政策中的货币发行量、信贷规模会影响企业的资本结构和投资项目的选择；价格政策会影响资本的投向、投资回收期及预期收益等。因此，财务管理人员应当深刻领会国家的经济政策，研究国家经济政策的调整对财务管理活动可能造成的影响。

(三)通货膨胀

经济发展中的通货膨胀不仅对消费者不利，也会给企业理财带来很大困难，主要表现在：资金占用额迅速增加；利率上升，企业筹资成本加大，筹资难度增加；利润虚增、资金流失。企业对通货膨胀本身无能为力，只有政府才能控制通货膨胀的速度。

为了减轻通货膨胀对企业造成的不利影响，财务人员应当采取措施予以防范。在通货膨胀初期，货币面临贬值的风险，这时企业进行投资可以避免风险，实现资本保值增值；与客户签订长期购货合同，以减少物价上涨造成的损失；取得长期负债，保持资本成本的稳定。在通货膨胀持续期，企业可以采用比较严格的信用条件，减少企业债权；调整财务政策，防止和减少企业的资本流失等。

(四)行业市场竞争

竞争广泛存在于市场经济中，除完全垄断性行业与企业外，其他行业与企业都无法回避。企业之间的竞争名义上是产品与市场的竞争，实际上是企业的综合实力(包括设备、技术、人才、营销、管理乃至文化等各个方面)的比拼。竞争对企业来说，既是机会，也是挑战。它能促使企业采用先进的技术，生产更好的产品，以获取稳定的收入和高额的利润，同时竞争会导致产品价格下降，从而减少企业的利润空间，过分的竞争还会导致企业亏损，甚至全行业亏损。一个企业所在行业的竞争状况往往是变化的，有时十分残酷，有时又相对缓和。企业应该洞悉行业竞争状况变化的规律，抓住时机，将企业的财务资源投入到下一轮竞争的关键点，获取并保持竞争优势。

二、法律环境

财务管理的法律环境是企业组织财务活动、处理与各方经济关系所必须遵循的法律规范的总和。广义的法律规范包括各种法律法规和制度。财务管理作为一种社会活动，其行为受到法律的约束，企业合法的财务活动也相应受到法律的保护。影响企业财务管理的主要法律法规包括以下几种。

(一)企业组织法律法规

企业必须依法成立，组建不同组织形式的企业必须遵循相关的法律规范，它们包括《中华人民共和国公司法》(以下简称《公司法》)、《中华人民共和国全民所有制工业企业法》、《中华人民共和国外资企业法》、《中华人民共和国中外合资经营企业法》、《中华人民共和国中外合作经营企业法》和《中华人民共和国合伙企业法》等。这些法律既是企业的组织法，也是企业的行为法。

在企业组织法律法规中，规定了企业组织的主要特征、设立条件、设立程序、组织机构、组织变更和终止的条件与程序等,涉及企业的资本组织形式、企业筹集资本金的渠道、筹资方式、筹资期限、筹资条件、利润分配等诸多内容的规范,也涉及不同的企业组织形式的理财特征。其中,《公司法》是公司财务管理最重要的强制性规范,公司的财务管理活动不能违反该法律,公司的自主权不能超出该法律的限制。

(二)税收法律制度

企业的财务管理会受到税收的直接影响和间接影响。税收是国家为实现其职能,强制地、无偿地取得财政收入的一种手段。任何企业都具有纳税的法定义务。税收对财务管理的投资、筹资、股利分配决策都具有重要影响。在投资决策中,税收是一个投资项目的现金流出量,计算投资项目各年的现金净流量必须扣减这种现金流出量,才能正确反映投资所产生的现金净流量,进而对投资项目进行估价;在筹资中,债务的利息具有抵减所得税的作用,确定企业资本结构也必须考虑税收的影响;股利分配比例和股利分配方式影响股东个人缴纳的所得税的数额,进而可能对企业价值产生重要影响。此外,税负是企业向外支付的一种费用,要增加企业的现金流出,企业无不希望减少税务负担,企业进行合法的税收筹划,是财务管理工作的重要内容。

我国企业目前应该上缴的主要税种有按收益额课征的所得税和按流转额课征的增值税、消费税、关税等。

(三)财务会计法律规范

我国的财务会计法律法规主要包括《中华人民共和国会计法》(以下简称《会计法》)、《企业会计准则》、《企业财务通则》以及《企业会计制度》等,其主要内容如表1.5所示。

表1.5 财务会计法律规范

法律规范的类别	法律规范的功能	施行日期
《会计法》	会计工作的根本大法,是我国进行会计工作的基本依据	2017年11月5日(最新修改后)
《企业会计准则》	会计核算的基本规范,对会计核算原则和业务处理方法作出规定	2007年1月1日
《企业财务通则》	结合不同财务管理要素,对财务管理方法和政策要求进行规范	2007年1月1日
《企业会计制度》	直接对企业的会计核算工作发挥规范作用	2001年1月1日
企业内部财务制度	企业内部的基础性财务制度	根据企业规定

(四)证券法律制度

证券法律制度是确认和调整在证券管理、发行与交易过程中各主体的地位及权利义务关系的法律规范。《中华人民共和国证券法》(以下简称《证券法》)于2019年12月28日第二次修订,并于2020年3月1日起施行。《证券法》的内容包括总则、证券发行、证券交易、上市公司收购、证券交易所、证券公司、证券登记结算机构、证券交易服务机构、证券业协会、证券监督管理机构、法律责任和附则。证券法律制度对企业以证券形式进行筹资与投资、对上市公司信息的披露具有重要影响。

三、金融环境

财务管理的金融环境主要包括金融市场、金融机构和利率三个方面。

(一)金融市场

金融市场是指资金融通的各种机构和程序的总和。广义的金融市场，是指一切资本流动的场所，包括实物资本和货币资本的流动。狭义的金融市场一般是指有价证券市场，即股票和债券的发行和买卖市场。金融市场的种类及特点如表1.6所示。

表1.6 金融市场的种类及特点

分类依据	分 类	特 点
按期限划分	短期金融市场	交易期限短，交易目的是满足短期资金周转的需要，所交易的金融工具有较强的货币性
	长期金融市场	交易的主要目的是满足长期投资性资金的供求需要，收益性较高而流动性差，资金借贷量大，价格变动幅度大
按交易的方式和次数划分	初级市场	新发证券的市场，使预先存在的资产交易成为可能
	次级市场	是现有金融资产的交易场所
按金融工具的属性划分	基础性金融市场	以基础性金融产品(如商业票据、股票、债券交易市场等)为交易对象
	金融衍生产品市场	以金融衍生产品为交易对象(如期货、期权、远期等)

与其他市场一样，金融市场的基本构成要素主要包括交易主体、交易客体和交易价格。

1. 交易主体

金融市场的交易主体是指参与金融市场交易的主体，这种主体通常是营利机构(企业)或有民事权力的自然人。交易主体进入金融市场交易，其主要目的是通过金融市场获取投资或筹资机会。根据交易主体在金融市场中的交易性质不同，可将交易主体分为货币供给者和货币需求者。

2. 交易客体

金融市场的交易客体即金融市场上资金供需双方交易的对象——资金。资金在金融市场上具体表现为各种金融商品，如商业票据、政府债券、公司债券、股票、可转让大额定期存单等。因此，金融市场的客体是以股票、债券等各种不同形式的金融商品为载体的，这些载体是证明交易合同合法有效的凭证，也称为金融工具。金融工具具有流动性、收益性和风险性等基本特征，并随着经济社会的发展而不断推陈出新。

3. 交易价格

金融市场上的金融商品交易价格是资金供需双方妥协的均衡交易价格，即资金供应者愿意在这一均衡价格下转让其所持有的资金,而资金需求者也愿意在这一均衡价格下获取该项资金。金融市场上由资金供需双方妥协的均衡交易价格具体表现为市场利率。对于资金的提供者而言,市场利率是其转让资金应获取的报酬;对于资金的需求者而言,市场利率是其为获取这笔资金应付出的代价——资本成本。

(二)金融机构

在金融市场上,社会资金从资金供应者手中转移到资金需求者手中,大多要通过金融机构。金融机构在不同国家有很大的区别,一般包括银行和非银行金融机构。

银行是经营存款、放款、汇兑等金融业务,承担信用中介的金融机构。银行的主要职能是充当信用中介、充当企业之间的支付中介、提供信用工具、充当投资手段和充当国民经济的宏观调控手段。我国银行主要指的是各种商业银行和政策性银行。商业银行包括国有商业银行(如中国工商银行、中国农业银行、中国银行和中国建设银行)和其他商业银行(如交通银行、浦发银行、招商银行、光大银行等),政策性银行包括中国进出口银行、国家开发银行和中国农业发展银行。

非银行金融机构包括金融资产管理公司、信托投资公司、财务公司和金融租赁公司等。

(三)利率

在金融市场上,利率是资金使用权的价格。一般来说,金融市场上资金的购买价格可用下式表示:

利率=纯粹利率+通货膨胀附加率+变现力附加率+违约风险附加率+到期风险附加率

1. 纯粹利率

纯粹利率是指无通货膨胀、无风险情况下的平均利率。例如,在没有通货膨胀时,国库券的利率可以视为纯粹利率。纯粹利率的高低,受平均利润率、资金供求关系和国家调节的影响。

2. 通货膨胀附加率

通货膨胀使货币贬值,投资者的真实报酬下降。投资者在把资金交给借款人时,会在纯粹利率的水平上再加上通货膨胀附加率,以弥补通货膨胀造成的购买力损失。因此,每次发行国库券的利率随预期的通货膨胀率变化,它等于纯粹利率加预期通货膨胀率。

3. 变现力附加率

各种有价证券的变现力是不同的。政府和大公司的股票容易被人接受,投资人随时可以出售以收回投资,变现力很强。与此相反,一些小公司的债券鲜为人知,不易变现,投资人会要求以变现力附加率(把利率提高1~2个百分点)作为补偿。

4. 违约风险附加率

违约是指借款人未能按时支付利息或未如期偿还贷款本金。提供资金的人借出款项后所承担的这种风险叫违约风险。违约风险越大,投资人要求的利率报酬越高。通常所说的债券评级,实际上就是评定违约风险的大小。信用等级越低,违约风险越大,所要求的利率越高。

5. 到期风险附加率

到期风险附加率是指因到期时间长短不同而形成的利率差别。例如，三年期国债利率比一年期国债利率高。两者的变现力和违约风险相同，差别在于到期时间不同。到期时间越长，在此期间如果市场利率上升，长期债券按固定利率计息，那么购买者遭受损失的风险越大。到期风险附加率，是对投资者承担利率变动风险的一种补偿。

对财务人员来说，最好是能准确预测未来利率，在其上升时使用长期资金来源，在其下降时使用短期资金来源。但是实际上，利率很难预测出来。因此，他们只能合理搭配长、短期资金来源，使企业在任何利率环境中都能生存下去。

本 章 小 结

1. 企业财务管理主要是对资金的管理，其对象就是资金及其周转，或称之为资金运动。财务管理在企业中的具体表现形式为不间断的资金循环过程。企业财务管理是指企业组织财务活动、处理财务关系的一项经济管理工作。

2. 一个完善的财务管理系统至少应包括财务预测、财务决策、财务预算、财务控制和财务分析五个基本环节。企业财务的工作组织主要包括完善企业内部财务管理体制和健全企业财务管理机构两方面内容。

3. 企业的主要组织形式有三种：个人独资企业、合伙制企业和公司制企业。

4. 企业经营的目标可以细分为生存、发展和获利。企业财务管理的目标主要有四种：利润最大化、每股收益最大化、股东财富最大化以及企业价值最大化。每种财务管理目标各有其优点和缺点，企业须结合具体情况作出判断。

5. 股东与经营者、债权人之间的关系是企业最重要的财务关系，但三者的目标并不一致。企业必须协调这三方面的冲突，才能实现企业财务管理的目标。

6. 财务管理原则也称理财原则，是指人们对财务活动的共同的、理性的认识。它是联系财务管理理论与实务的纽带。财务管理原则包括三类共12种。三类是竞争环境类、创造价值类和财务交易类。

7. 财务管理环境是客观存在的，企业只有适应它们的特点，才能有效地开展相关工作。财务管理环境涉及的范围很广，其中最重要的环境是经济环境、法律环境和金融环境等。财务管理的经济环境是指对财务管理有重要影响的一系列经济因素，一般包括经济周期、通货膨胀、经济政策和市场竞争等。法律环境是企业组织财务活动、处理与各方经济关系所必须遵循的法律规范的总和。金融环境主要包括金融市场、金融机构和利率三个方面。

思 政 课 堂

春秋战国时期的著名理财思想

我国春秋战国时期思想家众多，百花齐放，百家争鸣，造就了灿烂的华夏文化。这一时期的理财思想也是浓墨重彩，对当代理财的发展仍然具有重要意义。

春秋时期著名政治家晏婴是齐国三朝名相。他一生谦让自持，尤以节俭力行著称于世，其理财思想有颇多可取之处。从《左传·襄公二十八年》中可以看到他的一些先进的理财思想。晏婴认为，个人获得或追求物质财富，要有一个社会伦理限度，只有在一定的"德"的限度内，个人财富才可以长久保持；超过一定限度，财富则十足为害。这正与"布帛之有幅"一样，决不可漫无边际。晏婴的这种"伦理的财富观"是很值得称赞的。

孔子的财务分配思想对后世乃至当今社会同样具有特别重要的意义。春秋末期，财富分配不均，贫富对立已成为引人注目的社会问题。孔子认为，无限度地追求财富，会因得失而产生怨恨，贫穷也不免会产生怨恨。因此，他反对财富过分集中，反对对人民的过分压迫和剥削，提出了"有国有家者不患寡而患不均，不患贫而患不安。盖均无贫，和无寡，安无倾"的分配主张。

孟子的理财思想也有许多独到之处。他主张先义后利、财务诚信。如果不先义后利，一味重利，则国家必然产生危机。他说："王曰'何以利吾国？'大夫曰'何以利吾家？'士庶曰'何以利吾身？'上下交征利而国危矣。"由于没有制度和道德约束，人们就会不择手段地追求利益。他说："苟为后义而先利，不夺不餍。"这种以义为本的先义后利的财务伦理思想对当前财务伦理缺失、财务协调失范具有重要意义。另外，孟子的诚信学说也很有意义，理财也应当讲诚信。他说："诚者，天之道也；思诚者，人之道也。至诚而不动，未之有也；不诚，未有能动者也。"只有讲诚信，才能真正理好财，不讲诚信，最终不可能把财理好。

墨子的理财思想主要集中在他与门人合著的《墨子》一书中，具体有以下几点：①主张增强国家财力，"官府实而财不散"，进而达到"官府实而万民富"的目的。②认为劳动创造财富，主张保护私有财产。"下强用事，则财用足矣"，"贱人不强用事，则财用不足"，他反对不劳而获。③主张"义利"。"利"被看作社会伦理的基础，义的标准在于是否有利于他人，利于他人为义，不利于他人为不义。④主张消费"节用"，无论是公共消费还是私人消费，都应当"节用"，他有强烈的降低成本费用的意识。"节俭则昌，淫佚则亡"，"力时急则自养俭，生财密其用之节。"墨子的理财思想主要表现在"节用"上。

管子在他所著的《管子》一书中多次提到"计数"一词。"计数"是指"计算数据并进行筹划"，具有理财含义。而且该书已有了防范财务管理风险的思想。理财如果不知道收入是多少，便会造成财务混乱，甚至有发生收入枯竭的危险，各项开支如果不事前筹划，事后准确记录、检查，便会出现贪污浪费、入不敷出的情况，造成财务风险。《管子》中多次强调理财要"明法审数"。"明法"即理财要有制度，"审数"即对各项收支进行审核，做到心中有数，以防止舞弊和差错。可见，管子已经很清楚地知道人的自利性一面，需要财务制度的约束，从而达到"法立数得"之目的。

(资料来源：王棣华.春秋战国时期的著名理财思想[J].财会学习，2007(1):74-76.)

思考题： 现实生活中我们经常听到与理财有关的俗语，比如"你不理财，财不理你""金钱是仆人，理财是常识""投资有道，添财(天才)做到""取之有道，用之有效"，结合春秋战国时期的理财思想，谈谈你对投资理财的看法，以及怎样才能树立正确的理财观念。

复习与思考题

1. 企业财务活动包括哪些方面？企业与各方面的财务关系有哪些？
2. 简述财务管理的基本环节。
3. 什么是企业财务的工作组织？
4. 从财务学的角度比较各种企业财务管理目标，并提出你的观点。
5. 将"利润最大化"作为企业财务管理的目标有何优缺点？
6. 什么是企业价值最大化？
7. 现在大公司普遍采用哪些措施激励管理者实现企业财务管理目标？
8. 如何协调股东和经营者、债权人之间的矛盾？
9. 企业应该怎样承担社会责任？
10. 如何理解比较优势原则？
11. 举例说明信号传递原则和投资分散化原则。
12. 简述企业财务管理环境。
13. 试述金融市场的功能及其在企业理财中的作用。

案例分析

1. 2021年4月7日，中国央行以利率招标的方式开展了100亿元逆回购操作，期限为7天，中标利率为2.2%。记者注意到，自2月18日春节收假以来，央行每个工作日都开展了7天逆回购操作，利率均维持在2.2%。通过每日进行7天逆回购操作的方式，央行持续向市场释放短端政策利率信号。从市场利率来看，短端利率震荡下行，振幅减弱，长端利率整体企稳。虽然美联储预期保持鸽派态度，但中国央行官员公开表示，无论是去年美联储推出大规模货币刺激措施，还是未来美联储调整货币政策，对中国金融市场的影响都是比较小的。结合中国近期对央行货币政策"稳健"的表述，多名专业人士分析认为，年内全面降准降息的概率较低。

请查找资料并分析一下央行进行逆回购操作的原因及其对经济的影响，并结合财务管理环境理论说明其原因。

(资料来源：谭志娟.央行开展100亿元逆回购操作 机构称4月资金面总体压力不大.
https://new.qq.com/rain/a/20210407A0C3E700.2021-04-07.)

2. 股份公司的直接"祖先"是18世纪发展起来的"合股公司"，合股公司是通过向投资者发行股票来筹集资金的，它无须得到政府的"特许状"，而且它的股票可以自由转让，股东只负有限责任。17世纪末到18世纪初，英国正处于经济发展的兴盛时期，出现了作为股份公司萌芽的合股公司，但其发展却不是一帆风顺的，著名的"南海泡沫"事件将英国股份公司的发展带入了歧途。"南海泡沫"事件发生在1720年，是世界证券市场首例由过度投机引起的经济事件,"泡沫经济"一词也是源于"南海泡沫"事件。

请查找资料介绍一下西方企业组织形式的发展,并对股份公司进行评价。

(资料来源:中国民商法律网. 英国股份公司发展的迷途——"南海泡沫"事件. http://old.civillaw.com.cn/article/default.asp?id=36158.2007-11-24.)

3. 中国平安自成立以来,始终把"诚信"作为企业的核心价值理念,把对股东、客户、员工、社会负责和实现其价值最大化作为企业的崇高使命。中国平安从企业人格化的角度,结合平安的企业文化内涵和行业特征,构建起中国平安的"企业社会责任模型",即秉持厚德载物之理念,积极承担对股东的勤谨之德、对客户的诚信之德、对员工的涵养之德和对社会的感恩之德。

中国平安深刻地认识到:四大责任深刻地揭示了企业存在的理由、企业的使命与抱负、企业赖以生存的环境及环境主体之间的关系,使企业行为超越了单纯经营管理的范畴,同时关注各个利益相关方的评价并接受各方的检验。

对股东负责即资产增值、稳定回报:平安珍惜并善用每一分资本,保持持续稳健的经营发展,构建完善的公司治理结构,不断提升全面风险管理水平。对客户负责即服务至上、诚信保障:平安了解客户需求,运用新科技、新技术,推动金融服务业的发展,提供丰富的惠及民生的金融产品。对员工负责即生涯规划、安居乐业:平安为员工营造和谐、愉悦的工作氛围,提供合适的薪酬和福利、清晰的职业发展方向和广阔的职业发展空间,以及专业、高效的培训。对社会负责即回馈社会、建设国家:平安自成立以来一直怀抱感恩之心反哺社会,以"专注为明天"为公益理念,在环境公益、教育公益、红十字公益、社群公益方面持续投入。

通过以上资料,试述你对企业社会责任的理解。它与企业财务管理的目标有冲突吗?

(资料来源:中国平安. 可持续发展. http://about.pingan.com/shehuizeren/index.shtml.2023-04-02.)

4. EVA 是经济增加值(Economic Value Added)英文名称的缩写。从最基本的意义上说,EVA 是公司业绩评价指标。EVA 与其他传统业绩评价指标的不同之处在于,它的计算考虑了带来企业利润的所有资金的成本,包括权益资本成本和债务资本成本。其计算公式如下:

EVA=税后营业净利润×(1-公司所得税税率)-加权平均资本成本率×(债务资本+权益资本)

EVA 的基本理念:资本获得的收益至少要能补偿投资者承担的风险,也就是说,股东必须赚取至少等于资本市场类似投资回报的收益率。

请分析一下,作为企业业绩评价指标,EVA 和利润哪一个更合理?为什么?现在有部分人员把EVA 最大化当成企业财务管理目标,你怎么看?

(资料来源:安天澜. 经济增加值(EVA,Economic Value Added). https://zhuanlan.zhihu.com/p/399233778.2023-04-02.)

第二章

财务管理基本价值观念

【学习要点及目标】

通过本章的学习,要求学生了解风险的概念与种类;了解名义利率、实际利率之间的关系;理解风险、收益的含义以及风险与收益之间的关系;掌握货币时间价值的概念;掌握单利终值与现值、复利终值与现值、年金终值与现值的计算;掌握风险的衡量方法。

【核心概念】

货币时间价值 终值 现值 单利 复利 普通年金 预付年金 递延年金 永续年金 投资风险价值 风险 收益

【引导案例】

诺贝尔基金是如何实现资产"滚雪球"的

2020年10月5日，当年的诺贝尔生理学或医学奖授予哈维·阿尔特、迈克尔·霍顿和查尔斯·赖斯，以表彰他们在"发现丙型肝炎病毒"方面作出的贡献。三位获奖者将分享1 000万瑞典克朗奖金(约合760万元人民币)。诺贝尔当年的遗产仅仅在3 100万瑞典克朗左右，经历百年时间的通货膨胀以及经济风险，奖金发放总额已远远超出其初始规模，特别是近几年，每年的奖金支出都在1亿瑞典克朗以上。如今，诺贝尔基金储备总资产超过42亿瑞典克朗，当年的诺贝尔遗产价值已经翻了一百多倍。这种资金规模成长的背后，离不开与诺贝尔奖一同成长的诺贝尔基金。

正是在该基金的操盘下，以"钱生钱"的方式，保证诺贝尔奖一直持续，保证了奖金额度，该基金可以说是世界上最长寿、最成功的基金。为了使奖金可以在未来若干年源源不断地颁发，如何扩大原始资本、增加未来奖金总额，对基金会来说是一项既艰巨又关键的任务。

早期，根据诺贝尔本人的初衷，再加上1901年瑞典国王批准通过的评奖规则，诺贝尔基金只能投资在"安全的证券"上，比如债券。这种"安全投资"的收益率很低，很难跑赢通胀，同时面临着高税负。这主要是因为当时诺贝尔奖奖金的提取并不直接来自投资收益中的资本利得，而是100%来自利息收入和分红。到了1945年诺贝尔奖奖金名义值仅为12.13万瑞典克朗，购买力较1901年时缩水近70%。到1953年，该基金会的资产比成立时缩水近2/3。

真正的转折点在1953年。当时世界秩序刚刚重置稳定，美国发布新规，规定自当年起诺贝尔基金会在美国所进行的投资活动一律享受免税待遇。同年，瑞典政府允许诺贝尔基金独立投资。因此，诺贝尔基金开始投资股票市场，而海外投资主要针对美国股市，同时获得瑞典政府的批准，投资范围扩大至房地产、股票市场、抵押贷款等。这套力挽狂澜的操作，对该基金的运作产生了深远影响。如果按1953年从事股票、房地产投资以来的收益计算，诺贝尔基金年化收益率接近16%，这份成绩虽然比不上巴菲特，不过作为接近120年历史的永续型基金，可以说是全球稳健型基金的真正代表！

这也提醒我们，自身拥有的资产无不面临着通胀以及经济风险因素的影响，导致一定的价值流失。如何做到"钱生钱"以及掌握合理的资产配置是一项重要的知识。

(资料来源：格隆汇.奖金发了119年，资产增值135倍，诺贝尔基金如何"滚雪球"？
https://baijiahao.baidu.com/s?id=1679795769513630767&wfr=spider&for=pc.2020-10-06.)

第一节 货币时间价值

所有的财务活动都是在一定的时间和空间内进行的，财务活动从起点到终结，都会经历一定的时间。理财是面向未来的，现值与终值是连接价值世界的两个端点，货币时间价值原理就是讲述这两者之间的换算关系。

一、货币时间价值的含义

货币时间价值是指货币经历一定时间的投资和再投资所增加的价值。货币能够增值，首要的原因在于它是资本的一种形式，可以作为资本投放到企业的生产经营当中，经过一段时间的资本循环周转后，会产生利润。这种利润就是货币的增值。因此，如果货币不参与生产经营，而是放在保险柜里或者长埋在地下，显然它就不会发生任何增值。随着时间的延续，资金总量在循环和周转中按几何级数增长，使得货币具有时间价值。

货币时间价值是一定量货币在不同时点上价值量的差额。例如，某人用10万元现金购买国债，在利率为5%的条件下，1年后该笔款项的本利和将达到10.5万元。假定不存在通货膨胀因素，两者之间的差额0.5万元就是时间价值。可以看出，货币时间价值有两种表现形式：一种是绝对额，指时间价值额，表现为货币在生产经营过程中带来的真实增值额，0.5万元就是货币时间价值的绝对额；另一种是相对数，即时间价值率，一般用货币时间价值的绝对数额除以本金计算出来，如5%就是相对数。在实务中，通常以相对量(利率或贴现率)代表货币时间价值，人们常常将政府债券利率视为货币时间价值。

从量的规定性来看，货币时间价值是没有风险和通货膨胀情况下的社会平均资金利润率。没有风险，意味着不考虑投资损失的情况，没有通货膨胀，货币不会发生由于通货膨胀造成的贬值损失。之所以以社会平均资金利润率作为货币时间价值的衡量尺度，是因为市场竞争的缘故。在市场竞争中，各行业投资的利润率趋于平均化，企业在投资中所赚得的基本报酬也必须达到社会平均资金利润率，否则，就不如投资于其他项目或行业。无通货膨胀和无风险情况下的社会平均资金利润率就成为企业投资要求的基本报酬。

在理解货币时间价值时要注意三点：①如果社会上存在风险和通货膨胀，我们还需将它们考虑进去；②不同时点上的等量货币具有不同的经济价值和经济效用，因而不能直接比较和简单汇总；③不同时点上的货币，只有借助货币时间价值换算为同一时点上的价值，才能汇总、比较和分析。本节将介绍两种利息计算方式：单利计息和复利计息。实际上，单利计息只是基础，而货币在周转使用的过程中其价值增值是在几何级次上增加的，所以货币时间价值应按复利计算。

二、单利的计算

为了计算货币时间价值，需要引入"终值"和"现值"这两个概念。终值又称将来值，是指现在一定量的资金在未来某一时点上的价值，包括本金和时间价值，即本利和。现值又称本金，是指将未来某一时点上的一定量资金折合为现在的价值，即将来值扣除时间价值后所剩的本金。

在单利(simple interest)计息方式下，每期都按初始本金计算利息，当期利息不作为下一期的计息基础，每期的计息基础不变。现行的银行存款、国债计息方法采用的就是单利计息法。

(一)单利终值的计算

单利终值是指现在收入或支出的一笔货币按单利计算的未来价值。单利终值的计算公

式为

$$F=P+I=P+Pin=P(1+in)$$

其中：I 代表利息；P 代表本金；n 代表计息期；i 代表利率；F 代表本利和；$(1+in)$ 为单利终值系数。

【例 2.1】假设有存款 10 000 元，年利率为 3%，若以单利计算，则第一年年末、第二年年末、第三年年末的终值(本利和)分别是多少？

解：第一年年末的终值(本利和)=10 000×(1+3%×1)=10 300(元)
　　第二年年末的终值(本利和)=10 000×(1+3%×2)=10 600(元)
　　第三年年末的终值(本利和)=10 000×(1+3%×3)=10 900(元)

(二)单利现值的计算

单利现值是指未来收入或支出的一笔货币按单利折算的现在价值。单利现值的计算与单利终值的计算是互逆的。其计算公式为

$$P=F-I=F/(1+in)$$

式中：P、F、I、i、n 的含义同前；$1/(1+in)$ 为单利现值系数。

【例 2.2】某企业希望在 6 年后取得本利和 10 000 元，用以支付一笔款项。则在利率为 5%单利计息的情况下，现在就应该存入银行的本金是多少？

解：$P=10\,000\div(1+5\%\times6)\approx 7\,692$(元)

三、复利的计算

在复利(compound interest)计息方式下，每期都将上一期期末的本利和作为当期的计息基础，即通常所说的"利滚利"。这意味着不仅要对初始本金计息，还要对已经产生的利息再计息，每期的计息基础都在变化，每期利息都不相等。

(一)复利终值的计算

复利终值是指现在的一定量货币按复利计算的未来价值。根据复利计算的特点，复利终值计算公式的推导过程如表 2.1 所示。

表 2.1　复利终值计算公式的推导过程

项　目	利　　息	本　利　和
第一年年末	Pi	$P+Pi=P(1+i)=P(1+i)^1$
第二年年末	$(P+Pi)i$	$(P+Pi)+(P+Pi)i=P(1+i)(1+i)=P(1+i)^2$
第三年年末	$[(P+Pi)+(P+Pi)i]i$	$[(P+Pi)+(P+Pi)i]+[(P+Pi)+(P+Pi)i]i$ $=P(1+i)(1+i)(1+i)=P(1+i)^3$

可以得出，第 n 年的本利和为

$$F=P(1+i)^n$$

上式中的 $(1+i)^n$ 称为复利终值系数或 1 元的复利终值，一般采用美国工程教育协会工程经济分会所规定的专门符号统一记为 $(F/P, i, n)$，所以复利终值的计算公式也可写为

$$F = P(F/P, i, n)$$

为了便于计算,可根据利率与期数,查复利终值系数表来确定 1 元复利终值。该表的作用不仅在于根据 i 和 n 查 1 元复利的终值,而且可以根据 1 元复利终值和 n 查找 i,或者根据 1 元复利终值和 i 查找 n。

【例 2.3】将 10 000 元存入银行,利息率为 5%,按复利计息,5 年后的终值应是多少?

解:$F = P(1+i)^5 = 10\,000 \times (1+5\%)^5 \approx 12\,763$(元)

也可以查复利终值系数表进行计算:

$F = P(F/P, i, n)$
$= 10\,000 \times (F/P, 5\%, 5)$
$= 10\,000 \times 1.276\,3$
$= 12\,763$(元)

【例 2.4】年定期存款年利率为 4%,假定按复利计息。该企业第一年年末存款 200 000 元,第二年年末存款 400 000 元。请问:第 5 年年末本利和是多少?

解:该问题可用现金流量图表示,如图 2.1 所示。

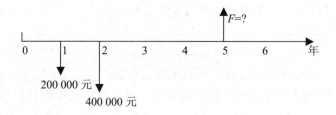

图 2.1 例 2.4 的现金流量图

第 5 年年末的本利和为

$F = 200\,000 \times (F/P, 4\%, 4) + 400\,000 \times (F/P, 4\%, 3)$
$= 200\,000 \times (1+0.04)^4 + 400\,000 \times (1+0.04)^3$
$\approx 200\,000 \times 1.169\,86 + 400\,000 \times 1.124\,86$
$\approx 683\,916$(元)

【知识链接】

复利的 72 法则

当我们在做财务规划时,了解复利的运作及其计算是相当重要的。我们常喜欢用"利滚利"来形容某项投资获利快速、报酬惊人。复利的时间乘数效果,正是这其中的奥妙所在。

把复利公式摊开来看,"本利和 = 本金 × (1 + 利率)^{期数}",这个"期数"时间因子是整个公式的关键因素,一年又一年(或一月一月)地相乘下来,数值当然会越来越大。

虽然复利公式并不难理解,但若是期数很多,算起来还是相当麻烦的,于是市面上有许多理财书籍都列有复利表,投资人只要按表索骥,就能很容易地计算出来。复利表虽然好用,但也不可能始终带在身边。若是遇到需要计算复利收益的情况,有一个简单的"72 法则"可以取巧。

所谓 72 法则,就是以 1% 的复利来计息,经过 72 年以后,你的本金就会变成原来的两倍。这个公式好用的地方在于它能以一推十。例如，利用5%年收益率的投资工具，经过14.4年(72/5)本金就大约增长一倍；利用12%年收益率的投资工具，则要6年左右(72/12)，就能让1元钱变成2元钱。

因此，今天如果你手中有100万元，运用了收益率为15%的投资工具，就可以很快知道，经过约4.8(72/15)年，100万元就会变成200万元。

虽然利用72法则不像查表计算那么精确，但也已经十分接近了，因此当你手中少了一份复利表时，记住这个简单的72法则，或许能够帮你不少忙。

(资料来源：麦教授随笔. 如何用72法则快速计算投资资金翻倍所需的时间. https://user.guancha.cn/main/content?id=355227.2020-07-27.)

(二)复利现值的计算

复利现值是复利终值的逆运算，即已知本利和求本金。由本利和求本金叫作贴现，在贴现时所用的利率叫贴现率。复利现值的计算公式如下：

$$P = F/(1+i)^n = F(1+i)^{-n}$$

上式中的$(1+i)^{-n}$称为复利现值系数或1元的复利现值，用符号$(P/F, i, n)$表示。所以复利现值的计算公式也可以写为

$$P = F(P/F, i, n)$$

现值系数$(P/F, i, n)$的数值可以通过复利现值系数表，根据i，n值查表获得。

【例2.5】若银行年利率为5%，假定按复利计息，为在8年后获得60 000元款项，现在应存入银行多少元钱？

解：该问题可用现金流量图表示，如图2.2所示。

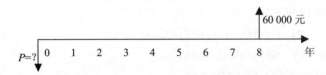

图2.2　例2.5的现金流量图

现在应存入银行的金额$P = 60\ 000 \times (P/F, 5\%, 8) = 60\ 000 \times 0.676\ 8 = 40\ 608$(元)

四、年金的计算

年金(annuity)是指等额、定期的系列收付款项，通常记作A。年金的特征表现在以下几方面：①系列性，是指发生的现金流在两次或两次以上；②等额性，是指每期发生的现金流都相等；③等期性，是指现金流发生的时间间隔是相同的；④同方向性，是指现金流都是流入或都是流出。

年金按其每次收付款项发生的时点不同，可以分为普通年金、预付年金、递延年金、永续年金等几种。在现实生活中，年金是很常见的，如分期偿还贷款、养老金、定期支付的租金、保险费、零存整取、折旧费、各种偿债基金等。

(一)普通年金的计算

所谓的普通年金,又称后付年金,是指每期期末有等额收付款项的年金。

1. 普通年金终值

普通年金终值是指在一定时期内每期期末收付款项的复利终值之和,如图 2.3 所示。

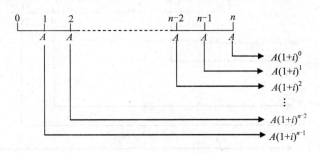

图 2.3　普通年金终值

普通年金终值的计算公式为

$$F = A(1+i)^0 + A(1+i)^1 + A(1+i)^2 + \cdots + A(1+i)^{n-2} + A(1+i)^{n-1}$$

或

$$F = A[(1+i)^n - 1]/i$$

其中,$[(1+i)^n - 1]/i$ 称作年金终值系数,表示为 $(F/A, i, n)$。

为了计算方便,编制了年金终值系数表。因此,上式也可表示为

$$F = A(F/A, i, n)$$

【例 2.6】某人在 6 年间每年年末存入银行 2 000 元,年存款利率为 5%,按复利计算,则第 6 年年末时连本带利是多少?

解:该问题可用现金流量图表示,如图 2.4 所示。

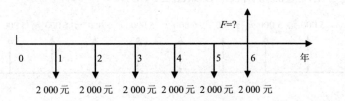

图 2.4　例 2.6 的现金流量图

$F = 2\,000 \times (F/A, 5\%, 6) = 2\,000 \times 6.801\,9 = 13\,603.8$(元)

【例 2.7】假设某企业有一笔 5 年后到期的借款,到期值为 1 000 万元。若存款年利率为 4%,按复利计息,则为偿还该项借款应每年年末向银行存入多少钱?

解:该问题可用现金流量图表示,如图 2.5 所示。

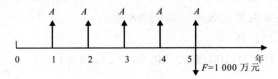

图 2.5　例 2.7 的现金流量图

$F=1\,000=A(F/A, 4\%, 5)$

$\Rightarrow A=1\,000/(F/A, 4\%, 5)=1\,000/5.416\,3\approx184.63(万元)$

2. 普通年金现值

普通年金现值是指一定时期内每期期末发生的年金的复利现值之和,如图 2.6 所示。

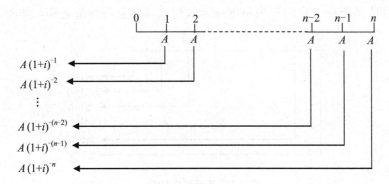

图 2.6 普通年金现值

普通年金现值的计算公式如下:

$$P = A(1+i)^{-1} + A(1+i)^{-2} + \cdots + A(1+i)^{-(n-1)} + A(1+i)^{-n}$$

或

$$P = A[1-(1+i)^{-n}]/i$$

其中,$[1-(1+i)^{-n}]/i$ 称作年金现值系数,表示为$(P/A,i,n)$,同样可以查表获得。因此,上式也可以表示为

$$P=A(P/A, i, n)$$

【例 2.8】某人拟在银行存入一笔款项,年复利率为 6%,要想在今后的 8 年内每年年末取出 5 000 元,则现在应一次性存入银行多少钱?

解:该问题可用现金流量图表示,如图 2.7 所示。

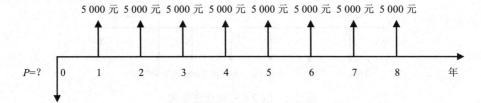

图 2.7 例 2.8 的现金流量图

$$P=A(P/A, 6\%, 8)=5\,000\times6.209\,8=31\,049(元)$$

【例 2.9】若以 5%的利率借款 100 000 元,投资于某个寿命期为 7 年的项目,每年年末至少要收回多少钱才是有利的?

解:该问题可用现金流量图表示,如图 2.8 所示。

$P=100\,000=A(P/A, 5\%, 7)$

$\Rightarrow A=100\,000/(P/A, 5\%, 7)=100\,000/5.786\,4\approx17\,281.9(元)$

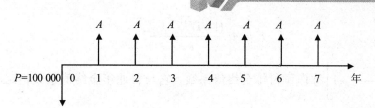

图 2.8　例 2.9 的现金流量图

(二)预付年金的计算

预付年金也称先付年金、即付年金，是指在一定时期内各期期初等额的系列收付款项，如图 2.9 所示。预付年金与普通年金的区别仅在于付款时间不同。利用普通年金系数表计算预付年金的终值和现值时，可在普通年金的基础上用终值和现值的计算公式进行调整。

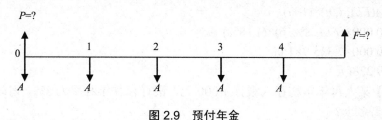

图 2.9　预付年金

1. 预付年金终值

普通年金的年金收付发生在每期期末，与此相反，预付年金的年金收付发生在每期期初。预付年金终值比相同的普通年金终值多计一期利息。因此，只要在普通年金终值公式上乘以$(1+i)$，便是预付年金的终值公式。预付年金终值与普通年金终值的对照如图 2.10 所示。

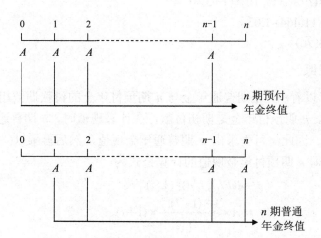

图 2.10　预付年金终值与普通年金终值的对照

可以看出，n 期预付年金终值的计算公式为

$$F = A(F/A,i,n)(1+i) = A\left[\frac{(1+i)^n - 1}{i}\right](1+i)$$

即
$$F = A\left[\frac{(1+i)^{n+1}-1}{i} - 1\right]$$

其中，$\left[\frac{(1+i)^{n+1}-1}{i} - 1\right]$ 称作预付年金终值系数，它与普通年金终值系数相比，期数加 1，系数减 1，记作 $[(F/A, i, n+1)-1]$。

【例 2.10】 公司投资于某项目，分 6 次投入，每年年初投入 10 000 元，第 6 年年末建成。若该公司贷款的年利率为 8%，则该项目 6 年后的投资总额为多少？

解： $F = A[(F/A, i, n+1) - 1]$
   $= 10\,000 \times [(F/A, 8\%, 6+1) - 1]$
   $= 10\,000 \times (8.922\,8 - 1)$
   $= 79\,228(元)$

或者 $F = A(F/A, i, n) \times (1+i)$
   $= 10\,000 \times (F/A, 8\%, 6) \times (1+8\%)$
   $= 10\,000 \times 7.335\,9 \times 1.08$
   $\approx 79\,228(元)$

【例 2.11】 某人每年年初存入银行 1 000 元，银行存款年利率为 3%。请问：第 10 年年末的本利和应为多少？

解： $F = A[(F/A, i, n+1) - 1]$
   $= 1\,000 \times [(F/A, 3\%, 10+1) - 1]$
   $= 1\,000 \times (12.808 - 1)$
   $= 11\,808(元)$

或者 $F = A \times (F/A, i, n) \times (1+i)$
   $= 1\,000 \times (F/A, 3\%, 10) \times (1+3\%)$
   $= 1\,000 \times 11.464 \times 1.03$
   $\approx 11\,808(元)$

2. 预付年金现值

从图 2.11 中可以看出，n 期普通年金与 n 期预付年金的付款期数相同，但由于 n 期普通年金是期末付款，n 期预付年金是期初付款，在计算现值时，n 期普通年金比 n 期预付年金现值多贴现一期。因此，可先求出 n 期普通年金现值，然后再乘以 $(1+i)$，便可求出 n 期预付年金的现值。即 n 期预付年金现值的计算公式为

$$P = A(P/A, i, n) \times (1+i)$$
$$= A \times \frac{1-(1+i)^{-n}}{i} \times (1+i)$$
$$= A \times \left[\frac{1-(1+i)^{-(n-1)}}{i} + 1\right]$$

其中，$\left[\frac{1-(1+i)^{-(n-1)}}{i} + 1\right]$ 称作预付年金现值系数，表示为 $[(P/A, i, n-1)+1]$，它是在普通年金现值系数的基础上，期数减 1、系数加 1 所得的结果。这时，可用如下公式计算预付年金的

现值：

$$P=A[(P/A, i, n-1)+1]$$

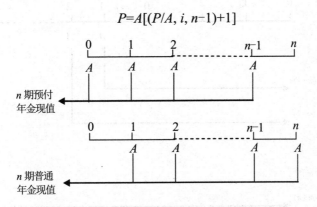

图 2.11　预付年金现值与普通年金现值的关系

【例 2.12】 张某分期付款购买一辆汽车，每年年初支付 30 000 元，期限为 5 年，利率为 5%。请问：若一次性付款应付多少元？

解：$P=A[(P/A, i, n-1)+1]$
　　　$=30\,000\times[(P/A, 5\%, 5-1)+1]$
　　　$=30\,000\times(3.546+1)$
　　　$=136\,380(元)$

或者 $P=A(P/A, i, n)(1+i)$
　　　$=30\,000\times(P/A, 5\%, 5)\times(1+5\%)$
　　　$=30\,000\times4.329\,5\times1.05$
　　　$\approx 136\,380(元)$

即若一次性付款，只需付 136 380 元。

(三)递延年金的计算

递延年金是指第一次收付款发生的时间与第一期无关，而是隔若干期后才发生的系列等额收付款项，它是普通年金的特殊形式。只要不是从第一期开始的年金都是递延年金。一般用 m 表示递延期数，后面若干期连续收付的期数用 n 表示。递延年金终值的计算方法与普通年金终值的计算方法类似，因终值往后计算，不考虑递延期的影响，按 n 期计算即可，即 $F=A(F/A, i, n)$。延期 m 期的递延年金现值的计算过程如图 2.12 所示。

递延年金现值的计算方法有以下三种。

第一种方法：把递延年金视为 n 期普通年金，先求出递延年金在第$(m+1)$期期初(即 m 期期末)的现值，然后再将此现值调整到第一期的期初，便可求出递延年金的现值。其计算公式为

$$P=A(P/A, i, n)(P/F, i, m)$$

第二种方法：递延年金现值等于$(m+n)$期普通年金现值减去实际没有发生收付款项的前 m 期普通年金现值后的差值。其计算公式为

$$P=A(P/A, i, m+n)-A(P/A, i, m)$$
$$=A[(P/A, i, m+n)-(P/A, i, m)]$$

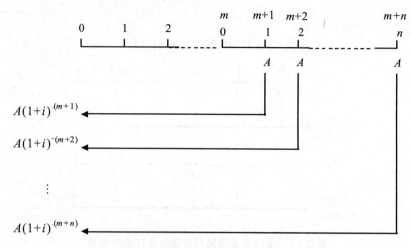

图 2.12 递延年金现值的计算过程

第三种方法：递延年金现值等于 n 期普通年金终值的 $(m+n)$ 期的复利现值。其计算公式为

$$P=A(F/A, i, n)(P/F, i, m+n)$$

【例 2.13】某企业准备在第 5 年年末起每年取出 50 000 元用于职工培训，共取 5 年，年利率为 10%。请问：现在应存入银行多少元？

解：$P=A(P/A, i, n)(P/F, i, m)$

$=50\ 000\times(P/A, 10\%, 5)\times(P/F, 10\%, 4)$

$=50\ 000\times3.790\ 8\times0.683$

$=129\ 455.82(元)$

或 $P=A(P/A, i, m+n)-A(P/A, i, m)$

$=50\ 000\times(P/A, 10\%, 9)-50\ 000\times(P/A, 10\%, 4)$

$=50\ 000\times(5.759\ 0-3.169\ 9)$

$=129\ 455(元)$

或 $P=A(F/A, i, n)(P/F, i, m+n)$

$=50\ 000\times(F/A, 10\%, 5)\times(P/F, 10\%, 9)$

$=50\ 000\times6.105\ 1\times0.424\ 1$

$\approx129\ 458.65(元)$

(四)永续年金的计算

永续年金是指无限期等额收付的特种年金，可视为普通年金的特殊形式，即期限趋于无穷的普通年金，如图 2.13 所示。永续年金因为没有终止期，所以只有现值，没有终值，永续年金现值的计算可依据普通年金现值的公式推导。

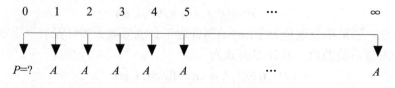

图 2.13 永续年金

$$P = A \times \frac{1-(1+i)^{-n}}{i}$$

当 $n \to \infty$ 时，$(1+i)^{-n} \to 0$，则

$$P = A \times \frac{1-(1+i)^{-\infty}}{i} = A \times \frac{1}{i} = \frac{A}{i}$$

【例 2.14】某人持有某公司优先股，每年每股股利为 6 元，在利率为 5%的情况下，则现在该股票的价值是多少？

解：$P = \dfrac{A}{i} = \dfrac{6}{5\%} = 120(元)$

【例 2.15】某学校拟建立一项永久性奖学金，每年计划颁发 100 000 元奖学金，如果银行存款利率为 4%，则该学校现在应存入银行的金额为多少元？

解：$P = \dfrac{A}{i} = 100\,000 \times \dfrac{1}{4\%} = 2\,500\,000(元)$

货币时间价值计算中各系数的关系如表 2.2 所示。

表 2.2　货币时间价值计算中各系数的关系

名称	表达方式	系数之间的关系
单利终值系数与单利现值系数	$(1+in)$ 与 $1/(1+in)$	互为倒数
复利终值系数与复利现值系数	$(1+i)^n$ 与 $(1+i)^{-n}$	互为倒数
预付年金终值系数与普通年金终值系数	$[(F/A, i, n+1)-1]$ 与 $(F/A, i, n)$	期数加 1，系数减 1
预付年金现值系数与普通年金现值系数	$[(P/A, i, n-1)+1]$ 与 $(P/A, i, n)$	期数减 1，系数加 1
复利终值系数与普通年金终值系数	$(F/A, i, n) = [(1+i)^n -1]/i$	普通年金终值系数=(复利终值系数-1)/i
复利现值系数与普通年金现值系数	$(P/A, i, n) = [1-(1+i)^{-n}]/i$	普通年金现值系数=(1-复利现值系数)/i
递延年金现值系数	$[(P/A, i, m+n)-(P/A, i, m)]$	$(m+n)$期与 m 期普通年金现值系数之差
永续年金现值系数	$1/i$	普通年金现值系数的特殊形式

五、货币时间价值应用中的特殊问题

(一)不等额系列收付款的计算

前面所讲的年金是指每次收入或支出的款项都是相等的。但在经济管理中，更多的情况是每次收入或支出的款项并不完全相等。

【例 2.16】有一笔现金流量如表 2.3 所示，其中的年份指的都是该年年末。假定贴现率为 5%，求该笔不等额现金流量的现值。

表2.3 现金流量表

单位：元

年 份	第1年	第2年	第3年	第4年	第5年	第6年	第7年
现金流量	1 000	2 000	3 000	3 000	2 000	2 000	1 000

解：

$P = A_1/(1+i)^1 + A_2/(1+i)^2 + A_3/(1+i)^3 + A_4/(1+i)^4 + A_5/(1+i)^5 + A_6/(1+i)^6 + A_7/(1+i)^7$

= 1 000×0.952 4+2 000×0.907+3 000×0.863 8+3 000×0.822 7

+2 000×0.783 5+2 000×0.746 2+1 000×0.710 7

=952.4+1 814+2 591.4+2 468.1+1 567+1 492.4+710.7

=11 596(元)

【例 2.17】 某人第一年年初存入银行 10 000 元，第二年年初存入银行 20 000 元，第三年年初存入银行 30 000 元，存款利率为 10%，按复利计息，则第四年年末可取出多少钱？

解： 该问题可用现金流量图表示，如图 2.14 所示。

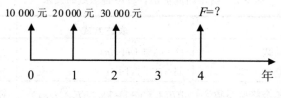

图 2.14 例 2.17 的现金流量图

F=10 000×(F/P,10%, 4)+20 000×(F/P,10%,3)+30 000×(F/P,10%,2)

=10 000×1.464 1+20 000×1.331+30 000×1.210

=14 641+26 620+36 300

=77 561(元)

(二)计息期短于一年的终值的计算

终值和现值通常是按年来计算的，但有时候也会遇到计息期短于一年的情况。例如，债券利息一般每半年支付一次，股利有时每季度支付一次，这就出现了以半年、一个季度、一个月甚至以天为期间的计息期。

前面我们探讨的都是以年为单位的计息期，当计息期短于一年，而使用的利率又是年利率时，计息期数和利息率均应按以下公式进行换算：

$$r = i/m$$
$$t = mn$$

式中：r 为期利率；i 为年利率；m 为每年的计息次数；n 为年数；t 为换算后的计息期数。

【例 2.18】 本金 20 000 元，投资 5 年，年利率为 12%，每季度复利一次，求 5 年后的本利和。

解：

每季度利率=12%÷4=3%

计息期数=5×4=20(次)

$F = 20\,000 \times (1+3\%)^{20} = 20\,000 \times (F/P, 3\%, 20) = 36\,122(元)$

【例 2.19】企业借入 100 万元，年利率为 12%，试计算不同条件下的将来值。

解：

若每年计息一次，则 1 年后的将来值为

$F = 100 \times (1 + 0.12) = 112(万元)$

若每半年计息一次，半年的利率为 12%÷2=6%，1 年后的将来值为

$F = 100 \times (1 + 0.12/2)^2 = 112.36(万元)$

若每季计息一次，1 年后的将来值为

$F = 100 \times (1 + 0.12/4)^4 = 112.55(万元)$

若每月计息 1 次，1 年后的将来值为

$F = 100 \times (1 + 0.12/12)^{12} = 112.68(万元)$

(三)名义利率和实际利率的计算

如果以年作为基本计息期，每年计算一次复利，此时的实际利率为名义利率。如果按照短于一年的计息期计算复利，并将全利息额除以年初的本金，此时得到的利率为实际利率。从例 2.19 可知，12%对于一年多次计息来说，就是名义利率，6%、3%和 1%称为期利率。于是，可得到下列公式：

$$i = \left(1 + \frac{R}{m}\right)^m - 1$$

其中：R 为名义年利率；i 为实际年利率；m 为每年的计息次数。

仍以例 2.19 为例，一年计息 4 次时，实际利率为

$$i = \left(1 + \frac{R}{m}\right)^m - 1 = \left(1 + \frac{12\%}{4}\right)^4 - 1 \approx 12.55\%$$

【例 2.20】某企业有现金 20 万元，拟选择一项回报率比较稳定的投资，希望每个季度能收入 8 000 元。那么，该项投资的实际收益率应为多少？

解：

季度收益率=8 000÷200 000×100%=4%

名义收益率=4%×4=16%

$$实际收益率 = \left(1 + \frac{R}{m}\right)^m - 1 = \left(1 + \frac{16\%}{4}\right)^4 - 1 \approx 16.99\%$$

第二节 投资风险价值

风险是时时处处都存在的，企业实际的经营活动几乎都处在风险和不确定的情况下。因此企业理财时，必须研究风险、计量风险，并设法控制风险，以求最大限度地扩大企业财富。

一、风险与收益

(一)风险的概念

【案例链接】

2020 年 14 家上市公司亏损近 180 亿元，电影行业能触底反弹吗？

近期，上市影视公司的 2020 年业绩报告陆续出炉，分水岭十分明显。在统计中的 14 家公司中，有 9 成的公司出现了净利润亏损，超过 1/3 的公司则是延续了 2019 年的亏损状况，甚至动辄十几亿元、几十亿元的亏损不是个例。具体来看，在已经发布了业绩预告和报告的 14 家上市影视公司中，仅有光线保持盈利状态，其他公司都或多或少出现了亏损，甚至万达的归母净利润亏损了近 70 亿元。

对于国内电影产业来说，从 2019 年左右开始遭遇资本退潮，到 2020 年突如其来的新冠疫情带来了长达半年的"冰封期"，整个产业明显已经迈入了一个低谷期。其实，从近几年上市公司财报的表现就能看出这一点。

具体来看，2018 年左右的国内电影产业已经开始面对资本退潮的问题，"资本寒冬"的影响力在 2019 年有了更明显的表现，竞争环境发生变化的整个行业被迫进行了一次去泡沫化的行动。加上受到宏观市场环境调控、行业政策收紧等因素的影响，行业的整体发展呈现出了放缓的趋势，"V 形走势"初显端倪。

而到了 2020 年，"黑天鹅"事件的致命性影响让上半年的大盘几乎"真空"，被中断的电影项目不在少数，终端市场的发展矛盾也被放大，疫情冲击下的整体经济形势还将处于长期恢复期，整个产业的下滑趋势成了不争的事实。

(资料来源：跃幕.2020 年 14 家上市公司亏损近 180 亿元，电影行业能触底反弹吗? https://www.sohu.com/a/458966084_100191076.2021-04-04.)

一般来说，风险是指在一定条件下和一定时期内可能发生的各种结果的变动程度。在风险存在的情况下，人们只能事先估计到采取某种行动可能导致的结果，以及每种结果出现的可能性，而行动的真正结果究竟怎样，不能事先确定，所以风险是"一定条件下"的风险。风险的大小随时间延续而变化，是"一定时期内"的风险。风险可能给投资人带来超出预期的收益，也可能带来超出预期的损失。因为人们更加关注预期的损失，所以风险主要是指无法达到预期收益的可能性。

投资风险价值(risk value of investment)是指投资者由于冒风险进行投资而获取的超过货币时间价值的额外收益。投资风险价值有两种表现形式：绝对数形式，即风险收益额，是投资者由于冒着风险进行投资而获取的超过货币时间价值的额外收益；相对数形式，即风险收益率，是指风险收益额相对于投资额的比率。如果不考虑通货膨胀，投资者进行风险投资所要求或期望的投资收益便是货币时间价值(无风险收益率)与风险收益率之和，即

$$K = R_F + R_R$$

式中：K 为投资期望收益率；R_F 为货币时间价值(无风险收益率)；R_R 为风险收益率。

(二)风险的类别

从不同的角度进行分类,风险可以分为以下几种类别。

1. 从投资主体的角度来看,风险可以分为市场风险和公司特有风险

市场风险是指由对所有企业产生影响的因素引起的风险。产生市场风险的影响因素一般是宏观因素,如通货膨胀、经济衰退、自然灾害等。这种风险涉及所有的企业、所有的投资对象,不能通过多元化投资来分散,因而又称为不可分散风险或系统风险。如投资者投资于股票,由于宏观经济形势的变动导致整个大盘下跌,则无论投资于哪只股票,都要面临股价下跌带来的损失,也就是要承担市场风险。

公司特有风险是指发生于个别企业特有事项造成的风险。这种风险不是每个企业都面临的,而是发生于个别企业,如企业内部罢工、诉讼失败、重大投资失败等。这类事件时有发生,但不同企业发生的可能性是不确定的。要想回避这种风险可以通过多元化投资来分散,因此,这种风险也称为可分散风险或非系统风险。

2. 从公司本身来看,风险可以分为经营风险和财务风险

经营风险是指因企业生产经营活动的不确定性而带来的风险。企业的供、产、销等各种生产经营活动都存在着很大的不确定性,都会对企业收益带来影响,因而经营风险是普遍存在的。如原材料供应地发生自然灾害、运输方式改变、价格变动等,这些因素会造成供应方面的风险。此外,企业外部环境的变化、竞争因素都会给企业经营带来不确定性,从而导致经营风险。

财务风险是指由于举债而给企业带来的风险,也称筹资风险。企业经营活动的资金有两个来源:一是自有资金,二是借入资金。由于借入资金需要还本付息,一旦无力偿还到期债务,企业就会陷入财务困境甚至破产。当息税前资金利润率低于借入资金利息率时,借入资金所获得的利润不足以支付利息,需动用自有资金利润来支付利息,从而使自有资金利润率降低,这种风险即为财务风险。

举债加大了企业的风险,若企业不举债,即都是自有资金,则没有财务风险,只有经营风险。对财务风险的管理,关键是要保持一个合理的资本结构,维持适当的负债水平,既要充分利用举债经营这一手段获取财务杠杆利益,提高资金盈利能力,又要注意防止过度举债而引起的财务风险加大,避免陷入财务困境。

(三)风险与收益的关系

风险与收益的对称性是资本运动的客观规律,财务管理的理性假设之一便是厌恶风险,只是每个人厌恶风险的程度不同。风险与收益之间的关系,表明投资者追求收益的同时,风险也会随之而来。风险管理的价值观在于以最小的风险为代价来实现资本投资高收益的目的。

总的来说,在证券市场上存在着四种风险与收益组合而成的投资机会:①高风险与低收益;②低风险与高收益;③高风险与高收益;④低风险与低收益。显然,所有理性的投资者都不会涉及第一类投资机会,第二类投资机会几乎不存在,因为若真有这种机会,投资者必趋之若鹜,价格将迅速上升,收益便会降低,从而成为第四类机会。这样一来,在证券市场上只有两种投资机会供投资者选择，即高风险与高收益，或低风险与低收益。风险与收益的基本关系是：风险越大，要求的收益率越高。这是市场竞争的结果。

对于投资者来说，要获得高收益，就必须承受高风险。但反过来，高风险的投资机会却并不一定能确保高收益的实现，因为高风险本身就意味着收益具有较大的不确定性，高风险的结果可能是高收益，也可能是低收益，甚至可能是高损失。由此可见，收益是以风险为代价的。因此，要使投资者心甘情愿地承担一份风险，必须以一定的收益作为回报或补偿，风险越大，补偿应越高。也就是说，收益与风险的基本关系是：风险越大，要求的投资收益率越高。同样，低收益的投资必须风险很低，否则就没有人投资。

对于企业而言，要根据自身的风险承受能力，确定投资的收益目标。企业以追求收益甚至高收益为企业经营目标无可厚非，但千万不可在追求高额收益的同时忘记风险的存在。在现实中，脱离企业实际风险承受能力，片面追求高收益，盲目投资，结果导致财务失败的案例屡见不鲜。

二、风险的衡量

风险的衡量是计算风险收益的先决条件，需要使用概率统计的方法，具体的风险衡量过程如下。

(一)概率分布

在经济活动中，某一事件在相同的条件下有可能发生，也可能不发生，这类事件称为随机事件。概率就是用来表示随机事件发生可能性大小的数值。通常把必然发生事件的概率定为1，把不可能发生事件的概率定为0，而一般随机事件发生的概率是介于0与1之间的一个数，用 P_i 来表示。它有如下特点：① $0 \leqslant P_i \leqslant 1$；② $\sum P_i = 1$。

将随机事件各种可能的结果按一定的规则进行排列，同时列出各结果出现的相应概率，这一完整的描述称为概率分布。

概率分布可以用可能出现的结果作为横轴，以其对应的概率为纵轴表示。概率分布有两种类型：一种是离散型分布，其特点是概率分布在各个特定的点上；另一种是连续型分布，其特点是概率分布在连续图像的两点之间的区间上。图2.15是某投资项目预期投资收益率的离散型概率分布图；图2.16是不同经济情况下两个投资项目投资收益率的连续型概率分布图。

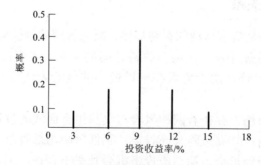

图2.15 投资收益率的离散型概率分布图

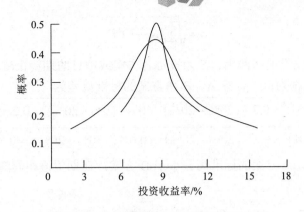

图 2.16 投资收益率的连续型概率分布图

(二)期望值

期望值是一个概率分布中的所有可能结果以各自相应的概率为权数计算的加权平均值,是加权平均的中心值,通常用符号 E 表示。投资项目预期收益率的期望值可称为期望收益率或期望报酬率。其计算公式为

$$E(K) = \sum_{i=1}^{n}(K_i \cdot P_i)$$

其中:$E(K)$ 为投资方案或项目的期望报酬率;K_i 为每种可能结果的报酬率;P_i 为发生概率。

【例 2.21】某企业有 A、B 两个投资方案可供选择。经测算,其投资收益率的概率分布如表 2.4 所示。试计算两个投资方案的期望收益率。

表 2.4 投资收益率概率分布

经济状况	经济状况出现概率	报酬率/%	
		A 方案	B 方案
繁荣	0.20	40	70
一般	0.60	20	20
衰退	0.20	0	-30

解:根据表 2.4,可以分别计算 A、B 两个投资方案的期望报酬率。

$E(K_A)$=40%×0.20+20%×0.60+0%×0.20=20%

$E(K_B)$=70%×0.20+20%×0.60+(-30%×0.20)=20%

由计算结果可知,A、B 两个方案的期望收益率都是 20%,即两个方案可能给企业带来相同的期望收益率。在期望收益率相同的情况下,投资的风险程度同收益的概率分布有着密切联系,应计算期望收益率的标准离差来加以判断。

(三)标准离差

标准离差是各种可能的收益率偏离期望收益率的综合差异,是反映离散程度的一种量度,常用 σ 表示。由于标准离差是一个绝对值指标,只有对期望值(期望收益率)相同的投资项目,才有可能比较它们的风险。在期望值相同的情况下,标准离差越大,风险越大;反之,标准离差越小,则风险越小。其计算公式为

$$\sigma = \sqrt{\sum_{i=1}^{n}(K_i - E)^2 P_i}$$

其中：K_i 为每种可能结果的报酬率；E 为投资各方案或项目的期望报酬率；P_i 为发生概率。

以例 2.21 中的数据为例，计算 A、B 两方案的标准离差为

$$\sigma_A = \sqrt{(40\%-20\%)^2 \times 0.2 + (20\%-20\%)^2 \times 0.6 + (0\%-20\%)^2 \times 0.2} \approx 12.65\%$$

$$\sigma_B = \sqrt{(70\%-20\%)^2 \times 0.2 + (20\%-20\%)^2 \times 0.6 + (-30\%-20\%)^2 \times 0.2} \approx 31.62\%$$

由计算结果可知，A 方案的标准离差小于 B 方案，在期望值相同的情况下，选择 A 方案的投资风险更小。

(四)标准离差率

标准离差率是标准离差和期望值的比值，通常用 V 表示。它是一个相对数指标，能反映期望收益率不同的投资项目的风险程度。标准离差率越大，风险越大；反之，标准离差率越小，风险越小。其计算公式为

$$V = \sigma / E$$

仍以例 2.21 中的数据为例，计算 A、B 两个投资方案的标准离差率为

$V_A = 12.65\% \div 20\% = 63.25\%$

$V_B = 31.62\% \div 20\% = 158.1\%$

由计算结果可知，A 方案的标准离差率小于 B 方案的标准离差率，说明 A 方案的投资风险小于 B 方案，应选择 A 方案进行投资。

三、风险收益的计算

为了正确判断一个投资方案在某种风险程度下取得的投资收益是否值得，需要计算投资的风险价值。风险价值既可以用风险收益率表示，也可以直接用风险收益额表示。投资者冒险进行投资，其目的就是获取超过货币时间价值的风险价值(风险收益)，而且所冒风险越大，要求得到的风险收益就越高。也就是说，风险收益的大小应该与所冒风险的大小成正比，如图 2.17 所示。

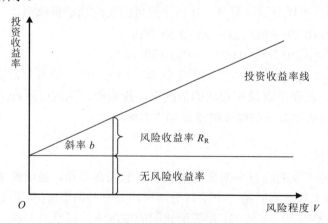

图 2.17　风险与收益的关系

因此，表示风险价值的风险收益率应与反映风险程度的预期投资收益率的标准离差率成正比例关系。这里引入一个参数——风险价值系数，可以将预期投资收益率的标准离差率转换成风险收益率。风险收益率、风险价值系数和标准离差率之间的关系可用公式表示如下：

$$R_R = bV$$

式中：R_R 为风险收益率；b 为风险价值系数；V 为标准离差率。

仍以例 2.21 中的数据为例，计算 A、B 两个投资方案的风险收益率(假定投资者为 A、B 两方案确定的风险价值系数分别为 0.05 和 0.08)。

A 方案：$R_R = bV = 0.05 \times 63.25\% = 3.16\%$

B 方案：$R_R = bV = 0.08 \times 158.1\% = 12.65\%$

风险价值系数通常由投资者主观决定。如果投资者愿意冒较大的风险以追求较高的收益率，可把风险价值系数定得小一些；反之，可以定得大一些。风险价值系数还可以根据以往同类项目的投资收益率、无风险收益率和标准离差率等历史资料计算确定。

【例 2.22】某企业准备进行一项投资，根据历史资料，此类项目含风险收益率的投资收益率一般为 15%，其收益率的标准离差率为 50%，无风险收益率为 7%，请计算风险价值系数。

解：

$K = R_F + R_R = R_F + bV = 7\% + b \times 50\% = 15\%$

则 $b = (15\% - 7\%) \div 50\% = 16\%$

本 章 小 结

1. 货币时间价值，是指货币经历一定时间的投资和再投资所增加的价值。从量的规定性上看，货币时间价值是指没有风险和通货膨胀情况下的社会平均资金利润率。

2. 在单利计息方式下，每期都按初始本金计算利息，当期利息不作为下一期的计息基础，每期的计息基础不变。现行的银行存款、国债计息方法采用的就是单利计息法。在复利计息方式下，每期都将上一期期末的本利和作为当期的计息基础，即通常所说的"利滚利"。不仅要对初始本金计息，还要对已经产生的利息再计息，每期的计息基础都在变化，每期利息不相等。

3. 年金是指等额、定期的系列收付，通常记作 A。年金按其每次收付款项发生的时点不同，可以分为普通年金、预付年金、递延年金、永续年金等。

4. 风险是指在一定条件下和一定时期内可能发生的各种结果的变动程度。投资风险价值是指投资者由于冒着风险进行投资而获取的超过货币时间价值的额外收益。

5. 风险与收益的对称性是资本运动的客观规律，高风险高收益，低风险低收益，人们如果不去冒风险就不会获得超过货币时间价值的额外报酬。

思 政 课 堂

两个关于复利的故事

爱因斯坦曾经说过:"复利是世界第八大奇迹,其威力比原子弹更大。"人类历史上最伟大的科学天才为何对复利如此推崇?许多人不知其所以然。即便我们曾在不同场合多次强调复利的力量,还是有许多朋友表示疑惑:复利,真的这么神奇?其实,就像原子核裂变足以毁灭一个城市一样,数字几何级增长所爆发的威力,同样让人难以置信。关于这一点,有两个故事虽然流传久远,甚至老生常谈,但仍然让人震撼。

在印度有一个古老的传说,舍罕王打算奖赏国际象棋的发明人——宰相西萨·班·达依尔。国王问他想要什么,他对国王说:"陛下,请您在这张棋盘的第 1 个小格里,赏给我 1 粒米,在第 2 个小格里给 2 粒米,在第 3 个小格给 4 粒米……以后每一小格都比前一小格加一倍。请您把这样摆满棋盘上所有的 64 格的米,都赏给您的仆人吧!"故事的结果我们当然都听过,国王需要付出多少粒米呢?答案是 18 446 744 073 709 600 000 粒米,相当于印度很多年的粮食产量!

另外一个关于复利的故事,叫作《24 美元买下曼哈顿》,在西方世界流传很广。1626 年,荷属美洲新尼德兰省总督彼得·米纽伊特(Peter Minuit)花了大约 24 美元从印第安人手中买下了曼哈顿岛。用 24 美元买下曼哈顿,彼得无疑占了一个天大的便宜。但是,如果转换一下思路,彼得也许并没有占到便宜。如果当时的印第安人拿着这 24 美元去投资,按照 8%的年化收益率计算,到 2000 年,这 24 美元将变成 70 多万亿美元,远远超过曼哈顿岛的价值。

如果觉得这些故事离我们都比较遥远的话,你现在就可以拿起计算器,验证一个事实:本金 10 万元,以 30%的利率增长 50 年,最后的结果是多少?答案是 497.929 2 亿元,注意单位是亿元。一个人拥有 10 万元是很稀松平常的事,他和将近 500 亿元财富之间,相隔的只有 30%年化收益率和 50 年时间。

(资料来源:金融界.24 美元买下曼哈顿 复利真的这么神奇?
https://www.sohu.com/a/83049298_114984.2016-06-14.)

思考题: 复利是一种计算利息的方法,其影响因素有本金、收益率和时间。利用复利的计算公式解释一下上面两个故事并分析,复利三大因素中哪一个最重要?哪一个对最终结果影响最大,同时也是我们能控制的呢?我们在本金不多、时间不占优势的情况下,怎样借助复利的魅力提升自己的理财能力呢?

复习与思考题

1. 货币时间价值如何理解?举例说明。
2. 单利和复利有什么区别?如何计算?

3. 什么是复利的 72 法则？现实生活中怎样应用？

4. 什么是年金？试述普通年金、预付年金、递延年金和永续年金的区别。

5. 普通年金、预付年金的终值和现值如何进行计算？

6. 名义利率和实际利率的含义是什么？两者之间如何换算？

7. 什么叫风险？什么叫投资风险？如何衡量投资风险？

8. 简述企业经营风险和财务风险。

9. 什么是风险收益？风险和收益之间有什么关系？

计 算 题

1. 根据以下资料，计算货币时间价值。

(1) 某人将 10 000 元存入银行，3 年期，年利率为 4%，单利计息，求 3 年后本利和。

(2) 某人将 10 000 元存入银行，年利率为 4%，复利计息，求 5 年后本利和。

(3) 年利率 5%，1 年复利 1 次，5 年后本利和为 10 000 元，求复利现值。

(4) 年利率 6%，半年复利 1 次，8 年后本利和为 10 000 元，求复利现值。

(5) 某人有 10 000 元，拟投入年收益率为 8% 的投资项目，经过多少年才可使现有货币增加 1 倍？经过多少年才可使现有货币增加 2 倍？(精确计算)

(6) 拟在 5 年后还清 100 000 元债务，从现在起每年年末等额存入银行一笔款项。假设银行存款利率为 4%，每年需要存入多少元？

(7) 某人以 7% 的利率借得资金 100 000 元，投资于一个合作期限为 6 年的项目，需要每年年末至少收回多少资金才是有利可图的？

(8) 某人出国 5 年，请你代付房租，每年年初支付租金 12 000 元，设银行存款利率为 4%，他应当现在给你往银行存入多少钱？

(9) 年名义利率为 6%，每季度复利一次，用公式计算的实际年利率是多少？

(10) 假设一个孩子 10 年后要上大学，大学 4 年间每年初需要给孩子 10 000 元，那么，从现在开始的 10 年内，他的父母每年年末需要存入多少钱才能保证孩子将来的学习费用(假定年利率为 5%)？

2. 某人购买商品房，如付现金，则应一次性支付 50 万元；如果通过商业银行按揭贷款，则年利率为 6%，复利计息，年末支付，每年年末支付 6 万，共需支付 20 年。请问哪一种付款方式好？若要使两种方法的结果无差异，在利率、期数不变的情况下第二种付款方式应于每年年末支付多少钱？

3. 设东方公司现有 A、B 两个投资方案可供选择，A、B 两方案的一次投资总额均为 55 万元，经济寿命均为 10 年，投资款项从银行借入，利率为 6%。A 方案在 10 年内每年年末可收回投资 8 万元，回收总额为 80 万元；B 方案在前五年内，每年年末可收回投资 10 万元，后五年内，每年年末可收回投资 5 万元，回收总额为 75 万元。要求：为东方公司作出 A、B 两个投资方案的决策分析。

4. 企业有 A、B 两个投资项目，计划投资额均为 100 万元，其收益(净现值)的概率分布如表 2.5 所示。

要求：(1) 分别计算 A、B 两个项目净现值的期望值。

(2) 分别计算 A、B 两个项目净现值的标准差。

(3) 判断 A、B 两个投资项目的优劣。

表2.5 项目净现值概率分布

市场状况	概　率	A项目净现值/万元	B项目净现值/万元
好	0.2	20	30
一般	0.5	10	10
差	0.3	5	−5

5. 某企业准备投资开发新产品，资料如表2.6所示。

表2.6 预期年收益率概率分布

市场状况	概　率	预计年收益率		
		A产品	B产品	C产品
繁荣	0.1	30%	40%	50%
一般	0.6	15%	15%	15%
较差	0.3	0%	−15%	−30%

试计算投资开发各种新产品的风险大小，并进行比较。

案 例 分 析

1. 200多年前，本杰明·富兰克林向美国政府捐献了1 000英镑，用于波士顿的放贷收息增值活动。过了100年，人们把这笔投资增值的一部分用于再投资。200年后，这笔增值的资金建立了富兰克林基金，以非常优惠的贷款方式帮助了许多医科学生，还盈余300多万美元。

200年间，假设平均年利率为5%，那么，富兰克林最初捐献的1 000英镑何来这么大的威力？试用货币时间价值的原理来分析。

（资料来源：资中筠. 财富的归宿：美国现代公益基金会述评[M]. 上海：上海人民出版社，2006.）

2. 1797年3月，拿破仑在卢森堡第一国立小学演讲时，潇洒地把一束价值3路易的玫瑰花送给该校校长，并且说了这样一番话："为了答谢贵校对我，尤其是对我夫人约瑟芬的盛情款待，我不仅今天呈献上一束玫瑰花，并且在未来的日子里，只要我们法兰西存在一天，每年的今天我都将派人送给贵校一束价值相等的玫瑰花，作为法兰西与卢森堡友谊的象征。"从此卢森堡这个小国即对这"欧洲巨人与卢森堡孩子亲切、和谐相处"的一刻念念不忘，并载入史册。

后来，拿破仑穷于应付连绵不断的战争和此起彼伏的政治事件，并最终因失败而被流放到圣赫勒那岛，自然也把对卢森堡的承诺忘得一干二净。

谁都不曾料到，1984年年底，卢森堡人竟旧事重提，向法国政府提出这"赠送玫瑰花"

的诺言，并且要求索赔。他们要求法国政府：一、要么从1797年起，用3个路易作为一束玫瑰花的本金，以5厘复利计息全部清偿；二、要么在法国各大报刊上公开承认拿破仑是个言而无信的小人。法国政府当然不想有损拿破仑的声誉，但电脑算出来的数字让他们惊呆了：原本3路易的许诺，至今本息已高达1 375 596法郎。最后，法国政府冥思苦想，才找到一个使卢森堡比较满意的答复，即："以后无论在精神上还是在物质上，法国将始终不渝地对卢森堡大公国的中小学教育事业予以支持与赞助，来兑现我们的拿破仑将军那一诺千金的玫瑰花信誓。"

请问：如何利用货币时间价值原理解释这笔赔偿金额？如果时间截止到2023年，这笔赔偿会达到多少？

(资料来源：孙君飞. 拿破仑的玫瑰誓言[J]. 创新科技，2007(7): 38.)

3. 海航控股以600亿元左右的巨亏刷新A股纪录。业绩预告显示，受疫情影响及重要关联方海航集团被债权人申请重整，公司2020年净利润预计为亏损580亿元至650亿元，公司的总市值为299亿元。年亏损数据刷新2019年*ST盐湖亏损458亿元的纪录。紧随其后的是ST康美近300亿元亏损。中国国航、东方航空和南方航空均公布了亏损超百亿元的2020年年报。预告净利润下限亏损超10亿元的57家企业中，有46家公司在业绩变动原因中提到受疫情影响，其他未提及疫情的公司有海航科技、西水股份、*ST安信、*ST金正和*ST信威等。

请结合风险原理，分析一下海航控股等公司巨亏的原因，并说明应该如何防范。

(资料来源：每日经济新闻. 海航控股预亏600亿元左右！刷新A股纪录. https://baijiahao.baidu.com/s?id=1697254563466937675&wfr=spider&for=pc.2021-04-17.)

4. 如果你突然收到一张事先不知道的1 260亿美元的账单，你一定会大吃一惊。而这样的事件发生在瑞士的田纳西镇的居民身上。纽约布鲁克林法院判决田纳西镇应向美国投资者支付这笔钱。最初，田纳西镇的居民以为这是一件小事，但当他们收到账单时，他们被这张巨额账单惊呆了。他们的律师指出，若高级法院支持这一判决，为偿还债务，所有田纳西镇的居民在其余生将不得不靠吃廉价快餐度日。

田纳西镇的问题源于1966年的一笔存款。斯兰黑不动产公司在内部交换银行(田纳西镇的一个银行)存入一笔6亿美元的存款。存款协议要求银行按每周1%的利率(复利)付息(难怪银行第二年破产)。1994年，纽约布鲁克林法院作出判决：从存款日到田纳西镇对该银行进行清算的7年中，这笔存款应按每周1%的复利计息，而在银行清算后的21年中，每年按8.54%的复利计息。

那么：

(1) 请用你学的知识说明1 260亿美元是如何计算出来的？
(2) 如利率为每周1%，按复利计算，6亿美元增加到12亿美元需多长时间？
(3) 本案例对你有何启示？

(资料来源：Annig. 田纳西镇的巨额账单. https://www.jianshu.com/p/a6ef72d93fba.2021-03-27.)

第三章

财务报表分析

【学习要点及目标】

通过本章的学习，要求学生了解财务信息需求者；了解财务分析的内容；熟悉主要财务报表及其基本格式；熟悉沃尔比重评分法；掌握财务分析的基本方法；掌握财务报表分析的具体指标及其应用；掌握杜邦财务分析体系。

【核心概念】

资产负债表　利润表　现金流量表　财务分析　比较分析法　趋势分析法　因素分析法　比率分析法　短期偿债能力　长期偿债能力　营运能力　盈利能力　市场价值指标　杜邦财务分析体系　沃尔比重评分法

【引导案例】

刘姝威 600 字打破蓝田神话

刘姝威在《上市公司虚假会计报表识别技术》一书的写作过程中，发现蓝田公司存在严重财务问题，在《金融内参》上发表 600 字文章《应立即停止对蓝田股份发放贷款》，此后引发了轰动全国的"蓝田事件"。这为她带来了诉讼和人身威胁，也成为终结蓝田神话的"最后一根稻草"，她做了那个"指出皇帝没穿衣服"的孩子。刘姝威的文章主要通过对蓝田公司的财务报表进行全方位分析，指出相关问题，内容如下。

1. 蓝田股份已无力还债

2000 年，蓝田股份的流动比率是 0.77，这说明短期可转换成现金的流动资产，不足以偿还到期流动负债；速动比率是 0.35，这说明扣除存货后，流动资产只能偿还 35%的到期流动负债；净营运资金是-1.3 亿元，这说明蓝田股份将不能按时偿还 1.3 亿元的到期流动负债。

2. 销售额有作假嫌疑

根据资料分析，蓝田股份不可能以"钱货两清"和客户上门提货的销售方式，一年销售 12.7 亿元水产品，2000 年蓝田股份的农副水产品收入 12.7 亿元的数据是虚假的。

3. 蓝田股份的资产结构是虚假的

根据数据分析，蓝田股份的在产品占存货百分比和固定资产占资产百分比异常高于同行业平均水平，蓝田股份的在产品和固定资产的数据是虚假的。

4. 蓝田股份已经成为提款机

根据一系列关于蓝田的公开报道进行分析，可以得出：第一，中国蓝田(集团)总公司没有净收入来源，蓝田股份的现金流量流向中国蓝田(集团)总公司，蓝田股份已经成为中国蓝田总公司的提款机；第二，蓝田股份没有足以维持其正常经营和按时偿还银行贷款本息的现金流量来源。

(资料来源：新浪财经.20 周年策划之"蓝田神话". https://finance.sina.com.cn/focus/20ltsh/.2023-04-02.)

乐视网：如何做到连续 10 年财务造假的？

2021 年 4 月 12 日晚，乐视网披露北京证监局下发的行政处罚通知书，因财务造假、欺诈发行等违法行为，乐视网被处以 2.406 亿元罚款，乐视网实控人贾跃亭被罚款 2.412 亿元。

随着乐视网造假事件的曝光，一批审计机构和审计人员不可避免将被牵涉其中。经调查发现，乐视网自 2007 年至 2016 年 10 年间，历聘三家会计师事务所，分别为利安达、华普天健和信永中和。在此期间，除了 2016 年强调了特殊事项之外，上述三家机构出具的均为无保留意见的标准审计报告。

经中国证监会北京监管局查明，乐视网及贾跃亭等人存在以下违法事实：①乐视网于 2007 年至 2016 年连续 10 年财务造假，其报送、披露的申请首次公开发行股票并上市(IPO)相关文件及 2010 年至 2016 年的年报存在虚假记载；②乐视网未按规定披露关联交易；③乐视网未披露为乐视控股等公司提供的担保事项；④乐视网未如实披露贾某芳、贾跃亭向上市公司履行借款承诺的情况；⑤乐视网 2016 年非公开发行股票行为构成欺诈发行。

从操作手法上看，在首次发行阶段，乐视网通过虚构业务及虚假回款等方式虚增业绩以满足上市发行条件，主要是通过贾跃亭实际控制的公司虚构业务，并通过贾跃亭控制的银行账户构建虚假资金循环的方式虚增业绩。在与客户真实业务往来过程中，通过冒充回款等方式虚增业绩。乐视网上市后，财务造假更加频繁，包括虚构广告业务确认收入，无形资产冲抵全部或部分应收账款，虚构与第三方公司业务，与客户签订并未实际执行的广告互换框架合同或虚构广告互换合同确认业务收入等。

(资料来源：阳光正好. 乐视网：如何做到连续10年财务造假的？
https://zhuanlan.zhihu.com/p/365503706.2021-09-23.)

第一节 财务报表概述

　　财务报表是企业财务会计报告的一部分。财务会计报告又称财务报告，是指企业对外提供的反映某一特定日期财务状况和某一会计期间经营成果、现金流量的文件。财务报告的主要作用是向其使用者提供真实、公允的信息，用于落实和考核企业领导人经济责任的履行情况，并有助于包括所有者在内的财务报告使用者的经济决策。

　　企业的财务报告由会计报表及其附注组成。其中，会计报表包括资产负债表、利润表、现金流量表、资产减值准备明细表、利润分配表、所有者权益增减变动表、分部报表等。在财务分析中，重点关注的财务报表是资产负债表、利润表和现金流量表。

一、资产负债表

　　资产负债表属于静态报表，是反映企业在某一特定日期财务状况的报表，主要提供有关企业财务状况方面的信息。通过资产负债表，可以提供企业在某一特定日期资产的总额及其结构，表明企业拥有或控制的资源及其分布情况；可以提供企业在某一特定日期的负债总额及其结构，表明企业未来需要用多少资产或劳务清偿债务以及清偿时间；可以反映企业所有者在某一特定日期所拥有的权益，据以判断资本保值、增值的情况以及对负债的保障程度。

　　资产负债表一般由表首、正表两部分组成。其中，表首包括报表名称、编制单位、编制日期、报表编号、货币名称、计量单位等。正表则列示了用以说明企业财务状况的各个项目，它一般有两种格式：报告式资产负债表和账户式资产负债表。报告式资产负债表是上下结构，上半部分列示资产，下半部分列示负债和所有者权益。具体排列形式又有两种：一是按"资产=负债+所有者权益"的原理排列；二是按"资产-负债=所有者权益"的原理排列。账户式资产负债表是左右结构，左边列示资产，右边列示负债和所有者权益。不管采取什么格式，资产各项目的合计数等于负债和所有者权益各项目的合计数这一等式不变。在我国，资产负债表采用账户式，资产负债表左右双方平衡，即资产总计等于负债和所有者权益总计。资产负债表的基本格式和内容如表3.1所示。

表 3.1 资产负债表

编制单位：东方公司　　　　　　　　2020 年 12 月 31 日　　　　　　　　单位：元

资　产	年 初 数	年 末 数	负债及所有者权益	年 初 数	年 末 数
流动资产：			流动负债：		
货币资金	100 000	70 000	短期借款	100 000	50 000
交易性金融资产	10 000	0	交易性金融负债	0	0
应收票据	100 000	60 000	应付票据	200 000	180 000
应收账款	200 000	500 000	应付账款	90 000	80 000
预付款项	100 000	100 000	应付职工薪酬	110 000	180 000
应收利息	0	0	应交税费	30 000	20 000
应收股利	0	0	应付利息	10 000	0
其他应收款	30 000	50 000	应付股利	0	30 000
存货	500 000	200 000	其他应付款	50 000	50 000
一年内到期的非流动资产	0	0	一年内到期的非流动负债	10 000	0
其他流动资产	10 000	90 000	其他流动负债	0	0
流动资产合计	1 050 000	1 070 000	流动负债合计	600 000	590 000
非流动资产：			非流动负债：		
债权投资	0	0	长期借款	600 000	500 000
其他债权投资	0	0	应付债券	0	0
长期应收款	10 000	10 000	长期应付款	100 000	172 500
长期股权投资	250 000	250 000	非流动负债合计	700 000	672 500
固定资产	1 000 000	1 800 000	负债合计	1 300 000	1 262 500
在建工程	1 500 000	800 000	所有者权益：		
工程物资	0	50 000	股本	2 000 000	2 000 000
无形资产	600 000	500 000	资本公积	1 000 000	1 000 000
递延所得税资产	0	0	盈余公积	100 000	117 500
其他非流动资产	20 000	10 000	未分配利润	30 000	110 000
非流动资产合计	3 380 000	3 420 000	所有者权益合计	3 130 000	3 227 500
资产总计	4 430 000	4 490 000	负债及所有者权益总计	4 430 000	4 490 000

二、利润表

利润表属于动态报表，是反映企业在一定会计期间经营成果的报表。通过利润表，可以反映企业在一定会计期间的收入实现情况和费用耗费情况；可以反映企业在一定会计期间生产经营活动的成果，据以判断资本保值、增值情况。在利润表中，收入应当按照其重要性分项列示；费用应当按照其性质分项列示；利润应当按照营业利润、利润总额和净利润等利润的构成分类分项列示。利润表一般由表首、正表两部分组成。其中，表首包括报表名称、编制单位、编制日期、报表编号、货币名称、计量单位等；正表反映形成经营成果的各个项目和计算过程。

利润表正表的格式一般有两种：单步式利润表和多步式利润表。单步式利润表是将当期所有的收入列在一起，然后将所有的费用、支出等列在一起，两者相减得出当期净损益。多步式利润表是通过对当期的收入、费用、支出项目按性质加以归类，按利润形成的主要环节列示一些中间性利润指标，分步计算当期净损益。在我国，一般采用多步式利润表，具体格式和内容如表3.2所示。

表3.2 利润表

编制单位：东方公司　　　　　2020年12月31日　　　　　　　　　　　　单位：元

项　目	本　期　数	上　期　数
一、营业收入	1 000 000	850 000
减：营业成本	700 000	600 000
税金及附加	10 000	11 000
销售费用	20 000	19 000
管理费用	100 000	95 000
财务费用	40 000	25 000
资产减值损失	30 000	20 000
加：公允价值变动损益(损失以"-"号填列)	0	0
投资收益(损失以"-"号填列)	30 000	20 000
其中：对联营企业和合营企业的投资收益	0	0
二、营业利润(亏损以"-"号填列)	130 000	100 000
加：营业外收入	50 000	50 000
减：营业外支出	10 000	20 000
三、利润总额(亏损以"-"号填列)	170 000	130 000
减：所得税费用	42 500	32 500
四、净利润(净亏损以"-"号填列)	127 500	97 500

利润表与企业基本活动的关系如表3.3所示。

表3.3 利润表与企业基本活动的关系

项　目	企业的基本活动
一、营业收入	主要经营活动收入
减：营业成本	主要经营活动费用
税金及附加	主要经营活动费用
销售费用	经营活动费用
管理费用	经营活动费用
财务费用	筹资活动费用(债权人所得)
资产减值损失	经营活动损失

续表

项　目	企业的基本活动
加：公允价值变动损益(损失以"-"号填列)	经营、投资活动收益(损失)
投资收益(损失以"-"号填列)	投资活动收益
其中：对联营企业和合营企业的投资收益	经营、投资、筹资活动利润
二、营业利润(亏损以"-"号填列)	全部经营活动利润(已扣债权人利息)
加：营业外收入	投资和其他非经营活动收益
减：营业外支出	投资和其他非经营活动损失
三、利润总额(亏损以"-"号填列)	全部活动净利润(未扣除政府所得)
减：所得税费用	全部活动费用(政府所得)
四、净利润(净亏损以"-"号填列)	全部活动净利润(所有者所得)

三、现金流量表

现金流量表是反映企业在一定会计期间现金和现金等价物流入与流出情况的报表，属于动态报表。企业编制现金流量表的主要目的是为会计报表使用者提供有关的信息，以便会计报表使用者了解和评价企业获取现金和现金等价物的能力，并据以预测企业未来的现金流量。因此，现金流量表在评价企业经营业绩、衡量企业财务风险以及预测企业未来前景方面，有着十分重要的作用。

在现金流量表中，企业应当按照经营活动、投资活动和筹资活动的现金流量分类分项列示。经营活动的现金流量应当按照其经营活动的现金流入和流出的性质分项列示；投资活动的现金流量应当按照其投资活动的现金流入和流出的性质分项列示；筹资活动的现金流量应当按照其筹资活动的现金流入和流出的性质分项列示。

现金流量表分为三部分：第一部分为表首；第二部分为正表；第三部分为补充资料。表首包括报表名称、编制单位、编制日期、报表编号、货币名称、计量单位等。正表反映现金流量表的各个项目内容，共五项：一是经营活动产生的现金流量；二是投资活动产生的现金流量；三是筹资活动产生的现金流量；四是汇率变动对现金的影响；五是现金及现金等价物净增加额。补充资料有三项：一是将净利润调节为经营活动产生的现金流量；二是不涉及现金收支的投资和筹资活动；三是现金及现金等价物净增加。现金流量表正表的基本格式如表3.4所示。

表3.4　现金流量表

编制单位：东方公司　　　　2020年12月31日　　　　　　　　　　　　　单位：元

项　目	本　期　数	上　期　数
一、经营活动产生的现金流量		
销售商品、提供劳务收到的现金	497 363	508 758
收到的税费返还	11 756	13 422
收到的其他与经营活动有关的现金	5 929	4 924
经营活动现金流入小计	515 048	527 104

续表

项 目	本 期 数	上 期 数
购买商品、接受劳务支付的现金	199 301	206 618
支付给职工以及为职工支付的现金	23 675	22 145
支付的各项税费	41 644	37 863
支付的其他与经营活动有关的现金	103 633	86 652
经营活动现金流出小计	368 253	353 278
经营活动产生的现金流量净额	146 795	173 826
二、投资活动产生的现金流量		
取得投资收益收到的现金	650	0
处置固定资产、无形资产和其他长期资产收回的现金净额	85	25
收到的其他与投资活动有关的现金	93	112
投资活动现金流入小计	828	137
购建固定资产、无形资产和其他长期资产支付的现金	8 013	10 045
投资支付的现金	9 093	4 980
投资活动现金流出小计	17 106	15 025
投资活动产生的现金流量净额	-16 278	-14 888
三、筹资活动产生的现金流量		
取得借款收到的现金	700	0
筹资活动现金流入小计	700	0
偿还债务支付的现金	0	64 500
分配股利、利润或偿付利息支付的现金	33 059	2 906
支付的其他与筹资活动有关的现金	2 643	2 984
筹资活动现金流出小计	35 702	70 390
筹资活动产生的现金流量净额	-35 002	-70 390
四、汇率变动对现金的影响	0	0
五、现金及现金等价物净增加额	95 515	88 548

【知识链接】

财务报表审计报告的类型

按照我国现行规定，上市公司、国有企业、国有控股或占主导地位的企业的年度财务报表要经过注册会计师审计，对财务报表的合法性、公允性和一贯性发表意见。进行任何目的的财务报表分析，都应事先查阅审计报告，了解注册会计师对公司财务报表的审计意见。审计报告的类型如下。

1. 无保留意见的审计报告

无保留意见的审计报告，分为标准的无保留意见的审计报告和带说明段的无保留意见的审计报告。

标准的无保留意见的审计报告，是注册会计师对被审计单位财务报表发表不带说明段的无保留意见的审计报告。

带说明段的无保留意见的审计报告，是在"意见段"之后增加了"说明段"的无保留意见的审计报告。在说明段中，注册会计师对某些事项进行了必要的说明。这些说明并不影响财务报表的正常使用，但它们都是很重要的事项，对于理解财务报表的数据有特殊意义。报表分析人在评价其盈利能力和偿债能力时，必须考虑到这些事项的影响，适当地修正有关的结论。

2. 保留意见的审计报告

保留意见的审计报告，是指注册会计师认为被审计单位的报表总体上恰当，但对某些事项有保留意见而发表的审计报告。保留意见不妨碍财务报表的总体使用价值，但是某个重要局部的数据不具有可信性。有时这种困难可以通过数据调整来克服。

3. 否定意见的审计报告

否定意见的审计报告，是与无保留意见的审计报告相反的审计报告。注册会计师出具否定意见的审计报告大多出于两种原因：一种是会计处理方法的选用严重违反了《企业会计准则》及国家其他有关财务会计的规定，而且被审计单位拒绝调整；另一种是会计报表严重歪曲了被审计单位的财务状况、经营成果和现金流量，被审计单位拒绝调整。

出具否定意见的审计报告，意味着注册会计师认为被审计单位的财务报表不具有使用价值。这种财务报表不能作为财务分析的依据。

4. 拒绝表示意见的审计报告

拒绝表示意见，是指注册会计师对被审计单位的会计报表不能发表意见，包括肯定、否定或保留的审计意见。拒绝表示意见，不是注册会计师不愿意表示意见，而是由于某些限制而未对某些重要事项取得证据，没有办法完成取证工作，使得他无法判断问题的归属，无法对财务报表整体情况发表审计意见。当注册会计师出具拒绝表示意见的审计报告时，他会使用"无法发表审计意见"等措辞，并说明拒绝表示意见的理由，例如"缺乏可以依赖的相关控制制度，无法采用适当的审计程序以证实收入的完整性"等。

注册会计师拒绝表示意见的财务报表，不能作为财务分析的依据。

(资料来源：中国注册会计师协会. 审计[M]. 北京：经济科学出版社，2020.)

第二节　财务分析的内容及方法

财务分析即财务报表分析，就是以会计报表和其他相关资料为依据和起点，采用一系列专门的方法和技术，对企业过去和目前的偿债能力、盈利能力和营运能力等进行分析和评价，以便于企业的投资者、债权人和经营管理者等会计信息使用者作出正确的经济决策。

一、财务分析的内容

(一)财务信息需求者

财务信息的需求者主要包括企业投资者、债权人、经营管理者和政府等。不同主体出于不同的利益考虑，对财务信息有着不同的要求。他们出于不同的目的使用财务报表，采用不同的分析程序。

1. 投资者

投资者即企业的所有者，他们投资于企业的目的是扩大自己的财富。从所有者的角度来看，他们最关心的就是其投资回报，因而进行财务分析的主要目的是考核报告期企业投资回报数额、所有者收益分配和资本安全等财务责任目标的实现情况，为企业持续经营重大决策和董事会成员的奖惩提供依据。它主要包括以下问题：①公司当前和长期的收益水平高低，以及公司收益是否容易受重大变动的影响；②目前的财务状况如何，公司资本结构决定的风险和报酬如何；③与其他竞争者相比，公司处于何种地位。

2. 债权人

债权人要求企业在一定时间里偿还其本金和利息，因此重点关注企业是否具有偿还债务的能力。债权人可以分为短期债权人和长期债权人。短期债权人主要关心企业当前的财务状况，以及流动资产的流动性和周转率。长期债权人主要关心长期收益能力和资本结构。债权人要在财务报表中寻找借款企业有能力定期支付利息和到期偿还贷款本金的证明。他们进行财务报表分析是为了回答以下几方面问题：①企业筹集资金的原因；②企业还本付息所需资金的来源；③企业的信用状况，对以往的借款是否按期偿还；④企业未来在哪些方面可能需要借款。

3. 经营管理者

企业内部的经营管理人员为了更好地完成受托经济责任，需要经常性地进行财务分析。他们主要关心企业的财务状况、盈利能力和持续发展的能力，主要目的是考核报告期企业经营业绩和经营安全财务责任目标的实现情况，为经营者日常经营决策和年薪的核定提供依据。管理人员可以获取外部使用者无法得到的内部信息。他们通过财务报表分析，发现有价值的线索，设法改善业绩，从而使得财务报表能让投资人和债权人满意。

4. 政府

政府既是宏观经济管理者，又是国有企业的所有者和重要的市场参与者，在市场经济条件下政府具有多重身份。政府对国有企业进行投资，必然关注投资所产生的社会效益和经济效益，希望自己投入的资本能够保值增值，同时带来稳定增长的财政收入。因此，政府不仅需要了解企业资金的使用效率，有效地组织社会资源配置，还要借助财务分析检查企业是否违法违纪，并对企业的发展趋势和社会贡献作出评判。

(二)财务分析的内容

1. 评价企业的偿债能力

企业偿债能力分析包括短期偿债能力分析和长期偿债能力分析。短期偿债能力分析主要分析企业债务能否及时偿还。长期偿债能力分析主要分析企业资产对债务本金的支持程度和对债务利息的偿付能力。通过对企业的财务报告等会计资料进行分析，可以了解企业资产的流动性、负债水平以及偿还长/短期债务的能力，从而评价企业的财务状况和经营风险，为企业经营管理者、投资者和债权人提供财务信息。

2. 评价企业的营运能力

企业的营运能力分析包括：①从资产周转的角度，评价企业经营活动量的大小和资产利用效率的高低。资产利用效率分析主要研究企业资产的运营效率，寻找进一步加快企业资产周转速度的途径，促使企业各主要经营管理部门管理效率的提高。②从资产结构的角度，分析企业资产构成的合理性。企业的生产经营过程就是利用资产取得收益的过程。资产是企业生产经营活动的经济资源，资产的管理水平将直接影响企业的收益，它体现了企业的整体素质。分析企业的资产总额及其内部构成，有助于信息使用者全面了解企业的财务状况。

3. 评价企业的获利能力

生存、发展、获利是企业生产经营活动的目标，其中，获取利润是企业经营的最终目的，它也反映了企业的综合素质。企业要想生存和发展，必须争取获得较高的利润，这样才能在竞争中立于不败之地。投资者和债权人都十分关心企业的获利能力，获利能力强可以提高企业偿债能力，提高企业的信誉。对企业获利能力的分析不能仅看其获取利润的绝对数，还应分析其相对指标，这些都可以通过财务分析来实现。

二、财务分析的方法

对企业财务报表进行分析的技术方法，通常有比较分析法、趋势分析法、比率分析法、因素分析法等，如表3.5所示。

表3.5　财务分析的方法

分　类	内　容	注意问题
比较分析法	与企业历史水平相比；与同行业水平相比；与计划数相比	实际财务指标和标准指标在计算口径、计价基础和时间单位方面必须一致
趋势分析法	财务指标的比较；会计报表的比较；会计报表项目构成的比较	对比指标的计算口径必须一致；应剔除偶发性项目的影响；应运用例外原则对某项有显著变动的指标做重点分析
比率分析法	构成比率；效率比率；相关比率	对比项目的相关性；对比口径的一致性；衡量标准的科学性
因素分析法	连环替代法；差额分析法	因素分解的关联性；因素替代的顺序性；顺序替代的连环性；计算结果的假定性

(一)比较分析法

比较分析法是将某项财务指标与性质相同的指标标准进行对比，来揭示财务指标的数量关系和数量差异的一种方法。比较分析法的重要作用在于揭示财务指标客观存在的差距以及形成这种差距的原因，帮助人们发现问题，挖掘潜力，改进工作。根据分析内容的不同，比较分析法可以单独使用，也可以与其他分析方法结合使用。

选择适当的评价标准是比较分析法的重要一环。例如，与计划数相比，考核完成计划的情况；同历史指标相比，观察是否达到或超过历史最好水平；与同行业平均水平或先进水平相比，评估自己在本行业中所处的地位等。在运用比较分析法时，无论进行何种指标的对比，其指标的计算口径、计价基础和时间单位都应保持一致，这样才具有可比性，才能保证比较结果的准确性。在有些情况下，如计划制订得不合理，技术上有重大变革，企业间的会计计量方法差异明显，或者发生了严重的通货膨胀等，运用比较分析法时，应注意比较结果是否有意义。

(二)趋势分析法

趋势分析法是现代财务分析中常见的一种方法，它是比较分析法的延伸，主要通过对比两期或连续数期财务报告中的相同指标，确定其增减变动的方向、数额和幅度来说明企业财务状况和经营成果的变动趋势的一种方法。趋势分析法主要有以下三种方式。

1. 财务指标的比较

这种方法是指将不同时期财务报表中的相同指标或比率进行比较，直接观察其增减变动情况及变动幅度，考察其发展趋势，预测其发展前景。不同时期财务指标的比较主要有以下两种方法。

(1) 定基动态比率。

定基动态比率是以某一时期的数额为固定的基期数额而计算出来的动态比率。其计算公式为

$$定基动态比率 = \frac{分析期数额}{固定基期数额} \times 100\%$$

(2) 环比动态比率。

环比动态比率是以每一分析期的前期数额为基期数额而计算出来的动态比率。其计算公式为

$$环比动态比率 = \frac{分析期数额}{前期数额} \times 100\%$$

2. 会计报表的比较

这是指将连续数期的会计报表的金额并列起来，比较其相同指标的增减变动金额和幅度，据以判断企业财务状况和经营成果发展变化的一种方法。会计报表的比较，具体包括资产负债表比较、利润表比较和现金流量表比较等。

3. 会计报表项目构成的比较

这种方法是在会计报表比较的基础上发展而来的，是以会计报表中的某个总体指标作为100%，再计算出其各组成项目占总体指标的百分比，从而比较各个项目百分比的增减变动，以此来判断有关财务活动的变化趋势。

采用趋势分析法时应当注意以下问题：第一，所对比指标的计算口径必须一致；第二，应剔除偶发性项目的影响；第三，应运用例外原则对某项有显著变动的指标做重点分析。

(三)比率分析法

比率分析法是指在同一财务报表的不同项目之间,或在不同财务报表的有关项目之间进行比较,计算出财务比率,反映各项目之间的相互关系,据以评价企业的财务状况和经营成果。比率指标的类型主要有以下三种。

1. 构成比率

构成比率又称结构比率是某项财务指标的各组成部分数值占总体数值的百分比,其反映了部分与总体的关系,如资本结构、盈利结构等。通过构成比率指标,可以考察总体中某个部分的形成和安排是否合理,从而协调各项财务活动。

2. 效率比率

效率比率是某项财务活动中所费与所得的比率,其反映了投入与产出的关系。常见的效率比率指标有销售收入利润率、成本利润率、资产报酬率、资金利润率等。利用效率比率指标,可以进行得失比较,考察经营成果,评价经济效益,为投资者和企业管理者提供相关信息。

3. 相关比率

相关比率是以某个项目和与其有关但又不同的项目加以对比所得的比率,其反映了有关经济活动的相互关系。这类比率包括:反映偿债能力的比率,如流动比率、资产负债率等;反映营运能力的比率,如应收账款周转率、存货周转率等。利用相关比率指标,可以考察企业相互关联的业务安排得是否合理,以保障经营活动能够顺畅进行。

采用比率分析法时应当注意:第一,对比项目的相关性;第二,对比口径的一致性;第三,衡量标准的科学性。此外,使用比率分析法时,应注意结合比较分析法,从而更加全面、深入地揭示企业的财务状况、经营成果及其变动趋势。

(四)因素分析法

因素分析法是指在分析某一因素变化时,假定其他因素不变,分别测定各个因素变化对分析指标的影响程度的计算方法。该分析方法主要用来分析引起变化的原因、变动的性质,以便预测企业未来的发展前景。因素分析法主要有连环替代法和差额分析法两种。

1. 连环替代法

连环替代法是从数量上确定一个经济指标所包含的各个因素的变动对该指标影响程度的一种分析方法。举例说明,设某一分析指标 R 是由相互联系的 A、B、C 三个因素相乘得到。报告期(实际)指标和基期(计划)指标如下。

报告期(实际)指标 $\qquad R_1 = A_1 \times B_1 \times C_1$
基期(计划)指标 $\qquad R_0 = A_0 \times B_0 \times C_0$

在测定各因素变动对指标 R 的影响程度时可按顺序进行。

基期(计划)指标 $\qquad R_0 = A_0 \times B_0 \times C_0$ (1)
第一次替代 $\qquad A_1 \times B_0 \times C_0$ (2)
第二次替代 $\qquad A_1 \times B_1 \times C_0$ (3)

第三次替代 　　　　　　　　　$R_1=A_1\times B_1\times C_1$ 　　　　　　　　　(4)

(2)→(1)表示 A 变动对 R 的影响。

(3)→(2)表示 B 变动对 R 的影响。

(4)→(3)表示 C 变动对 R 的影响。

把各因素变动综合起来，总影响：$\Delta R=R_1-R_0$。

2. 差额分析法

差额分析法的基本原理等同于连环替代法，可以看作连环替代法的简化形式。用下面的公式直接计算各因素变动对 R 的影响。

$(A_1-A_0)\times B_0\times C_0$：表示 A 变动对 R 的影响。

$A_1\times (B_1-B_0)\times C_0$：表示 B 变动对 R 的影响。

$A_1\times B_1\times (C_1-C_0)$：表示 C 变动对 R 的影响。

总的来说，因素分析法在实际分析中，大多并不是单独使用，而是与比较法结合使用。比较之后需要分解，以深入了解产生差异的原因。另外，分解之后还需要比较，以进一步认识其特征。不断地比较和分解，构成了财务分析的主要过程。

第三节　财务指标分析

总结和评价企业财务状况与经营成果的分析指标可以分为四类：偿债能力指标、营运能力指标、盈利能力指标和市场价值指标。以下指标分析均基于表 3.1 和表 3.2 中的数据。

一、短期偿债能力分析

【知识链接】

利润与偿债能力

企业有利润能否说明企业就一定具有较强的偿债能力呢？答案是否定的。企业要想按期偿付借款的本金和利息，就必须拥有一定数量的现金。而企业在一定时期内取得的利润并不能代表企业所拥有的现金，也就是说，盈利良好的企业如果没有足够的现金来偿付到期债务，仍然可能会被宣告破产。因此，我们不能仅仅根据企业是否有利润来对企业的偿债能力作出判断。实际上，影响企业偿债能力的因素有很多，我们对企业的偿债能力进行分析时，应考虑到各种因素的影响，从而对企业的偿债能力作出正确的评价。

企业偿债能力分析包括短期偿债能力分析和长期偿债能力分析。由于影响企业短期偿债能力和长期偿债能力的因素不同，因此我们将分别进行讨论。

偿债能力是企业偿还到期债务(包括本金和利息)的能力。短期偿债能力是指企业流动资产对流动负债及时足额偿还的保证程度，是衡量企业当前财务能力，特别是流动资产变现能力的重要指标。

(一)流动比率

流动比率是流动资产除以流动负债的比值,它表明企业每一元钱流动负债有多少流动资产作为偿还保证,反映企业用可在短期内转变为现金的流动资产偿还到期流动负债的能力。其计算公式为

$$流动比率 = \frac{流动资产}{流动负债}$$

根据表 3.1 中东方公司的流动资产和流动负债的期末数,该公司 2020 年年末的流动比率为

$$流动比率 = \frac{1\,070\,000}{590\,000} \approx 1.81$$

根据西方国家和地区的经验,流动比率在 2∶1 比较合适,下限为 1。东方公司的流动比率为 1.81,属于正常范围。

流动比率是衡量企业短期偿债能力的一个重要财务指标,这个比率越高,说明企业偿还流动负债的能力越强,流动负债得到偿还的保障越大。但是,过高的流动比率也并非好现象,因为流动比率过高,可能是企业滞留在流动资产上的资金过多,未能有效地加以利用,会影响企业的获利能力。另外,该比率没有进一步考虑流动资产各项目的构成情况及各项流动资产的实际变现能力。实际上,对流动比率的分析应该结合不同的行业特点、企业流动资产结构及各项流动资产的实际变现能力等因素。有的行业流动比率较高,有的行业流动比率较低,不能一概而论。

(二)速动比率

为了弥补流动比率没有揭示流动资产的分布和构成的缺陷,人们提出了速动比率。这一比率也称为酸性测试比率,是速动资产与流动负债的比值。人们把流动资产扣除存货后的那部分资产称为速动资产。计算速动比率时为什么要把存货扣除呢?其主要原因有:①在流动资产中存货的变现能力最差;②由于某种原因,部分存货可能已经损失报废还没处理;③部分存货已经抵押给债权人;④存货估价还存在着成本和合理市价相差悬殊的问题。综上所述,在不希望企业用变卖存货的办法偿债,以及排除使人产生种种误解因素的情况下,把存货从流动资产总额中减去而计算出的速动比率反映的短期偿债能力更加可信。其计算公式为

$$速动比率 = \frac{速动资产}{流动负债}$$

其中,速动资产=流动资产-存货。

根据表 3.1 中东方公司的有关资料,该公司 2020 年年末的速动比率为

$$速动比率 = \frac{1\,070\,000 - 200\,000}{590\,000} \approx 1.47$$

根据西方国家和地区的经验,速动比率在 1 左右比较合适,东方公司的速动比率为 1.47,说明企业短期偿债能力较强,当然还应考虑其他因素。

速动比率表明每 100 元年内到期的债务有多少速动资产可以作为偿还的保障。通过速

动比率来判断企业短期偿债能力比用流动比率更进一步,因为它扣除了变现能力较差的存货项目。一般来说,速动比率越高,说明企业短期偿债能力越强。在实际分析时,应根据企业性质和其他因素来综合判断,不能仅仅依靠计算出来的数值。例如,主要采用现金销售的商店,几乎没有应收账款,速动比率大大低于1是很正常的。相反,一些应收账款很多的企业,速动比率可能要大于1。

(三)现金比率

现金比率是企业的现金类资产与流动负债的比率,反映流动资产中有多少元现金能用于偿债。现金类资产包括企业的库存现金、随时可以用于支付的存款和现金等价物,即现金流量表中所反映的现金。其计算公式为

$$现金比率 = \frac{现金+现金等价物}{流动负债}$$

根据表3.1中东方公司的有关资料,该公司2020年年末的现金比率为

$$现金比率 = \frac{70\,000}{590\,000} \approx 0.118\,6$$

现金比率是对流动比率和速动比率的进一步分析,较之流动比率和速动比率而言更加严格,因为现金流量是企业偿还债务的最终手段。如果企业缺乏现金,就可能发生支付困难,将面临财务危机,因而现金比率高,说明企业有较好的支付能力,对短期债权人的保障程度高。但是,如果这个比率过高,可能是由于企业拥有大量不能盈利的现金和银行存款所致,企业的资产未得到有效的运用,会影响企业流动资产的盈利能力。

一般来说,现金比率在0.20以上比较好,东方公司的现金比率一般。需要注意的是,采用现金比率评价企业的偿债能力时,应与流动比率和速动比率的分析相结合。

二、长期偿债能力分析

长期偿债能力是指企业偿还长期负债的能力,或者是指在企业长期债务到期时,以企业盈利或资产偿还长期负债的能力。反映长期偿债能力的主要财务指标有资产负债率、产权比率、利息保障倍数等。

(一)资产负债率

资产负债率是负债总额除以资产总额而得到的百分比,也就是负债总额与资产总额的比例关系。资产负债率反映在总资产中有多大比例是通过借债来筹资的,也可以衡量企业在清算时保护债权人利益的程度。其计算公式为

资产负债率=(负债总额/资产总额)×100%

根据表3.1中东方公司的有关资料,该公司2020年年末的资产负债率为

资产负债率=(1 262 500÷4 490 000)×100%≈28.12%

可以看出,资产负债率反映了企业长期偿债能力的强弱,通过对这个指标的分析可以衡量企业总资产中投资者与债权人所投资金比例是否合理。但是,不同的财务报表使用者对该指标有不同的理解:①从债权人的角度看,资产负债率越低,债权资金的安全边际越

高，企业信用的物质保障程度越高，风险越小，因此对债权人来说，此比率越低越好；②从股东的角度看，负债比率是一把"双刃剑"，由于企业通过举债筹措的资金与股东提供的资金在经营中发挥同样的作用，所以股东所关心的是全部资本利润率是否超过借入款项的利率，即借入资本的代价；③从经营者的立场看，资产负债率作为财务杠杆，不仅反映了企业的资本结构状况，也反映了企业经营管理当局的进取精神。

(二) 产权比率

产权比率是企业负债总额与所有者权益总额的比率，又称为负债权益比率，反映了债权人所提供的资金与所有者提供的资金之间的比例及企业投资者承担风险的大小。其计算公式为

$$产权比率=(负债总额/所有者权益总额)\times 100\%$$

根据表 3.1 中东方公司的有关资料，该公司 2020 年年末的产权比率为

$$产权比率=(1\ 262\ 500\div 3\ 227\ 500)\times 100\%\approx 39.12\%$$

该项指标反映了企业基本财务结构是否稳定。从投资者立场看，在通货膨胀加剧时期，企业多借债可以把损失和风险转嫁给债权人；在经济繁荣时期，企业多借债可以获得额外的利润；在经济萎缩时期，企业少借债可以减少利息负担和财务风险。产权比率高，是高风险、高报酬的财务结构；产权比率低，是低风险、低报酬的财务结构。企业性质不同，获得现金流量不同，产权比率就有所区别。一般来说，现金流量比较稳定的企业产权比率相对较大；同类企业产权比率就相比，往往可以反映出企业的信誉和财务风险，该指标越大，财务风险越大。

此外，产权比率也表明债权人投入的资本受到所有者权益保障的程度，或者说是企业清算时对债权人利益的保障程度。它与资产负债率具有共同的经济意义，两个指标可以相互补充。在实际应用时，只要求其中之一即可。

(三) 利息保障倍数

利息保障倍数也称已获利息倍数，是指企业在一定时期内所获得的息税前利润与当期支付的利息费用的比率，常用以测定企业用所获取的利润来承担支付利息的能力。其计算公式为

$$利息保障倍数=息税前利润/利息费用=(税前利润+利息费用)/利息费用$$

根据表 3.2 中东方公司的有关资料，该公司 2020 年的利息保障倍数为

$$利息保障倍数=(170\ 000+40\ 000)\div 40\ 000=5.25$$

该指标反映企业息税前利润为所需支付的债务利息的多少倍。只要利息保障倍数足够大，企业就有充足的能力偿付利息，否则相反。该指标表面上看，是从企业偿债资金来源的角度去揭示企业偿还债务利息的能力，实际上也有助于揭示企业偿还全部负债的能力。一般而言，该指标越高，说明企业的长期偿债能力越强；该指标越低，说明企业长期偿债能力越差。

三、营运能力分析

营运能力比率是用来衡量企业在资产管理与资金周转方面效率的财务比率。对营运能

力进行分析，可以了解企业的营业状况及管理水平。营运能力强，说明企业的经营管理水平高，资金利用效率高。

(一)存货周转率

存货周转率是衡量和评价企业购入存货、投入生产、销售收回等各环节管理状况的综合性指标。它是销售成本与平均存货的比率，反映了企业存货经过销售环节转换为现金或应收账款的速度，即企业存货转为产品销售出去的速度。用时间表示的存货周转率就是存货周转天数。其计算公式为

存货周转率=销售成本/平均存货

存货周转天数=360÷存货周转率

=360÷(销售成本/平均存货)

=(平均存货×360)÷销售成本

公式中的销售成本可以从利润表中取数，即"营业成本"。平均存货是期初存货和期末存货的平均数，可以从资产负债表中取数计算得出。如果企业生产经营活动具有很强的季节性，则年度内各季度的销售成本和存货都会有很大幅度的波动，因此平均存货应按月份或季度余额来计算，先计算出各月份或各季度的平均存货，然后再计算全年的平均存货。

根据表3.1和表3.2中东方公司的有关资料，该公司2020年的存货周转情况为

平均存货=(500 000+200 000)÷2=350 000(元)

存货周转率=700 000÷350 000=2

存货周转天数=360÷2=180(天)

存货周转率说明一定时期内企业存货周转的次数，可以用来测定企业存货的变现速度，衡量企业的销售能力和存货是否过量。一般来讲，存货周转速度越快，存货的占用水平越低，流动性越强，存货转换为现金、应收账款等的速度就越快。提高存货周转率可以提高企业的变现能力，而存货周转速度越慢，则变现能力越差。

存货周转率过低，常常是因为存货积压，说明企业在产品销售方面存在一些问题，应当采取积极的销售策略，但也可能是企业调整了经营方针，因某种原因增大了存货的缘故。过高的存货周转率，并非都是一种好的现象，可能是因为企业存货管理水平差导致的存货水平太低，甚至经常缺货，或采购次数过于频繁，批量太小等。进行存货周转分析的目的是从不同的角度和环节找出存货管理中的问题，使存货管理在保证生产经营连续性的同时，尽可能少占用经营资金，提高资金的使用效率，促进企业管理水平的提高。

(二)应收账款周转率

应收账款周转率是企业在一定时期内赊销收入净额与应收账款平均余额的比率，是反映企业应收账款的流动程度的指标，它说明了应收账款流动的速度。用时间表示的应收账款周转速度是应收账款周转天数，也叫平均应收账款回收期或平均收现期，它表示企业从取得应收账款的权利到收回款项、转换为现金所需要的时间。其计算公式如下：

应收账款周转率=赊销收入净额/平均应收账款

应收账款周转天数=360/应收账款周转率

=(平均应收账款×360)/赊销收入净额

公式中的赊销收入净额来自利润表，是指扣除销售退回、销售折让和折扣后的销售净

额。平均应收账款是指未扣除坏账准备的应收账款金额,它是资产负债表中期初应收账款和期末应收账款的平均数。在实务中,通常用销售净额来计算应收账款周转率,因为财务报表的使用者无法区分"营业收入"中哪些是现销收入,哪些是赊销收入。

根据表3.1和表3.2中东方公司的有关资料,该公司2020年的应收账款周转情况为

平均应收账款=(200 000+500 000)÷2=350 000(元)

应收账款周转率=1 000 000÷350 000≈2.86

应收账款周转天数=360÷2.86≈125.87(天)

一般来说,应收账款周转率越高,说明企业收回货款的速度越快,造成坏账损失的可能性越小,流动资产的流动性好,短期偿债能力强,管理效率高。但也不能绝对地看待这个问题,因为应收账款周转速度的快慢,不仅取决于销售收入的多少和应收账款占用数额的合理与否,而且间接地取决于应收账款的账龄分布、企业的信用政策和客户的信用状况等。

(三)营业周期

营业周期是指从取得存货开始到销售存货并收回现金为止的期间。营业周期的长短取决于存货周转天数和应收账款周转天数。营业周期的计算公式为

营业周期=存货周转天数+应收账款周转天数

根据上述计算结果,东方公司2020年的营业周期为

营业周期=180+125.87=305.87(天)

把存货周转天数和应收账款周转天数加在一起计算出来的营业周期,指的是取得的存货需要多长时间才能变为现金。一般情况下,营业周期越短则资金周转速度越快,营业周期越长则资金周转速度越慢。

(四)流动资产周转率

流动资产周转率是销售收入与平均流动资产的比率,反映的是流动资产周转速度的快慢。其计算公式为

流动资产周转率=销售收入/平均流动资产

其中,平均流动资产=(年初流动资产+年末流动资产)/2。

根据表3.1和表3.2中东方公司的有关资料,该公司2020年的流动资产周转率为

平均流动资产=(1 050 000+1 070 000)÷2=1 060 000(元)

流动资产周转率=1 000 000÷1 060 000≈0.94

流动资产周转率表明在一个会计年度内企业流动资产的周转次数,它反映了流动资产的周转速度。周转速度快,相对节约流动资产,等同于扩大资产投入,增强企业盈利能力;相反,周转速度缓慢,则需要采取措施以提高周转速度。因为周转速度慢会形成资金浪费,降低企业盈利能力。

(五)总资产周转率

总资产周转率是销售收入与平均资产总额的比率,反映了企业销售收入与资产占用之间的关系,可用来分析企业全部资产的使用效率。其计算公式为

$$总资产周转率=销售收入/平均资产总额$$

其中，平均资产总额=(年初资产总额+年末资产总额)/2。
根据表3.1和表3.2中东方公司的有关资料，该公司2020年的总资产周转率为
平均资产总额=(4 430 000+4 490 000)÷2=4 460 000(元)
总资产周转率=1 000 000÷4 460 000≈0.22

总资产周转率从一般意义上反映了企业全部资产的周转速度，从理论上讲，总资产周转率越高，说明企业全部资产营运能力越强，营运效率越高，全部资产的利用效率越高。反之，如果这个比率较低，则说明企业利用其资产经营的效率较差，会影响企业的获利能力。企业应该采取措施提高销售收入或处置资产，以提高总资产利用率。

四、盈利能力分析

盈利能力是指企业赚取利润的能力。利润是企业的重要经营指标，是企业生存、发展的物质基础。它不仅关系到企业所有者的利益，也是企业偿还债务的一项重要来源。因此，企业的债权人、所有者以及管理者都十分关心企业的盈利能力。

(一)销售毛利率

销售毛利率是指毛利占销售收入净额的百分比，其中，毛利是销售收入与销售成本的差。其计算公式为

$$销售毛利率=[(销售收入净额-销售成本)/销售收入净额]×100\%$$

其中，销售收入净额是利润表中的营业收入，销售成本是利润表中的营业成本。
根据表3.2中东方公司的有关资料，该公司2020年的销售毛利率为
销售毛利率=[(1 000 000-700 000)÷1 000 000]×100%=30%

该指标反映每一元销售收入净额扣除销售成本后，还有多少剩余可以用于各项期间费用和形成盈利，反映了销售收入扣除制造成本后的获利水平，它不仅是企业经营效率的集中体现，而且也揭示了企业的定价政策。毛利是利润形成的基础，一般企业能否实现利润，首先要看销售毛利的实现情况。销售毛利率越高，说明销售收入中制造成本所占的比重越小，毛利额越大，实现价值的盈利水平越高。

(二)销售净利率

销售净利率是指净利润占销售收入净额的百分比。其计算公式为

$$销售净利率=(净利润/销售收入净额)×100\%$$

根据表3.2中东方公司的有关资料，该公司2020年的销售净利率为
销售净利率=(127 500÷1 000 000)×100%=12.75%

该指标反映每一元销售收入带来多少净利润，表示销售收入的收益水平。一般来说，销售净利率越高，说明企业单位收入实现净利润越多，企业获取净利润的能力越强。在利用销售净利率进行盈利能力分析时，通过和销售毛利率结合起来考虑，便能够对企业的经营情况有相当程度的了解。

(三)总资产净利率

总资产净利率是企业净利润与平均资产总额的比率,反映了企业运用资本总额(借入资本和自有资本)获得的报酬率,体现出企业全部资产获得经营效益的能力。其计算公式为

$$总资产净利率=(净利润/平均资产总额)×100\%$$

其中,平均资产总额=(期初资产总额+期末资产总额)/2。

根据表 3.1 和表 3.2 中东方公司的有关资料,该公司 2020 年的总资产净利率为

平均资产总额=(4 430 000+4 490 000)÷2=4 460 000(元)

总资产净利率=(127 500÷4 460 000)×100%≈2.86%

把企业在一定期间的净利与企业的资产相比较,可以反映企业资产利用的综合效果。该指标越高,表明资产的利用效率越高,说明企业在增加收入和节约资金使用等方面取得了良好的效果,否则相反。

(四)净资产收益率

净资产收益率是净利润与平均净资产的比率,也叫净值报酬率或权益报酬率。它可以反映投资者投入企业的自有资本获取净收益的能力,即反映投资与报酬的关系。其计算公式为

$$净资产收益率=(净利润/平均净资产)×100\%$$

其中,平均净资产=(年初净资产+年末净资产)/2,净资产即所有者权益。

根据表 3.1 和表 3.2 中东方公司的有关资料,该公司 2020 年的净资产收益率为

平均净资产=(3 130 000+3 227 500)÷2=3 178 750(元)

净资产收益率=(127 500÷3 178 750)×100%≈4.01%

净资产收益率既可以直接反映资本的增值能力,又影响着企业股东财富的大小,具有很强的综合性。该指标越高,说明资本带来的利润越多,盈利能力越好,资本利用效果越好。此外,净资产收益率还是企业决定是否举债的一个标准,当净资产收益率高于银行利息率时,适当举债可以提高净资产收益率,对投资者是有利的;反之,当净资产收益率低于银行利息率时,过多负债会影响投资者收益,企业不应当举债。

五、市场价值指标分析

市场价值指标可以反映金融市场上投资者对企业价值的评价,主要有每股收益、市盈率、股利支付率和市净率等。

(一)每股收益

每股收益也称每股利润或每股盈余,是指上市公司本年净利润与年末普通股总数的比值,反映普通股的获利水平,是衡量上市公司盈利能力时最常用的财务分析指标。其计算公式如下:

$$每股收益=净利润/年末普通股总数$$

其中,净利润一般是指利润表中扣除了所得税之后的利润。

假定东方公司2020年发行在外的普通股股数为1 000 000股,该公司2020年的每股收益为

$$每股收益=127\ 500\div 1\ 000\ 000=0.127\ 5(元/股)$$

每股收益反映每一普通股的获利水平。该指标越高,表示每一普通股可得的利润越多,股东投资效益越好;反之,该指标越低,表明每一普通股可得的利润越少,股东投资收益越差。

(二)市盈率

市盈率也称价格盈余比率或价格与收益比率,是指普通股每股市价与每股收益的比率。这里的市价是指普通股每股在证券市场的买卖价格。用每股收益与市价进行比较,目的是反映普通股当期盈余与市场价格的关系,它可以为投资者提供重要的决策参考。其计算公式为

$$市盈率=每股市价/每股收益$$

假定东方公司每股市价为4元,该公司的市盈率为

市盈率$=4\div 0.127\ 5\approx 31.37$

市盈率反映投资人对每一元净利所愿支付的价格,可以用来估计股票的投资报酬和风险。一般来说,市盈率高,说明投资者对公司的发展前景看好,愿意出较高的价格购买该公司的股票。但是,如果某只股票的市盈率过高,也意味着这只股票具有较高的投资风险。

(三)股利支付率

股利支付率是以每股现金股利除以每股收益得出的比值,反映每股收益中实际支付现金股利的水平。其计算公式为

$$股利支付率=(每股股利/每股收益)\times 100\%$$

假定东方公司当年支付给普通股股东的每股股利为0.1元,该公司的股利支付率为

股利支付率$=(0.1\div 0.127\ 5)\times 100\%\approx 78.43\%$

股利支付率与公司的盈利状况并不存在必然的联系,股利支付率取决于公司的业务性质、经营成果、财务状况、发展前景和公司管理层在股利发放处理上的方针等。一般来说,较高的股利支付率更受投资者欢迎。

(四)市净率

市净率反映每股市价与每股净资产的倍数关系,一些投资者往往用它来衡量投资风险。其计算公式为

$$市净率=每股市价/每股净资产$$

根据表3.1中东方公司的有关资料,该公司2020年的市净率为

每股净资产=所有者权益/普通股股数

$\qquad =3\ 227\ 500\div 1\ 000\ 000=3.227\ 5(元)$

市净率$=4\div 3.227\ 5\approx 1.24$

每股净资产是股票的账面价值,它是用成本计量的;每股市价是这些资产的现在价值,它是证券市场上交易的结果。市净率反映每股股票的市价是其账面价值的多少倍,一般来说,该比率越高,说明该公司的经营业绩越好,该公司具有较高的股本收益率。

投资者认为,当市价高于账面价值时,企业资产的质量好,有发展潜力;反之,则资产质量差,没有发展前景。优质股票的市价都超出每股净资产许多,一般来说,市净率达到 3 可以树立较好的公司形象。但是,过高的市价与账面价值比也可能是大股东人为炒作的结果。市价低于每股净资产的股票,就像售价低于成本的商品一样,属于"处理品",其是否值得购买,取决于公司今后的发展。

第四节　财务综合分析与评价

财务综合分析是将运营能力、偿债能力和盈利能力等诸方面的分析纳入一个有机的整体中,全面地对企业经营与财务状况进行解释和分析,从而对企业经济效益的优劣作出准确的评价与判断。

一、杜邦财务分析体系

杜邦财务分析体系是利用各种财务比率指标之间的内在联系,对公司财务状况和经济效益进行综合分析与评价的一种系统分析方法。因其是由美国杜邦公司的经理创造出来的,故又称为杜邦系统,它是财务综合分析的重要方法之一。该方法从评价企业绩效最具综合性和代表性的指标——净资产收益率和总资产净利率出发,层层分解至企业最基本生产要素的使用、成本与费用的构成,从而满足经营者通过财务分析进行绩效监控的需要,在经营目标发生异动时能及时查明原因并加以修正。在体系中,净资产收益率指标是一个综合性最强的财务指标,是杜邦财务分析体系的核心,它等于总资产净利率与权益乘数的乘积。

东方公司的杜邦财务分析体系的数据构成如图 3.1 所示。

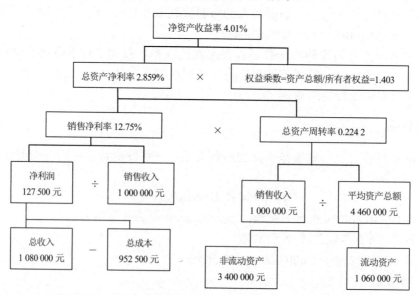

图 3.1　东方公司的杜邦财务分析体系的数据构成

可以看出，在杜邦分析图的左边，主要分析公司的营运能力和盈利能力，并展示出公司的营运能力和盈利能力两者之间的内在联系；在杜邦分析图的右边，主要分析公司的偿债能力、财务结构、资本结构和资产结构，亦展示出其内在的关系。其共同作用的结果是导致公司净资产收益率的变动。主要财务比率之间的关系如下。

(1) 净资产收益率与总资产收益率及权益乘数之间的关系：

$$净资产收益率=总资产净利率×权益乘数$$

(2) 总资产净利率与销售净利率及总资产周转率之间的关系：

$$总资产净利率=销售净利率×总资产周转率$$

(3) 销售净利率与净利润及销售收入之间的关系：

$$销售净利率=净利润/销售收入$$

(4) 总资产周转率与销售收入及资产总额之间的关系：

$$总资产周转率=销售收入/资产总额$$

在上述公式中，"总资产净利率=销售净利率×总资产周转率"这一等式被称为杜邦等式。

由杜邦财务分析体系可以看出，企业的净资产收益率取决于下列因素。

(1) 销售净利率。提高企业销售净利率是提高净资产收益率的途径之一。销售净利率的高低主要受产品销售价格及成本费用水平的影响。企业不断增强产品的竞争实力，维持较高的产品销售价格和降低成本费用，是企业在增长销售的同时，提高销售净利率进而提高净资产收益率的有效途径。

(2) 总资产周转率。总资产周转率可以反映企业资产实现销售收入的综合能力。分析时，必须结合销售收入分析企业资产结构是否合理，即流动资产和长期资产的结构比率关系。同时还要分析流动资产周转率、存货周转率、应收账款周转率等有关资产使用效率的指标，找出总资产周转率高低变化的确切原因。在一定的资产占用规模下，努力增加销售收入，或努力优化资产的配置结构，减少无效资产的占用，是加速企业资产周转速度的基本途径。

(3) 权益乘数。权益乘数可以反映企业的负债程度。在企业总资产净利率(销售净利率与总资产周转率的乘积)一定的情况下，资产负债率越高，权益乘数越大，企业的财务杠杆作用就越大，净资产收益率就越高，与此同时，企业财务风险就越大。

【知识链接】

杜邦分析法的局限性

从企业绩效评价的角度看，杜邦分析法只包括财务方面的信息，更偏重于企业所有者的利益，不能全面反映企业的实力，有很大的局限性，在实际运用中需要注意，必须结合企业的其他信息加以分析。杜邦分析法的局限性主要表现在以下几方面。

(1) 对短期财务结果过分重视，有可能助长公司管理层的短期行为，忽略企业长期的价值创造。

(2) 财务指标反映的是企业过去的经营业绩，衡量工业时代的企业能够满足要求。但在目前的信息时代，顾客、供应商、雇员、技术创新等因素对企业经营业绩的影响越来越大，而杜邦分析法在这些方面是无能为力的。

(3) 在目前的市场环境中，企业的无形资产对提高企业长期竞争力至关重要，杜邦分析法却不能解决无形资产的估值问题。

二、沃尔比重评分法

沃尔比重评分法是由亚历山大·沃尔(Alexander Wole)教授最先提出的总括评价企业信用水平的方法。他在 20 世纪初出版的《信用晴雨表研究》和《财务报表比率分析》两本书中提出了信用能力指数概念，把流动比率、净资产/负债、固定资产比率、存货周转率、应收账款周转率、固定资产周转率、自有资金周转率等七项财务比率用线性关系结合起来，并分别给定各自的比重，然后通过与标准比率进行比较，确定各项指标的得分及总体指标的累计分数，从而对企业的信用水平作出评价。

原始意义上的沃尔分析法存在两个缺陷：一是所选定的七项指标缺乏证明力；二是当某项指标严重异常时，会对总评分产生不合逻辑的重大影响。使用沃尔比重评分法给东方公司的财务状况评分的结果如表 3.6 所示。

表 3.6　沃尔比重评分法示例

选择的指标	权重/% ①	标准值 ②	实际值 ③	相对比率 ④=③/②	实际得分 ①×④
流动比率	25	2	1.81	0.905	22.625
净资产/负债	25	1.5	2.56	1.71	42.75
资产/固定资产	15	2.5	2.49	0.996	14.94
销售成本/存货	10	8	2	0.25	2.5
销售额/应收账款	10	6	2.86	0.4767	4.767
销售额/固定资产	10	4	0.71	0.1775	1.775
销售额/净资产	5	3	0.31	0.103	0.515
合计	100	—	—	—	89.872

一般来说，综合得分等于或接近 100 分，说明企业的财务状况良好，达到预期标准；如果综合得分低于 100 分，说明企业的财务状况未达到预期标准，企业应查明原因，积极采取有效措施加以改善；如果企业综合得分超过 100 分，说明企业的财务状况很理想。东方公司综合得分为 89.872，说明该企业当年年度财务状况一般，未达到预期标准，还需继续努力。尽管沃尔比重评分法在理论和技术上都存在着缺陷，但其分析的原理在实践中却有着广泛的应用。

本 章 小 结

1. 财务会计报告，是指企业对外提供的反映某一特定日期财务状况和某一会计期间经营成果、现金流量的文件，主要包括资产负债表、利润表和现金流量表。

2. 财务分析，即财务报表分析，就是以会计报表和其他相关资料为依据，采用一系列专门的方法和技术，对企业过去和目前的偿债能力、盈利能力和营运能力等进行分析和评价，以便企业的投资者、债权人和经营管理者等会计信息使用者作出正确的经济决策。财务信息的需求者主要包括企业投资者、债权人、经营管理者和政府等。财务分析方法主要有比较分析法、趋势分析法、因素分析法、比率分析法等。

3. 总结和评价企业财务状况与经营成果的分析指标可以分为四类：偿债能力指标、营运能力指标、盈利能力指标和市场价值指标。

4. 偿债能力是企业偿还到期债务(包括本金和利息)的能力。短期偿债能力是指企业流动资产对流动负债及时足额偿还的保证程度，是衡量企业当前财务能力，特别是流动资产变现能力的重要指标。长期偿债能力是指企业偿还长期负债的能力，或者是指在企业长期债务到期时，以企业盈利或资产偿还长期负债的能力。

5. 营运能力比率是用来衡量企业在资产管理与资金周转方面效率的财务比率。盈利能力是指企业赚取利润的能力。市场价值指标反映金融市场上投资者对企业价值的评价，主要有每股收益、市盈率、股利支付率和市净率等。

6. 杜邦财务分析体系是利用各种财务比率指标之间的内在联系，对公司财务状况和经济效益进行综合分析与评价的一种系统分析方法。沃尔比重评分法是由亚历山大·沃尔教授最先提出的总括评价企业信用水平的方法。

思 政 课 堂

跌落神坛的瑞幸咖啡

瑞幸咖啡曾是中国最大的连锁咖啡品牌。瑞幸咖啡以"从咖啡开始，让瑞幸成为人们日常生活的一部分"为愿景，通过充分利用移动互联网和大数据技术的新零售模式，与各领域顶级供应商深度合作，致力于为客户提供高品质、高性价比、高便利性的产品。2019年5月17日，瑞幸咖啡在纳斯达克成功上市，一举刷新全球最快IPO纪录。

2020年1月31日，知名做空机构浑水公司在其官方信息发布渠道上公开了一则匿名人士对瑞幸咖啡的报告。该报告称对瑞幸咖啡2019年年报中虚报营业收入的情况进行了细致的分析，并指出瑞幸咖啡的商业模式存在根本问题。这直接导致当天瑞幸咖啡的股票价格下挫10.7%。2020年4月2日，瑞幸咖啡宣布成立委员会对2019年年报中存在的问题进行调查，自曝22亿元财务造假，4月7日暂停股票交易，5月15日纳斯达克上市资格审查部门书面通知，决定对瑞幸施行摘牌。从创立到IPO，仅花了17个月，从上市到跌落神坛却不到一年。

瑞幸咖啡并非唯一破灭的创业神话，通过梳理发现，一些曾经风靡一时的创业项目已随潮水退去。这些创业神话包括ofo小黄车、乐视网、锤子科技、暴风集团、淘集集、凡客诚品、熊猫直播、麻辣诱惑等。天眼查数据显示，这些公司多在北京、上海，且多数完成了5轮融资，主要集中在科技推广和应用服务业。

企业运营依靠的不仅是模式创新，最重要的是产品水平。瑞幸倡导的商业模式是以技术为驱动，以数据为核心，与客户建立密切联系，但在主打产品咖啡的研发上却没有实现真正的突破。做企业如做人，企业的造假映照出的是做人的问题，老实做人，踏实做事，才可能有成功的未来。

(资料来源：乔宏，张存彦.《财务管理》课程思政案例.
https://jingguan.hebau.edu.cn/info/1136/3338.htm.2023-04-03.)

思考题： 真实的财务数据对一个企业至关重要，造假早晚是会被发现和曝光的。一直以来，很多国内外知名公司都被曝财务数据造假，如何杜绝财务造假事件的发生呢？财务人员对这些公司的财务报表分析包括哪些方面？

复习与思考题

1. 什么是企业财务报告？它包括哪些组成部分？
2. 企业财务报表具体包括哪些内容？
3. 什么是因素分析法？在使用因素分析法时应注意哪些问题？
4. 什么是比率分析法？
5. 简单介绍一下趋势分析法。
6. 简述财务指标分析的具体内容。
7. 简述杜邦财务分析体系。
8. 沃尔比重评分法的优缺点是什么？

计 算 题

1. 某公司流动资产由速动资产和存货构成，年初存货为 290 万元，年初应收账款为 250 万元，年末流动比率为 3，年末速动比率为 1.5，存货周转率为 4 次，年末流动资产余额为 270 万元。一年按 360 天计算。要求：

(1) 计算该公司流动负债年末余额。
(2) 计算该公司存货年末余额和年平均余额。
(3) 计算该公司本年销货成本。
(4) 假定本年赊销净额为 960 万元，应收账款以外的其他速动资产忽略不计，计算该公司应收账款周转期。

2. 某公司 2019 年和 2020 年有关资料如表 3.7 和表 3.8 所示。

表 3.7 资产负债简表

单位：万元

资产	2019 年年末	2020 年年末	负债及所有者权益	2019 年年末	2020 年年末
货币资金	40	50	应付账款	50	100
应收账款	100	120	应付票据	100	120
存货	200	240	长期借款	250	250
固定资产	300	330	股本	200	200
无形资产	10	10	留存收益	50	80
资产合计	650	750	负债及所有者权益合计	650	750

表 3.8 2020 年利润简表

单位：万元

项 目	本 期 数
营业收入	600
营业成本	330
营业费用(除财务费用)	150
财务费用	20
利润总额	100
所得税	25
净利润	75

2020 年年初有普通股 180 万股，2020 年 4 月 1 日增发 40 万股，2020 年 7 月 1 日回购 20 万股。2020 年年末每股市价为 3.5 元。要求：

(1) 计算该公司 2020 年年末的流动比率、速动比率、资产负债率、产权比率、利息保障倍数。

(2) 计算该公司 2020 年应收账款周转率、存货周转率和总资产周转率。

(3) 计算该公司 2020 年销售净利率、总资产净利率、净资产收益率。

(4) 计算该公司 2020 年每股收益、市盈率、市净率。

3. 某企业连续三年的资产负债表中部分资产项目的数额如表 3.9 所示。

表 3.9 某企业连续三年的资产负债表中部分资产项目

单位：万元

项 目	2018 年年末	2019 年年末	2020 年年末
流动资产	2 000	2 600	2 800
其中：应收账款	900	1 000	1 100
存货	700	900	1 000
固定资产	3 900	3 800	3 500
资产总额	8 800	8 600	8 900

已知 2020 年主营业务收入额为 20 900 万元，比 2019 年增长了 15%，其主营业务成本为 8 176 万元，比 2019 年增长了 12%。要求：

(1) 计算该企业 2019 年和 2020 年的应收账款周转率、存货周转率、总资产周转率。

(2) 对该企业的资产运用效率进行评价。

4. 已知某公司 2020 年会计报表的有关资料如表 3.10 所示。

表 3.10 基本资料

单位：万元

项 目	年 初 数	年 末 数
资产	1 500	2 000
负债	700	1 100
所有者权益	800	900
主营业务收入净额	(略)	1 000
净利润	(略)	50

要求：

(1) 计算杜邦财务分析体系中的下列指标(凡计算指标涉及资产负债表项目数据的，均按平均数计算)：①净资产收益率；②总资产净利率；③销售净利率；④总资产周转率；⑤权益乘数。

(2) 用文字列出净资产收益率与上述其他各项指标之间的关系式，并用本题数据加以验证。

案例分析

1. 施乐公司(Xerox)一度成为复印机的同义词，曾经在美国和全世界 130 多个国家生产、销售、租赁复印产品、服务和设备。20 世纪 80 年代初，这家历史悠久的老牌企业差点被日本复印机制造商消灭，然而就在 1999—2000 年期间，施乐公司好像起死回生了。可惜好景不长，2002 年 4 月，证券交易委员会(SEC)指控施乐欺诈投资者，其中一项就是没有披露应收款保理业务，误导了投资者对现金流量的判断。

施乐公司在 1999 年的财务报告中，没有披露金额为 2.88 亿美元的应收款保理业务，这导致施乐公司报告期末的现金余额由负数变为正数。在处理这 2.88 亿美元的业务时，施乐公司隐瞒了这些交易对其现金状况的重大影响，使投资者误以为现金流量来源于经营活动。

请问：

(1) 施乐公司隐瞒应收款保理业务对现金流量有哪些影响？

(2) 在分析应收款项时应注意哪些问题？

(资料来源：财通社. 国外财务造假案例 TOP10. https://www.caitongnews.com/article/521693.html.2020-04-19.)

2. 1999 年 12 月的最后一个星期，安然公司与花旗银行策划了一起制造现金流量的阴谋。由花旗银行向一个与安然公司没有任何关系、投入资本只有 1 500 万美元的特殊目的主体贷款 4.85 亿美元，再由这个特殊目的主体购买 5 亿美元的政府债券投资到安然公司控制的一个子公司。作为回报，安然公司承诺按 50%的利率向这个特殊目的主体支付利息。安然公司随即将这家公司持有的 5 亿美元政府债券出售变现，并在 1999 年度会计记录结账后的两个星期内将 5 亿美元连同利息约 1 400 万美元偿还给该特殊目的主体，再由它偿还花旗银行的贷款。尽管安然公司为此付出了高昂的代价，但其 1999 年度经营活动产生的现金流量由原来的 7 亿美元增至 12 亿美元。

请问：

(1) 经营活动产生的现金流量具体包括哪些内容？

(2) 安然公司为何要以高昂的代价伪造经营活动产生的现金流量？

(资料来源：美股之家. 财务造假破产典范：安然公司. https://www.mg21.com/enron.html.2020-07-26.)

3. 2020 年 5 月 14 日晚间，证监会依法对康美药业违法违规案作出行政处罚及市场禁入决定。对康美药业给予警告并处以60万元罚款,对主要责任人罚款并实施市场禁入。

证监会认为,康美药业有预谋、有组织,长期、系统地实施财务欺诈行为,践踏法律,对市场和投资者毫无敬畏之心,严重破坏了资本市场的健康生态。证监会发现案涉违法行为后,立即集中力量查办,持续公布执法进展,疫情防控期间通过多地远程视频会议方式召开听证会,听取当事人陈述申辩,并在坚持法治原则下从严从重从快惩处。

早在2019年8月份,证监会就对康美药业下发《行政处罚及市场禁入事先告知书》,其中指出康美药业存在以下四大方面的问题:一是康美药业涉嫌累计虚增营业收入291.28亿元;二是累计虚增货币资金886亿元;三是《2018年年度报告》中存在虚假记载,虚增固定资产、在建工程、投资性房地产,共计36亿元;四是《2016年年度报告》《2017年年度报告》《2018年年度报告》中存在重大遗漏,未按规定披露控股股东及其关联方非经营性占用资金的关联交易情况。9个月过去了,经历了多次听证,证监会最终认定,康美药业财务欺诈属实。

要求:请结合上述材料分析上市公司财务造假的风险和后果。

(资料来源:健康界. 康美药业300亿元财务造假案终落定,证监会顶格处罚60万元,股价蒸发近9成.
https://www.cn-healthcare.com/article/20200518/content-536598.html.2020-05-18.)

4. 财务造假的第一种类型是现金流完全不参与,这是相对简单的财务造假形式。一般情况下,企业会虚增收入来达到虚增利润的目的,虚增收入的方式就是虚增应收账款或者应收票据,这些虚增的收入并不会通过现金流流入企业。当年的郑百文为了上市,走上了财务造假的不归路。其造假方式简单粗暴,公司在不符合IPO条件的情况下,成立了以财务总监为首的假账班子,通过虚增应收账款的方式,将公司打造为营业收入超40亿元的沪、深两市第一大商贸零售公司。

财务造假的第二种类型是利润表虚增收入和利润的同时,虚增相应的经营性现金流流入,对应的资产负债表虚增的不是应收账款,而是货币资金。而且这种情形还有升级版,即通过预付账款、其他应收款等形式把钱转到关联公司,一圈兜兜转转,然后通过经营活动现金流入,从现金流角度来看这就是完美的生意。圣莱达通过虚构影视版权转让业务虚增营业收入1 000万元,并通过跟政府签订协议虚构政府补助1 000万元。

财务造假的第三种类型是虚增利润的同时,不仅虚增现金流入(或者也不需要这一步),还虚增现金流出,从而把资产负债表的造假科目变成存货等内容。由于农业企业存货的难以核查性,这种境界的大部分造假公司都在农业企业。远的十年前的蓝田股份、银广夏,近年来的绿大地和万福生科,还有这几年扇贝游来游去的獐子岛,都是典型代表。

财务造假的第四种类型是虚增利润的同时,虚增经营性现金流流入,同时虚增投资性现金流流出,在资产负债表体现的科目不是存货类的流动资产,而是转移到了更难审查的非流动资产,如固定资产和在建工程。虽然相对于银行存款和存货,固定资产和在建工程等是实打实的资产,看得见,摸得着,投入资金巨大,但是很难准确计量,也就是说,这个在建工程或者固定资产究竟值多少钱很难说清,自然就成了藏污纳垢的地方。很久以前的锦州港财务造假就属于这种类型。

要求:结合案例对财务造假的几种类型进行分析,并提出相应的治理措施。

(资料来源:财金税月. 财务造假的四重境界和七个案例!
https://www.sohu.com/a/290945607_100223165.2019-01-23.)

第四章

企业筹资管理

【学习要点及目标】

通过本章的学习,要求学生了解企业筹集资金的渠道和方式;了解筹资的分类与意义;理解筹集资金的基本原则与动机;掌握资金需要量的预测;掌握各种负债资金及权益资金的筹集与管理的基本内容和方法。

【核心概念】

筹资渠道　筹资方式　销售百分比法　吸收直接投资　普通股　优先股　银行借款　公司债券　可转换债券　商业信用

【引导案例】

腾讯艰难的融资之路

1. 用户增长 VS 资金困境

当年，QQ 的前身 OICQ 上线 9 个月，用户就有 100 万，好点的服务器要五六万元，但公司账上就只有一万元，大家商量之后，咬牙再投入 50 万元，五个创始人月薪减半，马化腾和张志东每月 2 500 元，其他三人每个月只有 1 250 元。马化腾团队一度想以 300 万元把公司卖掉，但都被拒绝，因为当时人们都不知道该怎么给互联网公司估值，结果出价最高的是 60 万元。银行不会贷款给腾讯，马化腾向两位有钱的朋友分别借了 20 万元和 50 万元，并问能不能用腾讯的股票来还债，其中一位慷慨地说："你要真的没钱了，不还也可以，不过我不要你的股票。"

2. 腾讯的第一个救星——IDG

IDG 资本负责在深圳看项目的王树问马化腾："你怎么看你们公司的未来？"马化腾沉默了好久说："我也不知道。"旁边的曾李青简直要哭了。最终，王树觉得马化腾实在，值得信赖和合作，于是 IDG 决定投资腾讯。

3. 腾讯的第二个救星——香港盈科

李嘉诚二儿子李泽楷的香港盈科也有意投资腾讯，经过协商，IDG 和盈科共出资 220 万美元，各占 20% 的股份。2001 年是腾讯生死存亡的一年，资金几乎耗尽，在用户数迅速增加的同时，盈利却遥遥无期。IDG 和李泽楷都萌生退意。

4. 腾讯第一大股东出现

MIH 是南非最大付费电视运营商，也做投资。当时负责中国投资的网大为(美国人)接触腾讯之后，发现其在中国用户数量惊人，很快便决定投资腾讯，MIH 给腾讯的估值是 6 000 万美元。IDG 大喜过望，因为在互联网泡沫期还能有 10 倍以上的收益，实在是天上掉馅饼的好事。李泽楷一开始并不想卖股份，但 2001 年年中，盈科因为收购香港电讯举债太多，只好把全部 20% 的股份卖给了 MIH。

短短几个月，MIH 陆续收购了李泽楷手中 20% 的腾讯股份和 IDG 手中 12.8% 的股份，又从腾讯创始团队中收购了 13.5% 的股份，最后以接近 50% 的持股成为腾讯第一大股东。

(资料来源：Downey. 腾讯艰难的融资之路. https://www.douban.com/group/topic/110604745/.2017-12-11.)

第一节 筹资管理概述

筹资，即筹集资金，是指企业向外部有关单位或个人以及从企业内部筹措和集中生产经营所需资金的财务活动。筹集资金是企业资金运动的起点，是决定资金运动规模和生产经营发展程度的重要环节。通过一定的筹资渠道，采取一定的筹资方式，组织资金的供应，保证企业生产经营活动的需要，是企业财务管理的一项重要内容。

一、筹资的动机

如果把企业比作人体，那么资金就是血液，一旦供血不足，企业就很可能破产倒闭。

企业的经营者担负着为企业供血的重任,必须懂得通过各种渠道和方式筹集足够的资金,以保证企业生产经营活动的正常运行与运转。企业筹资的动机具体如下。

(一)新建筹资动机

新建筹资动机是指企业在新建时为满足正常生产经营活动所需的铺底资金而产生的筹资动机。企业新建时,要按照经营方针所确定的生产经营规模核定固定资金需要量和流动资金需要量,同时筹措相应的资本金,资本金不足的部分即需通过负债方式筹集。

(二)扩张筹资动机

扩张筹资动机是指企业因扩大生产经营规模或追加对外投资而产生的筹资动机。具有良好发展前景、处于成长时期的企业通常会产生扩张筹资动机。例如,企业生产经营的产品供不应求,需要购置设备增加市场供应;开发生产适销对路的新产品,需要引进新技术;扩大有利的对外投资规模;开拓有发展前景的对外投资领域;等等。扩张筹资动机所产生的直接结果是企业的资产总额和权益总额的增加。

(三)偿债筹资动机

偿债筹资动机是指企业为了偿还某项债务而形成的借款动机。偿债筹资有两种情况:一是调整性偿债筹资,即企业具有足够的能力支付到期旧债,但为了调整原有的资本结构,举借一种新债务,从而使资本结构更加合理;二是恶化性偿债筹资,即企业现有的支付能力已不足以偿付到期旧债,被迫举借新债以偿还旧债,这表明企业财务状况已经恶化。

(四)混合筹资动机

企业既需要扩大经营的长期资金,又需要偿还债务的现金而形成的筹资动机就是混合筹资动机。在这种混合筹资动机的驱使下,企业通过筹资,既扩大了资产和筹资的规模,又调整了资本结构。

二、筹资的分类

(一)按资金使用期限的长短分类

按照资金使用期限的长短,可以把企业筹集的资金分为短期资金与长期资金两种。

短期资金一般是指供一年以内(包括一年)使用的资金。短期资金主要投资于现金、应收账款、存货等,一般在短期内可收回。短期资金常采取利用商业信用和取得银行流动资金借款等方式来筹集。它和长期筹资相比,具有资金使用期限短、成本低和偿债压力大的特点。

长期资金一般是指供一年以上使用的资金。长期资金主要投资于新产品的开发和推广、生产规模的扩大、厂房和设备的更新,一般需几年甚至十几年才能收回。长期资金通常采取吸收投资、发行股票、发行公司债券、取得长期借款、融资租赁和内部积累等方式来筹集。

(二) 按所筹集资金的性质分类

按所筹集资金的性质，可以把企业筹集的资金分为权益资金筹资与负债资金筹资两种。

权益资金筹资，也叫权益资本或自有资金，是指企业通过接受投资、发行股票、企业内部积累等方式筹集的资金，包括实收资本、资本公积、盈余公积和未分配利润等。这部分资金在会计上表现为所有者权益，代表着投资者对企业的所有权。

权益资金筹资的特点是：①其所有权归属于所有者，所有者借此参与企业管理并取得收益，同时对企业承担相应的责任，因此权益资金会分散控制权；②付出的资本成本相对较高，特别是在企业盈利多的时候；③它是法人财产权的体现和企业负债的载体，资金的所有者一旦缴纳，除依法转让外一般不能抽回，从而成为企业的永久性资本，可以增强企业的信誉和借款能力；④没有固定的股息支付限制，股息的支付具有一定的灵活性，财务风险小；⑤资金的限制条件少。

负债资金筹资，也称负债资本或借入资金，是指企业通过银行借款、发行债券等方式筹集的资金。它表明债权人对企业拥有的债权，是企业的债务。负债又可分为流动负债和长期负债。流动负债是指可以在一年内(包括一年)偿还的债务。超过一年以上才需要清偿的债务是长期负债。

负债资金筹资与权益资金筹资相比具有以下特点：①它是企业债务，体现了企业和债权人之间的债权债务关系，正常情况下不会影响公司控制权；②相对而言，资本成本较低；③不管企业盈利如何，到期必须还本付息，财务风险大；④债权人为保护自己的权益，会给企业使用资金设置很多限制。

三、筹资渠道与筹资方式

(一) 企业筹资渠道

企业的筹资渠道是指企业取得资金的来源、方向与通道。认识和了解各种筹资渠道及其特点，有助于企业充分拓宽和正确利用筹资渠道。目前，我国企业的筹资渠道主要包括以下几种。

1. 国家财政资金

国家对企业的直接投资是国有企业最主要的资金来源渠道，特别是国有独资企业，其资本全部由国家投资形成。在现有国有企业的资金来源中，其资本部分大多是由国家财政以直接拨款的方式形成的。因为国家财政资金具有广阔的源泉和稳固的基础，所以今后仍然是国有企业权益资本筹资的重要渠道。

2. 银行信贷资金

银行对企业的各种贷款，是我国目前各类企业最重要的资金来源。众所周知，我国银行分为商业性银行和政策性银行两种。商业性银行可以为各类企业提供各种商业性贷款；政策性银行主要为特定企业提供一定的政策性贷款。

3. 非银行金融机构资金

非银行金融机构主要是指信托投资公司、保险公司、租赁公司、证券公司、企业集团所属的财务公司等。它们所提供的各种金融服务，既包括信贷资金投放，也包括物资的融通，还包括为企业承销证券等金融服务。

4. 其他企业资金

企业在生产经营过程中，往往形成部分暂时闲置的资金，并为一定的目的而进行相互投资。另外，企业间的购销业务可以通过商业信用方式来完成，从而形成企业间的债权债务关系，形成债务人对债权人的短期信用资金占用。企业之间的相互投资和商业信用的存在，使其他企业资金也成为本企业资金的重要来源。

5. 居民个人资金

企业职工和居民个人的资金，作为"游离"于银行和非银行金融机构等之外的个人资金，可用于对企业进行投资，形成民间资金来源渠道，从而为企业所用。

6. 企业自留资金

它是指企业内部形成的资金，也称企业内部资金，主要包括提取公积金和未分配利润等。这些资金的重要特征之一是，它们无须企业通过一定的方式去筹集，而直接由企业内部自动生成或转移。

7. 外国和我国港、澳、台地区的资金

在改革开放的条件下，外国以及我国香港、澳门和台湾地区的投资者持有的资本亦可加以吸收，从而形成所谓外国和我国港、澳、台地区的筹资渠道。

不同筹资渠道的资金供应量存在较大的差别。有些渠道的资金供应量多，如银行信贷资金等；而有些渠道相对较少，如企业自留资金等。

(二)企业筹资方式

筹资方式是指企业在筹集资金时选用的具体筹资形式。目前，我国企业的筹资方式主要有以下几种：①吸收直接投资；②发行股票；③利用留存收益；④向银行借款；⑤利用商业信用；⑥发行公司债券；⑦融资租赁。其中：利用①～③方式筹措的资金为权益资金；利用④～⑦方式筹措的资金为负债资金。

(三)筹资渠道与筹资方式的对应关系

筹资渠道解决的是资金来源问题，筹资方式则解决通过何种方式取得资金的问题，它们之间存在着一定的对应关系。一定的筹资方式可能适用于某一特定或多种筹资渠道，但是同一渠道的资金往往可采用不同的方式取得。它们之间的对应关系可用表4.1来表示。

表 4.1　筹资渠道与筹资方式的对应关系

筹资渠道	筹资方式						
	吸收直接投资	发行股票	利用留存收益	向银行借款	发行公司债券	利用商业信用	融资租赁
国家财政资金	✓	✓					
银行信贷资金				✓			
非银行金融机构资金		✓		✓	✓		✓
其他企业资金		✓			✓	✓	✓
居民个人资金	✓	✓					
企业自留资金	✓	✓	✓				
外国和我国港、澳、台地区的资金	✓	✓		✓	✓		✓

四、筹资原则

(一)规模适当原则

不同时期企业的资金需求量并不是一个常数，企业财务人员要认真分析科研、生产、经营状况，采用一定的方法，预测资金的需要数量，合理确定筹资规模。这样既能避免因资金筹集不足，影响生产经营的正常进行；又可防止资金筹集过多，造成资金闲置。

(二)筹措及时原则

企业财务人员在筹集资金的过程中必须熟知货币时间价值的原理和计算方法，以便根据资金需求的具体情况，合理安排资金的筹集时间，适时地获取所需的资金。这样既能避免过早筹集资金形成资金投放前的闲置，又能防止取得资金的时间滞后，错过资金投放的最佳时间。

(三)来源合理原则

资金的来源渠道和资金市场为企业提供了资金的源泉与筹资场所，它反映了资金的分布状况和供求关系，决定着筹资的难易程度。不同来源的资金，对企业的收益和成本有不同的影响，因此，企业应认真研究资金来源渠道和资金市场，合理地选择资金来源。

(四)方式经济原则

在确定筹资数量、筹资时间、资金来源的基础上，企业在筹资时还必须认真研究各种筹资方式。企业筹集资金必然要付出一定的代价，不同筹资方式下的资本成本有高有低，因此，就需要对各种筹资方式进行分析、对比，选择经济、可行的筹资方式。与筹资方式相联系的是资本结构，企业应确定合理的资本结构，以便降低筹资成本，减少筹资风险。

第二节 资金需要量的预测

企业在筹资之前，应当采用一定的方法预测资金需要数量，只有这样，才能使筹集来的资金既能保证满足生产经营的需要，又不会有太多的闲置。下面介绍预测资金需要量常用的方法。

一、定性预测法

定性预测法是指利用直观的资料，依靠个人的经验和主观分析、判断能力，预测未来资金需要量的方法。这种方法通常在企业缺乏完备、准确的历史资料的情况下采用。其预测过程是：首先，由熟悉财务情况和生产经营情况的专家，根据过去积累的经验进行分析判断，提出预测的初步意见；然后，通过召开座谈会并发出各种表格等形式，对上述预测的初步意见进行修正补充。这样经过一次或几次以后，得出预测的最终结果。

定性预测法十分有用，但它不能准确揭示资金需要量与有关因素之间的数量关系。例如，预测资金需要量应和企业生产经营规模相联系。生产规模扩大，销售数量增加，会引起资金需要量增加；反之，则会使资金需要量减少。

二、定量预测法——销售百分比法

销售百分比法是常用的定量预测的方法，它根据销售收入与资产负债表和利润表项目之间的比例关系，预测各项目短期资本需要量。其基本要求是：首先假设资产、负债与销售收入之间存在稳定的百分比关系；然后根据预计销售额和相应的百分比估计资产、负债和所有者权益的数额或增加额；最后利用会计等式确定融资需求。

销售百分比法具体的计算方法有两种：一种是先根据销售总额估计资产、负债和所有者权益的总额，然后确定融资需求；另一种是先根据销售增加额估计资产、负债和所有者权益的增加额，然后确定融资需求。

(一)根据销售总额确定融资需求

1. 确定敏感项目和销售百分比

销售额与资产负债表有关项目的百分比可以根据上一年的有关数据确定。在确定时，要注意区分敏感项目与非敏感项目。直接随销售额变动的资产、负债项目称为敏感项目；反之称为非敏感项目，如图4.1所示。

2. 计算预计销售额下的资产和负债

$$预计总资产(负债)=预计销售额×资产(负债)敏感项目销售百分比\\+非敏感资产(负债)项目$$

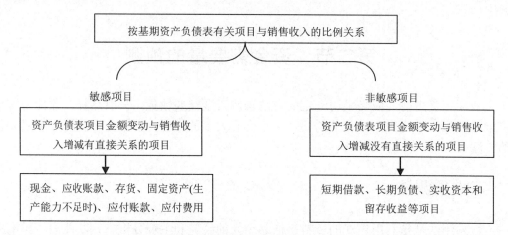

图 4.1 敏感/非敏感项目示意图

3. 计算预计留存收益增加额

留存收益是公司内部的融资来源，只要公司有盈利并且不是全部支付股利，就会导致所有者权益自然增长。

留存收益增加额=预计销售额×销售净利率×(1-股利支付率)

4. 计算外部融资需求

外部融资需求=预计总资产-预计总负债-预计所有者权益

【例 4.1】南海公司 2020 年 12 月 31 日的简要资产负债表如表 4.2 所示。

表 4.2 南海公司简要资产负债表

2020 年 12 月 31 日　　　　　　　　　　　　　　　　　　单位：元

资　产	金　额	负债及所有者权益	金　额
货币资金	30 000	应付费用	60 000
应收账款	90 000	应付账款	30 000
存货	180 000	短期借款	150 000
固定资产净值	180 000	公司债券	60 000
		实收资本	120 000
		留存收益	60 000
资产合计	480 000	负债及所有者权益合计	480 000

已知南海公司 2020 年的销售收入为 600 000 元，现在还有剩余生产能力，即增加销售收入不需要进行固定资产方面的投资。假定销售净利率为 10%，股利支付率为 60%，如果预计 2021 年的销售收入为 720 000 元，试用销售百分比法预测 2021 年需要对外筹集的资金数量。

解析：

(1) 确定敏感项目和销售百分比。

将资产负债表中的敏感项目分离出来。在本例中，资产负债表中的现金、应收账款和存货随销售额的增加而同比例同方向增加，据题意可知资产方的固定资产不随销售额的增加而增加，保持不变；在负债和所有者权益一方，应付账款和应付费用也会随销售的增加而同比例增加，但实收资本、公司债券、短期借款和留存收益不会自动增加。其具体变动情况如表 4.3 所示。

表 4.3　南海公司销售百分比表

资　产	占销售收入百分比	负债及所有者权益	占销售收入百分比
货币资金	30 000÷600 000=5%	应付费用	60 000÷600 000=10%
应收账款	90 000÷600 000=15%	应付账款	30 000÷600 000=5%
存货	180 000÷600 000=30%	短期借款	不变动
固定资产	不变动	公司债券	不变动
		实收资本	不变动
		留存收益	不变动
合计	50%	合计	15%

该表显示了敏感项目与销售收入之间存在的固定比例关系，同时显示，销售收入每增加 100 元，在资产方必然增加 50 元的资金占用，同时产生 15 元的资金来源。

(2) 计算预计销售额下的资产和负债。

预计总资产=720 000×50%+180 000=540 000(元)

预计总负债=720 000×15%+210 000=318 000(元)

其中，

非敏感资产=固定资产净值=180 000(元)

非敏感负债=短期借款+公司债券=150 000+60 000=210 000(元)

(3) 计算预计留存收益增加额。

留存收益增加额=720 000×10%×(1−60%)=28 800(元)

所有者权益总额=实收资本+原留存收益+留存收益增加额

=120 000+60 000+28 800=208 800(元)

(4) 计算外部融资需求。

外部融资需求=预计总资产−预计总负债−预计所有者权益

=540 000−318 000−208 800=13 200(元)

(二)根据销售增加额确定融资需求

对于例 4.1，从表 4.3 中可以看出，每增加 100 元的销售收入，必然增加 50 元(现金+存货+应收账款)的资金占用，但同时也自动增加 15 元的资金来源(应付费用+应付账款)。因此，公司每增加 100 元的销售收入，必然增加 35 元(即 35%)的资金来源才能满足资金需求。如销售收入增加到 720 000 元，增加了 120 000 元，按照 35%的比例，预测要增加的资金为

120 000×35% = 42 000(元)

上述资金需求首先可以从内部解决，因公司留存收益的增加为 28 800 元，那么将有 42 000−28 800=13 200(元)的资金需要从外界融通。根据上述过程可得出

融资需求=资产增加−负债自然增加−留存收益增加

=资产销售百分比×新增销售额−负债销售百分比×新增销售额

-预计销售额×销售净利率×(1-股利支付率)
=50%×120 000-15%×120 000-720 000×10%×(1-60%)
=42 000-28 800=13 200(元)

【例 4.2】昌都公司 2020 年有关资料如表 4.4 所示。

表 4.4　昌都公司简要资产负债表

2020 年 12 月 31 日

资　产	金额/万元	占销售百分比/%	负债及所有者权益	金额/万元	占销售百分比/%
货币资金	2 000	2	应付费用	5 000	5
应收账款	28 000	28	应付账款	13 000	13
存货	30 000	30	短期借款	12 000	不变动
长期资产	40 000	不变动	公司债券	20 000	不变动
			实收资本	30 000	不变动
			留存收益	20 000	不变动
敏感资产合计	60 000	60	敏感负债合计	18 000	18
资产合计	100 000	100	负债及所有者权益合计	100 000	100

2020 年公司的销售收入为 100 000 万元，销售净利率为 10%，2020 年分配的股利为 5 000 万元，如果预计 2021 年的销售收入增长率是 20%，假定销售净利率不变，公司采用的是固定股利支付率政策，试计算：

(1) 昌都公司 2021 年的净利润及应分配的股利；

(2) 预测 2021 年需从外部筹集的资金数量。

解析：

(1) 计算 2021 年的净利润及应分配的股利。

2020 年股利支付率=5000÷(100 000×10%)=50%

2021 年净利润=100 000×(1+20%)×10%=12 000(万元)

因公司采用固定股利支付率政策，则 2021 年应分配的股利=12 000×50%=6000(万元)

(2) 预测 2021 年需从外部追加的资金。

新增销售收入=100 000×20%=20 000(万元)

融资需求=资产增加-负债自然增加-留存收益增加

　　　　=60%×20 000-18%×20 000-100 000×(1+20%)×10%×(1-50%)

　　　　=8 400-6 000=2 400(万元)

即 2021 年需要从外部筹集资金 2 400 万元。

第三节　权益资金的筹集

权益资金是指投资者投入企业的资本金及经营中所形成的积累，它反映所有者的权益。其出资人是企业所有者，拥有对企业的所有权。企业可以独立支配其所占有的财产，拥有出资者投资形成的全部法人财产权。企业权益资金的筹资方式又称股权性筹资，主要有吸收直接投资、发行普通股和发行优先股等。

一、吸收直接投资

【知识链接】

注册资本登记制度改革方案

2014年2月，国务院印发《注册资本登记制度改革方案》，在全国范围内推行工商登记制度改革。公司股东认缴的出资总额或者发起人认购的股本总额(即公司注册资本)应当在工商行政管理机关登记。公司股东(发起人)应当对其认缴的出资额、出资方式、出资期限等自主约定，并记载于公司章程中。有限责任公司的股东以其认缴的出资额为限对公司承担责任，股份有限公司的股东以其认购的股份为限对公司承担责任。

放宽注册资本登记条件。除法律、行政法规以及国务院决定对特定行业注册资本最低限额另有规定的外，取消有限责任公司最低注册资本3万元、一人有限责任公司最低注册资本10万元、股份有限公司最低注册资本500万元的限制。不再限制公司设立时全体股东(发起人)的首次出资比例，不再限制公司全体股东(发起人)的货币出资金额占注册资本的比例，不再规定公司股东(发起人)缴足出资的期限。公司实收资本不再作为工商登记事项。公司登记时，无须提交验资报告。

吸收直接投资是指企业按照"共同投资、共同经营、共担风险、共享利润"的原则直接吸收国家、法人单位、个人投入资金的一种筹资方式。吸收直接投资与发行股票等都是企业筹集权益资金的重要方式，发行股票要有股票做媒介，而吸收直接投资则无须公开发行证券。吸收直接投资中的出资者都是企业的所有者，他们对企业具有经营管理权。企业经营状况好，盈利多，各方可按出资额的比例分享利润；企业经营状况差，连年亏损，甚至破产清算，则各方要在其出资的限额内按出资比例承担损失。

(一)吸收直接投资的种类

1. 吸收国家投资

国家投资是指有权代表国家投资的政府部门或者机构以国有资产投入企业，这种情况下形成的资本叫国有资本。吸收国家投资一般具有以下特点：①产权归属国家；②资金的运用和处置受国家约束较大；③在国有企业中采用比较广泛。吸收国家投资是国有企业筹集自有资金的主要方式。根据《企业国有资本与财务管理暂行办法》的规定，国家对企业注册的国有资本实行保全原则。企业在持续经营期间，对注册的国有资本除依法转让外，不得任意抽回，并且以出资额为限承担责任。企业拟以资本公积、盈余公积转增资本的，国有企业和国有独资公司由企业董事会或经理办公会决定，并报主管财政机关备案；股份有限公司和有限责任公司由董事会决定，并经股东大会审议通过。

2. 吸收法人投资

法人投资是指法人单位以其依法可以自由支配的资产投入企业，这种情况下形成的资本叫法人资本。吸收法人投资一般具有如下特点：①发生在法人单位之间；②以参与企业利润分配为目的；③出资方式灵活多样。

3. 吸收个人投资

个人投资是指社会个人或本企业内部职工以个人合法财产投入企业，这种情况下形成的资本称为个人资本。吸收个人投资一般具有以下特点：①参加投资的人员较多；②每人投资的金额相对较少；③以参与企业利润分配为目的。

(二) 吸收直接投资中的出资方式

企业在采用吸收直接投资方式筹集资金时，投资者可以用现金、厂房、机器设备、材料物资、无形资产等作价出资。

1. 以现金出资

以现金出资是吸收直接投资中最重要的出资方式。有了现金，便可获取其他物质资源。因此，企业应尽量动员投资者采用现金方式出资。吸收直接投资中所需投入现金的数额，取决于投入的实物、工业产权之外尚需多少资金来满足建厂的开支和日常周转需要。外国公司法或投资法对现金投资占资本总额的多少一般都有规定，我国目前尚无这方面的规定，因此，需要在投资过程中由双方协商确定。

2. 以实物出资

以实物出资就是投资者以厂房、建筑物、设备等固定资产和原材料、商品等流动资产所进行的投资。一般来说，企业吸收的实物应符合如下条件：①确为企业科研、生产、经营所需；②技术性能比较好；③作价公平合理。实物出资涉及的实物作价方法应按国家的有关规定执行。

3. 以工业产权出资

以工业产权出资是指投资者以专有技术、商标权、专利权等无形资产所进行的投资。一般来说，企业吸收的工业产权应符合以下条件：①能研究和开发出新的高科技产品；②能生产出适销对路的高科技产品；③能改进产品质量，提高生产效率；④能大幅度降低各种消耗；⑤作价比较合理。

4. 以土地使用权出资

投资者也可以用土地使用权进行投资。土地使用权是按有关法规和合同的规定利用土地的权利。企业吸收土地使用权投资应符合以下条件：①是企业科研、生产、销售活动所需要的；②交通、地理条件比较适宜；③作价公平合理。

(三) 吸收直接投资的程序

企业吸收其他单位的投资，一般要遵循如下程序。

1. 确定筹资数量

吸收直接投资一般是在企业开办时所使用的一种筹资方式。企业在经营过程中，如果发现自有资金不足，也可采用吸收直接投资的方式筹集资金，但在吸收直接投资之前，必须确定所需资金的数量，以利于正确筹集所需的资金。

2. 寻找投资单位

企业在吸收直接投资之前，需要做一些必要的宣传，以便使出资单位了解企业的经营状况和财务情况，有目的地进行投资。这将有利于企业在比较多的投资者中寻找到最合适的合作伙伴。

3. 协商投资事项

寻找到投资单位后，双方可进行具体的协商，以便合理确定投资的数量和出资方式。在协商过程中，企业应尽量说服投资者以现金方式出资。如果投资者的确拥有较先进的适用于企业的固定资产、无形资产等，也可用实物、工业产权和土地使用权进行投资。

4. 签署协议

双方经初步协商后，如没有太大异议，便可进一步协商。协商的关键是以实物投资、工业产权投资、土地使用权投资的作价问题。这是因为投资的报酬、风险的承担都是以由此确定的出资额为依据。一般而言，双方应按公平合理的原则协商定价，如果争议比较大，可聘请资产评估的机构来评定。当出资数额、资产作价确定后，便可签署投资协议或合同，以明确双方的权利和责任。

5. 共享利润

出资各方有权对企业进行经营管理。但如果投资者的投资占企业资金总额的比例较低，他们一般并不直接参与经营管理，而是关心其投资报酬问题。因此，企业在吸收投资之后，应按合同中的有关条款，从实现利润中对吸收的投资支付报酬。投资报酬是企业利润的一个分配去向，也是投资者利益的体现，企业要妥善处理，以便与投资者保持良好关系。

(四) 吸收直接投资的优缺点

1. 吸收直接投资的优点

(1) 有利于增强企业信誉。吸收直接投资所筹集的资金属于自有资金，能增强企业的信誉和借款能力，对扩大企业经营规模、壮大企业实力具有重要作用。

(2) 有利于尽快形成生产能力。吸收直接投资可以直接获取投资者的先进设备和先进技术，有利于尽快形成生产能力并开拓市场。

(3) 有利于降低财务风险。吸收直接投资可以根据企业的经营状况向投资者支付报酬，企业经营状况好，要向投资者多支付一些报酬，企业经营状况不好，就可不向投资者支付报酬或少支付报酬，比较灵活，所以财务风险较小。

2. 吸收直接投资的缺点

(1) 资本成本较高。一般而言，采用吸收直接投资方式筹集资金所需负担的资本成本较高，企业经营状况较好和盈利较多时更是如此。因为向投资者支付的报酬是根据其出资的数额和企业实现利润的多寡来计算的。

(2) 容易分散企业控制权。采用吸收直接投资方式筹集资金，投资者一般要求获得与投资数量相适应的经营管理权，这是接受外来投资的代价之一。如果外部投资者的投资比例较大，则投资者会有相当大的管理权，甚至会对企业实行完全控制，这是吸收直接投资的不利因素。

二、发行普通股

【案例链接】

特斯拉以最大折扣二次发行股票

特斯拉将股票二次发行价格定为每股 767 美元，较公布日收盘价折扣 4.6%，这是特斯拉上市 10 年来给出的最大折扣。不过，由于依然维持了高估值，分析师们将特斯拉本次增发股票看作明智之举。

特斯拉表示，将以该价格出售 265 万股股票，募集资金超过 20 亿美元。该公司首席执行官埃隆·马斯克将购买 1 000 万美元的股票，甲骨文老板拉里·埃里森将购买价值 100 万美元的股票。作为主承销商，高盛和摩根士丹利可以选择购买 39.75 万股特斯拉股票。

特斯拉计划将所得款项"用于进一步加强资产负债表以及用于一般公司用途"。然而，值得注意的是，就在近期，马斯克说特斯拉不需要募集资金。对于本次意外募资，晨星分析师认为，我们长期以来一直希望特斯拉通过其高估值，选择股票发行来一劳永逸地筹集大量现金。我们宁愿特斯拉选择这样的方式，而不是每年通过可转换债务进行融资。

(资料来源：华尔街见闻. 特斯拉以最大折扣二次发行股票 拟募资超 20 亿美元.
https://new.qq.com/rain/a/20200215A01TWP00.2020-02-15.)

普通股属于股份公司为筹集自有资金而发行的有价证券，是公司签发的证明股东所持股份的凭证，它代表了股东对股份制公司的所有权，普通股是最基本、最标准的股份。通常情况下，股份有限公司只发行普通股。依据我国《公司法》的规定，普通股股东主要有如下权利。

(1) 出席或委托代理人出席股东大会，并依公司章程规定行使表决权。这是普通股股东参与公司经营管理的基本方式。

(2) 股份转让权。股东持有的股份可以自由转让，但必须符合《公司法》、其他法规和公司章程规定的条件和程序。

(3) 股利分配请求权。

(4) 对公司账目和股东大会决议的审查权以及对公司事务的质询权。

(5) 分配公司剩余财产的权利。

(6) 优先认股权。

(一)普通股的种类

普通股分类基本情况如表 4.5 所示。

表 4.5 普通股分类基本情况

分类标准	类别	特征
是否记名	记名股票	股票票面上记载股东姓名或名称的股票。这种股票除了股票上所记载的股东外，其他人不得行使其股权，且股份的转让有严格的法律程序与手续，需办理过户
	无记名股票	票面上不记载股东姓名或名称的股票。这类股票的持有人即股份的所有人，具有股东资格，股票的转让也比较自由、方便，无须办理过户手续

续表

分类标准	类别	特征
是否标有金额	有面值股票	票面上标有一定金额的股票。持有这种股票的股东，对公司享有的权利和承担的义务大小，按其所持股票票面金额占公司发行在外的股票总面值的比例而定
	无面值股票	不在票面上标出金额，只载明所占公司股本总额的比例或股份数的股票。股东对公司享有的权利和承担义务的大小，直接依股票标明的比例而定
投资主体不同	国家股	有权代表国家投资的部门或机构以国有资产向公司投资而形成的股份
	法人股	企业法人依法以其可支配的财产向公司投资而形成的股份，或具有法人资格的事业单位和社会团体以国家允许用于经营的资产向公司投资而形成的股份
	个人股	社会个人或公司内部职工以个人合法财产投入公司而形成的股份
	外资股	外国投资者和我国港、澳、台地区投资者以购买人民币特种股票(B 股)形式向股份公司投资形成的股份，这是我国吸引外资的一种形式
上市地点和投资者不同	A 股	人民币普通股票，它是由我国境内的公司发行，供境内机构、组织或个人(不含港、澳、台地区投资者)以人民币认购和交易的普通股股票
	B 股	人民币特种股票，它是以人民币标明面值，以外币认购和买卖，在境内(上海、深圳)证券交易所上市交易的股票
	H 股、N 股	H 股也称国企股，是指注册地在中国内地，上市地在香港(Hong Kong)地区的中资企业股票；N 股，是指那些在中国境内注册，在纽约(New York)上市的中资企业股票

(二)普通股发行的规定与条件

按照我国《公司法》和《证券法》的有关规定，股份有限公司发行股票，应符合以下规定与条件。

(1) 每股金额相等。同次发行的股票，每股的发行条件和价格应相同。

(2) 股票发行价格可以按票面金额，也可以超过票面金额，但不得低于票面金额。

(3) 股票应当载明公司名称、公司登记日期、股票种类、票面金额及代表的股份数、股票编号等主要事项。

(4) 向发起人、国家授权投资的机构、法人发行的股票，应为记名股票；对社会公众发行的股票，可以为记名股票，也可以为无记名股票。

(5) 公司发行记名股票的，应当配备股东名册，记载股东的姓名或者名称、住所、各股东所持股份、各股东所持股票编号、各股东取得其股份的日期；发行无记名股票的，公司应当记载其股票数量、编号及发行日期。

(6) 公司发行新股，必须具备下列条件：具备健全且运行良好的组织结构；具有持续盈利能力，财务状况良好；最近 3 年财务会计文件无虚假记载，无其他重大违法行为；证券监督管理机构规定的其他条件。

(7) 公司发行新股，应由股东大会作出有关下列事项的决议：新股种类及数额；新股发行价格；新股发行的起止日期；向原有股东发行新股的种类及数额。

(三)普通股发行的程序

1. 设立时发行股票的程序

(1) 提出募集股份申请。

(2) 公告招股说明书,制作认股书,签订承销协议和代收股款。

(3) 招认股份,缴纳股款。

(4) 召开创立大会,选举董事会、监事会。

(5) 办理设立登记,交割股票。

2. 增资发行新股的程序

(1) 股东大会作出发行新股的决议。

(2) 由董事会向国务院授权的部门或省级人民政府申请并获批准。

(3) 公告新股招股说明书和财务会计报表及附属明细表,与证券经营机构签订承销合同,定向募集时向新股认购人发出认购公告或通知。

(4) 招认股份,缴纳股款。

(5) 改组董事会、监事会,办理变更登记并向社会公告。

(四)普通股发行方式、销售方式和发行价格

1. 股票发行方式

股票发行方式是指公司通过何种途径发行股票。股票的发行方式可分为以下两类。

(1) 公开间接发行。公开间接发行是指通过中介机构,公开向社会公众发行股票。我国股份有限公司采用募集设立方式向社会公开发行新股时,须由证券经营机构承销的做法,就属于股票的公开间接发行。这种发行方式的发行范围广、发行对象多,易于足额募集资本;股票的变现能力强,流通性好;股票的公开间接发行还有助于提高发行公司的知名度和扩大其影响力。但这种发行方式也有不足,主要是手续繁杂,发行成本高。

(2) 不公开直接发行。不公开直接发行是指不公开对外发行股票,只向少数特定的对象直接发行,因而不需经中介机构承销。我国股份有限公司采用发起设立方式和以不向社会公开募集的方式发行新股的做法,即属于股票的不公开直接发行。这种发行方式弹性较大,发行成本低,但发行范围小,股票变现能力差。

2. 股票销售方式

(1) 自销方式:股票发行的自销方式是指发行公司自己直接将股票销售给认购者。这种方式可以节省发行费用,但往往筹资时间长,发行公司要承担全部发行风险,并且需要发行公司有较高的知名度、信誉、实力较强。

(2) 承销方式:是指发行公司将股票销售委托给证券经营机构代理。这种销售方式是发行股票所普遍采用的方式。我国《公司法》规定:股份有限公司向社会公开发行股票,必须与依法设立的证券经营机构签订承销协议,由证券经营机构承销。股票承销又分为包销和代销两种办法。所谓包销,是指根据承销协议商定的价格,证券经营机构一次性全部购进发行公司公开募集的全部股份,然后以较高的价格出售给社会上的认购者。对发行公司

来说，包销的办法可及时筹足资本，免于承担发行风险(股款未募足的风险由承销商承担)，但股票以较低的价格售给承销商会损失部分溢价。所谓代销，是指证券经营机构代替发行公司代售股票，并由此获取一定的佣金，但不承担股款未募足的风险。股票发行采用代销方式，代销期限届满，向投资者出售的股票数量未达到拟公开发行股票数量70%的，为发行失败。发行人应当按照发行价并加算银行同期存款利息返还股票认购人。

3. 股票发行价格

股票发行价格是指股票发行时所使用的价格，也就是投资者认购股票时所支付的价格。股票发行价格通常由发行公司根据股票面额、股市行情和其他有关因素决定。以募集设立方式设立公司首次发行的股票价格，由发起人决定；公司增资发行新股的股票价格，由股东大会作出决议。我国《公司法》规定，股票发行价格可以等于票面金额(等价)，也可以超过票面金额(溢价)，但不得低于票面金额(折价)。

普通股的发行价格一般有三种，如表4.6所示。

表4.6 普通股发行价格

形 式	使用范围	优 缺 点
等价发行：或称平价发行，是指按股票面额出售新发行的股票，即股票发行价格等于股票的面额	新成立公司发行股票，或公司向原股东配股	容易推销，但无法取得股票溢价收入
时价发行：公司发行新股时，以流通在外的股票或同类股票的现行价格为基准来确定股票的发行价格	公开发售股票	考虑了股票的现行市场价值，对投资者有较大的吸引力
中间价发行：以股票面额和股票市价的中间价作为股票的发行价格	向股东配股发行股票时采用	对投资者有较大的吸引力，溢价收入较少

(五)普通股筹资的优缺点

1. 普通股筹资的优点

与其他筹资方式相比，普通股筹资具有如下优点。

(1) 由于普通股没有任何到期的日期，公司没有清偿普通股的义务，这使得公司获得了稳定的长期资本供给。

(2) 公司没有支付普通股股利的法定义务，这使得公司可以依据具体情况行事：当盈利存在且较多时，就宣布支付股利；当盈利不存在或较低，或者当公司迫切需要现金时，就可以少付或完全停付普通股股利。

(3) 公司可用普通股的回购或发行股票股利等方式来改变公司资本结构。

(4) 普通股构成支付公司债务的基础，发行较多的普通股，意味着公司对债权人提供了较大程度的保护，能有效地增强公司借款能力与贷款信用。

2. 普通股筹资的缺点

(1) 普通股的资本成本较高。首先，从投资者的角度讲，投资于普通股风险较高，相应地要求有较高的投资收益率。对于筹资公司来讲，在公司盈利较好的情况下，应分配较多的股利。其次，普通股股利从税后利润中支付，不像债券利息那样从税前支付，因而不具有抵税作用。最后普通股的发行费用一般也高于其他证券。

(2) 普通股筹资会分散公司的经营控制权。增加发行普通股，会稀释原有股权结构，导致其他股东分享公司的投票权和控制权，冲淡了原股东的权利。如果公司增加发行的普通股数额与公司的盈利不能成比例增加，势必会稀释每股净收益，引起普通股市价下跌，并且公司有被收购的风险。

(3) 增加公司对外公布财务信息的成本。上市公司的生产经营成果和财务状况需要公开披露，接受公众的监督，增强对社会公众股东的责任。这样，一方面增加公司的财务披露成本，另一方面也会让竞争者了解公司的一些商业秘密。

三、发行优先股

【案例链接】

克莱斯勒汽车公司起死回生

克莱斯勒汽车公司曾在面临非常恶劣的环境时，成功地使用优先股为公司筹措到了巨额资金。

当时，由于接连发生亏损，公司的股价不断下跌，甚至投资者对该公司是否还能生存下去都抱有强烈的怀疑态度。在这种情形下，投资者不愿再将资金投入该公司，除非他们能够得到某种优先受偿的机会，其解决方案似乎只有发行债券和优先股。

但当时克莱斯勒汽车公司的负债又已达到了债券限制条款中的上限。鉴于此，公司只得排除了发行债券筹资的想法而改用优先股，并适当地提高了优先股的股息率。

公司通过以种种鼓励发行的措施配合优先股后，其优先股的发行获得了出乎意料的成功。这种优先股一上市就非常畅销，公司原先预定的发行额为1.5亿美元，在市场前景看好的情况下提高到2亿美元。公司发行的所有优先股很快就被投资者如数吸纳了。

由于公司注入了巨额的新生资金，就可以借此对公司的生产经营进行彻底的改进。最终公司扭亏为盈，彻底摆脱了原先的困境。

(资料来源：陈玉菁，宋良荣. 财务管理[M]. 3版. 北京：清华大学出版社，2011.)

【知识链接】

中国开始试点优先股

在发达市场常见的一种融资手段——发行优先股融资，也开始在中国市场上试点了。《优先股试点管理办法》经2013年12月9日中国证券监督管理委员会第16次主席办公会会议审议通过，2014年3月21日中国证券监督管理委员会令第97号公布。该办法规定三类上市公司可以公开发行优先股，这三类公司是：普通股为上证50指数成分股的；以公开发行优先股作为支付手段收购或吸收合并其他上市公司的；以减少注册资本为目的回购普通股的，或者在回购方案实施完毕后，可公开发行不超过回购减资总额的优先股的。

中国实行改革开放以来，推出的许多市场化的经济政策和经济手段均借鉴了国际做法，特别是发达国家成熟的做法，比如现代公司治理制度、资本市场的设立等。此次优先股试点，同样不例外。

优先股是一种介于普通股和公司债券之间的证券，在公司分配利润以及进行资产清算时，优先股股东的资产要求权优先于普通股股东，但优先股股东不参与公司的决策治理。

(资料来源：北大法宝. 优先股试点管理办法. https://test2.pkulaw.com/chl/680108d5414c7f2fbdfb.html?way=textSlc.2014-03-21.)

优先股又称特别股，是指优先于普通股股东分得公司收益和剩余财产的一种股票，它是介于普通股和债券之间的一种混合证券，通常被普通股股东视为债券，被债权人视为股票。

优先股股东的权利主要表现在以下几个方面。

(1) 优先分配股利权。优先股的股利固定，按面值的一定百分比计算。优先股股利在税后支付，优先于普通股。

(2) 优先分配剩余财产权。企业破产清算时，出售资产所得的收入，优先股位于债权人之后求偿，但先于普通股。其金额只限于优先股的票面价值，加上累积未支付的股利。

(3) 管理权。优先股股东的管理权限是有严格限制的，通常在公司的股东大会上，优先股股东没有表决权，但当公司研究与优先股有关的问题时有表决权。

(4) 优先股可由公司赎回。发行公司按照公司章程的有关规定，根据公司的需要，能以一定的方式将所发行的优先股收回，以调整公司的资本结构。

(一)优先股的种类

1. 累积优先股和非累积优先股

累积优先股是指公司过去年度未支付的股利可以累积由以后年度一并支付。它是一种最常见的优先股，其特点在于：股利率固定，并可以累积计算。公司在偿付以往拖欠的优先股股利时，不采用复利计息的方法。

【例4.3】某公司有累积优先股3 000万股，年股利额为2元/股，假设该公司已有两年未发放股利，今年拟发放股利共70 000万元，那么公司应发放的优先股股利和普通股股利分别是多少？

解：

优先股股利=3 000×2×3=18 000(万元)

普通股股利=70 000-18 000=52 000(万元)

优先股股利累积的特性对优先股股东形成一种利益上的保护，防止公司管理当局有意回避支付优先股股利而将大部分盈余留归普通股股东。

与累积优先股相对应的是非累积优先股，它是指不论上一年度企业对其优先股股利是否进行过分配，一律以本年度所获得的利润和比率为限进行分配的优先股股票。对这种优先股，企业不负有累积补付优先股股利的义务，优先股股东也无权要求企业予以补发。很显然，它会损害优先股股东所获得的优先地位，故一般不发行。

2. 参与优先股和非参与优先股

参与优先股是指优先股在其所应得的股利之外，如企业有额外利润，允许以特定方式与普通股一同参加利润分配的优先股。其特点是，在股份公司的利润增大时，优先股股东除可获得固定股利之外,还可分得额外红利。参加分配优先股股票由于参与利润分配方式的不同,又可分为全部参加分配的优先股股票和部分参加分配的优先股股票。

非参与优先股是指优先股的股东所获得的股利只限于按事先规定的股利率计算,如企业有额外盈余,应全部归属普通股股票。其特点表现在优先股的股东只有权获取定额股利。

3. 可转换优先股和不可转换优先股

可转换优先股,是指在发行契约中规定,优先股的持有人可以在既定条件下将其股票按照事先规定的兑换率转换为企业的普通股。

可转换优先股的特点是其股票价格容易受普通股股票价格的影响而波动。可转换优先股很容易发行成功,因为它对投资者而言具有灵活性。当股票市价达到转换价格时,是否转换取决于投资者的意愿,投资者可以在普通股市价上涨,收益超过优先股时转换为普通股,亦可选择保留优先股东的地位和权利。对于发行公司来说,可以以较低的利率筹资,节省普通股发行费用,又可在适当的时候增加普通股本,为偿还负债奠定基础。

不可转换优先股是指优先股的持有人无权要求将其优先股转换成普通股,只能享受固定股利的优先股。

4. 可赎回优先股和不可赎回优先股

可赎回优先股,是指股份公司有权按预定的价格和方式收回已发行的优先股股票。收回的决定权归发行企业所有,股票的持有者不具有支配权。

股份公司收回优先股的目的是,在市场平均利率趋于下降时,以较低股利的股票取代已发行的优先股股票,进而减少股利负担,调整资本结构。优先股的回收对发行公司固然有利,但也必须注意收回的条件与时机,收回优先股不得损害公司章程中规定的优先股股东的权利,如参与权、累积权等;收回优先股不得动用公司正常经营的资金,以免影响正常的资金周转,应根据市场利率和股票市价的水平选择适当的收回方式。

相对应的,不可赎回优先股是指发行公司不能在某一时期,以特定价格和方式收回的优先股股票。在这种情况下,公司若要收回优先股,只能到证券市场上按市价回购。

(二)优先股筹资的优缺点

1. 优先股筹资的优点

(1) 优先股通常没有固定的到期日,不用偿还本金。公司事实上等于获得了一笔无限期的贷款,且一般优先股又附有收回条款,这就使得资金更具有弹性,可以调节公司的资本结构,从而使公司既获得较稳定的资金,又可减少财务风险。

(2) 股利的支付既固定,又具有一定弹性。一般而言,优先股固定股利的支付并不构成公司的法定义务。如果公司财务状况不佳,则可暂时不支付优先股股利。

(3) 保持普通股股东的控制权。由于优先股股东一般无表决权,所以发行优先股既可增加企业的资本金,又能够维持原股东的控股格局,使公司可按预定的规划稳定发展。

2. 优先股筹资的缺点

(1) 资本成本高。优先股所支付的股利要从税后净利润中支付,不像债券利息那样可在税前支付，因而优先股成本较高。

(2) 公司财务负担重。优先股需要支付固定股利，但又不能在税前支付，因而当利润下降时，优先股股利会成为一项较重的财务负担，有时不得不延期支付。

(3) 对公司的限制条件多。发行优先股通常有许多限制条款，如对普通股股利支付上的限制、对公司借债的限制等，不利于公司的自主经营。

第四节 负债资金的筹集

负债资金是指企业向银行、非银行金融机构、其他企业单位或个人等吸收的资金，又称债务资金。负债资金的出资人是企业的债权人，对企业拥有债权，有权要求企业按期还本付息。企业负债资金的筹集方式主要有向银行借款、发行公司债券、发行可转换公司债券、利用商业信用筹资等。

一、向银行借款

银行借款是指企业根据借款合同向银行(以及其他金融机构，下同)借入的需要还本付息的款项。向银行借款是企业筹集资金的一种重要方式。

(一)银行借款的种类

1. 按借款的期限，银行借款分为短期借款、中期借款和长期借款

短期借款期限在 1 年内(包括 1 年)，中期借款期限在 1～5 年(包括 5 年)，长期借款期限在 5 年以上。

2. 按借款的条件，银行借款分为信用借款、担保借款

信用借款是以借款人的信用为依据而获得的借款，企业取得这种借款不需要以财产作为抵押。担保借款是指以一定的财产作抵押或以一定的保证人作担保而取得的借款。

3. 按提供贷款的机构，银行借款分为政策性银行贷款、商业银行贷款和其他金融机构贷款

政策性银行贷款是指执行国家政策性贷款业务的银行向企业发放的贷款，如国家开发银行为满足企业承建国家重点建设项目的资金需要而提供的贷款。商业银行贷款是各商业银行向工商企业提供的贷款，这类贷款主要满足企业生产经营的资金需要。此外，企业还可从信托投资公司等取得实物或货币形式的信托投资贷款，从财务公司获得各种贷款等。

(二)银行借款的程序

1. 企业提出申请

我国金融部门对贷款规定的原则是：按计划发放，择优扶持，有物资保证，按期归还。企业应在借款申请中陈述借款原因、借款金额、用款时间与计划、还款期限与计划等，并附有相关证明文件。

2. 银行进行审批

银行审查的内容包括：①企业的财务状况；②企业的信用情况；③企业的盈利稳定性；④企业的发展前景；⑤借款投资项目的可行性等。

3. 签订借款合同

银行经审查批准借款合同后，与借款企业可进一步协商贷款的具体条件，签订正式的借款合同，明确规定贷款的数额、利率、期限和一些保护性条款。

4. 企业取得借款

借款合同生效后，银行可在核定的贷款指标范围内，根据用款计划和实际需要，一次或分次将贷款转入企业的存款结算账户，以便企业支用借款。

5. 企业偿还借款

企业应按照借款合同的规定按期还本付息。其具体方式有：到期日一次还本付息；定期偿还相等份额的本金和利息；分批偿还(每批金额不等，便于企业灵活安排)。

(三)借款合同的内容及保护性条款

借款合同是规定借款双方当事人权利和义务的契约。

1. 借款合同的基本条款

①借款种类；②借款用途；③借款金额；④借款利率；⑤借款期限；⑥还款资金来源及还款方式；⑦保证条款(抵押、担保)；⑧违约责任等。

2. 借款合同的保护性条款

借款合同一般规定了保护性条款。贷款银行为避免借款企业在取得长期借款期限内财务状况发生变化，对贷款银行造成不利影响，承担到期不能收回借款的风险，通常在借款合同中附有各种保护性条款，以确保借款企业财务状况的稳定性和贷款银行自身的安全性。

(1) 一般性保护条款。一般性保护条款是指对借款企业资产流动性、现金支付能力和偿债能力方面的要求条款，它是维护银行利益最重要的条款。其主要内容包括：营运资本的限制；现金支付的限制；资本支出规模的限制；长期负债的限制。

(2) 例行性保护条款。例行性保护条款是指所有的借贷契约中均有规定，所有的借款企业均应遵守的条款。其内容主要包括：定期提供财务报表；及时支付到期债务和税金；不得以资产作为其他承诺的担保或抵押；不得在正常情况下出售较多的资产；补偿性余额的要求。

(3) 特殊性保护条款。特殊性保护条款是指在个别借贷契约中特别规定的条款，目的在于避免在特殊情况下可能出现的意外。如规定贷款专款专用；公司主管要参加人寿保险；主要管理人员的改变或改组必须有贷款人核准等，以确保该公司的经营管理是在银行所信赖的人控制之下。

长期借款的借款合同对借款公司的种种限制，一方面用于全面保护债权人的利益，另一方面也是对借款公司经营活动的一种积极约束，旨在引导公司有效地运用借款，从而实现借贷双方的利益。

(四)银行借款的信用条件

按照国际惯例,银行发放贷款时往往要附加一些信用条件,主要有以下几个方面。

1. 信贷额度

信贷额度是指借款人与银行签订协议,规定借入款项的最高限额。如借款人超过限额继续借款,银行将停止办理。此外,如果企业信誉恶化,银行也有权停止借款。对信贷额度,银行不承担法律责任,没有强制义务。

例如,银行核定某企业某一年内的信贷限额为 200 万元,那么该企业在这一年内如需要资金,可在限额内向银行申请借款,累积的借款数额不能超过核准的信贷限额 200 万元。但是银行并不承担提供全部信贷限额的义务。

2. 周转信贷协定

周转信贷协定是指银行具有法律义务,承诺提供不超过某一最高限额的贷款协定。在协定的有效期内,银行必须满足企业在任何时候提出的借款要求。企业享用周转信贷协定,但必须对贷款限额的未使用部分向银行付一笔承诺费。银行对周转信贷协议负有法律义务。

【例4.4】 某企业与银行协定的信贷限额是 1 000 万元,承诺费率为 1%,借款企业年度内使用了 700 万元(使用时间为一整年),余额为 300 万元,那么,企业应向银行支付的承诺费是多少?

解析: 企业应向银行支付承诺费为

$300 \times 1\% \times 1 = 3$(万元)

3. 补偿性余额

补偿性余额是指银行要求借款人在银行中保留借款限额或实际借用额的一定百分比的最低存款余额。企业在使用资金的过程中,通过资金在存款账户的进出,始终保持一定的补偿性余额在银行存款的账户上。这实际上增加了借款企业的利息,提高了借款的实际利率,加重了借款企业的财务负担。

【例4.5】 某企业按利率 8%向银行借款 100 万元,银行要求保留 15%的补偿性余额,那么企业可以动用的借款只有 85 万元。请问:该项借款的实际利率为多少?

解析: 补偿性余额贷款实际利率=利息/实际可使用借款额

$= (100 \times 8\%)/[100 \times (1-15\%)] \approx 9.41\%$

4. 借款抵押

除信用借款以外,银行向财务风险大、信誉不好的企业发放贷款,往往需要抵押贷款,即企业以抵押品作为贷款的担保,以减少自己蒙受损失的风险。借款的抵押品通常是借款企业的应收账款、存货、股票、债券及房屋等。银行接受抵押品后,将根据抵押品的账面价值决定贷款金额,一般为抵押品账面价值的 30%~50%。企业接受抵押贷款后,其抵押财产的使用及将来的借款能力会受到限制。抵押贷款的利率要高于非抵押贷款的利率,原因在于银行将抵押贷款视为风险贷款,借款企业的信誉不是很好,所以需要收取较高的利息;而银行一般愿意为信誉较好的企业提供贷款,且利率相对较低。

5. 偿还条件

贷款的偿还有到期一次偿还和在贷款期内分期(如每月、每季)等额偿还等方式。一般来说，企业不希望采用分期等额偿还方式借款，而是愿意在贷款到期日一次偿还，因为分期等额偿还会加大贷款的实际利率。但是银行一般希望采用分期付息方式提供贷款，因为到期一次偿还借款本金会增加企业的财务负担，加大企业拒付的风险，同时会降低借款的实际利率。

6. 其他承诺

银行有时还要求企业为取得借款而作出其他的承诺，如及时提供财务报表、保持适当的财务水平(如特定的流动比率)等。

(五) 借款利息的支付方式

1. 利随本清法

利随本清法又称收款法，即在短期借款到期时向银行一次性支付利息和本金。采用这种方法，借款的名义利率等于实际利率。

2. 贴现法

贴现法是银行向企业发放贷款时，先从本金中扣除利息部分，而借款到期时企业再偿还全部本金的方法。采用这种方法，贷款的实际利率高于名义利率。

【例 4.6】某企业从银行取得借款 1 000 万元，期限为一年，名义利率为 8%，计利息 80 万元。按照贴现法支付利息，企业实际可动用的贷款为 920 万元，该项贷款的实际利率为多少？

解析：贷款实际利率=利息/实际可动用贷款×100%=80÷920×100%≈8.7%

3. 加息法

加息法是企业向银行借款，银行要求企业借款本息要分期等额偿还，即银行根据名义利率计算利息，加到贷款本金上计算本息和。企业在贷款期限内分期偿还本息和。其借款利息率的计算公式为

$$\text{实际借款利率}=\text{利息费用}\div(\text{借款金额}\div 2)\times 100\%$$

【例 4.7】某企业向银行取得利率为 8%、期限为一年的短期借款 100 万元，银行要求采用每月分期等额偿还方式，则企业借款的实际利率为多少？

解析：实际利率=(100×8%)÷(100÷2)×100%=16%

(六) 银行借款筹资的优缺点

1. 银行借款筹资的优点

(1) 筹资速度快。银行借款与发行证券相比，一般所需时间比较短，可以迅速获得资金。

(2) 筹资成本低。就我国目前的情况来看，利用银行借款所支付的利息比发行债券所支付的利息低，另外，也无须支付大量的发行费用。

(3) 借款弹性好。企业与银行可以直接接触，商谈确定借款的时间、数量和利息。借款期间如企业经营情况发生了变化，也可与银行协商，修改借款的数量和条件。借款到期后如有正当理由，还可延期归还。

2. 银行借款筹资的缺点

(1) 财务风险大。企业举借长期借款，必须定期付息，在经营不利的情况下，企业有不能偿付的风险，甚至会导致破产。

(2) 限制条款多。企业与银行签订的借款合同中一般都有限制条款，如定期报送有关部门报表、不能改变借款用途等。

(3) 筹资数量有限。银行一般不愿借出巨额的长期借款，因此，利用银行借款筹资有一定的上限。

二、发行公司债券

债券是指经济主体为筹集资金而发行的，用以记载和反映债权债务关系的有价证券。由公司发行的债券称为公司债券。这里所说的债券，指的是期限超过 1 年的公司债券，其发行通常是为建设大型项目筹集大笔长期资金。

(一)债券的种类

公司债券分类基本情况如表 4.7 所示。

表 4.7　公司债券分类基本情况

分类标准	类　别	特　征
是否记名	记名债券	债券票面上记载持有人姓名或名称的债券。债券的转让有严格的法律程序与手续，需办理过户
是否记名	无记名债券	债券票面上不记载持有人姓名或名称的债券。这类债券的持有人即所有人，转让也比较自由、方便，无须办理过户手续
是否可转换为公司股票	可转换债券	可以转换为本公司股票
是否可转换为公司股票	不可转换债券	不可以转换为本公司股票
有无特定的财产担保	抵押债券	以特定财产作为抵押品的债券
有无特定的财产担保	信用债券	没有特定财产作为抵押，凭信用发行的债券
利率是否浮动	固定利率债券	利率明确记载于债券上，按这一固定利率向债权人支付利息的债券
利率是否浮动	浮动利率债券	债券上明确利率，发放利息时利率水平按某一标准(如政府债券利率、银行存款利率)的变化而同方向调整的债券

(二)债券的基本要素

1. 债券的面值

债券的面值包括两个基本内容：一是币种；二是票面金额。面值的币种可用本国货币，也可用外币，这取决于发行者的需要和债券的种类。债券的票面金额是债券到期时偿还债务的金额,面值印在债券上,固定不变,到期必须足额偿还。

2. 债券的期限

债券有明确的到期日,债券从发行日起至到期日之间的时间称为债券的期限。债券期限有逐渐缩短的趋势,在债券的期限内,公司必须定期支付利息;债券到期时,必须偿还本金。

3. 利率和利息

债券上通常载明利率,一般为固定利率,也有少数是浮动利率。债券的利率为年利率,面值与利率相乘可得出年利息。

4. 债券的价格

理论上债券的面值就是它的价格。但在实际操作中,由于发行者的考虑或资金市场上供求关系、利息率的变化,债券的市场价格常常脱离它的面值,但差额并不大。发行者计算利息、偿付本金都以债券的面值为根据,而不以市场价格为根据。

(三)债券的发行条件

1. 公司债券发行的资格

根据《公司法》的规定,股份有限公司、国有独资公司和两个以上的国有企业或者其他两个以上的国有投资主体投资设立的有限责任公司,具有发行公司债券的资格。

2. 公司债券发行的条件

(1) 股份有限公司的净资产不低于人民币 3 000 万元,有限责任公司的净资产不低于人民币 6 000 万元。

(2) 累计发行债券总额不超过公司净资产的 40%。

(3) 最近 3 年平均可分配利润足以支付公司债券 1 年的利息。

(4) 筹集的资金投向符合国家产业政策。

(5) 债券利率不得超过国务院限定的利率水平。

(6) 其他条件。

另外,发行公司债券所筹集的资金,必须符合审批机关审批的用途,不得用于弥补亏损和非生产性支出,否则会损害债权人的利益。

发行公司凡有下列情形之一的,不得再次发行公司债券。

(1) 前一次发行的公司债券尚未募足的。

(2) 对已发行的公司债券或者其债务有违约或延迟支付本息的事实,且仍处于持续状态的。

(四)债券的发行价格

债券的发行价格是债券发行时使用的价格,亦即投资者购买债券时所支付的价格。公司债券的发行价格通常有三种:平价、溢价和折价。

平价是指以债券的票面金额为发行价格;溢价是指以高出债券票面金额的价格为发行

价格；折价是指以低于债券票面金额的价格为发行价格。债券发行价格的形成受诸多因素的影响，其中主要是票面利率与市场利率的一致程度。债券的票面金额、票面利率在债券发行前即已参照市场利率和发行公司的具体情况确定下来，并载明于债券之上。但在发行债券时已确定的票面利率不一定与当时的市场利率一致。为了协调债券购销双方在债券利息上的利益，就要调整发行价格，即：当票面利率高于市场利率时，以溢价发行债券；当票面利率低于市场利率时，以折价发行债券；当票面利率与市场利率一致时，则以平价发行债券。

定期付息到期一次还本债券发行价格的计算公式为

$$债券发行价格 = \frac{票面金额}{(1+市场利率)^n} + \sum_{t=1}^{n} \frac{票面金额 \times 票面利率}{(1+市场利率)^t}$$

或 债票发行价格 = 票面金额 × $(P/F, i_1, n)$ + 票面金额 × i_2 × $(P/A, i_1, n)$

式中：n 为债券期限；t 为付息期数；i_1 为市场利率；i_2 为票面利率。

【例 4.8】南海电脑公司发行面值为 1 000 元、利息率为 10%、期限为 10 年、每年年末付息的债券。公司决定发行债券时，认为 10%的利率是合理的。如果到债券发行时，市场上的利率发生了变化，就要调整债券的发行价格。试分析市场利率分别为 10%、15%、5%时债券发行价格的变化情况。

解析：债券导致的现金流量变化如图 4.2 所示。

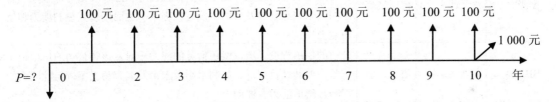

图 4.2　例 4.8 现金流量图

(1) 资本市场上利率保持不变，即票面利率与市场利率相等，可用等价发行。发行价格的计算如下。

债券发行价格 = 1 000 × $(P/F, 10\%, 10)$ + 1 000 × 10% × $(P/A, 10\%, 10)$
　　　　　　 = 1 000 × 0.385 5 + 1 000 × 10% × 6.144 6
　　　　　　 ≈ 1 000(元)

(2) 资本市场上利率上升，达到 15%，高于票面利率，则采用折价发行。发行价格的计算如下。

债券发行价格 = 1 000 × $(P/F, 15\%, 10)$ + 1 000 × 10% × $(P/A, 15\%, 10)$
　　　　　　 = 1 000 × 0.247 2 + 1 000 × 10% × 5.018 8
　　　　　　 = 749.08(元)

只有按低于或等于 749.08 元的价格出售，投资者才会购买并获得 15%的报酬。

(3) 资本市场上利率下降为 5%，低于债券的票面利率，则可采用溢价发行。发行价格的计算如下。

债券发行价格 = 1 000 × $(P/F, 5\%, 10)$ + 1 000 × 10% × $(P/A, 5\%, 10)$
　　　　　　 = 1 000 × 0.613 9 + 1 000 × 10% × 7.721 7
　　　　　　 = 1 386.07(元)

也就是说，投资者把 1 386.07 元资金投资于南海电脑公司面值为 1 000 元的债券，可以获得 5%的报酬。

(五)债券的信用等级

公司公开发行债券通常需要债券评信机构评定等级。债券的信用等级对于发行公司和购买人都有重要影响。国际上流行的债券等级是 3 等 9 级。这是由国际上著名的信用评级机构标准普尔公司和穆迪投资者服务公司采用的。基本分级情况如表 4.8 所示。

表 4.8 债券信用等级

信用等级	信用状况	含 义	具体信用情况
AAA 级	最高级	信用极好	公司的信用程度高，债务风险小。该类公司具有优秀的信用记录，经营状况佳，盈利能力强，发展前景广阔，不确定性因素对其经营与发展的影响极小
AA 级	高级	信用优良	公司的信用程度较高，债务风险较小。该类公司具有优良的信用记录，经营状况较佳，盈利水平较高，发展前景较为广阔，不确定性因素对其经营与发展的影响很小
A 级	中上级	信用较好	公司的信用程度良好，在正常情况下偿还债务没有问题。该类公司具有良好的信用记录，经营处于良性循环状态，但是可能存在一些影响其未来经营与发展的不确定性因素，进而削弱其盈利能力和偿债能力
BBB 级	中级	信用一般	公司的信用程度一般，偿还债务的能力一般。该类公司的信用记录正常，但其经营状况、盈利水平及未来发展容易受不确定性因素的影响，偿债能力有波动
BB 级	中下级	信用欠佳	公司信用程度较差，偿债能力不足。该类公司有较多的不良信用记录，未来前景不明朗，含有投机性因素
B 级	下级	信用较差	公司的信用程度差，偿债能力较弱
CCC 级	完全投机级	信用很差	公司的信用程度很差，几乎没有偿债能力
CC 级	最大投机级	信用极差	公司的信用程度极差，没有偿债能力
C 级	最低级	没有信用	公司无信用

我国的债券评级工作正在开展，但尚无统一的债券等级标准和系统评级制度。根据中国人民银行的有关规定，凡是向社会公开发行的公司债券，需要由经中国人民银行认可的资信评级机构进行评信。这些机构对发行债券公司的素质、财务质量、项目状况、项目前景和偿债能力进行评分，以此评定信用级别。

(六)债券筹资的优缺点

1. 债券筹资的优点

(1) 资本成本低。利用债券筹资的成本要比利用股票筹资的成本低。这主要是因为债券的发行费用较低，债券利息在税前支付，发行公司享受了抵税的优惠。

(2) 保证控制权。债券持有人无权干涉公司的管理事务，如果现有股东担心控制权旁落，则可采用债券筹资。

(3) 可以发挥财务杠杆作用。无论公司赚多少钱,债券持有人都只收取固定的、有限的利息,而更多的收益可用于分配给股东,增加其财富,或留归企业以扩大经营。

2. 债券筹资的缺点

(1) 筹资风险高。债券有固定的到期日,并定期支付利息,利用债券筹资,要承担还本付息的义务。在企业经营不景气时,向债券持有人还本付息,会给企业经营带来更大的困难,甚至导致企业破产。

(2) 限制条件多。发行债券的契约书中往往有一些限制条款。这种限制比优先股及短期债务严得多,可能会影响企业的正常发展和以后的筹资能力。

(3) 筹资额有限。利用债券筹资有一定的限度,当公司的负债比率超过了一定程度后,债券筹资的成本会迅速上升,有时甚至会发行不出去。

三、发行可转换公司债券

【知识链接】

可转债打新值得参与吗?

可转债是可转换公司债券的简称。它是一种可以在特定时间按特定条件转换为普通股票的企业债券。一般来说就是上市公司需要融资,为了获得相对低成本的资金,发行在一定条件下可以转化为股票的债券,投资者参与认购的过程就是可转债打新。可转换债券兼有债券和股票的特征,具有以下三个特点:债权性、股权性、可转换性。可转换债券在发行时就明确约定,债券持有人可按照发行时约定的价格将债券转换成公司的普通股票。如果债券持有人不想转换,则可以继续持有债券,直到偿还期满时收取本金和利息,或者在流通市场出售变现。如果持有人看好发债公司股票增值潜力,在宽限期之后可以行使转换权,按照预定的转换价格将债券转换为股票,发债公司不得拒绝。正因为具有可转换性,可转换债券利率一般低于普通公司债券利率,企业发行可转换债券可以降低筹资成本。可转换债券持有人还享有在一定条件下将债券回售给发行人的权利,发行人在一定条件下拥有强制赎回债券的权利。

由于"既有保底,又有机会产生高收益"的特性,使可转债在市场上受到追捧,购买的人越多,价格上涨越高。专业人士统计了市场上的370个可转债(数据截至2021年5月8日),直接按价格平均为123.3元(票面金额都是100元),最低是亚太药业78.4元,最高是英科医疗1 768元,所以收益还是可以的。现在的制度是只要你开通了证券账户,不管你有无市值都可以参与新债申购,所以就算你不炒股也可以参与可转债打新。上市后的交易和股票差不多,很多可转债上市当天的价格最高,再往后上涨的幅度和概率难以预测。价格曲线的波动会影响大家的心情,所以不建议浪费时间在关注价格变动上。你早卖早开心,只赚自己明白的利润。所以不想麻烦的可以在上市当天就卖掉。

当然,可转债也有破发风险,投资亦须谨慎。

(资料来源:罗元裳. 什么是可转债打新? 适合哪些人? 如何打新?
https://zhuanlan.zhihu.com/p/618151611?utm_id=0.2023-03-30.)

可转换公司债券，简称可转换债券，是指发行人依照法定程序发行，在一定时间内依据约定的条件可以转换成股份的公司债券。一般来说，可转换公司债券是一种典型的混合金融产品，兼具债券、股票和期权的某些特征。可转换债券赋予持有者按照事先约定在一定时间内将其持有债券转换成公司股票的选择权。

(一)可转换债券的要素

1. 标的股票

可转换债券的标的物就是可以转换成的股票。可转换债券的标的股票一般是公司自己发行的股票，但也有可能是其他公司的股票。

2. 转换价格

转换价格是将可转换债券转换为普通股的每股价格。

例如，某公司发行期限为 10 年的可转换债券，面值为 100 元，规定可以在 5 年内按照每股 20 元的价格将债券转换为该公司的普通股股票，这里的 20 元即为转换价格，这是以某一固定的价格(20 元)将可转换债券转换为普通股。还有的可转换价格是变动的，即逐期提高可转换价格，因为转换价格越高，债券能够转换成的普通股股数越少。

3. 转换比率

转换比率是每张可转换债券能够转换的普通股股数。可转换债券的面值、转换价格、转换比率之间存在下列关系：

$$转换比率=债券面值/转换价格$$

4. 转换期

转换期是指可转换债券的持有人行使转换权的有效期限。可转换债券的转换期可以与债券的期限相同，也可以短于债券的期限。

5. 赎回条款

赎回条款是指可转换债券的发行企业可以在债券到期日之前提前购回债券的规定。赎回条款包括下列内容。

1) 不可赎回期

不可赎回期是指可转换债券从发行时开始，不能被赎回的那段期间。设立不可赎回期的目的，在于保护债券持有人的利益，防止发行企业滥用赎回权，强制债券持有人过早地转换债券。不过，并不是每种可转换债券都设有不可赎回条款。

2) 赎回期

赎回期是指可转换债券的发行公司可以赎回债券的期间。

3) 赎回价格

赎回价格是指事前规定的发行公司赎回债券的出价。赎回价格一般高于可转换债券的面值，两者之差为赎回溢价。赎回溢价随债券到期日的临近而减少。例如，2011 年 1 月 1 日发行面值为 1 000 元，期限为 10 年，不可赎回期为 8 年，赎回期为 2 年的可赎回债券，规定到期前 2 年(即 2019 年)的赎回价格为 1 030 元，到期前 1 年(即 2020 年)的赎回价格为 1 020 元，到期年度(即 2021 年)的赎回价格为 1 010 元等。

4) 赎回条件

赎回条件是指对可转换债券发行公司赎回债券的情况要求，即需要在什么样的情况下才能赎回债券。赎回条件分为无条件赎回和有条件赎回。

发行公司在赎回债券之前，要向债券持有人发出通知，要求他们在将债券转换为普通股与卖给发行公司(即发行公司赎回)之间作出选择。一般而言，债券持有人会将债券转换为普通股。可见，设置赎回条款是为了促使债券持有人转换股份，因此赎回条款又被称为加速条款；同时也能使发行公司避免市场利率下降后，继续向债券持有人支付较高的债券票面利率所蒙受的损失。

6. 回售条款

回售条款是指在可转换债券发行公司的股票价格达到某种恶劣程度时，债券持有人有权按照约定的价格将可转换债券卖给发行公司的有关规定。回售条款包括回售时间、回售价格等内容。

设置回售条款，是为了保护债券投资人的利益，使他们能够避免遭受过大的投资损失，从而降低投资风险。合理的回售条款，可以使投资者具有安全感，因而有利于吸引投资者。

7. 强制性转换条款

强制性转换条款是指在某些条件具备之后，债券持有人必须将可转换债券转换为股票，无权要求偿还债券本金的规定。设置强制性转换条款，在于保证可转换债券顺利地转换成股票，实现发行公司扩大权益筹资的目的。

(二)可转换债券筹资的优缺点

1. 可转换债券的优点

(1) 筹资成本低。发行可转换债券，可使公司在换股之前能够以低廉的费用筹集大量资金。因为可转换债券使得公司能获得相对于普通债券而言利率较低且限制条款较不苛刻的负债。

(2) 便于筹集资金。可转换债券一方面可以使投资者获得固定利息；另一方面又向其提供了进行债券投资或股权投资的选择权，对投资者具有一定的吸引力，有利于债券发行，便于资金筹集。

(3) 有利于稳定股票价格。由于可转换债券规定的转换价格一般要高于其发行时的股票价格，因此在发行新股或者配股时机不佳时，可以先发行可转换债券，然后通过转换实现较高价位的股权筹资。事实上，一些公司正是认为当前股票价格太低，为避免发行新股而蒙受损失，才通过发行可转换债券变相地发行普通股的。这样，一来不至于因为直接发行新股而进一步降低公司股票的价格；二来因为可转换债券的转换期较长，即使在将来转换股票时，对公司股票价格的影响也较温和，从而有利于稳定公司股票价格。

2. 可转换债券的缺点

(1) 股价上扬风险。虽然可转换债券的转换价格高于其发行时的股票价格，但如果转换时股票价格大幅上扬，则会对公司造成损失，实际筹资成本会上升。

(2) 业绩不佳时债券难以转换。若公司经营业绩较差，可转换债券大部分不会转换为普通股，公司因此将会处于债券困境，轻则资信和形象受损，导致今后股权或债务筹资成本增加，重则会被迫出售资产偿还债务。

(3) 债券低利率的期限不长。可转换债券拥有的低票面利率会随着债券的转换而消失。

四、利用商业信用筹资

商业信用是指在商品交易中由于延期付款或预收货款所形成的企业间的借贷关系。商业信用产生于商品交换之中，是所谓的"自发性筹资"。它运用广泛，在负债筹资中占有相当大的比重。商业信用的具体形式有应付账款、应付票据和预收账款等。

(一)应付账款

应付账款是企业赊购货物而形成的债务，它可以满足短期的资金需要。在这种销售方式下，买方无须签署任何正式的契约作为债务的依据，而采用这种方式的前提是卖方对买方充分信任。一般来说，卖方往往规定一些信用条件，以便促使买方按期付款或者提前付款。

应付账款的信用条件可分为以下几种。

1. 免费信用

免费信用即买方在规定的付款期付款或在规定的现金折扣期内享受折扣而获得的信用。例如，甲公司以"2/20, n/60"的信用条件从乙公司买入货款为 30 000 元的原材料。如果甲公司在 20 天内付款，则可以获得最长为 20 天的免费信用，其享受的折扣数额为 30 000×2%=600(元)，其免费信用额为 30 000-600=29 400(元)。

2. 有代价信用

有代价信用即买方以放弃现金折扣为代价而获得的信用。沿用上例，若甲方放弃享受现金折扣，而在 20 天以后 60 天以内付款，则享受了有代价信用。这时该企业便要承受因放弃现金折扣而造成的隐含利息成本。一般而言，放弃现金折扣的成本可由下式计算：

$$放弃现金折扣的成本 = \frac{折扣百分比}{1-折扣百分比} \times \frac{360}{信用期-折扣期}$$

公式表明，放弃现金折扣的成本与折扣百分比的大小、折扣期的长短同方向变化，与享受信用期的长短反方向变化。可见，如果买方企业放弃折扣而获得信用，其代价是较高的。企业在放弃折扣的情况下，推迟付款的时间越长，其成本便会越小。

【例 4.9】某企业拟以"2/10, n/30"的信用条件购买一批价值 10 000 元的原材料。这一信用条件意味着企业如在 10 天内付款，可享受 2%的现金折扣。若不享受现金折扣，那么应在 30 天内付清全部货款。试分析企业是否应该享受现金折扣。

解析：如果销货单位提供现金折扣，购买单位应尽量获得此折扣。如果企业不享受现金折扣，则换得 98%应付款多使用 20 天，付出的代价是应付款的 2%(现金折扣)。因此，丧失现金折扣的机会成本很高，如图 4.3 所示。

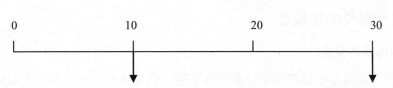

付 9 800 元本金+占用 20 天的 200 元利息=付 10 000 元本息和

图 4.3 现金折扣成本示意图

放弃现金折扣成本：$\dfrac{2\%}{1-2\%} \times \dfrac{360}{30-10} \times 100\% = 36.73\%$

这表明，只要企业筹资成本不超过 36.73%，就应当在第 10 天付款。

至于企业究竟应不应该享受现金折扣，要视企业的具体情况而定。决策原则如下。

(1) 如果能以低于放弃折扣成本(实质上是一种机会成本)的利率借入资金，便应在现金折扣期内用借入的资金支付货款，享受现金折扣。

(2) 如果折扣期内将应付账款用于短期投资，所得的投资收益率高于放弃折扣的成本，则应放弃折扣而去追求更高的收益。

(3) 如果面对两家以上提供不同信用条件的卖方，应通过衡量放弃折扣成本的大小，选择信用成本最小(或所获利益最大)的一家。

3．展期信用

展期信用即买方超过规定的信用期而强行获得的信用。虽然采用展期信用可以降低信用成本，但是却会给企业的信誉带来很大的损失，对企业来说可能是得不偿失。

如果企业因缺乏资金而欲展延付款期，则需在降低了的放弃折扣成本与展延付款带来的损失之间作出选择。展延付款带来的损失主要是指因企业信誉恶化而丧失供应商乃至其他贷款人的信用，或日后招致苛刻的信用条件。

(二)应付票据

应付票据是指企业进行延期付款商品交易时开具的反映债权债务关系的票据。根据承兑人的不同，应付票据分为商业承兑汇票和银行承兑汇票两种，支付期最长不超过 6 个月。应付票据可以带息，也可以不带息。应付票据的利率一般比银行借款的利率低，且不用保持相应的补偿余额和支付协议费，所以应付票据的筹资成本低于银行借款成本。但是应付票据到期必须归还，如若延期便要交付罚金，因而风险较大。

(三)预收账款

预收账款是卖方企业在交付货物之前向买方预先收取部分或全部货款的信用形式。对于卖方来讲，预收账款相当于向买方借用资金后用货物抵偿。预收账款一般用于生产周期长、资金需要量大的货物销售。此外，企业往往还存在一些在非商品交易中产生，但亦为自发性筹资的应付费用，如应付职工薪酬、应交税费、其他应付款等。应付费用使企业受益在前、费用支付在后，相当于享用了收款方的借款，在一定程度上缓解了企业的资金压力。应付费用的期限具有强制性，不能由企业自由斟酌使用。

(四)商业信用筹资的优缺点

1. 商业信用筹资的优点

(1) 筹资便利。利用商业信用筹措资金非常方便。因为商业信用与商品买卖同时进行,属于一种自然性筹资,不用做非常正规的安排。

(2) 筹资成本低。如果没有现金折扣,或企业不放弃现金折扣,则利用商业信用筹资没有实际成本。

(3) 限制条件少。如果企业利用银行借款筹资,银行往往对贷款的使用规定一些限制性条件,而商业信用则限制较少。

2. 商业信用筹资的缺点

商业信用的期限一般较短,如果企业取得现金折扣,则时间会更短;如果放弃现金折扣,则要付出较高的成本。

本 章 小 结

1. 筹资是指企业向外部有关单位或个人以及从企业内部筹措和集中生产经营所需资金的财务活动。筹集资金是企业资金运动的起点,要通过一定的渠道,采取一定的方式来筹集所需资金。

2. 企业在筹资之前,应当采用一定的方法预测资金需要数量,这些方法包括定性预测法、定量预测法。典型的定量预测法是销售百分比法。

3. 权益资金是指投资者投入企业的资本金及经营中所形成的积累,它反映企业所有者的权益。权益资金的筹集方式主要有吸收直接投资、发行股票等。

4. 吸收直接投资是指企业按照"共同投资、共同经营、共担风险、共享利润"的原则直接吸收国家、法人单位、个人投入资金的一种筹资方式。

5. 普通股是最基本、最标准的股份。通常情况下,股份有限公司只发行普通股。优先股是指优先于普通股股东分得公司收益和剩余财产的一种股票,它是介于普通股和债券之间的一种混合证券,通常被普通股股东视为债券,被债权人视为股票。

6. 负债资金是指企业向银行、非银行金融机构、其他企业单位或个人等吸收的资金。负债资金的筹集方式主要有向银行借款、发行公司债券、利用商业信用等。

7. 银行借款是指企业根据借款合同向银行或其他金融机构借入的需要还本付息的款项。

8. 债券是经济主体为筹集资金而发行的,用以记载和反映债权债务关系的有价证券。可转换公司债券是指发行人依照法定程序发行,在一定时间内依据约定的条件可以转换成股份的公司债券。

9. 商业信用是指在商品交易中由于延期付款或预收货款所形成的企业间的借贷关系,是所谓的"自发性筹资"。它运用广泛,在负债筹资中占有相当大的比重。商业信用的具体形式有应付账款、应付票据和预收账款等。

思 政 课 堂

河南濮阳西辛庄，集体共同富裕村的代表

河南省濮阳市濮阳县庆祖镇西辛庄村，全村共 172 户家庭，720 口人。曾经的西辛庄村，没山没水没资源，土地盐碱化严重，村民长期不富裕，而如今却有 20 多家村办企业，建成了位列濮阳市八大村级工业园区之首的电光源产业工业园。在共同富裕的路上，村支书李连成功不可没。

1994 年，濮阳市的大棚遍地开花。李连成果断决定放弃种菜，开办企业。他和其他 4 名党员联系 8 户村民，筹资 21 万元，建起了西辛庄村第一家企业——造纸厂。当年，每股分红 12.7 万元；两年时间，造纸厂固定资产超百万元。13 户富了不算富，李连成想把 100 多万元的造纸厂作价转让给村集体，卖给全村群众，使家家有股、户户分红，使西辛庄走向集体共同富裕的道路上来。石破天惊！当初投资时他们怕担风险，现在见利了却要一起分沾，其他 12 名股东被激怒了。思想工作一连做了 7 天，方案始得通过。喇叭里一喊，西辛庄村欢呼雀跃。不到两天，全村其他 168 户筹集股金 168 万元，改建了造纸厂，还新建了一个再生纸厂，这就是西辛庄人的第一桶金。此后，西辛庄集体致富的战鼓越敲越密、越敲越响。在李连成的带领下，通过不懈的努力，到 2007 年，园区就实现产值 5 亿元。时至今日，西辛庄已经建有完善的基础设施和公共服务，全村已全部通气、通水、通电话、通有线电视、通互联网。该村先后被评为"全国农业旅游示范点""全国精神文明村""全国民主法治示范村"等。

(资料来源：一起来听广播.河南濮阳西辛庄，集体共同富裕村之 2.
https://www.sohu.com/a/484051980_121123710.2021-08-18.)

思考题： 西辛庄村的共同富裕与创办企业密不可分，而企业的创办必须先筹集资金。请查找资料分析一下西辛庄村的创业筹资之路，说说村办企业的筹资与一般企业的筹资有什么区别，在这个过程中村支书起到了什么作用。

复习与思考题

1. 什么是筹资渠道？什么是筹资方式？两者有什么区别？
2. 比较普通股筹资和公司债券筹资的优缺点。
3. 优先股与普通股有何区别？
4. 可转换债券筹资的优缺点有哪些？
5. 为什么说向银行借款是一种非常灵活的筹资方式？
6. 如何根据放弃现金折扣的成本进行短期筹资决策？

计 算 题

1. 企业从银行取得借款 300 万元，期限为 1 年，名义利率为 8%，按贴现法付息。
要求：计算该项借款的实际利率。
2. 某企业按年利率 10%从银行取得借款 200 万元，该银行要求维持 10%的补偿性余额。
要求：计算该借款的实际利率。
3. 某企业发行一种 5 年期债券，发行面值为 1 000 万元，年利息为 90 万元，每年付息一次，到期一次性还本。
要求：
(1) 债券票面利息率是多少？
(2) 假定发行当时的市场利率分别是 8%、10%、12%，请计算债券的发行价格。
4. 昌盛公司 2020 年 12 月 31 日的简要资产负债表如表 4.9 所示。

表 4.9 昌盛公司简要资产负债表

2020 年 12 月 31 日　　　　　　　　　　　　　　　　　　　　　单位：元

资产		负债及所有者权益	
货币资金	5 000	应付账款	5 000
应收账款	15 000	应付费用	10 000
存货	30 000	短期借款	25 000
固定资产净值	30 000	公司债券	10 000
		实收资本	20 000
		留存收益	10 000
资产合计	80 000	负债及所有者权益	80 000

已知：昌盛公司 2020 年的销售收入为 150 000 元，现在还有剩余生产能力，假定销售净利率为 8%，股利支付率为 60%，如果 2021 年的销售收入提高到 180 000 元，那么要对外筹集多少资金呢？

5. 甲公司发行面值为 5 000 元，票面年利率为 8%，期限为 10 年，每年年末付息到期还本的债券。在公司决定发行债券时，认为 8%的利率是合理的。假定债券发行时的市场利率分别为 6%、8%、10%，请问：这时债券的发行价格应该是多少？

6. 公司拟采购一批零件，供应商报价如下：(1)立即付款，价格为 9 630 元；(2)30 天内付款，价格为 9 750 元；(3)31 天至 60 天内付款，价格为 9 870 元；(4)61 天至 90 天内付款，价格为 10 000 元。

假设用户短期借款利率为 15%，每年按 360 天计算。

要求：计算放弃现金折扣的成本，并确定对该公司最有利的付款日期与价格。

案 例 分 析

1. 1954年，赫林被选为拉雷多市"猛狮俱乐部"主席。该俱乐部选派他和他的妻子去纽约参加国际"猛狮俱乐部"会。夫妇俩到纽约赴会后，决定到纽约州的尼亚加拉大瀑布作一次伉俪旅游。结果他们惊奇地发现，在这大好美景两岸的美国和加拿大，都没有为那些流连忘返的游人提供住宿的旅馆和其他设施。从此在赫林的心里就孕育了一个在风景区开设旅馆的想法。

要建造旅馆就得找地基，他在格兰德市找到了一所高中，校方想出售房子。可是当时赫林还只是一家木材公司的小职员，周薪仅有125美元，想买这幢房子却无资金。于是他向所在公司的股东游说从事旅馆经营，但未成功。他只得独自筹集了500美元，请一位建筑师设计了一张旅馆示意草图。当他带着示意图向保险公司请求贷款60万美元时，保险公司非得要他找一个有100万美元资产的人作担保。于是，他向另一家木材公司的总经理求援。总经理看了旅馆示意图后，以本公司独家承包家具制造为条件，同意作他的担保人。

后来，赫林再以发行股票的方式筹集资金，他提出两种优先股：一种股份供出售，取得现金；另一种是以提供物资来代替股金。就这样他筹集到了创业所需的资金，建成了理想中的拉波萨多旅馆。后来赫林成为全美旅馆协会的主席，是全美旅馆业乃至旅游界的泰斗。

根据资料谈一下你对筹资特别是创业筹资的看法。

(资料来源：日照职业技术学院.《建设工程财务管理》案例. https://course.rzpt.cn/uploads/resources/518/2019-06-19/1560924023_116006.pdf.2023-04-02.)

2. 洛维克是一个守口如瓶的人，他每天很少跟别人谈话，更不肯接见新闻记者。然而就是这样一位沉默不语、不愿张扬的人却拥有世界上最多的船只与吨位。

洛维克的家境并不富裕，他19岁开始借钱买船。洛维克借钱有两个步骤：第一步，他准备借钱买一艘船，把它改装成油轮，因为运油比运货更有利可图。他在纽约找了几家银行，这几家银行看他穿着破旧的衣衫，就问他有什么可作抵押。他承认他没有什么东西供抵押，但是他有一艘油轮，也许可以利用这艘油轮来借钱。大通银行的人后来说："洛维克来到我们这家银行，告诉我们，他把油轮租给了某家石油公司，他每月收缴的租金，正好可以按月偿还这笔贷款。因此，他建议把租船契约交给银行，由银行去向那家石油公司收租，这就等于他在分期偿还银行的钱。"

在许多银行看来，这种做法离奇古怪，但对银行来说，它却是相当保险的。洛维克本身的信用也许不十分可靠，但是那家石油公司的信用却十分可靠。银行可以假定，石油公司可以保证按月付钱，除非发生了不可预测的天灾人祸。最终银行把钱借给了洛维克，他用同样的方法不断地从银行贷款买下船，然后把它改装成油轮包出去，又用租金归还银行。如此这般，他干了许多年。每还清一笔贷款，他就名正言顺地净赚一条船。包船租金也不再流入银行，而是开始落入洛维克的腰包。洛维克从此发了财。

在很多人看来，洛维克的想法非常奇怪，你怎么看？谈一下你对负债筹资的看法。

(资料来源：鼎博泰投资. 借钱怪才洛维克. http://dibot.cn/article/a-0026.htm.2023-04-03.)

3. 阿里巴巴历史上共完成8轮融资(包括两次上市融资)，共融资309.12亿美元。

第1轮融资：1999年10月，阿里巴巴融资500万美元，主要投资机构有高盛、新加坡TDF等。

第2轮融资：2000年，阿里巴巴融资2 500万美元，主要投资机构有软银、新加坡TDF、富达、汇亚基金、瑞典AB等。

第3轮融资：2004年2月，阿里巴巴融资8 200万美元，主要投资机构有软银、新加坡TDF等。

第4轮融资：2005年8月，阿里巴巴融资10亿美元，雅虎兑换阿里巴巴集团39%的普通股，并获得35%的投票权。

第5轮融资：2007年11月，阿里巴巴在香港港交所上市，融资15亿美元。

第6轮融资：2011年9月，阿里巴巴融资20亿美元，主要投资机构有美国银湖、俄罗斯DST、新加坡淡马锡、中国云峰基金。

第7轮融资：2012年8月，阿里巴巴融资43亿美元，主要投资机构有中投、中信资本、博裕资本、国开金融、美国银湖、俄罗斯DST、淡马锡。

第8轮融资：2014年9月，阿里巴巴在美国上市，融资220亿美元。

查找资料并分析阿里巴巴、腾讯、拼多多、京东、百度、美团等公司的筹资历程。

(资料来源：区块链逍遥子. 阿里巴巴的融资历史是怎样的？https://ishare.ifeng.com/c/s/7mVEGnOPcQJ.2019-05-08.)

4. 当你无法获得投资时，自己的创业想法通常很难实现，实际上，绝大多数首次创业者的感觉都是一样的。下面分享三个聪明绝顶的融资故事。

1) 自我筹款

普里斯卡·迪亚兹(Priska Diaz)天真地认为，只要登录Kickstarter就能轻松募集到7.5万美元来生产她发明的产品。迪亚兹开发了一个名为Bare的奶瓶，可以确保孩子在吃奶的时候不会吸入空气。但是三个月过去了，她还没有实现自己的融资目标。三年后，她准备再次尝试融资。这次，她自己创建了一个网站，并在上面贴出了奶瓶产品原型的概念图片。此举立刻引发了潜在客户的关注，并且在社交媒体上得到了广泛传播，人们开始关注Bare奶瓶的产品开发。在网站上，她构建了一个预订系统，并且还支持预售，利用这些方法，迪亚兹为她的公司Bittylab成功募集了5万美元。

2) 在Facebook上分享你的激情

比尔·格兰迪(Bill Grandy)的爱好就是分享阿勒格尼的历史照片，阿勒格尼位于美国宾夕法尼亚州匹兹堡市北部。他还在Facebook上面建了一个群——Born & Raised on Northside of Pgh。他的Facebook群里的成员非常欣赏格兰迪纪念阿勒格尼市光辉岁月的方式，因此当格兰迪想开设一家照片画廊的时候，匹兹堡市议会主席达林·哈里斯(Darlene Harris)给他发来了消息，希望能为他提供帮助。格兰迪因此创建了非营利性组织——阿勒格尼城市历史画廊。该组织成立后的第一件事，就是推出了一本由匹兹堡钢人橄榄球队老板丹·普尼(Dan Rooney)签名的一本书，此举让格兰迪在不到一个月的时间里募集到了1.2万美元。

3) 把每次party都当作路演聚会

在一次离职聚会上，亚历克斯·拉帕波特(Alex Rappaport)滔滔不绝地向陌生人描述自己编写教育Hip-Hop歌曲的想法，绝大多数人只是礼貌地笑着聆听，然后便走开了。但是

第四章 企业筹资管理

哥伦比亚大学商学院 MBA 的学生却对这个创意很感兴趣,并且帮助拉帕波特在该校的 Outrageous Business Plan 大赛中安排了一次路演。幸运的是,这个商业模式赢得了大赛社交价值类第一名,不仅引起了众多投资人的关注,还获得了 5 000 美元奖金。于是拉帕波特和布莱克·哈里森(Blake Harrison)联合创建了 Flocabulary 公司,并把这家教育初创公司设立在了纽约布鲁克林区。如今,他们的线上教育项目在全球有超过 2 万所学校使用。

请根据上述资料谈一下对创业筹资的看法,上述融资故事为何"聪明绝顶"?

(资料来源:快鲤鱼. 就是这么"傲娇":9 个绝顶聪明的创业融资故事[J]. 公关世界,2015(04):96-98.)

5. 1997 年 9 月 11 日让张朝阳终生难忘,他至今为自己在这一天表现出来的能力而骄傲——在这一天中他马不停蹄地见了 4 位风险投资人。

按照事先约好的时间,张朝阳应该在 9 点先去见英特尔投资公司的人,12 点与世纪投资公司的负责人会谈,下午 3 点是软银投资公司的人,下午 5 点则是后来给王志东投资的亿万富翁罗宾逊·斯蒂文。前 3 位投资人都在硅谷附近,而最后一位则在旧金山。

为了充分地利用分分秒秒,头一天晚上张朝阳利用雅虎地图已经把路线搞清,准备第二天飞车去会见这 4 位超级富翁。

谁知道第一个与英特尔的会面就被推后了半个小时,虽然这是一次非常成功的会面,但当会面结束时,已经 12 点了。张朝阳匆匆在麦当劳买了食物,然后一边开车一边吃,快速赶往世纪投资公司。

当张朝阳见完前 3 位投资人的时候,时间已经晚了,再加上那天赶上旧金山的地铁工人罢工,所有的车都在地面上爬行,严重的堵车迫使张朝阳勉强开下高速公路。到了距离罗宾逊·斯蒂文还有 7 个街区的时候,他将车弃置在一个停车场后提着笔记本电脑飞奔着跑到了见面地点,他到达的时候,罗宾逊·斯蒂文已经等了他将近一个半小时。还好,双方谈得不错,罗宾逊·斯蒂文表示出很强的投资意向(但最后并没有投搜狐,倒是后来投了四通利方,成就了新浪)。

张朝阳那天见的 4 拨投资人,最后实际投资给钱的只有一家,那就是英特尔。即便英特尔也给得并不利索。英特尔对张朝阳进行了前后长达 6 个月的问题"审问",平均每天 6 个问题。有一天晚上英特尔的投资人打长途电话过来说还有一个问题想问。张朝阳当时在发烧,但是生怕投资人觉得自己身体不好最后不再投资,所以不敢说自己在发烧,只能咬牙回答他的问题。

根据资料,谈一下你对创业筹资的看法。如果你是创业者,一轮融资之后又碰上了资金紧张、难以为继的情况,你该怎么办呢?

(资料来源:林军. 沸腾十五年[M]. 北京:中信出版社,2009.)

第五章

资本成本与资本结构

【学习要点及目标】

通过对本章的学习，要求学生了解资本成本、资本结构的内涵；掌握个别资本成本、加权平均资本成本和边际资本成本的计算；掌握经营杠杆系数、财务杠杆系数、复合杠杆系数的计算及各种杠杆的作用；掌握资本结构的优化方法。

【核心概念】

资本成本　个别资本成本　加权平均资本成本　边际资本成本　成本习性　边际贡献　息税前利润　经营杠杆　财务杠杆　复合杠杆　资本结构　息税前利润——每股收益分析法　比较资本成本法

【引导案例】

选择哪种筹资方式最划算？

2020年年初，南海公司为扩大生产经营规模需要筹措资金，经研究，公司需要当年筹措4 000万元，其中，800万元可以通过内部筹资解决，其余的3 200万元需要从外部筹措。公司可供选择的筹资方式有发行股票、发行债券和从银行借款三种。如果发行股票，该公司普通股每股市价为18元，扣除发行费用，每股净价为17元。发行债券的票面年利率大约为10%。但是，投资银行却建议通过借款的方式以7%的年利率借入长期借款，他们认为债务筹资可以降低资本成本。那么，如何进行筹资决策呢？是选用一种单独的筹资方式，还是多种筹资方式同时采用呢？

第一节 资 本 成 本

资本成本是企业筹资决策的主要依据，也是投资决策的重要标准。本节着重从公司长期资本的角度出发，阐述资本成本的概念、作用、分类和计算方法。

一、资本成本概述

(一)资本成本的概念和计算

资本成本是一个极重要的财务管理概念，也是一个在理财活动中应用极广泛的指标。在市场经济条件下，企业筹集资金和使用资金都要付出代价。企业这种为筹集和使用资金而付出的代价即为资本成本。广义地讲，企业筹集和使用任何资金，不论是短期的还是长期的，都要付出代价。狭义地讲，资本成本仅指筹集和使用长期资金的成本。

资本成本可以用绝对数或相对数来表示。从绝对数的构成来看，资本成本包括资金筹集费和资金占用费两部分。资金筹集费是指在资金筹集过程中支付的各项费用，如发行股票(或债券)支付的印刷费、发行手续费、律师费、资信评估费、公证费、担保费、广告费等。资金占用费是指占用资金支付的费用，如股票的股息、银行借款和债券的利息等。从性质上看，资金占用费是筹资企业经常发生的，而资金筹集费通常在筹集资金时一次性发生，因此在计算资本成本时可作为筹资金额的一项扣除。

在企业筹资实务中，通常使用的资本成本的概念是指其相对数，即资本成本率。资本成本率是企业资金占用费与有效筹资额(筹资金额扣除一次性的资金筹集费后的差额)之间的比率，通常用百分比表示。其基本测算公式如下：

$$资本成本率 = \frac{资金占用费}{筹资总额 - 筹资费用}$$

(二)资本成本的分类

资本成本有多种计量形式，一般包括下列几类。

(1) 个别资本成本：是指企业各种长期资金的成本率，包括普通股成本、留存收益成本、长期借款成本、债券成本等。企业在比较各种筹资方式时，使用个别资本成本。

(2) 加权平均资本成本：是指企业全部长期资金的加权平均资本成本率。企业在进行长期资本结构决策时，使用加权平均资本成本。

(3) 边际资本成本：是指企业追加筹集长期资金的加权平均资本成本率。企业在进行追加筹资决策时，使用边际资本成本。

(三)资本成本的作用

1. 资本成本在企业筹资决策中的作用

(1) 资本成本是影响企业筹资总额的重要因素。

(2) 资本成本是企业选择资金来源的基本依据。

(3) 资本成本是企业选择筹资方式的参考标准。

(4) 资本成本是确定最优资本结构的主要参数。

资本成本并不是企业作出筹资决策时所要考虑的唯一因素，企业筹资还要考虑财务风险、资金期限、偿还方式、限制条件等。但资本成本作为一项重要因素直接关系到企业的经济效益，是企业作出筹资决策时需要考虑的首要问题。

2. 资本成本在企业投资决策中的作用

资本成本在企业分析投资项目的可行性、选择投资方案时有重要作用。

(1) 在利用净现值指标进行决策时，常以资本成本率作为贴现率。净现值为正，项目可行；净现值为负，项目不可行。

(2) 利用内含报酬率指标进行决策时，一般以资本成本率作为基准收益率。即投资项目的内含报酬率高于资本成本率时，项目可行；投资项目的内含报酬率低于资本成本率时，投资项目不可行。

二、个别资本成本

个别资本成本又可分为长期借款成本、债券成本、普通股成本、优先股成本和留存收益成本。前两种为债务资本成本，后三种为权益资本成本。

(一)长期借款成本

长期借款成本包括借款利息和筹资费用。借款利息计入税前成本费用，可以起到抵税的作用。因此，一次还本、分期付息的方式，借款成本的计算公式为

$$银行借款成本 = \frac{年利息 \times (1 - 所得税税率)}{筹资总额 \times (1 - 筹资费率)} \times 100\%$$

相对而言，长期借款的筹资费用(主要是借款的手续费)很少，一般可以忽略不计。

【例 5.1】某企业取得 5 年期长期借款 600 万元，年利率为 10%，每年付息一次，到期一次还本，筹资费用率为 0.5%，企业所得税税率为 25%。该项长期借款的资本成本是多少？

解析：$银行借款成本 = \dfrac{600 \times 10\% \times (1 - 25\%)}{600 \times (1 - 0.5\%)} \approx 7.54\%$

或

$$银行借款成本 = \frac{10\% \times (1-25\%)}{1-0.5\%} \approx 7.54\%$$

这种测算长期借款资本成本的方法计算简单，但由于没有考虑货币时间价值，因此计算结果不够精确。

(二)债券成本

债券成本主要是指债券利息和筹资费用。债券利息的处理与长期借款利息的处理相同，应以税后的债务成本为计算依据。债券的筹资费用一般比较高，不可在计算资本成本时省略。按照一次还本、分期付息的方式，债券资本成本的计算公式为

$$债券成本 = \frac{年利息 \times (1-所得税税率)}{筹资总额 \times (1-筹资费率)} \times 100\%$$

在公式中，筹资总额按照实际筹资额计算。

【例 5.2】 某公司平价发行总面值为 500 万元的 10 年期债券，票面利率为 12%，发行费用率为 3%，公司所得税税率为 25%。该债券的成本为多少？

解析：$债券成本 = \dfrac{500 \times 12\% \times (1-25\%)}{500 \times (1-3\%)} \approx 9.28\%$

或

$$债券成本 = \frac{12\% \times (1-25\%)}{1-3\%} \approx 9.28\%$$

【例 5.3】 假定上述债券溢价发行，发行价格为 600 万元。该债券的成本为多少？

解析：$债券成本 = \dfrac{500 \times 12\% \times (1-25\%)}{600 \times (1-3\%)} \approx 7.73\%$

【例 5.4】 假定上述债券折价发行，发行价格为 400 万元。该债券的成本为多少？

解析：$债券成本 = \dfrac{500 \times 12\% \times (1-25\%)}{400 \times (1-3\%)} \approx 11.6\%$

(三)普通股成本

普通股的资本成本实际上就是普通股投资要求的必要收益率。其测算方法一般有三种：股利贴现模型、资本资产定价模型和风险溢价法。

1. 股利贴现模型

股利贴现模型的基本公式是

$$P_0 = \sum_{t=1}^{n} \frac{D_t}{(1+K_c)^t}$$

式中：P_0 为普通股筹资净额，即发行价格扣除发行费用；D_t 为普通股第 t 年的股利；K_c 为普通股投资必要收益率，或者说普通股资本成本率。

运用上述模型测算普通股资本成本，因具体的股利政策不同而有所不同。

(1) 如果公司采用固定股利政策，每年分派现金股利 D，则可视为永续年金，资本成本可按下式测算：

$$K_c = \frac{D}{P_0} \times 100\%$$

即

$$\text{普通股资本成本} = \frac{\text{每年固定股利}}{\text{普通股金额} \times (1-\text{普通股筹资费率})} \times 100\%$$

【例5.5】A公司拟发行一批普通股,发行价格为5元,每股发行费用为1元,预计每年分派现金股利每股为0.5元。其资本成本为多少?

解析:$K_c = \dfrac{0.5}{5-1} \times 100\% = 12.5\%$

(2) 如果公司采用固定增长的股利政策,则资本成本可按下式测算:

$$K_c = \frac{D_1}{P_0} \times 100\% + g$$

式中:D_1 为预期的第一年股利;g 为普通股股利年增长率。

【例5.6】N公司普通股每股发行价格为10元,筹资费用率为5%,预计下一次发放股利为1.2元/股,以后每年增长3%。该普通股成本为多少?

解析:$K_c = \dfrac{1.2}{10 \times (1-5\%)} \times 100\% + 3\% = 15.63\%$

2. 资本资产定价模型

按照资本资产定价模型[①],普通股投资的必要收益率等于无风险收益率加上风险收益率,普通股成本的计算公式为

$$K_c = R_F + \beta(R_M - R_F)$$

式中:R_F 为无风险收益率;R_M 为市场平均风险下股票的必要收益率;β 为股票的贝塔系数。

【例5.7】某股票的 β 值为1.5,市场平均风险下股票的必要收益率为14%,无风险收益率为10%。该股票的资本成本为多少?

解析:$K_c = 10\% + 1.5 \times (14\% - 10\%) = 16\%$

3. 风险溢价法

根据投资风险越大,要求的收益率越高的原理,普通股股东对企业的投资风险大于债券投资者,因而会在债券投资者要求的收益率之上再要求一定的风险收益。据此,普通股成本的计算公式为

$$K_c = R_F + R_P$$

式中:R_F 为无风险收益率;R_P 为股东因比债权人承担更大风险所要求的风险溢价。

无风险收益率一般用同期国库券收益率表示,这是证券市场最基础的数据。这个公式的关键在于确定 R_P(即风险溢价)。风险溢价可以凭借经验估计。一般认为,某企业普通股风险溢价相对它自己发行的债券来讲,大约在3%~5%。当市场利率达到历史性高点时,风险溢价通常较低,在3%左右;当市场利率处于历史性低点时,风险溢价通常较高,在5%左

---

① 资本资产定价模型将在第七章详细介绍。

右；而通常情况下，常常采用4%的平均风险溢价。

【例 5.8】M 公司现准备发行一批股票，经分析该股票高于债券的投资风险溢价大约为 4%。无风险收益率为 8%。则该股票的资本成本为多少？

解析：$K_c = 8\% + 4\% = 12\%$

(四) 优先股成本

优先股的股利通常是固定的，公司利用优先股筹资需支付发行费用，因此，优先股资本成本的测算类似于采用固定股利政策的普通股。其测算公式是

$$优先股成本 = \frac{优先股每年的股利}{优先股筹资总额 \times (1 - 筹资费率)} \times 100\%$$

【例 5.9】B 公司准备发行一批优先股，每股发行价格为 5 元，发行费用为 0.2 元，预计年股利为 0.5 元。其资本成本为多少？

解析：$优先股成本 = \frac{0.5}{5 - 0.2} \times 100\% \approx 10.42\%$

(五) 留存收益成本

公司的留存收益是由公司税后利润形成的，属于权益资本。从表面上看，公司留用利润并不花费什么资本成本。但实际上，股东愿意将其留用于公司，而不作为股利取出投资于别处，总是要求获得与普通股等价的报酬。因此，留存收益也有资本成本，只不过是一种机会资本成本。留存收益成本的测算方法与普通股基本相同，只是不考虑筹资费用。按照前述固定股利模型，留存收益资本成本的计算公式为

$$留存收益成本 = \frac{每年固定股利}{普通股金额} \times 100\%$$

三、加权平均资本成本

由于受多种因素的制约，企业不可能只使用某种单一的筹资方式，往往需要通过多种方式筹集所需资金。为了进行筹资决策，就要计算确定加权平均资本成本，即企业全部长期资本的总成本，它通常是以各种长期资本占全部资本的比重为权数，通过对个别资本成本进行加权平均计算确定的，因此亦称加权平均资本成本。加权平均资本成本的计算公式为

$$K_w = \sum_{j=1}^{n} K_j W_j$$

式中，K_w 为加权平均资本成本；K_j 为第 j 种资本的个别资本成本；W_j 为第 j 种个别资本占全部资本的比重(权数)；n 为筹集资金的种类。

【例 5.10】南海公司账面反映的长期资金共 10 000 万元，其中，长期借款 2 000 万元，应付长期债券 1 000 万元，普通股 5 000 万元，留存收益 2 000 万元，其成本分别为 5.7%、8.17%、10.26%、10%。该企业的加权平均资本成本为多少？

解析：$5.7\% \times \dfrac{2\,000}{10\,000} + 8.17\% \times \dfrac{1\,000}{10\,000} + 10.26\% \times \dfrac{5\,000}{10\,000} + 10\% \times \dfrac{2\,000}{10\,000} = 9.087\%$

从上述计算可以看出，加权平均资本成本的合理确定除取决于个别资本成本以外，还取决于一个重要因素，即不同筹资方式(比如股票筹资、债务筹资等)在全部筹资规模中所占的比重。依照一般规律，股票筹资的资本成本较高，债务筹资的资本成本较低。因此，在全部筹资中，股票筹资的比重上升，加权平均资本成本就会提高；相反，债务筹资的比重上升，加权平均资本成本就会下降。

例 5.10 中个别资本占全部资本的比重，是按账面价值确定的，称为账面价值权数，还可以按市场价值或目标价值确定，分别称为市场价值权数或目标价值权数。具体情况如表 5.1 所示。

表 5.1　个别资本占全部资本的权数

类　别	性　质	评　价
账面价值权数	反映过去的权数	资料容易取得，但有时与市场价值差别较大，计算结果会与实际有较大差距，从而贻误筹资决策
市场价值权数	反映现在的权数	计算结果反映企业目前的实际情况。债券、股票以市场价格确定权数，也可选用平均价格确定权数
目标价值权数	反映未来的权数	按债券、股票的目标市场价值确定权数，能体现期望的资本结构，据此计算的资本成本更适用于企业筹措新资金，但不易确定

四、边际资本成本

(一)边际资本成本的概念

企业无法以某一固定的资本成本来筹措无限的资金，当其筹集的资金超过一定限度时，原来的资本成本就会增加。在企业追加筹资时，需要知道筹资额在什么数额上会引起资本成本怎样的变化。这就要用到边际资本成本的概念。

边际资本成本是指资金每增加一个单位而增加的成本。边际资本成本也是按加权平均法计算的，是追加筹资时所使用的加权平均资本成本。其权数应为市场价值权数，不应使用账面价值权数。其具体的计算公式如下：

$$边际资本成本 = \sum 追加某种筹资的资本成本 \times 追加该种资本的来源构成$$

可以看出，影响边际资本成本的因素包括各种资金来源的个别资本成本和资本结构。资本结构是指追加筹资中个别资本占全部资本的比重。个别资本成本和资本结构的变动对最后结果的影响如表 5.2 所示。

在追加筹资时，一般假定企业目前的资本结构为最优。企业要保持这样的资本结构去筹集资金，客观上要求筹资时资本结构是保持不变的。而个别资本成本一般都发生变化，所以属于表 5.2 中的第三种情况。实际上，企业的筹资总额越大，资金供应者要求的收益率就越高，这就会使不同的追加筹资总额范围内的边际资本成本不断上升。

表 5.2 个别资本成本和资本结构的变动对结果的影响

情 况	个别资本成本	资本结构	边际资本成本
(1)	保持不变	保持不变	与增资前相同
(2)	保持不变	变动	变动
(3)	变动	保持不变	变动

(二)边际资本成本的计算和应用

下面举例说明边际资本成本的计算和应用。

【例 5.11】 南海公司拥有长期资金 1 000 万元,其中,长期借款 150 万元,资本成本为 3%;长期债券 250 万元,资本成本为 10%;普通股 600 万元,资本成本为 13%。目前的加权平均资本成本为 10.75%。由于扩大经营规模的需要,拟筹集新资金。经分析,认为筹集新资金后仍应保持目前的资本结构,即长期借款占 15%,长期债券占 25%,普通股占 60%,并测算出了随筹资额的增加各种个别资本成本的变化,如表 5.3 所示。试计算边际资本成本。

表 5.3 南海公司筹资资料

筹资方式	目标资本结构/%	新筹资额/元	个别资本成本/%
长期借款	15	45 000 以内	3
		45 000~90 000	5
		90 000 以上	7
长期债券	25	200 000 以内	10
		200 000~400 000	11
		400 000 以上	12
普通股	60	300 000 以内	13
		300 000~600 000	14
		600 000 以上	15

解析:计算步骤如下。

(1) 计算筹资突破点。

因为花费一定的资本成本只能筹集到一定限度的资金,超过这一限度多筹集资金就要多花费资本成本,引起原资本成本的变化,于是就把在保持某资本成本的条件下可以筹集到的资金总额限度称为现有资本结构下的筹资突破点。在筹资突破点范围内筹资,原来的资本成本不会改变;一旦筹资额超过了筹资突破点,即使维持现有的资本结构,其资本成本也会增加。筹资突破点的计算公式为

$$筹资突破点 = \frac{可用某一特定成本筹集到的某种资金额}{这种资金在资本结构中所占的比重}$$

例如,在花费 3% 的资本成本时,企业取得的长期借款筹资限额为 45 000 元,则其筹资突破点为:45 000/15%=300 000(元)。这就意味着当企业筹资总额在 300 000 元以内而且保

持目标资本结构不变的时候,企业可以以3%的资本成本筹集到长期借款。但当筹资总额突破300 000元时,长期借款的成本上升到5%。

依次类推,资料中各种情况下的筹资突破点的计算结果如表5.4所示。

表5.4 筹资突破点计算表

资金种类	资本结构/%	资本成本/%	新筹资额/元	筹资突破点/元	筹资总额范围/元
长期借款	15	3	0～45 000	45 000/15%=300 000	0～300 000
		5	45 000～90 000	90 000/15%=600 000	300 000～600 000
		7	90 000 以上		600 000 以上
长期债券	25	10	0～200 000	200 000/25%=800 000	0～800 000
		11	200 000～400 000	400 000/25%=1 600 000	800 000～1 600 000
		12	400 000 以上		1 600 000 以上
普通股	60	13	0～300 000	300 000/60%=500 000	0～500 000
		14	300 000～600 000	600 000/60%=1 000 000	500 000～1 000 000
		15	600 000 以上		1 000 000 以上

(2) 计算边际资本成本。

根据表5.4计算出的筹资突破点,可以得到7组筹资总额范围:①30万元以内;②30万～50万元;③50万～60万元;④60万～80万元;⑤80万～100万元;⑥100万～160万元;⑦160万元以上。对上述7组筹资总额范围分别计算加权平均资本成本,即可得到各种筹资总额范围的边际资本成本。计算结果如表5.5所示。

表5.5 边际资本成本计算表

筹资总额范围/元	筹资方式	目标资本结构/%	个别资本成本/%	加权平均资本成本/%
300 000 以内	长期借款	15	3	0.45
	长期债券	25	10	2.5
	普通股	60	13	7.8
	第一个筹资总额范围内的边际资本成本=10.75%			
300 000～500 000	长期借款	15	5	0.75
	长期债券	25	10	2.5
	普通股	60	13	7.8
	第二个筹资总额范围内的边际资本成本=11.05%			
500 000～600 000	长期借款	15	5	0.75
	长期债券	25	10	2.5
	普通股	60	14	8.4
	第三个筹资总额范围内的边际资本成本=11.65%			
600 000～800 000	长期借款	15	7	1.05
	长期债券	25	10	2.5
	普通股	60	14	8.4
	第四个筹资总额范围内的边际资本成本=11.95%			

续表

筹资总额范围/元	筹资方式	目标资本结构/%	个别资本成本/%	加权平均资本成本/%
800 000~1 000 000	长期借款	15	7	1.05
	长期债券	25	11	2.75
	普通股	60	14	8.4
	第五个筹资总额范围内的边际资本成本=12.2%			
1 000 000~1 600 000	长期借款	15	7	1.05
	长期债券	25	11	2.75
	普通股	60	15	9
	第六个筹资总额范围内的边际资本成本=12.8%			
1 600 000 以上	长期借款	15	7	1.05
	长期债券	25	12	3
	普通股	60	15	9
	第七个筹资总额范围内的边际资本成本=13.05%			

第二节 杠杆效应

【案例链接】

秦池为何昙花一现

秦池酒厂是山东省临朐县的一家生产白酒的企业。1995年以6 666万元的价格夺得中央电视台第二届黄金时段广告"标王"，秦池酒厂一夜成名，秦池白酒身价倍增。1996年又以3.2亿元人民币的天价，连任第二届的"标王"。

然而，好景不长，2000年7月，一家金属酒瓶帽的供应商指控秦池拖欠300万元货款，地区中级人民法院判决秦池败诉，并裁定拍卖"秦池"注册商标。

秦池缘何昙花一现？从财务管理的角度看，秦池的盛衰可以得到以下启示和教训。

一是巨额广告支出是一项固定性费用，由此使企业的经营杠杆效应增大，同时也带来了更大的经营风险。

二是秦池在成名之前作为一家县级企业，其总资产规模和生产能力有限。面对"标王"之后滚滚而来的订单，需投入资金，提高企业生产能力，但这种做法受到资金的制约和生产周期的限制。

三是巨额广告支出和固定资产投资所需资金必须通过银行贷款解决。秦池在扩大生产规模的同时，降低了企业资金的流动性，当年内到期的巨额银行短期贷款需要偿还时，企业陷入了财务困境。

(资料来源：陈玉菁，宋良荣. 财务管理[M]. 3版. 北京：清华大学出版社，2011.)

负债高企、评级下滑、维权不断，房企第一美股鑫苑置业四面楚歌！

2007年，一向以稳健保守著称的山西人张勇创办的鑫苑置业，在美国纽交所敲钟上市。

在宣布全国化后，这家起步河南的房企风光无限。截至目前，鑫苑置业陆续在北京、上海、郑州、济南、苏州、昆山、徐州、荥阳、长沙、三亚、成都、西安等一、二线城市遍地开花，风头盖过"老家"同时起步的正商、建业。

作为唯一一家在美股上市的内地房企，鑫苑置业素有"房企第一美股"之称。然而，近年来，这家远渡重洋的房企过得并不舒坦。

2016年至2018年，鑫苑置业资产负债率分别为77.17%、84.08%、84.48%，2018年资产负债率排进上市房企前五。Wind数据显示，2019年第三季度末，鑫苑置业的资产负债率高达90.01%，远超房企平均负债率和85%的财务安全警戒线。

2020年半年报显示，截至2020年6月末，鑫苑置业公司资产总额为599.68亿元，负债总额为504.32亿元，所有者权益总额为95.37亿元，资产负债率为84.10%，剔除预收款项的资产负债率为73.75%，处于行业较高水平。账上非受限的货币资金为46.53亿元，短期债务为54.13亿元，现金短债比为0.86，短期偿债能力较差。

由于多数债务是在2020年至2021年集中到期，鑫苑置业连续遭遇了标准普尔和惠誉两大国际评级机构的评级下调，标准普尔将鑫苑置业的长期主体信用评级从"B"下调至"B-"，将长期债项评级从"B-"下调至"CCC+"。惠誉也将鑫苑置业的长期主体信用评级从"B"下调至"B-"。此外，鑫苑置业旗下9家子公司的股权被全部质押融资，另有两家子公司的部分股权被质押融资。

(资料来源：秦风观察. 负债高企、评级下滑、维权不断，房企第一美股鑫苑置业四面楚歌! https://www.163.com/dy/article/GAEVLVPP0525T0NE.html.2021-05-20.)

一、杠杆效应的含义

自然界中的杠杆效应，是指人们利用杠杆，可以用较小的力量移动较重物体的现象。财务管理中也存在着类似的杠杆效应，表现为：由于固定费用(包括生产经营方面的固定费用和财务方面的固定费用)的存在，使得当业务量发生比较小的变化时，利润会产生比较大的变化。了解这些杠杆的原理，有助于企业合理地规避风险，提高资金利用效率。

财务管理中的杠杆效应有三种形式，即经营杠杆、财务杠杆和复合杠杆，要说明这些杠杆的原理，首先需要了解成本习性、边际贡献和息税前利润等概念。

二、成本习性、边际贡献与息税前利润

(一)成本习性

成本习性是指成本总额与业务量之间在数量上的依存关系。根据成本习性的不同，可以把企业的所有成本分成以下三类。

1. 固定成本

固定成本是指成本总额在一定时期和一定业务量范围内不随业务量发生任何变动的那部分成本。属于固定成本的主要有按直线法计提的折旧费、保险费、管理人员工资、办公费等，这些费用每年支出水平基本相同，即使产销量在一定范围内变动，它们也保持固定

不变。对于固定成本来说,成本总额是不变的,但单位固定成本随业务量的增加而逐渐下降。例如,企业固定资产折旧费一年是 5 万元,如果企业一年只生产一件产品,单位产品所承担的折旧费是 5 万元;如果生产 10 万件产品,单位产品所负担的折旧费就是 0.5 元。

2. 变动成本

变动成本是指在一定时期和一定业务量范围内随着业务量变动而呈正比例变动的那部分成本。直接材料、直接人工都属于变动成本,单位变动成本保持不变。但是,无论是固定成本还是变动成本都强调一个相关业务量范围,一旦超过了这个范围,单位的变动成本可能会改变,固定成本总额也可能发生改变。

3. 混合成本

混合成本虽然随着业务量变动而变动,但不是同比例变动。混合成本按其与业务量的关系分为半变动成本和半固定成本。

半变动成本通常有一个初始量,类似于固定成本,在这个初始量的基础上随产量的增长而增长,又类似于变动成本。例如,有固定月租费的电话费用。半固定成本,这类成本随产量的变动而呈阶梯形增长。产量在一定范围内,这种成本不变,但增长超过一定范围后,就变了。例如化验员、质检员的工资一般都属于这种成本。在一定业务量范围之内, 如果检查产品数量在 1 000 件以内工资是 3 000 元,一旦突破这个范围,每增加一定的检查产品数量,工资就相应增加一个等级。

混合成本是一种过渡性的分类,它最终可以分解成固定成本和变动成本两部分, 所以企业所有的成本都可以分成两部分,即固定成本和变动成本。

三种不同的成本与业务量(产量)之间的关系如图 5.1 所示。

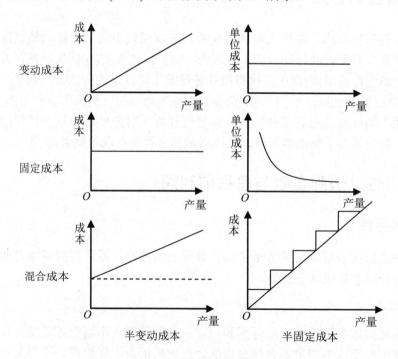

图 5.1　三种成本与业务量(产量)之间的关系

(二)边际贡献

边际贡献是指销售收入减去变动成本后的差额。边际贡献也是一种利润。其计算公式为

$$M=px-bx=(p-b)x=mx$$

式中：M 为边际贡献；p 为销售单价；b 为单位变动成本；x 为产销量；m 为单位边际贡献。

(三)息税前利润

息税前利润是指企业支付利息和缴纳所得税之前的利润。成本按习性分类后，息税前利税可按下列公式计算：

$$EBIT=px-bx-a=(p-b)x-a=mx-a=M-a$$

式中：EBIT 为息税前利润；a 为固定成本。

三、经营杠杆与经营风险

(一)经营杠杆的概念

经营杠杆是指由于固定成本的存在，而导致息税前利润的变动率大于产销量的变动率的杠杆效应。在其他条件不变的情况下，产销业务量的增加虽然不会改变固定成本总额，但会降低单位固定成本，从而提高单位利润，使息税前利润的增长率大于产销业务量的增长率。反之，产销业务量的减少会提高单位固定成本，降低单位利润，使息税前利润的下降率也大于产销业务量的下降率。如果不存在固定成本，所有的成本都是变动的，那么边际贡献就是息税前利润，这时息税前利润变动率就与产销业务量变动率完全一致。企业利用经营杠杆，有时可以获得一定的经营杠杆利益，有时也承担着更大的经营损失风险，所以说经营杠杆是一把"双刃剑"。

(二)经营杠杆的计量

只要企业存在固定成本，就存在经营杠杆效应的作用。但不同企业或同一企业不同产销业务量基础上的经营杠杆效应的大小是不完全一致的，因此，需要对经营杠杆进行计量。对经营杠杆进行计量最常用的指标是经营杠杆系数。所谓经营杠杆系数，是指息税前利润变动率相对于产销业务量变动率的倍数。其计算公式为

$$经营杠杆系数 = \frac{息税前利润变动率}{产销量变动率}$$

或

$$DOL = \frac{\Delta EBIT/EBIT}{\Delta x/x} = \frac{\Delta EBIT/EBIT}{\Delta(px)/px}$$

式中：DOL 为经营杠杆系数；EBIT 为变动前的息税前利润；ΔEBIT 为息税前利润的变动额；x 为变动前的产销量；Δx 为产销量的变动数；px 为变动前的销售收入；Δpx 为销售收入的变动数。

【例 5.12】 南海公司有关资料如表 5.6 所示，试计算 2023 年的经营杠杆系数。

表 5.6 南海公司有关资料

项　　目	2022 年数额/万元	2023 年数额/万元	变动额/万元	变动率/%
销售额	5 000	7 000	2 000	40
变动成本	3 500	4 900	1 400	40
边际贡献	1 500	2 100	600	40
固定成本	500	500	—	—
息税前利润	1 000	1 600	600	60

解：

$$\text{经营杠杆系数} = \frac{\text{息税前利润变动率}}{\text{产销量变动率}} = \frac{60\%}{40\%} = 1.5$$

上述公式是计算经营杠杆系数的理论公式，但利用该公式，必须以已知变动前后的相关资料为前提，比较麻烦，而且无法预测未来(如 2024 年)的经营杠杆系数。经营杠杆系数还可以按以下简化公式计算：

$$\text{经营杠杆系数} = \frac{\text{基期边际贡献}}{\text{基期息税前利润}}$$

或

$$\text{DOL} = \frac{M}{\text{EBIT}} = \frac{M}{M-a}$$

上式表明，DOL 将随 a 的变化呈同方向变化，即在其他因素一定的情况下，固定成本越高，DOL 就越大。当固定成本为零时，DOL 等于 1。

对上题利用上述公式计算，可求得 2023 年的经营杠杆系数：

$$\text{DOL} = \frac{1\,500}{1\,000} = 1.5$$

计算结果表示当产销量变动 1 倍时，息税前利润变动 1.5 倍。

如果要求预测 2024 年的经营杠杆系数，可用 2023 年的数据作为基期数据代入计算，得

$$\text{DOL} = \frac{2\,100}{1\,600} = 1.3125$$

【例 5.13】 南海公司生产 A 产品，固定成本为 60 万元，变动成本率为 40%，当公司的销售额分别为 400 万元、200 万元、120 万元时，经营杠杆系数分别为多少？

解：

$$\text{DOL}_{(1)} = \frac{400 - 400 \times 40\%}{400 - 400 \times 40\% - 60} = 1.33$$

$$\text{DOL}_{(2)} = \frac{200 - 200 \times 40\%}{200 - 200 \times 40\% - 60} = 2$$

$$\text{DOL}_{(3)} = \frac{120 - 120 \times 40\%}{120 - 120 \times 40\% - 60} = 6$$

以上计算结果说明：在固定成本不变的情况下，销售额越大，经营杠杆系数越小，经营风险也就越小；反之，销售额越小，经营杠杆系数越大，经营风险也就越大。

(三)经营杠杆与经营风险的关系

1. 经营风险分析

经营风险是指企业因经营上的原因而导致利润变动的风险。引起企业经营风险的主要原因是市场需求、售价和成本等因素的不确定性,经营杠杆本身并不是利润不稳定的根源。由于经营杠杆的存在,当产销量增加时,息税前利润将以 DOL 倍的幅度增加;而当产销量减少时,息税前利润又将以 DOL 倍的幅度减少。可见,经营杠杆只是扩大了市场和生产等不确定因素对利润变动的影响,从而放大了企业的经营风险,而且经营杠杆系数越高,利润变动越激烈,企业的经营风险就越大。因此,尽管将经营杠杆系数作为企业经营风险的同义语是错误的,但是两者之间确实存在重要关系。一般来说,在其他因素不变的情况下,固定成本越高,经营杠杆系数就越大,经营风险也就越大。

2. 降低经营风险的途径

企业一般可以通过增加销售额,降低单位产品变动成本,降低固定成本比重等措施使经营杠杆系数降低,从而降低经营风险。

四、财务杠杆与财务风险

(一)财务杠杆的概念

财务杠杆,是指企业在筹资活动中由于固定财务费用的存在,使普通股每股收益的变动幅度大于息税前利润的变动幅度的杠杆效应。不论企业营业利润是多少,债务的利息通常都是固定不变的。当息税前利润增大时,每 1 元利润所负担的固定财务费用就会相对减少,这会给普通股股东带来更多的收益;反之,当息税前利润减少时,每 1 元利润所负担的固定财务费用就会相对增加,这就会大幅度减少普通股的每股收益。因此,企业利用财务杠杆,有时可能会给普通股股东带来额外的收益(即财务杠杆利益),有时也可能造成一定的损失,即财务风险。

【例 5.14】甲、乙、丙三家公司 2021 年、2022 年资本结构等情况如表 5.7 所示。试分析一下财务杠杆的作用。

表 5.7 甲、乙、丙三家公司的有关资料

时间	项目	甲公司	乙公司	丙公司
2021 年	普通股发行在外股数/股	20 000	15 000	10 000
	普通股股本(每股面值为 100 元)/元	2 000 000	1 500 000	1 000 000
	债务(利息率为 8%)/元	0	500 000	1 000 000
	资本总额/元	2 000 000	200 000	2 000 000
	息税前利润/元	200 000	200 000	200 000
	债务利息/元	0	40 000	80 000
	税前利润/元	200 000	160 000	120 000
	所得税(税率为 25%)/元	50 000	40 000	30 000
	净利润/元	150 000	120 000	90 000
	每股收益/(元/股)	7.5	8	9

续表

时间	项目	甲公司	乙公司	丙公司
2022 年	息税前利润增长率/%	20	20	20
	增长后的息税前利润/元	240 000	240 000	240 000
	债务利息(利息率为 8%)/元	0	40 000	80 000
	税前利润/元	240 000	200 000	160 000
	所得税(税率为 25%)/元	60 000	50 000	40 000
	净利润/元	180 000	150 000	120 000
	每股收益/(元/股)	9	10	12
	每股收益增加额/(元/股)	1.5	2	3
	普通股每股收益增长率/%	20	25	33.33

解析：

在表 5.7 中，甲、乙、丙三家公司的资本总额相等，息税前利润相等，息税前利润的增长率也相同，不同的只是资本结构。甲公司的全部资本都是普通股，丙公司的资本中普通股和债券各占一半，乙公司介于两者之间。在息税前利润增长 20%的情况下，甲公司每股收益增长 20%，乙公司增长了 25%，而丙公司增长了 33.3%，这就是财务杠杆的作用。当然，如果息税前利润下降，乙公司和丙公司每股收益的下降幅度同等情况下要大于甲公司每股收益的下降幅度。

(二)财务杠杆的计量

只要企业在筹资中有固定财务费用，就会存在财务杠杆效应。但不同企业财务杠杆的作用程度是不完全一致的，因此，需要对财务杠杆进行计量。对财务杠杆进行计量最常用的指标是财务杠杆系数。所谓财务杠杆系数，是指普通股每股收益的变动率相对于息税前利润变动率的倍数。其计算公式为

$$财务杠杆系数 = \frac{普通股每股收益变动率}{息税前利润变动率}$$

或

$$DFL = \frac{\Delta EPS / EPS}{\Delta EBIT / EBIT}$$

其中：DFL 为财务杠杆系数；EPS 为基期普通股每股收益；ΔEPS 为普通股每股收益的变动额；EBIT 为基期息税前利润；ΔEBIT 为息税前利润变动额。

【例 5.15】根据表 5.7 中甲、乙、丙三家公司的数据，试计算三家公司 2022 年的财务杠杆系数。

解析：

甲公司财务杠杆系数：$DFL = \frac{20\%}{20\%} = 1$

计算结果表示，当甲公司息税前利润变动 1 倍时，普通股每股收益也变动 1 倍。

乙公司财务杠杆系数：$DFL = \frac{25\%}{20\%} \approx 1.25$

计算结果表示，当乙公司息税前利润变动 1 倍时，普通股每股收益变动 1.25 倍。

丙公司财务杠杆系数：$DFL = \dfrac{33.33\%}{20\%} \approx 1.67$

计算结果表示，当丙公司息税前利润变动 1 倍时，普通股每股收益变动 1.67 倍。

上述公式是计算财务杠杆系数的理论公式，运用时必须已知变动前后的相关资料，比较麻烦。上述公式还可以进一步简化为

$$\text{财务杠杆系数} = \dfrac{\text{基期息税前利润}}{\text{基期息税前利润} - \text{基期利息}}$$

或

$$DFL = \dfrac{EBIT}{EBIT - I}$$

其中，I 表示基期利息。将表中 2021 年的有关资料代入上式，可计算出甲、乙、丙三家公司 2022 年的财务杠杆系数。

甲公司财务杠杆系数：$DFL = \dfrac{EBIT}{EBIT - I} = \dfrac{20\,000}{20\,000 - 0} = 1$

乙公司财务杠杆系数：$DFL = \dfrac{EBIT}{EBIT - I} = \dfrac{20\,000}{20\,000 - 4\,000} = 1.25$

丙公司财务杠杆系数：$DFL = \dfrac{EBIT}{EBIT - I} = \dfrac{20\,000}{20\,000 - 8\,000} \approx 1.67$

这说明，甲、乙两家公司之间，在息税前利润(EBIT)增加时，乙公司每股收益(EPS)的增长幅度大于甲公司的增长幅度；当然，当息税前利润减少时，乙公司每股收益减少得也更快。丙公司同理。因此，当公司息税前利润较多，增长幅度较大时，适当地利用债务性资本发挥财务杠杆的作用，可增加每股收益，使股票价格上涨，增加公司价值。

(三)财务杠杆与财务风险的关系

财务风险是指企业为了取得财务杠杆的利益而利用负债资金时，增加了破产的可能性或普通股利润大幅度变化的可能性所带来的风险。财务杠杆具有两方面的作用，既可以较大幅度地提高每股收益，也可以较大幅度地降低每股收益。企业为了取得财务杠杆利益，就要增加负债，一旦企业息税前利润下降，不足以补偿固定利息支出时，企业的每股收益就会下降得更快。也就是说，企业利用财务杠杆，可能会产生好的效果，也可能会产生坏的效果。

五、复合杠杆与复合风险

(一)复合杠杆的概念

复合杠杆亦称总杠杆，是指经营杠杆和财务杠杆的综合运用，即由于固定生产经营成本和固定财务费用的共同存在而导致的普通股每股收益变动幅度大于产销业务量变动幅度的杠杆效应。如前所述，由于存在固定的生产经营成本，产生经营杠杆作用，使息税前利润的变动率大于产销业务量的变动率；又由于存在固定的财务费用，产生了财务杠杆作用，使企业每股收益的变动率大于息税前利润的变动率。如果企业既存在固定的生产经营成本，

又存在固定的财务费用,这样,两种杠杆共同作用,使得销售额稍有变动就会引起普通股每股收益产生很大的变动。复合杠杆的作用如图 5.2 所示。

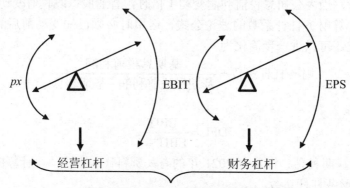

图 5.2　经营杠杆、财务杠杆与复合杠杆

【例 5.16】某企业有关资料如表 5.8 所示,要求分析复合杠杆的作用。

表 5.8　某企业有关资料

项　目	2021 年	2022 年	变动率/%
销售收入/万元	3 000	3 900	30
变动成本/万元	1 500	1 950	30
固定成本/万元	1 000	1 000	0
息税前利润/万元	500	950	90
利息/万元	200	200	0
利润总额/万元	300	750	150
所得税(税率为 25%)/万元	75	187.5	150
税后净利润/万元	225	562.5	150
发行在外的普通股股数/万股	100	100	0
每股收益/(元/股)	2.25	5.625	150

解析：从表 5.8 中可以看到,在复合杠杆的作用下,产销量增加 30%,普通股每股收益便增加 150%。

(二)复合杠杆的计量

从以上分析得知,只要企业同时存在固定的生产经营成本和固定的财务支出,就会存在复合杠杆的作用。但不同企业,复合杠杆作用的程度是不完全一致的,因此,需要对复合杠杆作用的程度进行计量。对复合杠杆进行计量最常用的指标是复合杠杆系数。复合杠杆系数亦称总杠杆系数,是指普通股每股收益变动率相对于产销量变动率的倍数,它是经营杠杆系数与财务杠杆系数的乘积。用理论公式表示如下：

$$复合杠杆系数 = \frac{普通股每股收益变动率}{产销量变动率}$$

$$DCL = \frac{\Delta EPS/EPS}{\Delta(px)/px} = \frac{\Delta EPS/EPS}{\Delta x/x}$$

式中，DCL 为复合杠杆系数。

根据表 5.8 中的资料，该企业的复合杠杆系数为

$$DCL = \frac{\Delta EPS/EPS}{\Delta x/x} = \frac{150\%}{30\%} = 5$$

为简化计算，可推导出计算复合杠杆系数的简单公式：

$$DCL = DOL \times DFL = \frac{M}{EBIT} \times \frac{EBIT}{EBIT-I} = \frac{M}{EBIT-I}$$

即

$$复合杠杆系数 = \frac{基期边际贡献}{基期息税前利润 - 利息}$$

对于上例根据表 5.8 中的数据可得：

$$DCL = \frac{3\,000 - 1\,500}{500 - 200} = 5$$

还可以计算出 2023 年的复合杠杆系数：

$$DCL = \frac{3\,900 - 1\,950}{950 - 200} = 2.6$$

经营杠杆、财务杠杆与复合杠杆的比较如表 5.9 所示。

表 5.9 经营杠杆、财务杠杆与复合杠杆的比较

杠杆类型	特殊费用	效应	理论公式	简化公式
经营杠杆	固定经营成本	EBIT 变动大于 px	$DOL = \dfrac{\Delta EBIT/EBIT}{\Delta(px)/px}$	$DOL = \dfrac{M}{EBIT} = \dfrac{M}{M-a}$
财务杠杆	固定财务费用	EPS 变动大于 EBIT	$DFL = \dfrac{\Delta EPS/EPS}{\Delta EBIT/EBIT}$	$DFL = \dfrac{EBIT}{EBIT-I} = \dfrac{M-a}{M-a-I}$
复合杠杆	固定经营成本和财务费用	EPS 变动大于 px	$DCL = \dfrac{\Delta EPS/EPS}{\Delta(px)/px}$	$DCL = \dfrac{M}{EBIT-I} = \dfrac{M}{M-a-I}$

(三) 复合杠杆与企业风险的关系

正如前面多次说过，就企业生产经营过程而言，固定生产经营成本与固定财务费用通常同时存在，相应地，经营杠杆和财务杠杆同时存在，由这两种杠杆效应联合作用即复合杠杆作用所产生的风险构成了企业的风险。从上面的分析可以看到，在复合杠杆的作用下，当企业的销售前景乐观时，每股收益额会大幅度上升；当企业的销售前景悲观时，每股收益额又会大幅度下降。企业的复合杠杆程度越高，每股收益波动的幅度就越大，企业的风险就越大；反之亦然。

第三节 资 本 结 构

一、资本结构概述

(一)资本结构的概念

资本结构是指企业各种资金的构成及其比例关系。资本结构是企业筹资决策的核心问题。企业应综合考虑相关影响因素,运用适当的方法确定最佳资本结构,并在以后追加筹资时继续保持。若企业现有资本结构不合理,应通过筹资活动进行调整,使其趋于合理化。

在实务中,资本结构有狭义和广义之分。狭义的资本结构是指长期资本结构。广义的资本结构是指全部资金(包括长期资金和短期资金)的结构。由于短期资金的需要量和筹集是经常变化的,且在整个资金总量中所占比重不稳定,因此一般不列入资本结构管理范畴,而作为营运资金管理。财务管理中的资本结构通常是指狭义的资本结构,即企业各种长期资金筹集来源的构成和比例关系。

由于资本结构是通过各种筹资方式筹集资本而形成的,而筹资方式总的来看分为债务资本和权益资本两类,因此,总的来说,资本结构问题就是指长期债务资本和权益资本各占多大比例的问题,也就是债务资本在企业全部资本中所占比重的问题。

(二)资本结构中债务资本的意义

在企业资本结构中,合理地安排债务资本,对企业有重要影响。

1. 一定程度的债务有利于降低企业资本成本

企业利用债务资金要定期支付利息并按时还本,因此,债权人的风险比较小。企业利用债务筹资所支付的利息率一般低于企业支付给股东的股利率。另外,债务利息从税前支付,可减少缴纳所得税的数额。上述两种因素的共同作用,使得债务的资本成本明显低于权益资本的成本。在一定限度内增加债务,就可降低企业的加权平均资本成本;而减少债务,则会使加权平均资本成本上升。

2. 债务筹资具有财务杠杆作用

不论企业利润是多少,债务的利息通常都是固定不变的。息税前利润增大时,每 1 元利润所负担的固定利息就会相对地减少,这能给每一股普通股带来更多的收益。这就是前文中所讲的财务杠杆作用。因此,当公司息税前利润较多、增长幅度较大时,适当地利用债务资本,发挥财务杠杆的作用,可增加每股收益,从而使企业股票价格上涨。

3. 债务资本会加大企业的财务风险

财务风险是指由于财务杠杆的使用,增加了破产的可能性或普通股利润大幅度变动的可能性所带来的风险。企业为取得财务杠杆利益而增加债务,必然增加利息等固定费用的负担。由于财务杠杆的作用,在息税前利润下降时,普通股每股收益下降得会更快。这些风险都是利用债务资本带来的。

从上述分析可知，债务资本具有双重作用，适当地利用债务资本，可以降低企业资本成本，但当企业债务比率太高时，又会带来较大的财务风险。因此，企业必须权衡财务风险和资本成本的关系，确定最优的资本结构。从理论上讲，最优资本结构是存在的，但由于企业内部条件和外部环境经常发生变化，所以寻找最优资本结构十分困难。

二、资本结构理论

资本结构理论是关于公司资本结构(或转化为债务资本比例问题)、公司加权平均资本成本与公司价值三者之间关系的理论。它是公司财务理论的重要内容，也是资本结构决策的重要理论基础。

(一)早期资本结构理论

1. 净收益理论

净收益理论认为，在公司的资本结构中，债务资本的比例越大，公司的净收益或税后利润就越多，公司的价值就越高。按照这种观点，公司获取资本的来源和数量不受限制，并且债务资本成本率和股权资本成本率都是固定不变的，不受财务杠杆的影响。由于债务的投资收益率固定，债务人有优先求偿权，所以债务投资风险低于股权投资风险，债务资本成本率一般低于股权资本成本率。因此，公司的债务资本越多，债务资本比例越高，加权平均资本成本就越低，公司的价值就越大。如果用 K_b 表示债务资本成本，K_s 表示权益资本成本，K_w 表示加权平均资本成本，V 表示总价值，则净收益理论可用图5.3来表示。

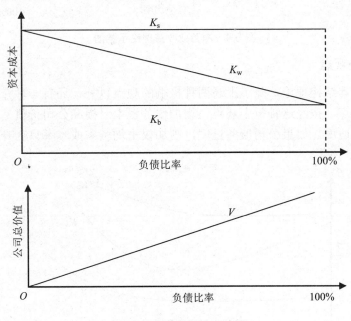

图 5.3 净收益理论示意图

2. 净营业收益理论

净营业收益理论认为，在公司的资本结构中，债务资本的多寡、比例的高低，与公司的价值没有关系。按照这种观点，公司的债务资本成本率是固定的，但股权资本成本率是变动的，公司的债务资本越多，公司的财务风险就越大，股权资本成本率就越高；反之，公司的债务资本越少，公司的财务风险就越小，股权资本成本率就越低。经加权平均计算后，公司的加权平均资本成本率不变，是一个常数。因此，资本结构与公司价值无关。决定公司价值的真正因素应该是公司的净营业收益。净营业收益理论可用图5.4来描述。

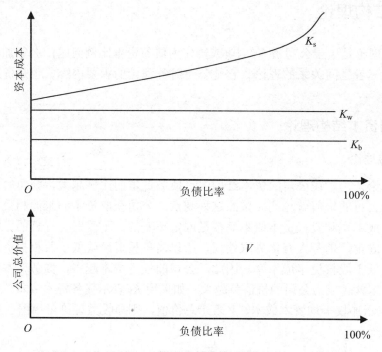

图 5.4　净营业收益理论示意图

3. 传统折中观点

关于早期资本结构理论，除了上述两种极端的观点以外，还有一种介于这两种极端观点之间的折中观点。按照这种折中观点，增加债务资本对提高公司价值是有利的，但债务资本的规模必须适度。如果公司债务过度，则加权平均资本成本率只会升高，并使公司价值下降，如图5.5所示。

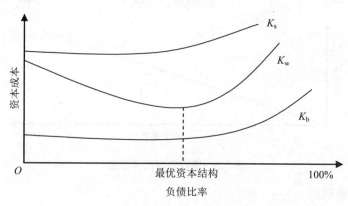

图 5.5　传统折中观点示意图

(二) MM 资本结构理论

1. 米勒模型理论

米勒模型理论即最初的 MM 理论,由美国的莫迪格利安尼(Modigliani)和米勒(Miller)(简称 MM)两位教授发表于《美国经济评论》的《资本结构、公司财务与投资理论》一文中所阐述的基本思想。该理论认为,在没有企业和个人所得税的情况下,任何企业的价值,不论其有无负债,都等于经营利润除以适用于其风险等级的收益率。由于权益成本会随着负债程度的提高而增加,这样,增加负债所带来的利益完全被上涨的权益成本所抵消。因此,风险相同的企业,其价值不受有无负债及其负债程度的影响。或者说,当公司的债务比率由零增加到100%时,企业的资本总成本及总价值不会发生任何变动,即企业价值与企业有无负债无关,不存在最优资本结构问题。

2. 权衡模型理论

权衡模型理论又称为修正的 MM 理论(含税条件下的资本结构理论),是 MM 两位教授共同发表的另一篇与资本结构有关的论文中的基本思想。他们发现,在考虑公司所得税的情况下,由于负债的利息是免税支出,所以可以降低加权平均资本成本,增加企业的价值。因此,公司通过财务杠杆利益的不断增加,就会不断降低其资本成本。负债越多,杠杆作用越明显,公司价值越大。当债务资本在资本结构中趋近100%时,才是最优的资本结构,此时企业价值达到最大。

(三) 新的资本结构理论

19 世纪七八十年代后又出现一些新的资本结构理论,主要有代理成本理论、信号传递理论等。

1. 代理成本理论

代理成本理论是经过研究代理成本与资本结构的关系而形成的。这种理论认为,公司债务的违约风险是财务杠杆系数的增函数,随着公司债务资本的增加,债务人的监督成本随之提升,债务人会要求更高的利率。这种代理成本最终要由股东承担,公司资本结构中债务比率过高会导致股东价值的降低。根据代理成本理论,债务资本适度的资本结构会增加股东的价值。

上述资本结构的代理成本理论仅限于债务的代理成本。除此之外,还有一些代理成本涉及了公司的雇员、消费者和社会环境等因素,在资本结构的决策中也应予以考虑。

2. 信号传递理论

信号传递理论认为,公司可以通过调整资本结构来传递有关获利能力和风险方面的信息,以及公司如何看待股票市价的信息。按照资本结构的信号传递理论,公司价值被低估时会增加债务资本;反之,公司价值被高估时会增加股权资本。当然,公司的筹资选择并非完全如此。例如,公司有时可能并不希望通过筹资行为告知公众公司的价值被高估的信息,而是模仿公司价值被低估的公司去增加债务资本。

三、资本结构决策方法

资本结构决策的目标就是要确定最优的资本结构。所谓最优资本结构,是指在一定条件下使企业加权平均资本成本最低,企业价值最大的资本结构。资本结构决策的方法有许多种,常见的有息税前利润—每股收益分析法、比较资本成本法和因素分析法。

(一)息税前利润—每股收益分析法(EBIT-EPS 分析法)

债务的偿还能力是建立在未来盈利能力基础之上的。研究资本结构,不能脱离企业的盈利能力。企业的盈利能力,一般用息税前利润(EBIT)来表示。

债务筹资是通过它的杠杆作用来增加股东财富的。确定资本结构必须考虑它对股东财富的影响。股东财富通常可以用每股收益(EPS)来表示。

将以上两方面联系起来,分析资本结构与每股收益之间的关系,进而确定合理的资本结构的方法,就是息税前利润—每股收益分析法,简写为 EBIT-EPS 分析法。这种方法因为要确定每股收益的无差别点,所以又叫每股收益无差别点法。现举例说明如下。

【例 5.17】A 公司目前有资金 225 万元,现因生产发展需要准备再筹集 75 万元资金,这些资金可以通过发行股票来筹集,也可以通过发行债券来筹集。假定公司所得税税率为 25%。表 5.10 列示了原资本结构和筹资后资本结构的情况。试采用息税前利润—每股收益分析法进行分析。

表 5.10　A 公司资本结构变化情况

筹资方式	原资本结构	增加筹资后资本结构	
		增发普通股 A	增发公司债券 B
公司债券(利率为 8%)/元	300 000	300 000	1 050 000
普通股(面值为 10 元)/元	600 000	900 000	600 000
资本公积/元	750 000	1 200 000	750 000
留存收益/元	600 000	600 000	600 000
资金总额合计/元	2 250 000	3 000 000	3 000 000
普通股股数/股	60 000	90 000	60 000

注:发行新股票时,每股发行价格为 25 元,筹资 750 000 元需发行 30 000 股,普通股股本增加 300 000 元,资本公积增加 450 000 元;发行公司债券的票面利率为 8%。

解析:具体分析如表 5.11 所示。

表 5.11　A 公司不同资本结构下的每股收益

项目	增发股票	增发债券
预计息税前利润/元	600 000	600 000
减:利息/元	24 000	84 000
税前利润/元	576 000	516 000
减:所得税(25%)/元	144 000	129 000

续表

项目	增发股票	增发债券
净利润/元	432 000	387 000
普通股股数/股	90 000	60 000
每股收益/(元/股)	4.8	6.45

由表5.11可知,在息税前利润为60万元的条件下,普通股每股收益在增发普通股时较低,为每股4.8元;在增加发行公司债券时较高,为每股6.45元。这反映了在息税前利润一定的条件下,不同的资本结构对普通股每股收益的影响。如果息税前利润大于或小于60万元,增发普通股或发行公司债券谁更有利呢?这需要通过测算息税前利润平衡点来判断。其测算公式为

$$\frac{(\overline{\text{EBIT}}-I_1)(1-T)-D_1}{N_1} = \frac{(\overline{\text{EBIT}}-I_2)(1-T)-D_2}{N_2}$$

式中:$\overline{\text{EBIT}}$为息税前利润平衡点,即每股收益无差异点;I_1、I_2为两种增资方式下的长期债务利息;D_1、D_2为两种增资方式下的优先股股利;N_1、N_2为两种增资方式下的普通股股数;T为所得税税率。

现将表5.10的有关数据代入上式,进行测算。

$$\frac{(\overline{\text{EBIT}}-24\,000)(1-25\%)-0}{90\,000} = \frac{(\overline{\text{EBIT}}-84\,000)(1-25\%)-0}{60\,000}$$

求得:$\overline{\text{EBIT}}=204\,000$(元)

此时:$\text{EPS}_1=\text{EPS}_2=1.5$(元/股)

也就是说,当息税前利润大于20 4000元时,利用负债筹资较为有利;当息税前利润小于204 000元时,不应再增加负债,以发行普通股为宜;当息税前利润为204 000元时,采用这两种方式没有差别。对于公司来说,其预计息税前利润为60万元,故采用发行公司债券的方式较为有利。这种分析方法如图5.6所示。

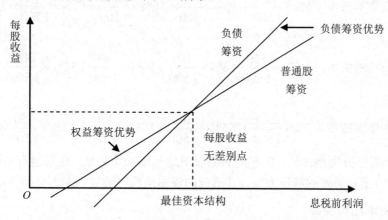

图5.6 息税前利润—每股收益分析法示意图

这种分析方法的测算原理比较容易理解,测算过程较为简单。它以普通股每股收益最高为决策标准,也没有具体测算财务风险因素,其决策目标实际上是股票价值最大化而不是公司价值最大化,可用于资本规模不大、资本结构不太复杂的股份有限公司。

(二)比较资本成本法

企业在作出筹资决策之前,先拟定若干个备选方案,分别计算各方案的加权平均资本成本,并根据加权平均资本成本的高低来确定资本结构的方法,就是比较资本成本法。企业的资本结构决策可分为初始资本结构决策和追加资本结构决策两种情况。

1. 初始资本结构决策

企业对拟定的筹资总额可以采用多种筹资方式来筹集,同时每种筹资方式的筹资数额亦可有不同安排,由此形成若干个资本结构(或筹资方案)可供选择。

【例 5.18】东方公司初创时有以下三个筹资方案可供选择,有关资料如表 5.12 所示,试确定最佳筹资方案。

表 5.12 三个初始筹资方案的有关资料

筹资方式	A 筹资方案		B 筹资方案		C 筹资方案	
	筹资额/万元	资本成本/%	筹资额/万元	资本成本/%	筹资额/万元	资本成本/%
长期借款	120	6	150	6.5	240	7
长期债券	300	7	450	8	360	7.5
优先股	180	10	300	10	150	10
普通股	900	12	600	12	750	12
合计	1 500		1 500		1 500	

解析:

下面分别测算三个筹资方案的加权平均资本成本,并比较其高低,从而确定最佳筹资方案,即最佳资本结构。

(1) A 方案:

$$\text{加权平均资本成本} = 6\% \times \frac{120}{1\,500} + 7\% \times \frac{300}{1\,500} + 10\% \times \frac{180}{1\,500} + 12\% \times \frac{900}{1\,500} = 10.28\%$$

(2) B 方案:

$$\text{加权平均资本成本} = 6.5\% \times \frac{150}{1\,500} + 8\% \times \frac{450}{1\,500} + 10\% \times \frac{300}{1\,500} + 12\% \times \frac{600}{1\,500} = 9.85\%$$

(3) C 方案:

$$\text{加权平均资本成本} = 7\% \times \frac{240}{1\,500} + 7.5\% \times \frac{360}{1\,500} + 10\% \times \frac{150}{1\,500} + 12\% \times \frac{750}{1\,500} = 9.92\%$$

以上三个筹资方案相比较,B 方案的加权平均资本成本最低,在其他有关因素大体相同的条件下,B 方案是最好的筹资方案,其形成的资本结构可确定为东方公司的最佳资本结构。

2. 追加资本结构决策

企业在持续的生产经营过程中,由于扩大业务或对外投资的需要,有时需要追加筹资。因追加筹资以及筹资环境的变化,企业原有的资本结构就会发生变化,所以原定的最佳资本结构也未必仍是最优的。因此,企业应在资本结构不断变化中寻求最佳结构,保持资本结构的最优化。

【例 5.19】 某公司目前拥有资金 2 000 万元,其中,长期借款 800 万元,年利率为 10%;普通股 1 200 万元,上年支付的每股股利 2 元,预计股利增长率为 5%,发行价格为 20 元,目前价格也为 20 元。该公司计划筹集资金 100 万元,企业所得税税率为 25%,有两种筹资方案可供选择。

方案 1:增加长期借款 100 万元,新借款利率上升到 12%,假设公司其他条件不变。

方案 2:增发普通股 40 000 股,普通股的市价增加到每股 25 元,假设公司其他条件不变。

要求:根据以上资料用比较资本成本法确定该公司最优的资本结构。

解析:

(1) 目前资本结构中,长期借款占 40%,普通股占 60%。

长期借款资本成本=10%×(1-25%)=7.5%

普通股资本成本=2×(1+5%)/20+5%=15.5%

加权平均资本成本=7.5%×40%+15.5%×60%=12.3%

(2) 方案 1:

原借款资本成本=10%×(1-25%)=7.5%

新借款资本成本=12%×(1-25%)=9%

普通股资本成本=[2×(1+5%)]/20+5%=15.5%

方案 1 的加权平均资本成本=7.5%×(800/2 100)+9%×(100/2 100)+15.5%×(1 200/2 100)=12.14%

(3) 方案 2:

原借款资本成本=10%×(1-25%)=7.5%

普通股资本成本=[2×(1+5%)]/25+5%=13.4%

方案 2 的加权平均资本成本=7.5%×(800/2 100)+13.4%×(1 200+100)/2 100=11.15%

从以上计算结果可以看出,方案 2 的加权平均资本成本最低,所以应选用该方案。

这种方法通俗易懂,计算过程也不是十分复杂,是确定资本结构的一种常用方法。但因所拟定的方案数量有限,故有可能把最优方案漏掉。

(三)因素分析法

在实际工作中,准确地确定最优资本结构几乎是不可能的,因此,财务管理人员在进行上述定量分析的同时还要进行定性分析。定性分析主要是认真考虑影响资本结构的各种因素,并根据这些因素来确定企业合理的资本结构。影响资本结构的基本因素主要包括以下几方面。

1. 企业产品销售情况

企业产品销售的增长率,决定财务杠杆会在多大程度上扩大每股收益,如果销售不断地高速增长,使用具有固定财务费用的债务筹资,就会扩大普通股的每股收益。另外,销售是否稳定对资本结构也有重要影响。如果企业的销售比较稳定,则可较多地负担固定的财务费用;如果销售和利润不稳定,则负担固定的财务费用将冒较大的财务风险。

2. 企业所有者和管理人员的态度

投资者众多的企业可能会更多地采用发行股票的方式来筹集资金，因为企业所有者并不担心控制权的分散。反之，少数股东控制的企业为了保证股东的绝对控制权，一般尽量避免通过普通股筹资，而是采用优先股或负债方式筹集资金。另外，企业管理人员对待风险的态度，也是影响资本结构的重要因素。喜欢冒险的财务管理人员，可能会安排比较高的负债比例；反之，一些持稳健态度的财务人员则会只安排较少的债务。

3. 贷款人和信用评级机构的影响

一般而言，公司财务管理人员都会与贷款人和信用评级机构商讨其财务结构，并充分尊重他们的意见。大部分贷款人不希望公司的负债比例太大，如果公司坚持使用过多债务，则贷款人可能会拒绝贷款。同样，如果企业债务太多，信用评级机构可能会降低企业的信用等级，这样会影响企业的筹资能力，提高企业的资本成本。

4. 行业因素

不同行业，资本结构有很大差别。财务经理必须考虑本企业所处的行业特点，以便考虑最优的资本结构。

5. 企业规模

一般而言，企业规模越大，筹集资金的渠道和方式越多，如通过证券市场发行股票、吸收国家和法人单位投资等，因此，这类企业负债比率一般较低。而一些中小型企业筹资方式比较单一，主要靠银行借款来解决资金需求，因此，负债比率一般较高。

6. 企业的财务状况

获利能力越强、财务状况越好、变现能力越强的公司，就越有能力负担财务上的风险。因而，随着企业变现能力和盈利能力的增长、财务状况好转进行举债筹资就越有吸引力。当然，还有些企业，因为财务状况不好，无法顺利地发行股票，只好以高利率发行债券来筹集资金。

7. 资产结构

资产结构会以多种方式影响企业的资本结构：①拥有大量固定资产的企业主要通过长期负债和发行股票筹集资金；②拥有较多流动资产的企业，则更多地依赖流动负债来筹集资金；③资产适合于办理抵押贷款的公司一般举债较多，如房地产公司的抵押贷款就相当多；④以技术研究开发为主的公司则负债很少。

8. 所得税税率的高低

企业利用负债可以获得减税利益，因此，所得税税率越高，负债的好处越多；反之，如果税率很低，则采用举债方式的减税，好处就不十分明显。

9. 利率水平的变动趋势

如果公司财务管理人员认为利息率暂时较低，但在不久的将来有可能上升的话，便会大量发行长期债券，从而在若干年内把利率固定在较低水平上。

以上因素都可能会影响到企业的资本结构，财务管理人员应在认真分析上述因素的基础上，根据经验来确定企业的资本结构。

本 章 小 结

1. 企业为筹集和使用资金而付出的代价即为资本成本。资本成本包括资金筹集费和资金占用费两部分。在企业筹资实务中，通常使用的资本成本的概念是指其相对数，即资本成本率。

2. 个别资本成本，是指企业各种长期资金的成本率，包括普通股成本、留存收益成本、长期借款成本、债券成本等。加权平均资本成本，是指企业全部长期资金的加权平均资本成本率。企业在进行长期资本结构决策时，使用加权平均资本成本。边际资本成本，是指资金每增加一个单位而增加的成本。企业在进行追加筹资决策时，使用边际资本成本。

3. 成本习性是指成本总额与业务量之间在数量上的依存关系。根据成本习性的不同，可以把企业所有的成本分成三类：固定成本、变动成本和混合成本。

4. 经营杠杆是指由于固定成本的存在，而导致息税前利润的变动率大于产销量的变动率的杠杆效应。财务杠杆，是指企业在筹资活动中由于固定财务费用的存在，使普通股每股收益的变动幅度大于息税前利润的变动幅度的杠杆效应。复合杠杆，是指经营杠杆和财务杠杆的综合运用。

5. 资本结构是指企业各种资金的构成及其比例关系。在企业的资本结构中，合理地安排债务资本，对企业有重要影响。资本结构理论是关于公司资本结构、公司加权平均资本成本与公司价值三者之间关系的理论，主要有早期资本结构理论、MM 资本结构理论和新的资本结构理论。

6. 资本结构决策的目标就是要确定最优的资本结构。所谓最优资本结构，是指在一定条件下使企业加权平均资本成本最低，企业价值最大的资本结构。资本结构决策的方法有许多种，常见的有息税前利润—每股收益分析法、比较资本成本法和因素分析法。

思 政 课 堂

创新精神与证券价值

2019 年 10 月，银行间债券市场披露了华为首只境内债的发行结果，实际发行总额为 30 亿元，却吸引了机构投资者近百亿元资金认购，认购倍数达到 3.08 倍。此前，华为主要通过发行境外美元债融资，此次发行 30 亿元中期票据是其第一次在境内试水发行，资金主要用于补充华为公司本部及下属子公司营运。券商中国记者注意到，主体评级为 AAA 的华为，由于受到市场机构投资者的认可，发行中期票据的利率也非常"给力"，比 10 月份 AAA 级的央企国家电力投资集团、中石油集团发行的中期票据利率还低，发行利率最终仅为 3.48%。

华为债券受投资者疯抢的背后是市场对于华为以研发为核心，以创新驱动公司可持续发展战略的高度认可。我们通过华为历年年报，揭开其创新的神秘面纱。通过公司财务数据分析,过去十年华为的平均研发投入占销售收入强度高达 14.18%,研发费用占税后利润的平均比例高达 173.85%。这一方面说明华为的账面利润并未完全反映其价值创造能力,另一方面说明华为不存在片面追求利润而透支未来的短视行为。华为基于长远发展考虑,过去十年投入了 6 003 亿元的研发费用,在全球形成了 8.5 万多件的技术专利,为可持续发展奠定了坚实的技术基础。

(资料来源 1:崔玉妹,邓郁.《财务管理》课程思政案例. https://jingguan.hebau.edu.cn/info/1136/3338.htm.2023-04-03.)

资料来源 2:券商中国.近百亿资金抢筹华为债!华为境内首次发债引爆债市,3.48%利率"不输"AAA 级央企.https://www.thepaper.cn/newsDetail_forward_4793209.2019-10-27.)

思考题: 华为是我国的知名公司,主要从事通信网络软件及硬件的研究、开发、生产与销售。请查找华为在国内发行债券的相关资料,解释一下,为何华为发行的债券受到市场追捧?华为的价值与其创新精神有没有关系?这对于大学生的"双创精神"有何启示?

复习与思考题

1. 什么是资本成本?资本成本的作用有哪些?
2. 什么是经营杠杆和财务杠杆?如何进行计量?
3. 经营杠杆、财务杠杆和复合杠杆之间的关系如何?
4. 试述经营杠杆与经营风险、财务杠杆与财务风险的关系。
5. 什么是资本结构?如何确定最优资本结构?
6. 简单介绍一下影响资本结构的主要因素。

计 算 题

1. 东方公司拟筹资 2 500 万元以扩大经营规模,其中,发行债券 1 000 万元,筹资费率为 2%,债券年利率为 10%;长期借款 500 万元,年利息率为 7%,筹资费率为 1%;普通股为 1 000 万元,筹资费率为 4%,第一年预期股利率为 10%,以后每年增长 4%。东方公司所得税税率为 25%。试计算该筹资方案的加权平均资本成本。

2. 松松公司拥有长期资本 4 000 万元,其中,长期借款为 1 000 万元,长期债券为 1 000 万元,普通股为 2 000 万元。该资本结构为公司当前理想的目标结构。公司拟筹集新资本为 2 000 万元,并维持目前的资本结构。随着筹资额的增加,各种资本成本的变化如表 5.13 所示。

表 5.13 松松公司筹资资料

资金种类	筹 集 额	资本成本/%
长期借款	400 万元及以下	6
	400 万元以上	8

续表

资金种类	筹 集 额	资本成本/%
长期债券	600 万元及以下	8
	600 万元以上	9
普通股	750 万元及以下	10
	750 万元以上	12

要求：计算各筹资突破点及相应的各筹资范围的边际资本成本。

3. 南海公司年销售额为 210 万元，息税前利润为 60 万元，变动成本率为 60%；全部资产为 200 万元，资产负债率为 40%，债务利率为 15%。试计算企业的经营杠杆系数、财务杠杆系数和总杠杆系数。

4. 某公司 2020 年的税后净利润为 750 万元，所得税税率为 25%。该公司全年固定成本总额为 1 500 万元，公司年初发行了一种债券，数量为 10 万张，每张面值为 1 000 元，发行价格为 1 100 元，债券票面利率为 10%，发行费用占发行价格的 2%。假设公司无其他债务资本。要求：

(1) 计算 2020 年的利润总额。

(2) 计算 2020 年的利息总额。

(3) 计算 2020 年的息税前利润总额。

(4) 计算 2021 年的经营杠杆系数。

5. 某公司现有普通股 100 万股，股本总额为 1 000 万元，公司债券为 600 万元。公司拟扩大筹资规模，有两个备选方案：一是增发普通股 50 万股，每股价格为 15 元；二是平价发行公司债券 750 万元。若公司债券年利率为 12%，所得税税率为 25%。要求：

(1) 计算两种筹资方式的每股收益无差别点。

(2) 如果该公司预期息税前利润为 400 万元，对两个筹资方案作出择优决策。

6. 华北公司当前的资本结构如表 5.14 所示。

表 5.14　华北公司当前的资本结构

资金种类	金额/万元
长期借款(年利率为 6%)	1 000
长期债券(年利率为 8%)	2 000
普通股(4 000 万股)	4 000
留存收益	1 000
合计	8 000

因生产发展需要，公司年初准备增加资金 2 000 万元，现有两个筹资方案可供选择：甲方案为增加发行 1 000 万股普通股，每股市价 2 元；乙方案为按面值发行每年年末付息、票面利率为 10% 的公司债券 2 000 万元。假定股票与债券的发行费用均可忽略不计，适用的企业所得税税率为 25%。要求：

(1) 计算两种筹资方案下每股收益无差别点的息税前利润。

(2) 计算处于每股收益无差别点时乙方案的财务杠杆系数。

(3) 如果公司预计息税前利润为 1 000 万元，指出该公司应采用哪个筹资方案，并简要说明理由。

(4) 如果公司预计息税前利润为 2 000 万元，指出该公司应采用哪个筹资方案，并简要说明理由。

(5) 如果公司增资后预计息税前利润在每股收益无差别点上增长 10%，计算采用乙方案时该公司每股收益的增长幅度。

案 例 分 析

1. 对于房地产类企业，资金链问题至关重要，尤其是在近年房住不炒的大基调下，银行收紧开发贷，各省因地制宜的限购限贷举措让房地产企业的日子不再好过，哪怕是背靠 A 股市场的上市房企资金链都迎来了考验，2021 年 1 月 1 日起，房地产行业全面推行"三道红线"资管新规(剔除预收款后的资产负债率不超过 70%，净负债率不超过 100%，现金短债比不小于 1)，房企的负债问题备受关注。

而根据最新披露完成的 2021 年一季报的统计数据，目前 A 股市场的上市类房地产企业，负债规模超过 1 000 亿人民币的房企一共有 23 家，负债超过 10 000 亿人民币的更有三家，分别为万科 A、绿地控股、保利地产。

请问：房地产企业的负债比例过高了吗？有何风险？

(资料来源：风生焱起. A 股地产企业负债排行榜，前三位负债规模均超万亿，绿地双飘红. https://m.163.com/dy/article/G9AJRGIS0519C92R.html.2021-05-06.)

2. 1995 年正好是巨人集团春风得意的时候，史玉柱被《福布斯》列为大陆富豪第 8 位。而后史玉柱下达"三大战役"的总动员令，史玉柱亲自布阵，发起广告攻势，第一个星期就在全国砸了 5 000 万元广告费，把整个中国都轰动了。可后来一评估，知名度和关注度都有，但广告效果较差。1996 年巨人大厦资金告急，史玉柱决定将保健品方面的全部资金调往巨人大厦，保健品业务因资金"抽血"过量，再加上管理不善，迅速盛极而衰。巨人集团危机四伏。

1997 年年初巨人大厦未按期完工，各方债主纷纷上门，巨人集团现金流彻底断裂，媒体"地毯式"报道了巨人财务危机。不久，只完成了相当于三层楼高的首层大堂的巨人大厦停工。随着"巨人倒下"，负债 2.5 亿元的史玉柱黯然离开广东，躲到了北京。

现在，大家都知道，史玉柱完成了"破产——负债——落魄——起转——站立"的二次惊人创业。他近期在接受采访时说："资金链是企业的命脉，保住命脉才能保住企业。我认为做企业一定要控制负债率，巨人出事时的负债率是 80%，现在我自己规定负债率 5%是安全的，10%亮黄灯，15%就要亮红灯了。"

请根据材料和本章的财务原理回答下列问题。

(1) 什么原因导致了巨人集团的盛极而衰？

(2) 你认为负债比率很高会导致什么后果？一定会经营不善吗？

(3) 你如何理解史玉柱的话？负债比率达到 15%就很危险吗？

(资料来源：火星商业. 烂尾 24 年，把史玉柱搞破产的大厦要被卖了. https://www.thepaper.cn/newsDetail_forward_12854348.2021-05-26.)

3. 自 20 世纪 90 年代中期以来，以价值为基础的管理(VBM)风靡国际企业界，为众多的跨国大型公司所推崇和采纳。基于价值的企业管理(VBM)是以企业价值最大化观念为先导，以贴现现金流量模型(DCFM)为技术支持的，汇合企业内部各层次、各环节、各种雇员共同参与的一个管理系统。该系统融预期、计量、控制、激励甚至于文化等诸要素于一体，是经济金融化环境下企业管理发展的一个必然趋势。从理论渊源上讲，以价值为基础的管理模式的理论基础正是 1958 年 MM 两教授所提出的资本结构无关论。

请问：

(1) MM 两教授指的是哪两个人？他们有什么重大的贡献？

(2) 根据理财原理解释一下 VBM 和 DCFM 的具体含义。

(3) 为什么说以价值为基础的管理模式的理论基础正是资本结构无关论？

第六章

固定资产投资管理

【学习要点及目标】

通过本章的学习,要求了解固定资产的概念、特点、计价方法;了解固定资产项目投资;了解现金流量的内容和估计;了解现金流量与利润的关系;熟悉固定资产的分类;掌握固定资产折旧的计算方法;掌握固定资产项目投资决策评价的各种方法;掌握项目投资决策评价指标的具体运用。

【核心概念】

固定资产 固定资产计价 固定资产折旧 项目投资 现金流入量 现金流出量 现金净流量 净现值法 现值指数法 内含报酬率法 投资回收期法 会计收益率法 独立方案 互斥方案 固定资产更新决策

【引导案例】

东方希望：一座铝厂的逆袭

2002 年，饲料大王刘家兄弟之一的刘永行作出了一个重大决定——进入重化工领域。这场发生在21世纪之初的"大赌局"的参与者，还有鄂尔多斯羊绒大王王林祥、复星集团郭广昌、江苏铁本戴国芳等民营企业大佬。

数年后，刘永行成为这场赌局中为数不多的成功者，他投资的电解铝项目在2002年中国电解铝产业的幸福时光戛然而止前躬身入局，在整个行业步入低谷时艰难前行，熬过了最初的宏观调控考验期和之后产能过剩带来的恶性竞争期。时下，无论是氧化铝还是电解铝行业均处于亏损之中，而东方希望包头稀铝公司却成为其中为数不多的盈利企业。

刘永行和他选择的电解铝产业，曾经在行业高歌猛进时成为地方政府争抢的香饽饽，又曾经在项目开工后遭遇产能过剩而变得尴尬，还曾经在失去贷款支持后苦苦求生，亦曾经用民营企业的坚韧一步步走出困境。

东方希望包头稀铝项目自2003年开工至今，尽管一直是包头市政府眼中的"优等生"，但在产能过剩的大背景下，包头市政府很少对东方希望的存在公开表明立场。一位熟悉包头市政府的业内人士告诉记者：即便东方希望铝业业绩骄人，但包头市政府的相关领导都不愿在公开场合谈论它，更不便公开把东方希望铝业的发展作为工业发展的成绩来谈。毕竟，在当时宏观调控及现在产能过剩背景之下，名不正，言不顺。

12年后，东方希望包头稀铝公司最终得到了认可。2014年4月6日，国家公告了第一批36家符合《铝行业规范条件》的企业，东方希望包头稀铝公司首次登上了"红名单"。当然，有了政府的肯定并不意味着东方希望电解铝产业在市场中能常胜，激烈的市场竞争导致电解铝价格急剧下跌，不断地侵蚀着企业的利润。

近十几年来，我国电解铝工业得到了快速发展，基本满足了国民经济发展需要，但行业结构调整和转型升级滞后，粗放式的发展方式没有得到根本扭转。产能无序扩张，产业集中度低，资源保障力弱，市场恶性竞争问题日益突出。

电解铝行业一直是宏观调控的重点行业，行业管理主要依靠行政审批，手段包括严格控制新项目上马、银行不予贷款、土地不予供应等。但是在市场需求拉动下，在有产量就有效益的大环境中，企业更多地注重规模扩张，致使我国电解铝产能逐年攀升，产能从2008年的1 800万吨快速增长到目前的3 200万吨，而多年来的以行政审批手段严格控制产能收效甚微。

市场的嗅觉总是走在政策的前面，而太过超前的探索又可能遇上产业环境变化等诸多因素的掣肘，究竟该何去何从？东方希望包头稀铝项目十余年来，在宏观调控和产能过剩背景下的突围逆袭，验证的正是"让市场在资源配置中起决定性作用"。

（资料来源：中国经济和信息化. 东方希望：一座铝厂的逆袭.
https://news.cnal.com/2014/08-29/1409272570381521.shtml.2014-08-29.）

亚洲规模最大一体化智能物流中心投入使用

在物流行业，京东物流的发展一直备受关注。从2007年自建物流开始，京东物流就被视作难以盈利的重资产，长期以来投资巨大却处于亏损状态。经过十几年的发展，拖着沉重包袱与多方质疑的京东物流如今已经实现盈亏平衡，并在接下来的发展中不断刷新纪录，树立行业的标准。就在2019年12月18日，京东物流东莞"亚洲一号"一体化智能物流中心全面投入使用,这是目前亚洲规模最大的一体化智能物流中心。

东莞"亚洲一号"建筑面积近 50 万平方米,单日订单处理能力达到 160 万单,自动立体仓库可同时存储超过 2 000 万件商品。进一步扩大了京东物流的覆盖范围,这也意味着大湾区网购配送效率和商品的转运效率将得到全面提升。同时,东莞"亚洲一号"也将推动整个华南地区超过 1 亿人口享受"24 小时达"服务。这不仅是提升了效率,更是在一定程度上节约了社会成本。

(资料来源:王长胜. 世界标杆,亚洲规模最大一体化智能物流中心投入使用. https://baijiahao.baidu.com/s?id=1653336475938586435&wfr=spider&for=pc.2019-12-19.)

第一节　固定资产概述

固定资产是企业生产经营过程中的重要劳动资料,而且在企业资产中所占的比重较高。固定资产的投资决策对于企业的财务管理而言是非常重要的,所以企业应切实加强对固定资产的管理。

一、固定资产的概念和特点

固定资产是指为生产产品、提供劳务、出租或经营管理而持有的,使用年限超过一年,单位价值较高的有形资产,包括房屋及建筑物、机器设备、运输设备、工具器具等。

固定资产有如下特点。

(1) 不以销售为目的。企业购建的固定资产,不是为了将其直接出售来获利,而是为了在生产经营过程中使用它们而受益。这一特征就使固定资产明显区别于库存商品等流动资产。

(2) 使用期限较长,至少在一年以上,有的甚至可达数十年。固定资产使用年限的长短既取决于其磨损程度以及无形损耗,同时又随使用强度和维修保养的情况不同而有所不同。

(3) 可以连续在若干生产周期内使用,而不改变其原有的实物形态。在正常生产经营过程中,固定资产价值的一部分随实物磨损,以折旧的形式逐渐转移到它所生产的产品中去,构成产品价值的组成部分,随着产品价值的实现而转化为货币资金,并转移到期间费用中,由当期收入弥补;另一部分仍保留在其原有实物形态上,直到报废时才完全脱离出来。

二、固定资产的分类

固定资产的分类如表 6.1 所示。

表 6.1　固定资产的分类

分类标准	类　别	具体内容
按经济用途分类	生产用固定资产	直接参加生产过程或直接服务于生产过程的各种固定资产,如生产经营用的房屋、建筑物、机器、机械、设备、器具、工具、管理用具等
	非生产用固定资产	不参加或不直接服务于生产过程的固定资产,如职工宿舍、食堂、浴室、理发室、医院、幼儿园、学校等单位使用的房屋、设备和其他固定资产等

续表

分类标准	类别	具体内容
按使用情况分类	使用中的固定资产	正在使用中的生产用和非生产用的固定资产。由于季节性经营或大修理等原因暂时停止使用的固定资产，仍属于企业使用中的固定资产，企业以经营租赁方式租给其他单位使用的固定资产和内部替换使用的固定资产也属于使用中的固定资产
	未使用的固定资产	已完工或已购建的尚未交付使用的新增固定资产以及因进行改建、扩建等原因暂停使用的固定资产。如企业购建的尚待安装的固定资产、经营任务变更停止使用的固定资产等
	不需要的固定资产	指不适合本企业生产需要，或者超过本企业当前需要，已经报请上级部门并等待处理的固定资产
按所有权分类	自有固定资产	指产权属于企业所有的固定资产
	融资租入固定资产	指企业以融资租赁方式租入的机器设备。在租赁期内，融资租赁固定资产应视同企业自有固定资产进行管理

三、固定资产的计价

(一)固定资产的计价方法

固定资产核算，不仅要从实物数量上进行反映，还要按其货币计量单位进行计算和反映。以货币为计量单位来计量固定资产的价值，称为固定资产的计价。固定资产通常有以下两种计价方法。

1. 按历史成本计价

历史成本也称原始成本或原始购置成本，是指企业购置某项固定资产达到可使用状态前所发生的一切合理、必要的支出。企业新建固定资产的计价、确定计提折旧的依据等均采用这种计价方法。其主要优点是它具有客观性和可验证性，也就是说，按这种计价方法确定的价值，均是实际发生并有支付凭据的支出。

这种计价方法也有明显的缺点，即当经济环境和物价水平发生变化时，它不能反映固定资产的真实价值。所以，也有人主张以公允价值代替历史成本作为固定资产的计价依据。但是，由于公允价值难以确定，而且会由此而引起一系列特殊的会计问题，具体操作相当复杂，因此，我国会计制度规定，固定资产的计价采用历史成本。

2. 按净值计价

固定资产净值也称为折余价值，是指固定资产原始价值减去已提折旧后的净额。它可以反映企业实际占用在固定资产上的资金数额和固定资产的新旧程度。

(二)固定资产入账价值

固定资产价值的构成是指固定资产价值所包括的范围。从理论上讲，它应包括企业为购建某项固定资产达到可使用状态前所发生的一切合理的、必要的支出，这些支出既有直接发生的，如固定资产的价款、运杂费、包装费和安装成本等；也有间接发生的，如应分摊的借款利息、外币借款折算差额和分摊的其他间接费用等。

由于固定资产的来源渠道不同，所以，其价值构成的具体内容也有所差异。

(1) 企业购置的不需要经过建造过程即可使用的固定资产，按实际支付的买价加上支付的场地整理费、装卸费、运输费、安装费和专业人员服务费等作为入账价值。

企业用一笔款项购入多项没有单独标价的固定资产时，应按各项固定资产公允价值的比例对总成本进行分配，以确定各项固定资产的入账价值。

(2) 自行建造的固定资产，按建造该项资产达到预计可使用状态前所发生的必要支出作为入账价值。

(3) 投资者投入的固定资产，应以投资各方确认的价值作为入账价值。

(4) 融资租入的固定资产，按租赁开始日租赁资产原账面价值与最低租赁付款额的现值两者中较低者作为入账价值。如果融资租赁资产占企业资产总额的比例等于或低于30%，在租赁开始日，企业也可按最低租赁付款额作为固定资产的入账价值。

(5) 在原有固定资产的基础上进行改建、扩建的，按原固定资产的账面价值，加上由于改建、扩建而使该项资产达到预定可使用状态前发生的支出，减去改建、扩建过程中发生的变价收入作为入账价值。

(6) 接受捐赠的固定资产，应按以下规定确定其入账价值。

① 捐赠方提供有关凭据的，按凭据上标明的金额加上应支付的相关税费作为入账价值。

② 捐赠方没有提供有关凭据的，按以下顺序确定其入账价值：a. 同类或类似固定资产存在活跃市场的，按同类或类似固定资产的市场价格估计的金额，加上应支付的相关税费，作为入账价值；b. 同类或类似固定资产不存在活跃市场的，按该接受捐赠的固定资产的预计未来现金流量现值，作为入账价值。

③ 如受赠的是旧的固定资产，按照上述两种方法确定的价值，减去按该项资产的新旧程度估计的价值损耗后的余额，作为入账价值。

(7) 盘盈的固定资产，按同类或类似固定资产的市场价格，减去按该项资产的新旧程度估计的价值损耗后的余额，作为入账价值。如果同类或类似固定资产不存在活跃市场，按该项固定资产的预计未来现金流量现值，作为入账价值。

(8) 经批准无偿调入的固定资产，按调出单位的账面价值加上发生的运输费、安装费等相关费用，作为入账价值。

固定资产的入账价值中，还应当包括企业为取得固定资产而缴纳的契税、耕地占用税、车辆购置税等相关税费。企业购置计算机硬件所附带的、未单独计价的软件，与所购置的计算机硬件一并作为固定资产管理。

第二节　固定资产折旧管理

一、固定资产折旧

(一)固定资产折旧的含义

固定资产折旧，是指固定资产由于在使用过程中产生损耗而逐渐转移到产品成本和费用中的那部分价值。固定资产在其使用期限内，服务于企业的生产经营活动，为企业赚取营业收入。但一项固定资产其内在的服务潜力会随着时间的推移和不断的使用而逐渐衰退或消逝，使固定资产变陈旧直至报废。固定资产的损耗分为有形损耗与无形损耗两种。有形损耗是由于固定资产生产经营中的磨损、侵蚀以及意外事故的损害或破坏引起的，所以也称物质损耗。无形损耗是指尚有使用能力，即在物质形态上还具有一定的服务潜力，但由于诸多原因，如技术进步、劳动生产力水平的提高等，再继续使用就不经济了。

由于以上原因，固定资产的价值应在其使用期间内，按其取得时的成本分配计入各受益期间。固定资产的折旧实际上是一个固定资产成本的分配过程，它的依据是收入与费用配比的原则。因此，各种折旧的计算方法，实际上是把固定资产的成本在各受益期间进行分配的方法。

(二)固定资产折旧的计提范围

确定固定资产折旧的范围，一是要从空间范围上确定哪些固定资产应当提取折旧，哪些固定资产不应当提取折旧；二是要从时间范围上确定应计提折旧的固定资产，什么时间开始提取折旧，什么时间停止提取折旧。

1. 固定资产折旧的空间范围

(1) 企业所有固定资产除已提足折旧但仍继续使用的固定资产和按规定单独估价作为固定资产入账的土地外，均应计提折旧。

(2) 对于接受捐赠的旧固定资产，企业应当按照规定的固定资产入账价值、预计尚可使用年限、预计净残值以及企业所选用的折旧方法，计提折旧。

(3) 对于融资租入的固定资产，应当采用与自有应计折旧资产相一致的折旧政策。已全额计提减值准备的固定资产，不再计提折旧。

(4) 企业因进行大修理而停用的固定资产，应当照提折旧，计提的折旧应计入相关成本费用。

(5) 企业对未使用、不需要的固定资产也应计提折旧，计提的折旧计入当期管理费用(不含更新改造和因大修理停用的固定资产)。

2. 固定资产折旧的时间范围

企业一般应当按月提取折旧，当月增加的固定资产，当月不提折旧，从下月起计提折旧；当月减少的固定资产，当月照提折旧，从下月起不再计提折旧。固定资产提足折旧后，不管能否继续使用，均不再提取折旧；提前报废的固定资产，也不再补提折旧。

(三)影响固定资产折旧的因素

(1) 原始价值(简称原值):是指在购建固定资产时,使固定资产达到可使用状态所发生的一切合理的、必要的支出总额。

(2) 使用年限(折旧年限):在确定固定资产使用年限时,一般要根据固定资产自身的结构、性能、负荷程度、工作条件等因素,并适当地考虑无形损耗的影响,事先加以预计。会计制度规定,在现行折旧年限的基础上,制定每类固定资产折旧年限的弹性区间,即规定一个上限和一个下限,允许企业根据自身的实际情况,在国家规定的折旧年限区间内,具体确定每类固定资产的折旧年限。例如,某类设备的折旧年限为6~12年,企业就可以在6~12年这个区间内选择适合本企业情况的折旧年限。

(3) 残值收入:是指固定资产不能使用报废时,清理剩下的废料和零件等所获得的残余价值。这些废料企业可以自用,也可以出售,因此计算折旧时应预先估计,用以抵补固定资产的原始价值,从固定资产原始价值中扣除。

(4) 清理费用:是指固定资产报废时,在清理过程中所发生的拆卸费、搬运费等费用。由于清理费用是使用固定资产的一种必要的追加费用,因此要预先加以估计,连同固定资产的原价一起平均分摊到各受益期间。残值减去清理费用后的余额就是固定资产的净残值。

二、固定资产折旧的计算方法

固定资产折旧的计算方法有平均年限法、工作量法、双倍余额递减法和年数总和法等。财务制度规定,计算企业固定资产折旧一般采用平均年限法。企业专业车队的客货汽车、大型设备,可以采用工作量法。在国民经济中具有重要地位和技术进步快的电子生产企业、船舶工业企业、生产"母机"的机械企业、飞机制造企业、汽车制造企业、化工生产企业和医药生产企业以及其他经财政部批准的特殊行业的企业,其机器设备可以采用双倍余额递减法或者年数总和法计提折旧。

企业按照规定,根据固定资产所含经济利益、预期实现方式选择具体的折旧方法,并在开始实行年度前报有关部门备案。折旧方法一经选定,不得随意变更。如需变更,应当在会计报表附注中予以说明。

(一)平均年限法

平均年限法又称直线法,是指根据固定资产应提折旧的总额除以固定资产折旧年限,求得每年的折旧额的方法。固定资产折旧额的计算公式如下:

$$固定资产年折旧额 = \frac{固定资产原值 - (预计残值收入 - 预计清理费用)}{固定资产使用年限}$$

$$= \frac{固定资产原值 - 预计净残值}{固定资产使用年限}$$

$$固定资产月折旧额 = 固定资产年折旧额 / 12$$

在实际工作中,每月计提的折旧额是根据固定资产原始价值乘以月折旧率来计算的。固定资产折旧率是指固定资产在一定时期内的折旧额占原始价值的比重,计算公式如下:

$$固定资产年折旧率 = \frac{固定资产年折旧额}{固定资产原值} \times 100\%$$

$$= \frac{1 - 预计净残值率}{固定资产预计使用年限} \times 100\%$$

$$固定资产月折旧率 = 固定资产年折旧率/12$$

预计净残值率一般按照固定资产原始价值的3%～5%确定,净残值率低于3%或者高于5%的,由企业自行确定,并报主管财政机关备案。

【例6.1】 某台机床原始价值为60 000元,预计使用年限为8年,预计净残值率为4%。试计算该设备的年折旧额和年折旧率。

解析: 计算结果如下。

年折旧率=(1-4%)÷8×100%=12%

年折旧额=60 000×12%=7 200(元)

按照平均年限法计算求得的折旧额,在固定资产的整个使用期,每期计入成本的数额是相等的,因此这种折旧方法也叫直线法。凡是在使用寿命年限内无论使用与否都要发生损耗的固定资产,以及常年均衡使用或基本上均衡使用的固定资产,都可以采用平均年限法计提折旧。

(二)工作量法

工作量法是按固定资产所完成的工作量,计算应计提的折旧额。这种计算折旧的方法一般适用于一些专用设备,例如,交通运输企业和其他企业专业车队的客、货运汽车,大型设备,大型建筑施工机械等。

工作量法下的固定资产折旧额计算公式如下:

$$单位工作量折旧额 = \frac{固定资产原值 - 预计净残值}{预计的工作总量}$$

$$月折旧额 = 本月实际工作量 \times 单位工作量折旧额$$

【例6.2】 企业车队有卡车一辆,原价为60 000元,预计在使用期间行驶350 000公里,预计净残值率为3%,本期行驶7000公里。试计算单位里程折旧额和本期折旧额。

解析: 计算结果如下。

单位里程折旧额=[60 000×(1-3%)]/350 000≈0.166 3(元)

本期折旧额=7 000×0.166 3≈1 164(元)

【例6.3】 某台机器原始价值为656 000元,清理费用为16 000元,残余价值为32 000元,预计可以使用10 000小时,第一年使用了1500小时。试计算每小时折旧额和本期折旧额。

解析: 计算结果如下。

每小时折旧额=[656 000-(32 000-16 000)]÷10 000=64(元)

本期折旧额=1 500×64=96 000(元)

采用工作量法计提折旧的优点是易于计算,简单明了,并使折旧的计提与固定资产的使用程度结合起来。但这种方法也存在一定的缺点,例如只重视固定资产的使用,而未考虑无形损耗对资产的影响问题等。

(三)加速折旧法

加速折旧法又称递减费用法,是指固定资产在预计使用年限内所计提的折旧额呈递减趋势的一种折旧方法。其特征是在固定资产的使用早期多计提折旧，后期少计提折旧，每期计提的折旧数额，随着固定资产使用时间的推移而逐渐减少。主张加速折旧法的理由主要有以下几点。

第一，固定资产在使用的早期效率较高、生产能力较强，企业受益也较多，理应分摊较多的折旧。到固定资产使用的后期，则情况正好相反。所以，为了更好地体现收入与费用配比原则，就应该在固定资产产生较大经济效益的早期多计提折旧，以后逐年递减。

第二，固定资产除了要考虑有形损耗外，无形损耗也是不可忽视的一个重要因素。尤其是在科学技术日新月异的情况下，一些更新换代较快的产品，采用加速折旧法可以减少旧技术淘汰时产生的损失。

第三，根据货币时间价值的观念，早收回的现金流比晚收回的价值更高。采用加速折旧法可以在固定资产使用的开头几年尽快收回原始投资的大部分，以便尽快采用新技术，增强企业的竞争力。

第四，使用加速折旧法，可以使企业获得纳税上的好处。从固定资产的预计使用年限来看，应计折旧总额不变，企业的利润总额也不变，单从这一方面来看，采用何种折旧计提方法对企业仿佛没有什么影响。但使用加速折旧法可以递延企业所得税的纳税时间，具体来说，企业在早期多计提折旧，使得当期产品成本和费用增加，利润相应减少，企业少交所得税；后期少计提折旧，利润相应增加，企业多交所得税，这等于政府对企业给予若干年的无息贷款，企业可以利用这笔"无息贷款"投资于回报更大的地方。

加速折旧的方法有以下两种。

1. 双倍余额递减法

这种方法的折旧率是按残值为零时直线折旧率的两倍计算的，当每期计提折旧时，即用该折旧率乘以固定资产的折余价值(净值)。折旧额和折旧率的计算公式如下：

$$固定资产年折旧额=固定资产账面净值 \times 年折旧率$$

$$年折旧率=\frac{2}{预计使用年限} \times 100\%$$

在计算直线折旧率时，不扣除残值。按照双倍余额递减法，不可能将折旧摊尽，因此，在最后几年，要改用平均年限法，每年平均计提折旧。一般来说，当使用年限为偶数时，最后改用平均年限法的年数为$(n/2+2)$；当为奇数时，则在第$(n/2+1.5)$年改用平均年限法。例如使用年限为8年，则在第6年改用平均年限法；再如使用寿命为5年，则在第4年改用平均年限法。

【例6.4】某项固定资产的原值为100 000元，使用年限为5年，净残值率为4%。试按照双倍余额递减法计算每年计提折旧额。

解析：年折旧率$=\dfrac{2}{预计使用年限} \times 100\%=\dfrac{2}{5} \times 100\%=40\%$

净残值$=100\,000 \times 4\%=4\,000$(元)

各年折旧额如表6.2所示。

表 6.2　折旧计算表(双倍余额递减法)

年份	固定资产年初净值/元	年折旧率/%	年折旧额/元	累计折旧额/元
1	100 000	40	40 000	40 000
2	60 000	40	24 000	64 000
3	36 000	40	14 400	78 400
4	21 600	—	8 800	87 200
5	11 000	—	8 800	96 000

第4年、第5年分别计提折旧额=(21 600-4 000)÷2=8 800(元)。

2. 年数总和法

这种方法是以年数总和为基础，按尚可使用年数逐年递减折旧额。其中，折旧率是用一个递减分数来表示，这个分数的分子代表固定资产尚可使用的年数，分母代表使用年数的逐年数字总和。计算公式如下：

$$年折旧率 = \frac{尚可使用年数}{预计使用年限的年数总和} \times 100\%$$

$$= \frac{n-t+1}{n \times (n+1) \div 2} \times 100\%$$

其中：n 为预计使用年数，t 为第几年。

例如，预计使用 8 年的设备在第 3 年的折旧率为(8-3+1)÷[8×(8+1)/2]×100%≈16.7%。

预计使用年限的年数总和是固定资产使用年数的逐期年数之和。如固定资产的使用年限为 6 年，其逐期年数为 1 年、2 年、3 年、……、6 年，其年数总和为 1+2+3+4+5+6=21，则其年折旧率分别为 6/21、5/21、4/21、3/21、2/21、1/21。折旧额的计算公式如下：

年折旧额=(固定资产原值-预计净残值)×年折旧率

【例 6.5】 某项固定资产的原值为 242 000 元，预计使用年限为 5 年，预计净残值为 2 000 元，试计算各年折旧率和折旧额。

解析： 根据各年折旧率和固定资产应提折旧总额 240 000 元计算各年的折旧额，如表 6.3 所示。

表 6.3　折旧计算表(年数总和法)

年份	尚可使用年限/年	原值-残值/元	年折旧率	年折旧额/元	累计折旧额/元
1	5	240 000	5/15	80 000	80 000
2	4	240 000	4/15	64 000	144 000
3	3	240 000	3/15	48 000	192 000
4	2	240 000	2/15	32 000	224 000
5	1	240 000	1/15	16 000	240 000

加速折旧法并没有改变固定资产的使用年限，而是使固定资产早期的折旧费大于晚期的折旧费，这是符合固定资产使用情况的。加速折旧法实质上推迟了企业应交所得税的时间，企业得到了好处，所以乐意接受这种方法。允许部分企业加速折旧，目的在于激励企业扩大生产，增强其在国内、国际市场上的竞争力，于企业于国家都有好处。

第三节 固定资产投资管理

财务管理所讨论的项目投资主要是指对生产性固定资产的投资(广义上还包括无形资产投资、开办费投资等)，不包括对非生产性固定资产的投资。所以此处讲解的固定资产投资管理和一般的项目投资管理的含义相同。

一、固定资产投资概述

(一)固定资产投资的特点

固定资产投资一般包括基本建设投资和更新改造投资两大部分。基本建设主要是指增建生产场所、新添机器设备。更新改造主要是指对现有企业的生产设施进行更新和技术改造。固定资产项目投资是企业作为投资主体对某一固定资产项目进行的投资。固定资产项目投资具有以下特点。

(1) 投资数额大。凡构成固定资产投资的项目，数额都比较大。

(2) 施工期长。新建、改建、扩建工程项目，都需要经过较长的工程施工建设期才能完成。

(3) 投资回收期长。固定资产项目投资是一次、集中进行的，而投资的收回是逐渐地、部分地进行，需要较长的时期才能全部完成。

(4) 决策成败关系重大。西方企业将固定资产项目投资叫作沉没投资，一旦决策付诸实行，要更改很难，且其变现能力差，故而决策成败关系重大。

(二)固定资产投资分类

(1) 按对企业前途的影响进行分类。按对企业前途的影响，固定资产投资可分为战术性投资、战略性投资。

(2) 按投资项目之间的关系进行分类。按投资项目之间的关系，固定资产投资可分为相关性投资、非相关性投资。

(3) 按增加利润的途径进行分类。按增加利润的途径，固定资产投资可分为扩大收入投资、降低成本投资。

(4) 按决策的分析思路来分类。按决策的分析思路，固定资产投资可分为采纳与否投资、互斥选择投资。

(三)固定资产投资决策的基本步骤

(1) 提出各种投资方案。新投资方案通常来自营销部门，设备更新的建议通常来自生产部门等。

(2) 估计方案的相关现金流量。

(3) 计算投资方案的评价指标，如净现值、内含报酬率等。

(4) 评价指标与可接受标准比较。

(5) 对已接受的方案进行再评价。这项工作很重要，但只有少数企业对投资项目进行跟踪审计。项目的事后评价可以告诉我们预测的偏差、改善财务控制的线索，有助于指导未来的决策。

(四) 项目计算期的构成

投资项目从投资建设开始到最终清理出售整个过程所用的全部时间，称为项目计算期(记作 n)。其中，从投资建设开始到完工投产所用的时间为建设期(记作 s)，从完工投产至项目终结点所用的时间为生产经营期(记作 p)。即

$$项目计算期(n) = 建设期(s) + 生产经营期(p)$$

生产经营期包括试产期和达产期两个阶段。试产期是指项目投入生产，但生产能力尚未完全达到设计能力时的过渡阶段。达产期是指生产经营达到设计生产能力水平后的时间。生产经营期一般应根据投资项目主要资产的经济使用寿命确定。项目计算期、建设期和生产经营期的关系如图 6.1 所示。

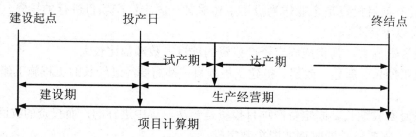

图 6.1　项目计算期、建设期和生产经营期的关系

【例 6.6】 企业拟购建一项固定资产，预计使用寿命为 10 年。就以下各种不同相关情况分别确定该项目的项目计算期：①在建设起点投资并投产；②建设期为一年。

解：
(1) 项目计算期(n)=0+10=10(年)
(2) 项目计算期(n)=1+10=11(年)

二、现金流量的概念

所谓现金流量，是指在投资决策中一个项目引起的企业现金(支出和收入)增加的数量。这时的"现金"是广义的现金，不仅包括各种货币资金，而且还包括项目需要投入企业现有的非货币资源的变现价值。例如，一个项目需要使用原有的厂房、设备和材料等，则相关的现金流量是指它们的变现价值，而不是其账面价值。

项目的现金流量按其动态的变化状况可分为现金流出量、现金流入量和现金净流量。

(一) 现金流出量

一个方案的现金流出量，是指该方案引起的企业现金支出的增加额。
例如，企业购置一条生产线，通常会引起以下现金流出。

(1) 购置生产线的价款。购置生产线的价款可能是一次性支出，也可能分几次支出。
(2) 生产线的维护、修理等费用。
(3) 垫支流动资金。由于该生产线扩大了企业的生产能力，引起对流动资金需求的增加。企业需要追加的流动资金，也是由于购置该生产线引起的，应列入该方案的现金流出量。只有在营业终了或出售(报废)该生产线时才能收回这些资金，并用于其他方面。

(二)现金流入量

一个方案的现金流入量，是指该方案所引起的企业现金收入的增加额。

例如，企业购置一条生产线，通常会引起下列现金流入。

1. 营业现金流入

购置生产线扩大了企业的生产能力，使企业销售收入增加。销售收入扣除有关的付现成本和缴纳税金后的余额，是该生产线引起的一项现金流入。其计算公式为

$$营业现金流入=销售收入-付现成本-所得税$$

付现成本在这里是指需要每年支付现金的成本。总成本中不需要每年支付现金的部分称为非付现成本，其中主要是折旧费。因此，付现成本可以用总成本减折旧来估计，即

$$付现成本=总成本-折旧$$

如果从每年现金流动的结果来看，增加的现金流入来自两部分：一部分是利润造成的货币增值；另一部分是以货币形式收回的折旧。

$$营业现金流入=销售收入-付现成本-所得税$$
$$=销售收入-(总成本-折旧)-所得税$$
$$=税后净利润+折旧$$

【例 6.7】 A、B 两个公司的基本情况相同，唯一的区别在于两者的折旧额不同，试根据资料计算其现金流量。

解析： 计算结果如表 6.4 所示。

表 6.4 营业现金流量计算表

单位：元

时间	A公司	B公司
销售收入	10 000	10 000
-付现成本	6 000	6 000
-折旧	1 500	2 000
税前利润	2 500	2 000
-所得税(25%)	625	500
税后净利润	1 875	1 500
+折旧	1 500	2 000
营业现金净流量合计	3 375	3 500

2. 该生产线出售(报废)时的残值收入

资产出售或报废时的残值收入，是由当初购置该生产线引起的，应当作为投资方案的一项现金流入。

3. 收回的流动资金

该生产线出售(报废)时，企业可以相应地增加流动资金，收回的资金可以用于别处，因此应将其作为该方案的一项现金流入。

(三)现金净流量

现金净流量是指一定期间现金流入量和现金流出量的差额。这里所说的"一定期间"，有时是指一年内，有时也指投资项目持续的整个期限内。流入量大于流出量时，净流量为正值；反之，净流量为负值。

三、利润与现金流量的关系

利润是按照权责发生制确定的，而现金净流量是根据收付实现制计算的，两者既有联系又有区别。在投资决策中，研究的重点是现金流量，而把利润的研究放在次要的地位，其原因如下：

(1) 在整个投资有效年限内，利润总计与现金净流量总计是相等的。因此，现金净流量可以取代利润作为评价净收益的指标。

【例 6.8】 某个项目投资总额为 1 000 万元，分 5 年在年初支付工程款，2 年后开始投产，有效期限为 5 年。投产开始时垫付流动资金 200 万元，结束时收回。每年销售收入 1 000 万元，付现成本为 700 万元。该项目的现金流量如表 6.5 所示。假设现金流出在年初支付，现金流入在年末取得，试进行现金流量分析。

表 6.5 某项目现金流量

单位：万元

时间/年	0	1	2	3	4	5	6	7	合计
投资	(200)	(200)	(200)	(200)	(200)				(1 000)
销售收入				1 000	1 000	1 000	1 000	1 000	5 000
付现成本				700	700	700	700	700	3 500
折旧				200	200	200	200	200	1 000
利润				100	100	100	100	100	500
营业现金流量				300	300	300	300	300	1 500
流动资金			(200)					200	0
现金净流量	(200)	(200)	(400)	100	100	300	300	500	500

注：括号内数字表示现金流出，此后章节同。

解析：通过本表可以看出，整个投资年限内利润合计和现金净流量合计均为 500 万元(假定不考虑所得税因素)。

(2) 利润在各年的分布受折旧方法等人为因素的影响，而现金流量的分布不受这些人为因素的影响，可以保证评价的客观性。

(3) 在投资分析中，现金流动状况比盈亏状况更重要。有利润的年份不一定能产生多余的现金流量以用来进行其他项目的再投资。一个项目能否维持下去，不取决于一定期间是否盈利，而取决于有没有现金用于各种支付。现金一旦支出，不管是否消耗都不能用于别的目的，只有将现金收回后才能用来进行再投资。因此，在投资决策中要重视现金流量的分析。

四、项目投资决策的一般方法

对投资项目评价时使用的指标分为两类：一类是贴现指标，即考虑了货币时间价值因素的指标，主要包括净现值、现值指数、内含报酬率等；另一类是非贴现指标，即没有考虑货币时间价值因素的指标，主要包括投资回收期、会计收益率等。根据分析评价指标的类别，投资项目分析评价的方法也被分为贴现的分析评价方法和非贴现的分析评价方法两种。

(一)贴现的分析评价方法

1. 净现值法

这种方法使用净现值作为评价方案优劣的指标。所谓净现值(NPV)，是指特定方案未来现金流入的现值与未来现金流出的现值之间的差额。按照这种方法，所有未来现金流入和流出都要按预定贴现率折算为它们的现值，然后再计算它们的差额。如果净现值为正数，即贴现后现金流入大于贴现后现金流出，则该投资项目的收益率大于预定的贴现率；如果贴现后现金流入等于贴现后现金流出，则该投资项目的收益率相当于预定的贴现率；如果净现值为负数，即贴现后现金流入小于贴现后现金流出，则该投资项目的收益率小于预定的贴现率。因此，企业应选择净现值大于零的投资项目。

计算净现值的公式为

$$NPV=\sum_{t=0}^{n}\frac{I_t}{(1+i)^t}-\sum_{t=0}^{n}\frac{O_t}{(1+i)^t}$$

式中：n 为投资涉及的年限，I_t 为第 t 年的现金流入量，O_t 为第 t 年的现金流出量，i 为预定的贴现率。

【例 6.9】设贴现率为 10%，有三种投资方案，有关数据如表 6.6 所示。试计算各投资方案的净现值。

表 6.6 投资方案现金流量

单位：元

期间	A方案		B方案		C方案	
	净收益	现金净流量	净收益	现金净流量	净收益	现金净流量
0		(38 000)		(15 000)		(24 000)
1	5 800	24 800	(1 800)	3 200	1 000	9 000
2	2 600	21 600	3 000	8 000	1 000	9 000
3			3 000	8 000	1 000	9 000
合计	8 400	8 400	4 200	4 200	3 000	3 000

解：其中的复利现值系数和年金现值系数均为查表求得。

NPV_A=(24 800×0.909 1+21 600×0.826 4)−38 000

　　　=22 545.68+17 850.24−38 000

　　　=2 395.92(元)

NPV_B=(3 200×0.909 1+8 000×0.826 4+8 000×0.751 3)−15 000

　　　=2 909.12+6 611.2+6 010.4−15 000

　　　=530.72(元)

NPV_C=9 000×2.487−24 000

　　　=22 383−24 000

　　　=−1 617(元)

A、B 两项投资方案的净现值为正数，说明这两个方案的收益率超过 10%。如果企业的资本成本率或要求的投资收益率是 10%，那么这两个方案是有利的，因此是可以接受的。C 方案的净现值为负数，说明该方案的收益率不到 10%，因此应予以放弃。A 方案和 B 方案相比，A 方案的净现值更大一些。

从例 6.9 可以推论，当选择的贴现率不同时，净现值的大小也不同。以 A 方案为例，随着贴现率的提高，净现值逐渐降低，直至有一个贴现率使净现值等于 0，再进一步提高贴现率时，净现值就会小于 0。净现值曲线如图 6.2 所示。

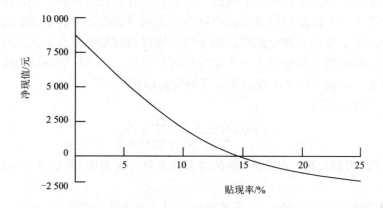

图 6.2　净现值曲线

净现值法考虑了货币时间价值及风险，因此具有广泛的适用性，在理论上也比其他方法更完善。但是净现值法不能从动态的角度直接反映投资项目的实际收益率的水平，而且现金流量的预测及贴现率的确定都有一定难度。

净现值法在确定贴现率时可以有以下几种方法：①以投资项目的资本成本作为贴现率；②以资本的机会成本作为贴现率；③不同阶段采用不同的贴现率；④以行业平均收益率作为项目贴现率。

2. 现值指数法

这种方法使用现值指数作为评价方案的指标。所谓现值指数(PI)，是指未来现金流入现值与现金流出现值的比率，亦称为现值比率、获利指数等。

计算现值指数的公式为

$$PI = \sum_{t=0}^{n} \frac{I_t}{(1+i)^t} \div \sum_{t=0}^{n} \frac{O_t}{(1+i)^t}$$

式中字母的含义同前。

则例 6.9 中三个方案的现值指数分别如下。

$PI_A = 40\ 395.92 \div 38\ 000 \approx 1.063$

$PI_B = 15\ 530.72 \div 15\ 000 \approx 1.035$

$PI_C = 22\ 383 \div 24\ 000 \approx 0.933$

通过以上计算可见，A、B 两项投资方案的现值指数大于 1，说明其收益超过成本，即投资收益率超过预定的贴现率。C 投资方案的现值指数小于 1，说明其收益率没有达到预定的贴现率。如果现值指数为 1，说明投资的收益率与预定的贴现率相同。

现值指数法的优缺点与净现值法的基本相同，但是它可以进行独立投资机会获利能力的比较。在例 6.9 里，A 方案的净现值是 2 395.92 元，B 方案的净现值是 530.72 元。如果这两个方案是互斥的，当然 A 方案较好。如果两者是独立的，哪一个应优先给予考虑，可以根据现值指数来选择。A 方案现值指数为 1.063，大于 B 方案的 1.035，所以 A 方案优于 B 方案。现值指数作为评价方案的一个指标，是一个相对数指标，反映投资的效率；而净现值指标是绝对数指标，反映投资的效益。

3. 内含报酬率法

内含报酬率法是根据方案本身的内含报酬率来评价投资方案优劣的一种方法。所谓内含报酬(收益)率(IRR)，是指能够使未来现金流入量现值等于未来现金流出量现值的贴现率，或者说是使投资方案净现值为零的贴现率，即图 6.1 中净现值曲线与横轴相交的点对应的贴现率。

内含报酬率的计算，通常需要采用"逐步测试法"。首先估计一个贴现率，用它来计算方案的净现值。如果净现值为正数，说明方案本身的收益率超过估计的贴现率。应提高贴现率后进一步测试。如果净现值为负数，说明方案本身的收益率低于估计的贴现率，应在降低贴现率后进一步测试。经过多次测试寻找出使净现值接近于零的贴现率，即为方案本身的内含报酬率。

根据例 6.9 的资料，已知 A 方案的净现值为正数，说明它的投资收益率大于 10%，因此，应提高贴现率进一步测试。假设以 16% 为贴现率进行测试，其净现值为 -566.8 元，则说明项目内含报酬率低于 16%。进一步降低贴现率到 14%，结果净现值是 375.76 元。所以 A 方案的内含报酬率在 14%～16%。测试过程如表 6.7 所示。

表 6.7 A 方案内含报酬率的测试

时间/年	现金净流量/元	贴现率=14%		贴现率=16%	
		贴现系数	现值/元	贴现系数	现值/元
0	(38 000)	1	(38 000)	1	(38 000)
1	24 800	0.877 2	21 754.56	0.862 1	21 380.08
2	21 600	0.769 5	16 621.2	0.743 2	16 053.12
净现值			375.76		(566.80)

如果对测试结果的精确度不满意,可以使用内插法来提高内含报酬率的精确度,如图 6.3 所示。

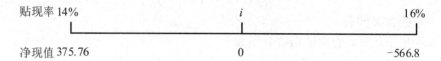

图 6.3　内插法计算内含报酬率

贴现率/%	净现值/元
14	375.76
IRR	0
16	-566.8

$$IRR_A = 14\% + \frac{375.76}{375.76 + 566.8} \times (16\% - 14\%) \approx 14.797\%$$

B 方案的测试过程如表 6.8 所示。

表 6.8　B 方案内含报酬率的测试

时间/年	现金净流量/元	贴现率=10%		贴现率=12%	
		贴现系数	现值/元	贴现系数	现值/元
0	(15 000)	1	(15 000)	1	(15 000)
1	3 200	0.909 1	2 909.12	0.892 9	2 857.28
2	8 000	0.826 4	6 611.2	0.797 2	6 377.6
3	8 000	0.751 3	6 010.4	0.711 8	5 694.4
净现值			530.72		(70.72)

$$IRR_B = 10\% + \frac{530.72}{530.72 + 70.72} \times (12\% - 10\%) \approx 11.765\%$$

C 方案各期现金流入量相等,符合年金形式,内含报酬率可直接利用年金现值系数表来确定,不需要进行逐步测试。

设现金流入的现值与原始投资相等,即

原始投资=每年现金流入量×年金现值系数

$24\ 000 = 9\ 000 \times (P/A, i, 3)$

$(P/A, i, 3) = 2.667$

查阅"年金现值系数表",寻找 $n=3$ 时的系数。查表结果表明,与 2.667 接近的现值系数 2.673 和 2.624 3 分别指向 6%和 7%。用内插法确定 C 方案的内含报酬率为 6.123%。

贴现率/%	年金现值系数
6	2.673
IRR	2.667
7	2.624 3

$$IRR_C = 6\% + \frac{2.673 - 2.667}{2.673 - 2.624\ 3} \times (7\% - 6\%) = 6.123\%$$

计算出各方案的内含报酬率以后，可以根据企业的资本成本率或要求的最低投资收益率对方案进行取舍。假设资本成本率是 10%，那么 A、B 两个方案都可以接受，而 C 方案则应放弃。

内含报酬率是根据投资项目的现金流量计算出来的，它可以显示投资项目本身的收益率。内含报酬率法与现值指数法虽然都是用相对比率作为投资项目的评价指标，但是，内含报酬率法不必事先选择折现率，根据内含报酬率就能确定投资项目的优先次序，只是最后需要一个最低期望收益率来判断投资项目是否可行。但该指标计算起来十分麻烦，当投资项目不断追加投资时，有可能导致多个 IRR 的出现，或偏高或偏低，缺乏实际意义。

【引导案例】

企业固定资产投资决策

南海公司是一家经济实力较强的生产加工企业，产品适销对路，并占据了主要的销售市场，经济效益连年上涨。基于市场需求，公司计划扩大经营规模，决定再上生产项目。经多方调研、汇总、筛选，公司决定购入大型设备以增加生产能力。现有甲、乙两个投资方案可供选择，甲方案需投资 200 000 元，使用寿命为 5 年，采用平均年限法计提折旧，5 年后设备无残值，5 年中每年销售收入为 120 000 元，每年的付现成本为 40 000 元。乙方案需投资 240 000 元，采用平均年限法计提折旧，使用寿命也为 5 年，5 年后有残值收入 40 000 元，5 年中每年销售收入为 160 000 元，付现成本第一年为 60 000 元，而后随着设备的陈旧，每年增加修理费 8 000 元，另需垫支流动资金 60 000 元。公司所得税税率为 25%，试计算：

(1) 两个投资方案的现金流量。
(2) 甲、乙两方案的净现值、现值指数、内含报酬率，并进行决策。

(二)非贴现的分析评价方法

非贴现的方法不考虑货币时间价值，把不同时间的货币收支看成是等效的。这些方法在选择方案时起辅助作用。

1. 静态投资回收期法

静态投资回收期(PP)，是指以投资项目经营净现金流量抵偿原始总投资所需要的全部时间。它有"包括建设期的投资回收期"和"不包括建设期的投资回收期"两种形式。确定静态投资回收期指标的方法如下。

1) 公式法

如果某一项目的投资均集中发生在建设期内，投产后一定期间每年经营净现金流量相等，且其合计大于或等于原始投资额，可按以下简化公式直接求出不包括建设期的投资回收期：

$$\text{不包括建设期的投资回收期} = \frac{\text{原始投资合计}}{\text{投产后若干年每年相等的净现金流量}}$$

例 6.9 中的 C 方案属于这种情况。

$$PP_C = \frac{24\ 000}{9\ 000} \approx 2.667(年)$$

在此公式的基础上有

包括建设期的投资回收期=不包括建设期的投资回收期+建设期

2) 列表法

所谓列表法，是指通过列表计算"累计净现金流量"的方式，来确定包括建设期的投资回收期，进而推算出不包括建设期的投资回收期的方法。因为不论在什么情况下，都可以通过这种方法来确定静态投资回收期，所以该法又称为一般方法。

在财务现金流量表的"累计净现金流量"一栏中，包括建设期的投资回收期恰好是累计净现金流量为零情况下的年限。

如果无法在"累计净现金流量"栏上找到零，则必须按下式计算包括建设期的投资回收期。

包括建设期的投资回收期=最后一项为负值的累计净现金流量对应的年数+最后

一项为负值的累计净现金流量绝对值/下年净现金流量

或 包括建设期的投资回收期=累计净现金流量第一次出现正值的年份-

1+该年初尚未回收的投资/该年净现金流量

不包括建设期的投资回收期可以在包括建设期的投资回收期的基础上减去建设期求得。

根据例 6.9 的资料，A 方案和 B 方案的回收期分别为 1.611 年和 2.475 年，计算过程如表 6.9 和表 6.10 所示。

表 6.9　投资回收期计算表

单位：元

A 方案	现金流量	累计净现金流量
原始投资现金流入	(38 000)	(38 000)
第一年	24 800	(13 200)
第二年	21 600	8 400

回收期=1+(13 200/21 600)≈1.611(年)

表 6.10　投资回收期计算表

单位：元

B 方案	现金流量	累计净现金流量
原始投资现金流入	(15 000)	(15 000)
第一年	3 200	(11 800)
第二年	8 000	(3 800)
第三年	8 000	4 200

回收期=2+(3 800÷8 000)=2.475(年)

投资回收期法计算简便，并且容易为决策者理解，可以衡量投入资本的回收速度。它的缺点在于不仅忽视了时间价值，而且没有考虑回收期以后的收益。事实上，有战略意义的长期投资早期收益往往较低，而中后期收益较高。由回收期法得出的结论会优先考虑急功近利的项目，可能导致放弃长期成功的方案。它是过去评价投资方案最常用的方法，目前作为辅助方法使用，主要用来测定方案的流动性。

2. 会计收益率法

会计收益率(ROI)法是通过计算项目投产后正常生产年份的投资收益率来判断项目投资优劣的一种决策方法。其计算公式如下：

$$\text{ROI} = \frac{\text{年平均净收益}}{\text{原始投资额}} \times 100\%$$

仍以例 6.9 的资料计算。

$$\text{ROI}_A = \frac{(5\,800 + 2\,600)/2}{38\,000} \times 100\% \approx 11.053\%$$

$$\text{ROI}_B = \frac{(3\,000 + 3\,000 - 1\,800)/3}{15\,000} \times 100\% \approx 9.333\%$$

$$\text{ROI}_C = \frac{(1\,000 + 1\,000 + 1\,000)/3}{24\,000} \times 100\% \approx 4.167\%$$

上述计算结果表明，当采用会计收益率法选择投资方案时，应选择 A 方案。

会计收益率法计算简便，易于理解和掌握，资料也易于收集。尽管它应用的是财务会计报表上的数据，但是它没有考虑货币时间价值，把第一年的现金流量看作与其他年份的现金流量一样的，具有相同的价值，容易导致错误的决策。

第四节 项目投资决策评价指标的应用

一、单一的独立投资项目的财务可行性评价

在只有一个投资项目可选的条件下，利用评价指标进行决策时要注意以下几个要点。

(1) 如果投资项目同时满足以下条件，就可断定该项目具有财务可行性，应接受此投资方案。这些条件是：净现值(NPV)≥0，现值指数(PI)≥1 及内含报酬率(IRR)≥行业基准折现率 i_c；包括建设期的静态投资回收期(PP)≤$n/2$（即项目计算期的一半）；不包括建设期的静态投资回收期(PP)≤$p/2$（即运营期的一半）；会计收益率指标(ROI)≥基准收益率 i_0（事先给定）。

(2) 如果投资项目同时不满足上述条件，而发生下列情况：净现值(NPV)<0，现值指数(PI)<1，内含报酬率(IRR)<行业基准折现率 i_c，PP>$n/2$ 或 PP>$p/2$ 及会计收益率指标(ROI)<基准收益率 i_0，就可断定项目不具有财务可行性，不应该接受该投资方案。

(3) 如果在评价过程中发现某项目的主要指标处于上述可行区间：如净现值(NPV)≥0，现值指数(PI)≥1 及内含报酬率(IRR)≥行业基准折现率 i_c；但次要或者辅助指标处于不可行区间：如 PP>$n/2$ 或 PP>$p/2$ 及会计收益率指标(ROI)<基准收益率 i_0，则可以判定该项目基本上具有财务可行性。

(4) 如果在评价过程中发现某项目出现净现值(NPV)<0，现值指数(PI)<1，内含报酬率(IRR)<行业基准折现率 i_c 的情况，即使有静态投资回收期(PP)≤$n/2$ 或≤$p/2$，会计收益率指标(ROI)≥基准收益率 i_0，一般判定该项目不具有财务可行性。通常情况下，利用净现值、现值指数和内含报酬率指标对同一个独立方案进行评价，会得出完全相同的结论。

以上结论如表 6.11 所示。

表 6.11　投资回收期计算表

指标分类		财务可行区间	财务不可行区间
贴现方法	净现值	NPV≥0	NPV<0
	现值指数	PI≥1	PI<1
	内含报酬率	IRR≥i_c	IRR<i_c
非贴现方法	包括建设期的静态投资回收期	PP≤$n/2$(即项目计算期的一半)	PP>$n/2$
	不包括建设期的静态投资回收期	PP≤$p/2$(即项目运营期的一半)	PP>$p/2$
	会计收益率	ROI≥i_0	ROI<i_0

二、多个互斥方案的比较与优选

互斥方案是指互相关联、互相排斥的方案，即一组方案中的各个方案彼此可以互相代替，采纳其中某一方案，就会自动排斥其他方案。因此，互斥方案具有排他性。比如，固定资产更新改造项目就只能选择其中一个更新改造方案。互斥方案的决策过程就是在每一个入选方案已具备财务可行性的前提下，利用具体决策方法比较各个方案的优劣，利用评价指标从各个备选方案中找出最优方案的过程。对多个互斥方案进行选择，一般遵循以下规则。

第一，如果投资额相同且项目使用期相等的互斥方案进行比较，可选择净现值或内含报酬率大的方案作为最优方案。

第二，如果投资额不相等而项目使用期相等的互斥方案进行比较，可采用差额净现值法或差额内含报酬率法来评判方案的好坏。

第三，如果投资额与项目使用期都不相同的互斥方案进行比较，可采用等值年金法，也就是计算年均净现值，哪个方案年均净现值大，哪个方案就是最优方案。

1．投资额不相等而项目使用期相等的互斥方案的投资决策——差额净现值法

【例 6.10】某企业有甲、乙两个投资方案可供选择，甲方案的投资额为 100 000 元，每年现金净流量均为 30 000 元，可使用 5 年；乙方案的投资额为 70 000 元，每年现金净流量分别为 10 000 元、15 000 元、20 000 元、25 000 元、30 000 元，使用年限也为 5 年。如果贴现率为 10%，请对甲、乙方案作出选择。

解析：因为两个方案的使用年限相同，但甲方案的投资额与乙方案的投资额不相等，所以应采用差额净现值法来进行评判，一般以投资额大的方案减投资额小的方案。

ΔNCF_0=-100 000-(-70 000)=-30 000(元)

ΔNCF_1=30 000-10 000=20 000(元)

ΔNCF_2=30 000-15 000=15 000(元)

ΔNCF_3=30 000-20 000=10 000(元)

ΔNCF_4=30 000-25 000=5 000(元)

ΔNCF_5=30 000-30 000=0(元)

NCF 为净现金流量，ΔNCF 为差额净现金流量。

NPV(甲-乙)=20 000×(P/F, 10%, 1)+15 000×(P/F, 10%, 2)+10 000×
(P/F, 10%, 3)+5 000×(P/F, 10%, 4)-30 000
=20 000×0.909 1+15 000×0.826 4+10 000×0.751 3+5 000×0.683 0-30 000
=11 506(元)

计算表明，差额净现值为 11 506 元，大于零，所以应选择甲方案。

2. 投资额与项目使用期都不等的互斥方案的投资决策——等值年金法

【例 6.11】 某公司要在两个投资项目中选取一个，A 项目需要初始投资 320 000 元，每年产生 160 000 元的现金净流量，项目的使用寿命为 3 年，3 年后必须更新且无残值；B 项目需要初始投资 420 000 元，使用寿命为 6 年，每年产生 128 000 元的现金净流量，6 年后必须更新且无残值。公司的资本成本率为 16%，那么，公司该选用哪个项目呢(不考虑所得税)？

解析：两个项目的净现值计算如下。

A 项目的净现值(NPV)=160 000×(P/A, 16%, 3)-320 000
=160 000×2.245 9-320 000
=39 344(元)

B 项目的净现值(NPV)=128 000×(P/A, 16%, 6)-420 000
=128 000×3.684 7-420 000
=51 641.6(元)

项目的净现值表明 B 项目优于 A 项目，应选用 B 项目。但这种分析是不完全的，因为没有考虑两个项目的寿命是不相等的。如果采用 A 项目，在 3 年后还要进行相同的投资，才能与 B 项目的寿命相同。为了使指标的对比更加合理，必须考虑对两个项目的年均净现值进行比较，这就是等值年金法，或称为年等值净回收额法。

等值年金法是将互斥项目的净现值按资本成本等额分摊到每年，求出项目每年的平均净现值。由于转化成了年金，项目在时间上是可比的，而且从净现值转化为年金只是做了货币时间价值的一种等值交换，两种方法是等价的。因此，两种方法得出的结论应该是一致的。其计算公式为

$$\text{等值年金}=\frac{\text{NPV}}{(P/A,i,n)}$$

在前例中，两个项目的等值年金可分别计算如下。

A 项目的等值年金=$\frac{39\ 344}{(P/A,16\%,3)}=\frac{39\ 344}{2.245\ 9}\approx 17\ 518.14(元)$

B 项目的等值年金=$\frac{51\ 641.6}{(P/A,16\%,6)}=\frac{51\ 641.6}{3.684\ 7}\approx 14\ 015.14(元)$

通过计算可知，A 项目的等值年金比 B 项目大，所以公司应选用 A 项目。这种方法计算简单，在项目使用期不等的互斥方案的决策中较为常见。

3. 固定资产更新决策——平均年成本法

固定资产更新是对技术上或经济上不宜继续使用的旧资产，用新的资产更换，或用先

进的技术对原有设备进行局部改造。固定资产更新决策主要研究两个问题:一个是决定是否更新,即继续使用旧资产还是更换新资产;另一个是决定选择什么样的资产来更新。实际上,这两个问题是结合在一起考虑的,如果市场上没有比现有设备更适用的设备,那么就继续使用旧设备。由于旧设备可以通过修理继续使用,所以更新决策是在继续使用旧设备与购置新设备之间进行选择。

更新决策不同于一般的投资决策。一般来说,设备更换并不改变企业的生产能力,不增加企业的现金流入。更新决策的现金流量主要是现金流出。即使有少量的残值变价收入,也属于支出抵减,而非实质上的现金流入增加。由于只有现金流出而没有现金流入,就给采用贴现的现金流量分析带来了困难。无论哪个方案都难以计算其净现值和内含报酬率,而只能采用新的方法,比较常用的是平均年成本法。

固定资产的平均年成本,是指由该资产引起的现金流出的年平均值。如果不考虑货币的时间价值,它是未来使用年限内的现金流出总额与使用年限的比值。如果考虑货币的时间价值,它是未来使用年限内现金流出总现值与年金现值系数的比值,即平均每年的现金流出。

【例6.12】某公司目前使用的设备是4年前购置的,原始购价为20 000元,使用年限为10年,预计还可以使用6年,每年付现成本为4 800元,期末残值为800元。目前市场上有一种较为先进的设备,价值为25 000元,预计使用10年,每年付现成本为3 200元,期末无残值。此时如果以新设备更新旧设备,旧设备可作价8 000元。公司要求的最低投资收益率为14%,那么公司是继续使用旧设备,还是以新设备替代旧设备(不考虑所得税)?

解析:

(1) 不考虑货币的时间价值。

$$旧设备平均年成本 = \frac{8\,000 + 4\,800 \times 6 - 800}{6} = 6\,000(元)$$

$$新设备平均年成本 = \frac{25\,000 + 3\,200 \times 10}{10} = 5\,700(元)$$

如果不考虑货币时间价值,使用旧设备的年平均成本高于使用新设备的年平均成本,应购买新设备。

(2) 考虑货币的时间价值。

$$旧设备平均年成本 = \frac{8\,000 + 4\,800 \times (P/A,14\%,6) - 800 \times (P/F,14\%,6)}{(P/A,14\%,6)}$$

$$= \frac{8\,000 + 4\,800 \times 3.888\,7 - 800 \times 0.455\,6}{3.888\,7}$$

$$\approx 6\,763.51(元)$$

$$新设备平均年成本 = \frac{25\,000 + 3\,200 \times (P/A,14\%,10)}{(P/A,14\%,10)}$$

$$= \frac{25\,000 + 3\,200 \times 5.216\,1}{5.216\,1}$$

$$\approx 7\,992.85(元)$$

如果考虑货币时间价值,使用旧设备的年平均成本低于使用新设备的年平均成本,故公司应继续使用旧设备。

三、多个投资方案组合的决策

这类决策涉及的多个项目之间不是相互排斥的关系，它们之间可以实现任意组合，分两种情况：一是在资金总量不受限制的情况下，可按每一个项目的净现值排队，确定优先考虑的项目顺序；二是在资金总量受限制的情况下，则需按现值指数的大小，结合净现值进行各种组合的排队，从中选择能使净现值最大的方案组合。

【例6.13】A、B、C、D、E五个投资项目，有关原始投资额、净现值和现值指数的数据如表6.12所示。

表6.12 投资项目基本情况

项 目	原始投资/万元	净现值/万元	现值指数
A	600	240	1.4
B	400	80	1.2
C	400	200	1.5
D	200	44	1.22
E	200	60	1.3

要求：分别针对以下不相关的情况作出投资方案组合决策。

(1) 投资总额不受限制。

(2) 投资总额受到限制，分别为400万元、600万元、800万元、900万元、1 000万元、1 200万元、1 400万元、1 600万元和1 800万元。

解：
按各方案现值指数的大小排序，并计算累计原始投资额和累计净现值，如表6.13所示。

表6.13 投资项目排序表

顺序	项目	现值指数	原始投资/万元	累计原始投资/万元	净现值/万元	累计净现值/万元
1	C	1.5	400	400	200	200
2	A	1.4	600	1 000	240	440
3	E	1.3	200	1 200	60	500
4	D	1.22	200	1 400	44	544
5	B	1.2	400	1 800	80	624

(1) 当投资总额不受限制或限额大于或等于1 800万元时，A+B+C+D+E的投资组合方案最优。

(2) 当限定投资额为400万元时，只能上C项目。可获200万元净现值，比另一组合E+D的净现值合计104万元多。

(3) 当限定投资额为600万元时，最优投资组合为C+E，净现值为260万元，大于其他组合：A、C+D、E+B、D+B。

(4) 当限定投资额为 800 万元时，最优投资组合为 C+E+D，净现值为 304 万元，大于其他组合：A+E、A+D、C+B、E+D+B。

(5) 当限定投资额为 900 万元时，最优组合仍为 C+E+D，此时累计投资总额为 800 万元，小于 900 万元，但实现的净现值仍比所有其他组合的净现值多。

(6) 当限定投资额分别为 1 000 万元、1 200 万元和 1 400 万元时，最优投资组合分别为 C+A、C+A+E、C+A+E+D。

(7) 当限定投资额为 1 600 万元时，最优投资组合为 C+A+E+B，获得净现值 580 万元。

本 章 小 结

1. 固定资产是指为生产产品、提供劳务、出租或经营管理而持有的，使用年限超过一年，单位价值较高的有形资产，包括房屋及建筑物、机器设备、运输设备、工具器具等。以货币为计量单位来计量固定资产的价值，称为固定资产的计价。固定资产一般按历史成本计价。

2. 固定资产折旧，是指固定资产由于在使用过程中的损耗而逐渐转移到产品成本和费用中的那部分价值。固定资产折旧的影响因素有固定资产原值、净残值和使用年限。固定资产折旧的计算方法有平均年限法、工作量法、双倍余额递减法和年数总和法等。计算企业固定资产折旧一般采用平均年限法。

3. 现金流量是指在投资决策中一个项目引起的企业现金（支出和收入）增加的数量。这时的"现金"是广义的现金，不仅包括各种货币资金，还包括项目需要投入的企业现有的非货币资源的变现价值。项目的现金流量按其动态的变化状况可分为现金流出量、现金流入量和现金净流量。

4. 对投资项目评价时使用的指标分为两类：一类是贴现指标，即考虑了货币时间价值因素的指标，主要包括净现值、现值指数、内含报酬率等；另一类是非贴现指标，即没有考虑货币时间价值因素的指标，主要包括投资回收期、会计收益率等。

5. 单一的独立投资项目应该进行财务可行性评价，看其是否具有财务可行性。

6. 互斥方案是指互相关联、互相排斥的方案。互斥方案的选择应该按照一定的规则和专门的方法进行，如差额净现值法、平均年成本法或等值年金法等。

7. 多个投资方案组合的决策分两种情况：一是在资金总量不受限制的情况下，可按每一个项目的净现值排队，确定优先考虑的项目顺序；二是在资金总量受限制的情况下，按现值指数的大小，结合净现值进行各种组合的排队，从中选择能使净现值最大的方案。

思 政 课 堂

世界最大客机时代落幕：最后一架 A380 交付阿联酋航空

2021 年 12 月 16 日，欧洲飞机制造业巨头空中客车公司当天举行仪式，交付最后一架素有"空中巨无霸"之称的 A380 客机。至此，世界最大的民航客机 A380 以 251 架的产量正式宣告停产，16 日交付的这架 A380 将是阿联酋航空公司第 123 架该型客机。

拥有 4 个发动机和双层客舱的 A380 是世界上最大的客机，可搭载超过 500 名乘客，设计于 20 世纪 90 年代全球民航客运需求飙升之际。2005 年首航后，A380 被视为空客的"家族明星"，不少人曾对其寄予厚望，预测能生产超过 1 000 架。然而 A380 体型过大，一般机场无法满足其起降标准，致使市场需求不足。最终仅十余家航空公司运营了 A380，而中国南方航空为该机在内地唯一的运营商。

由于疫情对民航业的影响，加之 A380 运营成本巨大，法国航空、新加坡航空等 A380 最早的客户纷纷退役旗下的 A380。2000 年 2 月，法航第 1 架 A380 退役，最后一次飞行结束降落在爱尔兰西部诺克机场时，该机总共只飞行了 10 年零 10 天。法航原计划 2022 年退役所有的 A380，但疫情导致法航提前了 A380 退役计划。最终，2020 年 6 月 A380 在自己的"出生地"遭法航"永久停飞"。

(资料来源：观察者网综合.世界最大客机时代落幕：最后一架 A380 交付阿联酋航空.
https://www.guancha.cn/internation/2021_12_18_619008.shtml.2021-12-18.)

思考题： 固定资产投资对任何一个企业都非常重要。空中客车公司于 20 世纪 90 年代开发的巨无霸飞机 A380 最终暗淡落幕，请查找资料分析一下该机型失败的原因。在日常生活中，不论是企业还是个人投资失败的例子屡见不鲜，请分析一下应该如何正确面对。

复习与思考题

1. 简述固定资产的概念及分类。
2. 简述固定资产的计价。
3. 什么是固定资产折旧？
4. 固定资产折旧的计提方法有哪些？加速折旧法有哪些好处？
5. 在固定资产投资决策中，现金流入量和现金流出量分别包括哪些内容？
6. 利润与现金流量之间有什么关系？
7. 项目投资决策的一般方法有哪些？
8. 如何计算项目的净现值？
9. 投资回收期法的优点和缺点有哪些？
10. 如何对独立投资项目进行财务可行性评价？
11. 进行互斥方案的选择时，通常采用哪些方法？每种方法有什么特点？
12. 在资金有限的情况下，如何进行投资方案选择？

计 算 题

1. 资料：某投资项目的每年净现金流量及相关资料如表 6.14 所示。

表 6.14 现金流量

单位：万元

时 期	建 设 期		生产经营期								
年份/年	0	1	2	3	4	5	6	7	8	9	10
现金流量	-400	-100	80	100	120	150	100	95	95	90	60

要求：(1) 计算投资回收期、净现值、现值指数(假定折现率为 10%)。

(2) 判断该投资项目的财务可行性。

2. 资料：某公司有 A、B、C 三种投资方案，其相关资料如表 6.15 所示，折现率为 10%。

表 6.15 投资方案相关资料

单位：元

投资方案	0	1	2
A	(10 000)	3 000	12 000
B	(10 000)	5 000	7 000
C	(10 000)	12 500	500

要求：计算三种投资方案的净现值、现值指数和内含报酬率。

3. 某固定资产项目需在建设起点一次投入资金 210 万元，建设期为 2 年，第二年年底完工，并于完工后投入流动资金 30 万元。预计该固定资产投产后，使企业各年的经营净利润净增 60 万元。该固定资产的使用寿命为 5 年，按直线法计提折旧，期满有固定资产残值收入 10 万元，垫支的流动资金于项目终结时一次收回，该项目的资本成本率为 10%。计算该项目各年的现金净流量，并利用净现值指标对项目的财务可行性作出评价(不考虑所得税)。

4. 假定甲公司目前拟购置一台设备，需筹款 124 000 元，该设备可用 6 年，建设期为零，使用期满有残值 4 000 元。使用该项设备可为企业每年增加净利润 12 000 元，A 公司采用直线法计提折旧，且 A 公司的资本成本率为 14%。

要求：计算该投资方案的净现值、现值指数、内含报酬率、投资回收期、会计收益率指标，并进行决策。

5. 某企业投资 15 500 元购入一台设备，该设备预计残值为 500 元，可使用 3 年，按直线法计提折旧。设备投产后每年销售收入增加额分别为 10 000 元、20 000 元、15 000 元，除折旧外的费用增加额分别为 4 000 元、12 000 元、5 000 元。企业适用的所得税税率为 25%，要求的最低投资收益率为 10%，目前年税后利润为 20 000 元。

要求：(1) 假设企业经营无其他变化，预测未来 3 年每年的税后净利润。

(2) 计算该投资方案的净现值。

6. 某公司要求在两个投资项目中选取一个，A 项目需要初始投资 100 000 元，每年产生 35 000 元的现金净流量，项目的使用寿命为 4 年，4 年后必须更新且无残值；B 项目需要初始投资 120 000 元，使用寿命为 7 年，每年产生 25 000 元的现金净流量，7 年后必须更新且残值为 5 000 元。公司的资本成本率为 10%，那么，公司该选用哪个项目呢(不考虑所得税)?

7. 某企业有一旧设备，工程技术人员提出了更新要求，有关数据如下。

	旧设备	新设备
原值/元	2 200	2 400
预计使用年限/年	10	10
已经使用年限/年	4	0
最终残值/元	200	300
变现价值/元	600	2 400
年运行成本/元	700	400

假设该企业要求的最低收益率为 15%，那么公司是继续使用旧设备，还是以新设备替代旧设备(不考虑所得税)？

8. 假设某公司有五个可供选择的项目 A、B_1、B_2、C_1、C_2，其中，B_1 和 B_2、C_1 和 C_2 是互斥项目，该公司资本的最大总额限制为 400 万元，详细情况如表 6.16 所示。

表 6.16　项目基本情况

投资项目	初始投资/万元	现值指数	净现值/万元
A	200	1.375	75
B_1	100	1.45	45
B_2	150	1.25	37.5
C_1	180	1.30	54
C_2	150	1.1	15

试确定该公司应选择什么样的投资组合。

案 例 分 析

1. 被誉为"一梦二百年，海峡变通途"的工程史杰作的英法海底隧道，本应是令欧洲人引以为荣的标志，但现在它似乎成了一个噩梦！原因是英法海底隧道的建设投资近 90% 来自小股民，而负责其修建、管理和运营的欧洲隧道公司却负债累累。小股民们不但没有任何收益，反而所持的欧洲隧道公司的股票贬值 80%，多年的积蓄付诸东流。

这要从英法海底隧道的融资方式说起。英法海底隧道是最有名的 BOT，即建设—经营—移交项目，也就是说，在隧道建设过程中，英法两国政府均不提供公共资金，全部利用私人资本建设隧道；承建隧道的项目公司负责融资并承担隧道建设的全部风险。隧道建成后成立的欧洲隧道公司获政府授予 55 年的特许权，拥有并经营隧道，55 年之后隧道由政府收回(1 994+55=2 049)。1987 年英法海底隧道第一批股票上市，70 多万中小投资者盲目看好海峡通车后可能带来的经济效益，争相购买"世纪工程"的股票。

然而英法海底隧道不仅是欧洲最大的建筑工程，也是世界上耗资最多的工程之一，由于工程难度大、施工过程中缺乏监督且随意修改工艺等原因，工程造价不断增加，工期一拖再拖，隧道正式竣工比预定完工时间晚了一年，到完工时总造价达 520 亿法郎，比预算高出将近一倍！

由于英法隧道的建造成本惊人，使负责隧道建设、管理和运营的欧洲隧道公司从一开始就处于债务缠身的境地。再加上本身经营不善，因此从 1994 年隧道开始运营以来，隧道公司一直是负债经营。1996 年 11 月，隧道内发生一起严重火灾，也使欧洲隧道公司的经济损失高达几百万法郎。

此外，由于航空和海运的竞争，英法隧道的客、货运量近年来均呈下降趋势。欧洲隧道公司每年的收益难以弥补债务和利息，导致债台高筑。特别是近年来，由于伊拉克战争爆发和恐怖主义的威胁，很多欧洲人减少出游计划，使欧洲隧道公司一直无法翻身。至 2004 年，其债务总额更是高达 90 亿欧元！

请查找资料回答以下问题。

(1) BOT 是什么样的融资方式？有何优缺点？
(2) 很多资料评论英法海底隧道投资项目失败了，你认为呢？为什么？
(3) 大型投资项目对企业的发展是至关重要的，为什么？

(资料来源：豆丁网. 欧洲隧道项目的投资决策. https://www.docin.com/p-28487752.html.2009-08-02.)

2. 某 PPP 项目由经济开发区管委会负责实施，目前已通过竞争性磋商方式公开选定了社会资本方，并成立了专门的项目公司。那么该项目公司在建设 PPP 项目的过程中，如何履行项目的立项、报建等相关程序？是走审批流程呢，还是走核准、备案程序？

专家回答：PPP 项目的决策程序是走审批程序，还是走核准、备案程序，关键是看该项目资本金的组成。按照《关于依法依规加强 PPP 项目投资和建设管理的通知》(发改投资规〔2019〕1098 号)的规定，"PPP 项目要严格执行《政府投资条例》《企业投资项目核准和备案管理条例》，依法依规履行审批、核准、备案程序。采取政府资本金注入方式的 PPP 项目，按照《政府投资条例》规定，实行审批制。列入《政府核准的投资项目目录》的企业投资项目，按照《企业投资项目核准和备案管理条例》的规定，实行核准制。对于实行备案制的企业投资项目，拟采用 PPP 模式的，要严格论证项目可行性和 PPP 模式必要性"。

也就是说，如当地政府未在项目公司注入资本金，该 PPP 项目按企业投资项目处理，走核准或备案流程；如当地政府在项目公司中注入了资金本，则按政府投资项目处理，走审批流程。

请查找资料对 PPP 模式进行分析和探讨。

(资料来源：中国招标投标协会. PPP 项目属于企业投资项目还是政府投资项目？
http://www.ctba.org.cn/list_show.jsp?record_id=270597.2020-03-12.)

3. 蓝光集团打算进行一系列的固定资产投资，以便为进军骨关节炎市场做好先期准备。蓝光集团的财务人员根据公司的实际情况，提供了甲、乙两种可供选择的方案。

甲方案：①原始投资共有 1 000 万元(全部来源于自有资金)，其中包括固定资产投资 750 万元，流动资金投资 200 万元，无形资产投资 50 万元。②该项目的建设期为 2 年，经营期为 10 年。固定资产和无形资产投资分两年平均投入，流动资金投资在项目完工时(第二年年末)投入。③固定资产的使用寿命为 10 年(考虑预计的净残值)。无形资产投资从经营期开始分 10 年摊销完毕，流动资产于终结点一次性收回。④预计项目投产后，每年发生的相关营业收入和经营成本分别为 600 万元和 200 万元，所得税税率为 25%，该项目不享受减免所得税的待遇。⑤该行业的基准折现率为 14%。

乙方案：比甲方案多加 80 万元的固定资产投资，建设期为 1 年，固定资产和无形资产在项目开始时一次性投入，流动资金在建设期期末投放，经营期不变，经营期各年的现金流量为 300 万元，其他条件不变。

目前，蓝光集团按平均年限法计提固定资产折旧，净残值率按原值的 5%确定，折旧年限如下：房屋建筑物为 20 年；机器设备、机械和其他生产设备为 10 年；电子设备、运输工具以及与生产经营有关的器具、工具、家具为 5 年。

问题：假如蓝光集团有能力打入骨关节炎市场，请你对甲、乙两个固定资产投资方案进行财务可行性分析，并计算 NPV、PI、IRR 等财务指标。根据计算结果，你会选择哪个方案进行投资？

(资料来源：李明伟，等. 财务管理学[M]. 北京：经济科学出版社，2009.)

第七章

证券投资管理

【学习要点及目标】

通过本章的学习,要求学生了解证券投资的分类、目的、对象;了解证券投资交易程序;了解证券投资组合的意义;理解基金投资的含义、分类、估价及优缺点;理解证券投资组合的风险;掌握债券投资的估价、收益率分析与投资风险;掌握股票投资的估价与市盈率分析;掌握β系数的含义及应用;掌握资本资产定价模型及其应用。

【核心概念】

证券投资　债券　债券内在价值　债券收益率　债券风险　股票　股票内在价值　股票收益率　股票市盈率　基金　基金收益率　证券投资组合　资本资产定价模型　β系数

【引导案例】

股神巴菲特和他的对手

沃伦·巴菲特，这位九十多岁的老人，几乎成为股神的代名词。从1965年至今，巴菲特管理的伯克希尔公司的股价从11美元上涨到41万多美元。这么说吧，如果你在股价11美元时，花11万买了1万股伯克希尔的股票，到2021年5月，市值会超过41亿美元。他因此曾经多次登顶全球首富，也创造了一份史无前例的投资回报纪录。但单就年均收益率而言，至少还有三个专业投资者超过了巴菲特。

第一位是彼得·林奇。在1977年至1990年的13年中，彼得·林奇掌管的麦哲伦基金年化收益率为31.95%，而同期巴菲特的年化收益率是29.55%。

第二位是索罗斯。从1969年到2000年，索罗斯领导的量子基金，扣除管理费后的税后收益实现了4 686倍的增长，年化收益率达30.23%；同期，巴菲特扣除管理费后的税后收益实现了1 056.9倍的增长，年化收益率为24.31%。他的同期业绩是巴菲特的4.4倍以上。在32年的投资生涯中，索罗斯有19年战胜了巴菲特，其中，1980年更是跑赢巴菲特83个百分点。

第三位是詹姆斯·西蒙斯。即使是彼得·林奇与索罗斯，就年化收益率而言，也不是他的对手。赢巴菲特，他更不在话下。从1988年至2008年，西蒙斯管理的大奖章基金的年均收益率为35.6%，超过巴菲特的20%。而且这个回报率是在扣除了5%的资产管理费和44%的投资收益分成以后得出的，也就是说，大奖章基金的资产是一年翻一倍的节奏。

真正让巴菲特傲视群雄的，其实是复利效应。要知道，稳定的复利是所有专业投资者毕生所追求的。巴菲特有句名言：复利有点像从山上往下滚雪球。最开始时雪球很小，但是往下滚的时间足够长，而且雪球黏得足够紧，最后雪球会很大很大。巴菲特的伯克希尔公司，在投资这条山坡上滚了很多年的雪球，这是绝对少见的。在这期间，好多竞争者都退出了，而巴菲特还在跑，这也让他跑赢了对手们。

(资料来源：杨天南财务健康谈. 徐翔和巴菲特之间，隔着10个西蒙斯. https://xueqiu.com/1175857472/161483808. 2020-10-22.)

踩雷"华夏幸福"，中国平安还"平安"吗？

据财报公告披露，2021年一季度，中国平安对华夏幸福相关投资资产进行减值计提及估值调整额为182亿元。对税后归属于母公司股东的净利润影响金额为100亿元，对税后归属于母公司股东的营运利润影响金额为29亿元。

作为曾多年位居行业前十的房地产巨头，华夏幸福曾以"产业新城"模式出名——即通过低价拿到大量的土地，凭借园区开发提升土地价值，然后再开发房地产项目。这种模式的好处是利润可观，但需要投入大量资金，对企业资金链的要求很高，这为后续华夏幸福的资金链危机埋下了伏笔。

2018年华夏幸福被爆出资金链危机。2018年9月和2019年4月，中国平安先后斥资137.7亿元、42.03亿元承接华夏幸福的股权，助其暂时渡过了难关。对中国平安来说，原本是想抄华夏幸福的底，不承想自己却被带到"坑"里。截至目前，中国平安持有华夏幸福 25.05%的股份,是其第二大股东。针对华夏幸福的债务问题,中国平安集团公司董事总经理兼联席 CEO 谢永林此前回应称,华夏幸福只是平安 8 万亿元资产组合中的一小部分,股权投资 180 亿元,表内债权投资 360 亿元,风险敞口合计 540 亿元。相比 8 万亿元而言,540 亿元的风险显然不大。因此对中国平安来说,"踩雷"华夏幸福虽对其短期业绩有影响,但从长期来看,不会改变中国平安的基本面。中国平安是否"平安",最终还是要看它的赚钱能力、获客能力和科技驱动的表现。

(资料来源:智能相对论.踩雷"华夏幸福",中国平安还"平安"吗?https://zhuanlan.zhihu.com/p/368013316.2021-04-26.)

第一节 证券投资管理概述

投资包含两层含义:一层含义是指投资主体为了在未来获得经济效益或社会效益而进行的实物资产的投资,如购建厂房、机器设备等,这也是人们通常所说的直接投资或固定资产投资;另一层含义就是本章要讲的间接投资或证券投资。

一、证券投资概述

证券是有价证券的简称,是指具有一定票面金额,代表财产所有权或债权,可以有偿转让的凭证。证券投资是指投资者将资金投资于股票、债券、基金及其衍生物等证券资产,从而获取收益的一种投资行为。它是企业对外投资的重要组成部分。

(一)证券投资的分类

(1) 按证券发行主体不同,证券投资可分为政府证券、金融证券和公司证券三种。政府证券是指中央政府或者地方政府为筹集资金而发行的证券。金融证券是指银行或其他金融机构为筹集资金而发行的证券。公司证券是指具备条件的公司为筹集资金而发行的证券。

(2) 按是否在证券交易所注册并挂牌交易,证券投资可分为上市证券和非上市证券。上市证券是指已经发行的证券经证券交易所批准后,可以在交易所公开挂牌交易的证券。而非上市证券不能在交易所公开挂牌交易。

(3) 按证券到期日的长短不同,证券投资可分为短期证券和长期证券。短期证券是指到期日短于 1 年(包括 1 年)的证券,如国库券、商业票据、银行承兑汇票等。短期证券的风险小,收益率一般较低。长期证券是指到期日长于 1 年的证券,如股票、债券等。一般来说,证券的到期日越长,风险越大,收益率也会高一些。

(4) 按证券的收益状况不同,证券投资可分为固定收益证券和变动收益证券两种。固定收益证券是指在证券的票面上规定有固定收益率的证券,如债券和一般的优先股。变动收益证券是指证券的票面不标明固定的收益率,其收益情况随公司经营状况而变动的证券,最典型的是股票。

(二)证券投资的目的

短期证券投资往往是为了替代非营利的现金,以便获取一定收益。它包括以下几个方面:①暂时存放闲置的资金,作为现金的替代品;②与筹集长期资金相配合,逐渐、分次使用发行长期证券所获得的资金;③满足未来的财务需求,比如归还到期债务或者新建厂房等;④满足季节性经营对现金的需求,在现金多余时购入证券,而在现金短缺时出售证券。

长期证券投资,一是为了获取收益,二是为了获取控制权。具体来说有以下两方面:①获取收益。一些较成熟的公司拥有比较充裕的现金,但若公司本身一时没有较好的投资项目,则可把现金投资于证券,以便增加公司收益,提高公司股票的市场价值。②获取控制权。有些公司从战略上考虑,需要控制另一家公司,这时,最好的方法便是收购该公司的股票,直到拥有这家公司的控制权。

(三)证券投资的对象

金融市场上的证券很多,其中可供企业投资的证券主要有国债、短期融资券、可转让存单、公司股票与债券、投资基金,以及期权、期货等衍生证券等。

国债具有本金安全、流动性好的特点,并且有多种多样的期限。因此,国债是企业进行短期投资的主要对象。

短期融资券可以直接出售,也可以通过经纪人出售,通常按折现的办法出售,其到期日一般在一年以内,利率通常比国库券的利率要高。买到手的短期融资券一般需保持至到期日。由于短期融资券的流动性较弱,因此买卖不方便。

可转让存单的利率一般比国库券的利率要高。可转让存单有比较活跃的交易市场,流动性很强。

公司股票和债券均属于长期证券,但因为股票和债券均可在金融市场上出售,因此,也可用于短期投资。

基金投资是指投资者通过购买投资基金股份或受益凭证来获取收益的投资方式。这种方式可使投资者享受专家服务,有利于分散风险,从而获得较高的投资收益。

期货投资是指投资者通过买卖期货合约躲避价格风险或赚取利润的一种投资方式。期权投资是指为了实现营利的目的或避免风险而进行期权买卖的一种投资方式。

二、证券投资交易程序

(一)开立证券账户

开户手续一般在各地证券公司的营业部办理,投资者应首先准备好基本资料。个人投资者需持本人身份证(代办时,应同时出示代办人居民身份证)。机构法人所需的资料包括:有效法人证明文件(营业执照)复印件,并加盖公章;法人代表授权委托书(加盖法人代表公章);受托人(经办人)居民身份证。

(二)委托

投资者办好证券账户后,可凭证券账户开立资金账户,并指定委托交易,这样就可以进行交易了。委托交易的具体方式有以下几种。

1. 填单委托方式

填单委托方式是指投资者通过填写委托单将本人的证券买卖指令下达给受托券商,委托其代为交易。在这种情况下,客户填写的委托单是客户与证券商之间确定代理关系的文件,具有法律效力,同时也是确定双方权利义务关系的直接证明。

2. 磁卡委托方式

这种委托方式一般适用于磁卡,投资者只要记住密码就可以进行操作,不需要股东卡和身份证。

3. 触摸屏委托方式

触摸屏委托方式与磁卡委托方式的操作步骤完全一致,投资者只要用手触摸相关的屏幕信息就可以进行操作。

4. 电话委托查询系统

电话委托查询系统是指投资者通过电话按键表达委托意向,提出委托要求。投资者可以通过电话将自己的委托单输入证券营业部的电脑主机,再由营业部的电脑将委托单传输到相应交易所的电脑中,最终达成交易。

(三)交易规则

投资者买卖证券时,通过选定的委托方式向证券交易所申报。其具体的处理方法是:证券买卖双方分别将买价和卖价通过计算机终端输入所在证券营业部的计算机系统,该系统先根据申报价格和申报时间对申报单位进行排队,然后自动将其配对撮合。

【知识链接】

股票、基金、债券基本交易规则

竞价原则:价格优先、时间优先。成交时价格优先的原则为:较高价格买进申报优先于较低价格买进申报,较低价格卖出申报优先于较高价格卖出申报。成交时时间优先的原则为:买卖方向、价格相同的,先申报者优先于后申报者;先后顺序按交易主机接受申报的时间确定。

股票交易单位为股,每100股为一手,委托买卖必须以100股或其整数倍进行。债券以人民币1 000元面额为一手。债券回购以1 000元标准券或综合券为一手。100股以下的零股交易只能卖出不能买入,且只能一次性委托卖出零股。计价单位:股票为"每股价格",基金为"每份基金价格",债券为"每百元面值的价格",债券回购为"每百元资金到期年收益"。

A股、基金和债券的申报价格最小变动单位为0.01元人民币;B股上交所为0.001美元,深交所为0.01港元;债券回购上交所为0.005元,深交所为0.01元。

交易时间：上午 9:15—9:25 为集合竞价。上午 9:30—11:30 及下午 1:00—3:00 为连续竞价。

委托方式：人工、电话、磁卡、热自助、网上交易、远程交易等。

(资料来源：证券从业资格考试辅导教材编写组. 证券市场基础知[M]. 北京：清华大学出版社，2014.)

(四)结算、清算交割和过户

结算、清算交割和过户是证券买卖的最后一道手续。由于在交易所上市的所有证券均采用无纸化的记名方式，当证券买卖成交时，即表明证券所有权的转让。因此，投资者无论买卖哪个交易所的证券，都可以在买卖的次日到各受托券商处办理成交过户交割手续。

第二节 债券投资

债券是指筹资人依照法定程序发行的，约定在一定期限还本付息的有价证券。企业决定是否购买一种债券，要评价其收益和风险，企业的目标是实现高收益、低风险，因此对债券投资的评价就是评价债券的收益和风险。

一、债券的主要种类

债券根据发行主体不同，可以划分为国家公债(国债)、地方政府债券、金融债券、公司债券等几类。

1. 国债

国债是指中央政府为了筹措财政资金，凭其信誉按照一定程序向投资者发行的，承诺在一定时期支付利息和到期偿还本金的一种格式化的债权债务凭证。

2. 地方政府债券

除了中央政府之外，在不少国家有财政收入的地方政府及地方公共机构也发行债券，它们发行债券的目的主要是为当地开发公共建设项目融资。

3. 金融债券

金融债券是指由银行等金融机构发行的债券。金融债券能够有效地解决银行等金融机构的资金来源不足和期限不匹配的矛盾。金融债券的违约风险相对较小，利率通常在国债和公司债券利率之间。

4. 公司债券

公司债券是指由公司付息的长期债券，期限大约为 10~30 年。在我国，债券是公司为筹措长期资金而发行的一种债务契约，承诺在未来的特定日期，偿还本金并按照事先规定的利率支付利息。

二、债券的价值

债券的价值是购买者按照合同规定从购买日至债券到期日收到的利息和本金(现金流入)的现值。因此,债券的价值与债券利息和本金的支付方式、债券的到期时间、债券的必要收益率有关,而这些方面又有多种形式,所以债券价值的计算公式多种多样。只有债券的价值大于购买价格时,才值得购买,债券价值是债券投资决策时使用的主要指标之一。

(一)固定利率、每年支付利息、到期归还本金的债券价格

按照标题所述模式,债券价值计算的基本模型是

$$V = \frac{Mi}{(1+K)^1} + \frac{Mi}{(1+K)^2} + \cdots + \frac{Mi}{(1+K)^n} + \frac{M}{(1+K)^n}$$

$$= \frac{I_1}{(1+K)^1} + \frac{I_2}{(1+K)^2} + \cdots + \frac{I_n}{(1+K)^n} + \frac{M}{(1+K)^n}$$

$$= I(P/A, K, n) + M(P/F, K, n)$$

式中:V 为债券的内在价值;i 为票面利率;M 为债券面值;I 为每年的利息;K 为投资者要求的必要收益率;n 为付息总期数。

【例 7.1】南海公司拟于 2020 年 9 月 1 日发行面额为 2 000 元的债券,其票面利率为 8%,每年 9 月 1 日计算并支付一次利息,并于 5 年后的 8 月 31 日到期。同等风险投资的必要收益率为 10%,债券的市价是 1 840 元,那么是否可购买该债券?

解:

债券每年利息=2 000×8%=160(元)

$$V = \frac{160}{(1+10\%)^1} + \frac{160}{(1+10\%)^2} + \cdots + \frac{160}{(1+10\%)^5} + \frac{2\,000}{(1+10\%)^5}$$

=160×(P/A, 10%, 5)+2 000×(P/F, 10%, 5)

=160×3.790 8+2 000×0.620 9

=1 848.328(元)

由于债券的价值大于市价,因此购买该债券是合算的,它可获得大于 10%的收益。

可以看出,当选择不同的投资者要求的必要收益率时,债券的内在价值会随之变动,而且随着必要收益率的提高,债券的内在价值会逐渐降低,如图 7.1 所示。

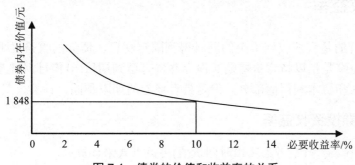

图 7.1 债券的价值和收益率的关系

(二)到期一次还本付息且不计复利的债券价格

我国目前发行的债券大多属于到期一次性还本付息且不计复利的债券,其估价计算公式为

$$V = \frac{M + Min}{(1+K)^n} = M(1+in)(P/F,K,n)$$

公式中字母的含义同前式。

【例 7.2】南海公司拟购买另一家公司发行的债券作为投资,该债券面值为 1 000 元,期限为 3 年,票面利率为 4%,单利计息,当前市场利率为 5%,该债券的发行价格为多少才能购买?

解:
$V = M(1+in)(P/F,K,n)$
  $= 1\,000 \times (1+4\% \times 3) \times (P/F,5\%,3)$
  $= 1\,000 \times 1.12 \times 0.863\,8$
  $= 967.456(元)$

通过计算可知,债券价格只有低于 967.456 元时,南海公司才能购买。

(三)贴现发行的债券价格

有些债券以低于面值发行且没有票面利率,到期按面值偿还,我们称其为贴现债券。其估价计算公式为

$$V = \frac{M}{(1+K)^n} = M(P/F,K,n)$$

公式中字母的含义同前式。

【例 7.3】某债券面值为 1 000 元,期限为 5 年,以贴现方式发行,期内不计利息,到期按面值偿还,当前的市场利率为 8%,该债券发行价格为多少时才能购买?

解:
$V = 1\,000 \times (P/F,8\%,5)$
  $= 1\,000 \times 0.680\,6$
  $= 680.6(元)$

即该债券的发行价格只有低于或等于 680.6 元时,投资者才能购买。

三、债券的收益率

投资债券的目的是到期收回本金的同时得到固定利息。债券的收益水平通常用收益率来衡量。债券收益率是指以特定价格购买债券并持有至到期日(出售日)所能获得的收益率,主要包括利息收入和资本利得两部分。但是持有债券的期限不同,计算公式也有所不同。

(一)短期债券投资收益率

短期债券投资收益率(不考虑货币时间价值)可按下式来计算:

$$投资收益率 = \frac{(P-D)+S}{D} \times \frac{360}{N} \times 100\%$$

式中：P 为债券到期还本额或中途出售价格；D 为债券购买价格；S 为持有债券期间的利息收入；N 为持有天数。

【例 7.4】某人 2020 年 1 月 1 日购入面值为 1 000 元，票面利率为 10%，期限为 3 年，每年年末付息的债券，该人持有至 2021 年 1 月 1 日并以 1 050 元的价格售出，求该债券的投资收益率是多少？

解：$投资收益率 = \frac{(1\,050-1\,000)+100}{1\,000} \times \frac{360}{360} \times 100\% = 15\%$

(二) 长期债券投资收益率

因为长期债券投资的期限较长，所以一般考虑货币时间价值。长期债券的投资收益率一般是指到期收益率，即投资者持有债券至到期日所获得的收益率，它是使未来现金流入量等于债券购入价格的折现率。我们以最常见的每年计息、到期一次还本债券为例介绍一下其计算过程。

计算到期收益率的方法是求解含有折现率的方程，即

现金流出现值合计 = 现金流入现值合计

购进价格 = 每年利息 × 年金现值系数 + 面值 × 复利现值系数

即

$$V = I(P/A, K, n) + M(P/F, K, n)$$

【例 7.5】南海公司于 2020 年 2 月 1 日平价购买一张面额为 1 000 元的债券，其票面利率为 6%，每年 2 月 1 日计算并支付一次利息，并于 3 年后的 1 月 31 日到期。请问：①该公司持有该债券至到期日，其到期收益率是多少？②如果最初买价是 960 元，其到期收益率是多少？

解：

(1) 根据题意可知：$1\,000 = 60 \times (P/A, i, 3) + 1\,000 \times (P/F, i, 3)$

解该方程要用"逐步测试法"。

用 $i=6\%$ 试算：

$60 \times (P/A, 6\%, 3) + 1000 \times (P/F, 6\%, 3) = 60 \times 2.673 + 1\,000 \times 0.839\,6$

$\approx 1\,000 (元)$

可见，平价发行的每年付息一次的债券，其到期收益率等于票面利率。

(2) 如果债券的价格低于面值，情况将发生变化。根据题意，当买价是 960 元时，则

$960 = 60 \times (P/A, i, 3) + 1\,000 \times (P/F, i, 3)$

通过前面的试算已知，$i=6\%$ 时等式右方约等于 1 000 元，大于 960 元，可判断收益率高于 6%，提高贴现率进一步试算。

用 $i=7\%$ 试算：

$60 \times (P/A, 7\%, 3) + 1\,000 \times (P/F, 7\%, 3) = 60 \times 2.624\,3 + 1\,000 \times 0.816\,3$

$= 157.458 + 816.3$

$= 973.758 (元)$

由于贴现结果仍大于 960 元，还应进一步提高贴现率。

用 $i=8\%$ 试算：

$60×(P/A, 8\%, 3) + 1\ 000×(P/F, 8\%, 3) = 60×2.577\ 1 + 1\ 000×0.793\ 8$
$= 154.626 + 793.8 = 948.426(元)$

贴现结果低于 960 元，可以判断，购买该债券的到期收益率为 7%~8%，如图 7.2 所示。

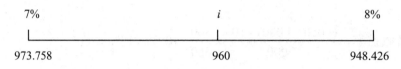

图 7.2　内插法计算到期收益率

用"内插法"计算近似值如下。

贴现率/%	现金流入现值/元
7	973.758
i	960
8	948.426

$$i = 7\% + \frac{973.758 - 960}{973.758 - 948.426} × (8\% - 7\%) ≈ 7.54\%$$

可以看出，如果债券购入价格和面值不等，则收益率和票面利率不同。如果该债券不是定期付息，而是到期后一次性还本付息或用其他方式付息，那么即使平价发行，到期收益率也与票面利率不同。

到期收益率是指导选购债券的标准，它可以反映债券投资按复利计算的真实收益率。如果某债券的到期收益率高于投资人要求的收益率，则应买进该债券，否则就要放弃。在同等条件下，其结论和计算债券的内在价值相同。

四、债券投资的风险

尽管债券的利率一般是固定的，债券投资仍然和其他投资一样是有风险的。债券投资的风险包括违约风险、利率风险、购买力风险、变现力风险和再投资风险等。

(一)违约风险

违约风险是指借款人无法按期支付利息和偿还本金的风险。一般而言，政府债券违约风险小，金融机构发行的债券次之，工商企业发行的债券风险较大。造成企业发生债券违约的原因有以下几个方面：①政治、经济形势发生重大变动；②发生自然灾害，如水灾、地震等；③企业经营管理不善、成本高、浪费大；④企业在市场竞争中失败，主要顾客流失；⑤企业财务管理失误，不能及时清偿到期债务。避免违约风险的方法是不买质量差的债券。

(二)利率风险

利率风险是指由于利率的变动而引起金融资产价格波动，使投资人遭受损失的风险。一般而言，银行利率下降，债券价格上升；银行利率上升，则债券价格下跌。不同期限的债券,利率风险也不一样,期限越长,风险越大。

(三)购买力风险

购买力风险是指由于通货膨胀而使债券到期或出售时所获得的货币资金的购买力降低的风险。在通货膨胀时期,购买力风险对投资者有着重要影响。一般而言,随着通货膨胀的发生,浮动收益证券比固定收益证券要好。因此,普通股票被认为比债券等有固定收益的证券能更好地避免购买力风险。

(四)变现力风险

变现力风险是指无法在短期内以合理的价格卖掉证券的风险。也就是说,如果投资人遇到另一个更好的投资机会,他想出售现有证券以便再投资,但短期内找不到愿意出合理价格的买方,要把价格降得很低才能找到买主,或者要花很长时间才能找到买主,他不是丧失新的投资机会,就是蒙受降价损失。

(五)再投资风险

再投资风险是由于市场利率下降而造成的无法通过再投资来实现预期收益的风险。根据流动性偏好理论,长期投资的收益率应当高于短期投资的收益率。为了避免市场利率变动的风险,投资者可能会投资于短期证券,但短期证券到期后又会面临着市场利率下降的再投资风险,即无法按照预期收益率进行再投资来实现所要求的预期收益。

第三节 股 票 投 资

【案例链接】

巴菲特股票投资策略六大原则

《巴菲特股票投资策略》一书把巴菲特的投资经验总结和梳理成几大原则。让我们先睹为快,看看投资大师巴菲特的投资原则吧!

① 选股原则:寻找超级明星企业。这个原则好理解。

② 估值原则:长期现金流量折现。这话实在是太专业了,我冒昧地解释一下,就是要先算好企业的内在价值。

③ 市场原则:市场是仆人而非向导。实际上也是我们常说的要做市场的主人,要做到自己心里有数。巴菲特强调:要在别人贪婪时恐惧,在别人恐惧时贪婪。这是需要长时间修炼的。

④ 买价原则:安全边际是成功的基石。"安全边际"又是一个专业术语,他认为"安全边际"是价值投资的核心,实际上是要我们在价格低于价值到一定幅度的时候再进行投资。这和估值原则是紧密联系在一起的,不过判断出企业的内在价值是需要专业知识和技能的。

⑤ 组合原则:集中投资于少数股票。到底是集中还是分散,现在也没有定论,不过巴菲特的一句话还是有些道理,他对于集中和分散的评价是:如果你有40个妻子,你不会

对任何一个有清楚的了解。我想，股票也是这样吧！

⑥ 持有原则：长期持有优秀企业的股票。巴菲特说：我最喜欢持有股票的时间是永远。这句话虽然有情绪渲染的成分，但是却充分表现出了巴菲特在投资时的耐力和定力。

(资料来源：同花顺综合. 巴菲特股票投资策略.
http://news.10jqka.com.cn/20150430/c572392772.shtml.2015-04-30.)

雅戈尔"炒股"套现 100 亿元！

曾于 2019 年扬言不再炒股的雅戈尔，在 2020 年又一次以"股神"般的表现重回投资者视野。2021 年 2 月 3 日晚间，宁波银行披露公告显示，截至 2 月 2 日，股东雅戈尔的减持计划实施完毕。2020 年，雅戈尔共计减持宁波银行 2.96 亿股，占后者总股本的 4.94%，实现套现 100 亿元。减持完成后，雅戈尔依然是宁波银行的第三大股东，持有股数为 5 亿股。

雅戈尔此前披露的 2020 年业绩预告显示，预计全年实现归母净利润 71.51 亿元，同比增长 80%。其中 44.70 亿元来自投资业务，同比上年暴涨 203%。减持宁波银行直接为雅戈尔赢得超 26 亿元的投资收益。

由服装生意起家，雅戈尔上市次年便开始试水股权投资，凭借多次出色的炒股战绩，公司被投资者冠以"中国版的伯克希尔哈撒韦"。2019 年，雅戈尔曾表示，将聚焦服装业务，择机处置现有股权投资项目，且不再开展非主业领域的财务性股权投资。主业低迷，频繁涉足炒股、炒期货的 A 股上市公司并不少见。而投资有盈有亏，市场的波动难有常胜将军。

(资料来源：中国青年网. 雅戈尔"炒股"套现 100 亿元！董事长曾表示"投资一下子能赚制造业 30 年的钱".
https://baijiahao.baidu.com/s?id=1690815109473179587&wfr=spider&for=pc.2021-02-05.)

一、股票的有关概念

(一)什么是股票

股票是股份公司发给股东的所有权凭证，是股东借以取得股利的一种有价证券。股票持有者即该公司的股东，对该公司财产有要求权。

股票可以按不同的方法和标准分类：按股东所享有的权利，可分为普通股和优先股；按票面是否标明持有者姓名，分为记名股票和无记名股票；按股票票面是否载明每股金额，分为有面值股票和无面值股票；按股份公司是否可以以一定的价格收回某种股票，分为可赎回股票和不可赎回股票。我国目前各公司发行的都是不可赎回的、记名的、有面值的普通股股票，只有少量公司过去按当时的规定发行过优先股股票。因此这里只讨论普通股股票的投资问题。

(二)股票价值

购入股票可在预期的未来获得现金流入。股票的未来现金流入包括两部分：每期预期股利和出售时得到的价格收入。股票的价值是指其预期的未来现金流入的现值，也称为股票的内在价值。

(三)股票价格

股票本身是没有价值的，仅是一种凭证。它之所以有价格，可以买卖，是因为它能给持有人带来收益。一般来说，公司第一次发行股票时，要规定发行总额和每股金额，一旦股票发行后上市买卖，股票价格就与原来的面值分离。这时的价格主要由预期股利和当时的市场利率决定，即股利的资本化价值决定了股票价格。此外，股票价格还受整个经济环境变化和投资者心理等众多因素的影响。

股市上的价格分为开盘价、收盘价、最高价和最低价等，投资人在进行股票评价时主要使用收盘价。股票的价格会随着经济形势和公司的经营状况而升降。

(四)股利

股利是公司对股东投资的回报，它是股东所有权在利润分配上的体现。股利是公司税后净利润的一部分。

二、股票的价值

股票评价的主要方法是计算其价值，然后和股票市价相比较，视其低于、高于或等于市价，决定买入、卖出或继续持有。股票的价值是指其预期的未来现金流入的现值，也称为股票的内在价值。下面介绍几个最常见的股票估价模型。

(一)股票估价的基本模型

在一般情况下，投资者投资股票，不仅希望得到股利收入，还希望在未来出售股票时从股票价格的上涨中获得好处。此时的股票估价模型为

$$V = \frac{D_1}{(1+K)} + \frac{D_2}{(1+K)^2} + \cdots + \frac{D_n}{(1+K)^n} + \frac{V_n}{(1+K)^n}$$

$$= \sum_{t=1}^{n} \frac{D_t}{(1+K)^t} + \frac{V_n}{(1+K)^n}$$

式中：V 为股票的内在价值；V_n 为未来出售时预计的股票价格；K 为投资者要求的必要收益率；D_t 为第 t 期的预期股利；n 为预计持有股票的期数。

如果股东一直持有股票，将继续获得股利，股利是一个永续的现金流入。这个现金流入的现值就是股票的内在价值，即

$$V = \frac{D_1}{(1+K)} + \frac{D_2}{(1+K)^2} + \cdots + \frac{D_n}{(1+K)^n}$$

$$= \sum_{t=1}^{\infty} \frac{D_t}{(1+K)^t}$$

该公式在实际应用时，主要面临两个问题。

(1) 如何预计未来每年的股利。股利的多少，取决于每股收益和股利支付率两个因素，可按历史资料的统计分析对其进行估计。股票估价的基本模型要求无限期地预计每年的股利，实际上不可能做到。因此应用的模型都是各种简化办法，如每年股利相同或固定比率增长等。

(2) 如何确定贴现率。贴现率的主要作用是把所有未来不同时间的现金流入折算为现在的价值。贴现率应为投资者要求的必要收益率，但在现实生活中难以准确估计。

(二)零成长股票的价值

在每年股利稳定不变、投资人持有期很长的情况下，股票的估价模型可简化为

$$V = \frac{D}{K}$$

【例 7.6】某企业购入一种股票准备长期持有，预计每年股利为 1 元，预期收益率为 12%。要求：计算这种股票的内在价值。

解：这种股票的内在价值为

$$V = \frac{D}{K} = \frac{1}{12\%} \approx 8.33(元)$$

也就是说，该股票每年会带来 1 元的收益，在市场利率为 12%的条件下，它相当于 8.33 元资本的收益，所以其价值是 8.33 元。当然，市场上的股价不一定就是 8.33 元，还要看投资人对风险的态度，可能高于或低于 8.33 元。

(三)固定成长股票的价值

如果一个公司的股利在不断增长，投资人的投资期限又非常长，则股票的估价就更困难了，只能计算近似数。假设上年股利为 D_0，第 1 年的股利为 D_1，每年股利与上一年相比增长率为 g，则

$$V = \frac{D_0(1+g)}{K-g} = \frac{D_1}{K-g}$$

式中：D_1 为第一年的股利，$D_1=D_0(1+g)$；g 为股利增长率。

【例 7.7】南海公司准备投资购买东方公司的股票，该股票上年每股股利为 1.2 元，预计以后每年以 5%的增长率增长，南海公司经分析后认为必须得到 10%的收益率，才能购买该股票，则这种股票的内在价值应为多少？

解：

$$V = \frac{1.2 \times (1+50\%)}{10\% - 5\%} = 25.2(元)$$

即东方公司的股票价格在 25.2 元以下时，才值得南海公司去购买。

(四)非固定成长股票的价值

在现实生活中，有的公司股利是不固定的。例如，在一段时间里高速成长，在另一段时间里固定成长或固定不变。在这种情况下，就要分段计算，才能确定股票的价值。

【例 7.8】南海公司持有东方公司的股票，它的投资最低收益率为 12%。预计东方公司未来 3 年股利将高速增长，成长率为 15%；在此之后转为正常增长，增长率为 10%。东方公司最近支付的股利是 1 元。请问：东方公司股票的价值是多少？

解析：第一步：计算股利高速增长期的股利现值，如表 7.1 所示。

表 7.1 股利现值计算表

年 份	股利/元	折现率(12%)	现值/元
1	1×1.15=1.15	0.893	1.027
2	1.15×1.15=1.323	0.797	1.054
3	1.323×1.15=1.521	0.712	1.083
合 计	—	—	3.164

第二步：计算第 3 年年底的普通股内在价值。

$$V_3 = \frac{D_3(1+g)}{K-g} = \frac{D_4}{K-g} = (1.521 \times 1.1) \div (12\% - 10\%) = 83.655(元)$$

其现值为

83.655×(P/F, 12%, 3)=83.655×0.712≈59.562(元)

第三步：计算股票目前的内在价值。

V=3.164+59.562=62.726(元)

股票、债券内在价值计算公式对比如表 7.2 所示。

表 7.2 股票、债券内在价值计算公式对比表

债券投资		股票投资	
一般情况	$V = I(P/A,K,n) + M(P/F,K,n)$	短期持有、准备出售	$V = \sum_{t=1}^{n} \frac{D_t}{(1+K)^t} + \frac{V_n}{(1+K)^n}$
一次还本付息且不计复利	$V = M(1+in)(P/F,K,n)$	长期持有、股利稳定不变	$V = \frac{D}{K}$ (相当于永续年金)
折现发行	$V = M(P/F,K,n)$	长期持有、股利固定增长	$V = \frac{D_0(1+g)}{K-g} = \frac{D_1}{K-g}$

三、股票的投资收益率

股票的收益是指投资者从购入股票开始到出售股票为止整个持有期间的收入，这种收益由股息和资本利得两部分组成。具体计算股票的投资收益率时，可以参考债券投资收益率的计算方法。

如果投资者持有股票时间不超过一年，不考虑货币的时间价值，其收益率可按以下公式计算：

$$持有期收益率 = \frac{(出售价格 - 购买价格)/持有期限 + 年现金股利}{购买价格} \times 100\%$$

如投资者持有股票时间超过一年的，需要考虑货币时间价值，其收益率可按以下公式计算：

$$V = \sum_{t=1}^{n} \frac{D_t}{(1+i)^t} + \frac{V_n}{(1+i)^n}$$

其中，i 是要求的投资收益率。

因为股票投资收益率的计算原理与债券投资收益率的计算原理一致，可以采用逐步测试法和插值法进行计算，所以此处不再举例。

四、市盈率分析

前述股票价值的计算方法，在理论上健全，计算结果使用起来也很方便，但未来股利的估计很复杂并且要求比较高，一般投资者往往很难办到。有一种粗略评估股票价值的方法，就是市盈率分析法。它易于掌握，被投资者广泛采用。

(一)用市盈率估计股价高低

市盈率可以粗略地反映股价的高低，表明投资人愿意用盈利的多少倍的货币来购买这种股票，是市场对该股票的评价。其计算公式如下：

$$市盈率 = \frac{每股市价}{每股收益}$$

股票价值=行业平均市盈率×该股票每股收益

用证券机构或刊物上提供的同类股票过去若干年的平均市盈率，乘以当前的每股收益，就可以得出股票的公平价值。用它和当前市价比较，可以判断投资该股票是否合理。

【例7.9】 南海公司的股票每股收益是 2 元，市盈率是 12，行业类似股票的平均市盈率是 15。试计算南海公司的股票价值和股票价格。

解： 股票价值=2×15=30(元)

股票价格=2×12=24(元)

说明市场对该股票评价略低，股价基本正常，有一定的吸引力。

(二)用市盈率估计股票风险

一般认为，股票的市盈率比较高，表明投资者对公司的未来充满信任，愿意为每 1 元盈利多付买价，这种股票的风险比较小。但是，当股市受到不正常因素干扰时，某些股票的市价被哄抬到不应有的高度，市盈率会很高。通常认为，超过 20 的市盈率是不正常的，很可能是股价下跌的前兆，风险相当大。但当股票的市盈率比较低时，表明投资者对公司的未来缺乏信心，不愿意为每 1 元盈利多付买价，这种股票的风险也比较大。通常认为，市盈率在 5 以下的股票，其前景比较悲观。

过高或过低的市盈率都不是好兆头，根据历史数据统计，平均的市盈率为 10～11，市盈率为 5～20 是比较正常的。投资者应研究拟投资股票市盈率的长期变化，估计其正常值，作为分析的基础。但是，目前我国和国际上大多数证券交易所的股票市盈率普遍偏高，其中有很多深层次的原因值得剖析。

【案例链接】

股市泡沫与市盈率

在股市刚上 4 000 点的时候，关于股票市场泡沫问题就被广泛地讨论，而泡沫问题与利息相关度非常高。

所谓资产有"泡沫"，通常说的是对资产的估值超过了其合理估值。那么，什么是对资产的合理估值呢？

比如一头奶牛，每年都给主人带来 200 元的净利，不计牛肉残值，该牛价值几何？

假设该牛能持续 10 年给主人带来每年 200 元净利，则它总共能带来 2 000 元的净利(不计其中的利息收入)。这是不是说对该牛的合理估值应该就是 2 000 元呢？

当然不是。道理很简单：如果该牛产奶周期无限长，那么它带来的净利之总和就无限大，难道对它的合理估值也要无限大吗？耕地很像那个产奶周期无限长的奶牛，它似乎永远都能带来财富，但是没有人认为耕地的合理估值是无限大。

所谓"十鸟在林，不如一鸟在手"。当下的钱总是比未来的钱值钱。未来的钱，即使风险为零，若想提前兑现(即所谓"贴现")，都应该有一个适当的折扣。

"利率"就是用来描述这个折扣率的。例如，在年利率为 5%，且通货膨胀率为零的情况下，明年的 105 元等于当下的 100 元。

钱本身不会自动生钱。从根本上，利息是源自企业的经营活动。在资金供应比较充分的时候，企业对资金需求不旺盛的情况下，利息就会低一些；反之，利息就会高一些。但是高和低都是有限度的。太低了，没人愿意存款，银行没钱往外借贷；太高了，影响企业的盈利能力，企业不会去借贷。剔除通货膨胀因素，5%上下的利息水平比较常见。

回到奶牛的例子上，我们发现，假设该奶牛产奶期无限长，在 5%的利率水平下，仅从带来利润的角度而言，那头奶牛的效果等同于 4 000 元的现金。这个 4 000 元是通过 200 元(年净利)除以 5%(年利率)得到的。

在理想状态下，对资产的合理估值就是稳定的年利除以通行利率。这也就是人们常说的市盈率是利息的倒数。

所谓市盈率、P/E(Price/Earning)值就是股票的市价与每股年盈利之比。这是衡量一只股票是否值得投资最直观的指标之一。

通常人们认为 20 的市盈率是比较合适的，这主要是基于 5%的年利率比较常见。

对于上市公司来说，它可以通过发行股票来融资，也可以通过发行企业债融资，或向银行贷款。这几种方式具有一定的替代性，所以这几种融资方式的成本也应大致相当。企业以接近 20 的市盈率发行股票，就相当于以 5%的利率借贷。这也是剔除通货膨胀因素之后，企业能从其他渠道融资的成本。

(资料来源：陈涛. 南方周末：股市泡沫谁之过.
https://finance.sina.com.cn/stock/stocktalk/20070524/11323625847.shtml. 2007-05-24.)

第四节 基金投资

一、投资基金的概念

投资基金是一种利益共享、风险共担的集合证券投资方式，即通过发行基金单位，集中投资者的资金，由基金托管人托管，由基金管理人管理和运用资金，从事股票、债券、外汇、货币等金融工具投资，以获得投资收益和资本增值。它的创立和运行主要涉及四个方面：投资人、发起人、管理人和托管人。投资人是出资人，也是受益人，他可以是自然人，也可以是法人，大的投资人往往也是发起人。发起人根据政府主管部门批准的基金章程或基金证券发行办法筹集资金而设立投资基金，将基金委托于管理人管理和运营，委托托管人保管和进行财务核算，发起人与管理人、托管人之间的权利与义务通过信托契约来规定。在我国，基金托管人必须由合格的商业银行担任，基金管理人必须由专业的基金管理公司担任。基金投资人享受证券投资基金的收益，也承担亏损的风险。

投资基金与股票、债券的主要区别在于以下几个方面。

(1) 发行的主体不同，体现的权利义务关系也不同。

(2) 风险和收益不同。投资基金的风险小于股票投资，但大于债券投资，其收益非完全固定。

(3) 存续的时间不同。投资基金都规定有一定的存续时间，期满即终止。

【案例链接】

2021 基金"暴跌"，投资者 60%都是年轻人

2021 年开年以来，"沉寂已久"的基金项目突然受到了许多投资者的"追捧"。特别是 2 月初，更是以牛市的劲头往上冲，各类基金不断上涨，也让不少投资者尝到了甜头。能够赚钱，自然也就能够吸引更多的人加入。但我们都知道投资有风险，世界上没有永远赚钱的项目，基金的风险同样是不小的。

世事变幻无常，到 2021 年 2 月最后一周，受多方因素的影响，许多基金在经历了连续"攀升"之后，以熊市的速度不断下跌。在年前好不容易赚得一点钱，在年后却又都亏完了，甚至还直接成了负数，广大投资者也因此"亏损连连"。如今，绝大多数基金都已经回调超过 10%，更有不少基金的跌幅超过 20%。

根据中国基金图鉴显示，在基金投资者中 18~34 岁的人占了总人数的 60%。也就是说，有超过 60%的基金投资者是"85 后""90 后"，甚至"00 后"。这一次基金的大幅回调可以说是狠狠地"割"了年轻人一把，很多年轻的"持基人"坦言，在经过这几天的大跌之后，自己也都已经被基金"绿得睡不着觉"了。有不少买了基金的网友表示：因为没钱所以买了基金，结果现在更没钱了。

(资料来源：企业先锋.2021 基金"暴跌"，60%都是年轻人，90 后、00 后为何纷纷被"割"？https://baijiahao.baidu.com/s?id=1693838086681740192&wfr=spider&for=pc.2021-03-10.)

二、投资基金的分类

(1) 按基金的组织形式不同,投资基金可分为契约型投资基金和公司型投资基金。契约型投资基金也称信托型投资基金,是指基金发起人依据其与基金管理人、基金托管人订立的基金契约,与发行基金单位组建的投资基金。公司型投资基金是由具有共同投资目标的投资者组成以营利为目的的股份制投资公司,并将资产投资于特定对象的投资基金。一般投资者购买该公司的股份即成为该公司的股东。

(2) 按基金是否可申购或者赎回,投资基金可分为封闭式投资基金和开放式投资基金。封闭式投资基金是指基金规模在发行前已确定,在发行完毕后的规定期限内,基金规模固定不变的投资基金。开放式投资基金是指基金设立后,投资者可以随时申购或者赎回基金,基金规模不固定。

(3) 根据投资标的不同,投资基金可分为股票基金、债券基金、货币基金、期货基金、期权基金、认股权证基金、专门基金等。其中,股票基金是所有基金品种中最流行的一种类型,它是指投资于股票的投资基金,其风险程度较个人投资股票市场要低得多。

三、投资基金的估价与收益率

1. 基金的价值

基金的价值取决于目前能给投资者带来的现金流量,用基金的净资产价值来表达。

1) 基金单位净值

基金单位净值是在某一时点每一基金单位(或基金股份)所具有的市场价值,其计算公式为

$$基金单位净值 = \frac{基金净资产价值总额}{基金单位总份额}$$

其中　　　　　基金净资产价值=基金总资产市场价值-基金负债总额

2) 基金的报价

基金的类型及价格确定如表 7.3 所示。

表 7.3　基金的类型及价格确定

类　型	价格的确定
封闭式基金二级市场上的交易价格	由供求关系和基金业绩决定,围绕基金单位净值上下波动
开放式基金的柜台交易价格	开放型基金的柜台交易价格完全以基金单位净值为基础,通常采用两种报价形式:认购价(基金经理公司的卖出价)和赎回价(基金经理公司的买入价) 基金认购价=基金单位净值+首次认购费 基金赎回价=基金单位净值-基金赎回费

2. 基金收益率

基金收益率用以反映基金增值的情况,它通过基金净资产的价值变化来衡量。年初基

金单位净值相当于购买基金的本金投资，基金收益率相当于一种简便的投资收益率。

$$基金收益率 = \frac{年末持有份数 \times 年末基金单位净值 - 年初持有份数 \times 年初基金单位净值}{年初持有份数 \times 年初基金单位净值}$$

【例7.10】华信基金公司发行的是开放基金，2020年的有关资料如表7.4所示。

表7.4 基金基本资料

项　目	2020年年初	2020年年末
基金资产账面价值/万元	1 000	1 200
负债账面价值/万元	300	320
基金资产市场价值/万元	1 500	2 000
基金份数/万份	500	600

假设基金公司收取首次认购费，认购费率为基金单位净值的5%，不再收取赎回费。

要求：

(1) 计算年初的下列指标：该基金公司基金净资产价值总额、基金单位净值、基金认购价、基金赎回价。

(2) 计算年末的下列指标：该基金公司基金净资产价值总额、基金单位净值、基金认购价、基金赎回价。

(3) 计算2020年投资人的基金收益率。

解：

(1) 计算年初的下列指标。

基金净资产价值总额=基金资产市场价值-负债总额=1 500-300=1 200(万元)

基金单位净值=1 200÷500=2.4(元)

基金认购价=2.4+2.4×5%=2.52(元)

基金赎回价=2.4-0=2.4(元)

(2) 计算年末的下列指标。

基金净资产价值总额=2 000-320=1 680(万元)

基金单位净值=1 680÷600=2.8(元)

基金认购价=2.8+2.8×5%=2.94(元)

基金赎回价=2.8-0=2.8(元)

(3) 计算2020年投资人的基金收益率。

$$基金收益率 = \frac{600 \times 2.8 - 500 \times 2.4}{500 \times 2.4} = 40\%$$

四、基金投资的优缺点

1. 优点

基金投资的最大优点是能够在不承担太大风险的情况下获得较高收益。其原因在于投资基金具有专家理财优势和资金规模优势。

2. 缺点

基金投资的缺点：①无法获得很高的投资收益。投资基金在投资组合过程中，在降低风险的同时，也丧失了获得巨大收益的机会；②在大盘整体大幅度下跌的情况下，投资人可能承担较大的风险。

第五节 证券投资组合的风险和收益

一、证券投资组合的意义

证券投资组合又叫证券组合，是指在进行证券投资时，不是将所有的资金都投向单一的某种证券，而是有选择地投向一组证券，这种同时投资多种证券的做法叫作证券的投资组合。这里的"证券"是"资产"的代名词，它可以是任何产生现金流的东西，例如一项生产性实物资产、一条生产线或者是一个企业。

人们进行证券投资的直接动机就是获得投资收益，所以投资决策的目标就是使投资收益最大化。由于投资收益受许多不确定性因素的影响，投资者在作出投资决策时只能根据经验和所掌握的资料对未来的收益进行估计。因为不确定性因素的存在，有可能使将来得到的投资收益偏离原来的预期，甚至可能发生亏损，这就是证券投资的风险。因此，人们在进行证券投资时，总是希望尽可能减少风险，增加收益。

投资组合理论认为，若干种证券组成的投资组合，其期望收益率是组成投资组合的个别证券期望收益率的加权平均数，但是其风险不是这些个别证券风险的加权平均数，投资组合能降低风险。

二、证券投资组合的风险

证券投资组合的风险可以分为两种性质完全不同的风险，即系统风险和非系统风险，分别对应着第二章涉及的市场风险和公司特有风险。通过表 7.5 回顾一下这两种风险。

表 7.5 证券投资组合的风险

名 称	概 念	特 点	是否可分散
公司特有风险、非系统风险或可分散风险	发生于个别公司的特有事件造成的风险	非预期的、随机发生的，只影响少数公司，不会对整个市场产生大影响	可以通过多样化投资分散掉
市场风险、系统风险或不可分散风险	影响所有公司的因素引起的风险	战争、经济衰退等因素导致的意外、非预期的变动，对所有资产会有影响	不能通过多样化投资消除全部风险

以下通过一个例子分析证券投资组合的风险及分散。假设 A 股票和 B 股票构成一个证券组合，每种股票在证券组合中各占 50%，如果两种股票的收益率分别为完全负相关和完全正相关，那么它们的收益率和风险的详细情况如表 7.6 及表 7.7 所示。

表 7.6 完全负相关的证券组合数据

年 度	A 股票 K_A/%	B 股票 K_B/%	A、B 的组合 K_P/%
2018	40	−10	15
2019	−10	40	15
2020	35	−5	15
2021	−5	35	15
2022	15	15	15
平均数	15	15	15
标准差	22.6	22.6	0.00

表 7.7 完全正相关的证券组合数据

年 度	A 股票 K_A/%	B 股票 K_B/%	A、B 的组合 K_P/%
2018	40	40	40
2019	−10	−10	−10
2020	35	35	35
2021	−5	−5	−5
2022	15	15	15
平均数	15	15	15
标准差	22.6	22.6	22.6

从表 7.6 中可以看出，如果分别持有两种完全负相关的股票有很大风险，但如果把它们组合成一个证券组合，则没有风险，这种完全负相关股票的相关系数 $r=-1.0$。与完全负相关相反的是完全正相关($r=1.0$)，根据表 7.7 中的数据，完全正相关股票的风险不能通过证券投资组合得到任何的抵消。实际上，各种股票之间不可能完全正相关，也不可能完全负相关，所以不同股票的投资组合可以降低风险，但不能完全消除风险。

一般来说，随机抽取两种股票相关系数为 0.6 左右的最多，而对绝大多数两种股票而言，r 位于 0.5~0.7。根据这一规律，当某个证券投资组合中的股票种类足够多时，几乎能把所有的非系统风险分散掉。

由于非系统风险可以通过分散化消除，因此一个完善的投资组合几乎没有非系统风险。值得注意的是，在风险分散化的过程中，不应当夸大投资多样性和增加投资项目的作用。在投资组合中投资项目增加的初期，风险分散的效果比较明显，但增加到一定程度，风险分散的效果就会逐渐减弱。有经验数据表明，当投资组合中的资产数量达到 20 个左右时，绝大多数非系统风险均已被分散掉，此时，如果继续增加投资项目，对分散风险已没有多大的实际意义，如图 7.3 所示。

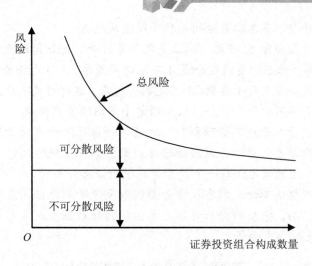

图 7.3 证券投资组合的风险及其分散

三、β 系数及资本资产定价模型

资本资产定价模型是财务学形成和发展中重要的里程碑。它第一次使人们可以量化市场的风险程度，并且能够对风险进行具体的测度。

资本资产定价模型的研究对象是充分组合情况下风险与要求的收益率之间的均衡关系。在前面的讨论中，我们将风险定义为预期收益率的不确定性，然后根据投资组合理论将风险区分为系统风险和非系统风险。我们已经知道了在高度分散化的投资组合中只有系统风险，那么现在将讨论如何衡量系统风险，以及系统风险和要求的收益率之间的关系。

【知识链接】

威廉·夏普与资本资产定价模型

1961 年，夏普受聘到华盛顿大学商学院后，便着手将他的博士论文《基于证券之间关系的简化模型的投资组合分析》改写成一篇文章，发表在 1963 年美国的《管理科学》杂志上。在文章的最后一章，夏普在关于均衡理论一般化问题的基础上进一步发展了马克维茨的证券投资组合选择理论，建立了著名的资本资产定价模型，简称 CAPM。

CAPM 是关于投资风险与收益的模型。它既是一个不确定条件下金融资产定价的均衡模型，又是一个可以进行计量检测的金融资产定价模型。其实质是讨论资本风险与收益的关系。该模型解决了马克维茨证券投资组合理论在实际应用中的困难，不仅简化了大量的计算工作，使之简单明了、易于操作，而且提供了更加丰富的信息量，被广泛应用于金融经济的实证分析中。该模型的建立，迈出了从微观分析到对金融资产价格形成的市场分析的关键一步。

夏普认为，所有有价值的资产必然都在某个人的资产组合之中，因为所有的资产都有其所有者。这样买者与卖者就要调整资产的价格，以便使这些价格有足够的吸引力，并成为适合于某些人的"最优"资产组合。对于资产所有者来说，一旦确定了资产的价格，就有一种适于每个投资者资产组合的风险资产的混合。投资者对风险的态度不同，喜欢冒险的人称为风险爱好者，不喜欢冒险的人称为风险厌恶者。

假定张三和王五都有 5 万元。张三是风险爱好者，王五是风险厌恶者。这样，他们的资产组合就会不同。张三的资产组合是 4 万元购买股票，1 万元作为有保障的银行存款。而王五的资产组合是 4 万元用于存款，1 万元购买股票。这种对风险程度不同的资产有着不同的偏好，就形成了不同的资产组合，从而确定了不同的资产价格。

夏普提出的"资本资产定价模型"，把任何一种风险资产的价格都概括为三个基本因素：第一，无风险因素；第二，风险的价格因素；第三，风险的计量单位。他还对模型提出了一系列科学合理的假定：每一个投资者在进行证券分析时，只关心证券的回报与风险；证券交易成本可以忽略不计；所有投资者都能以无风险利率借入或贷出资金；所有投资者都能获得相同的信息，采用的分析方法也类似，因此对证券未来前景的预期也是一致的；税收对证券投资无明显影响等。

(资料来源：范久宇，张凤松. 看不见的手：诺贝尔奖和经济学[M]. 北京：商务印书馆，2008.)

(一) β 系数及其含义

我们通常用 β 系数来测度系统风险。β 系数有多种计算方法，实际计算过程十分复杂，但幸运的是 β 系数一般不需投资者自己计算，而由一些投资服务机构定期计算并公布。作为整体的证券市场的 β 系数为 1。单项资产的 β 系数是单项资产所含的系统风险对市场组合平均风险的影响程度，它可以反映单项资产风险收益率与市场上全部资产的平均收益率之间的变动关系。一般来说，β 系数>1 的是进取型证券，β 系数=1 的是稳健型证券，β 系数<1 的是保守型证券。β 系数的计算公式为

$$\beta = \frac{某种资产的风险收益率}{市场组合的风险收益率}$$

$\beta=0.5$，说明该股票的风险只有整个市场股票风险的一半。

$\beta=1.0$，说明该股票的风险等于整个市场股票风险。

$\beta=2.0$，说明该股票的风险是整个市场股票风险的两倍。

(二) 投资组合的 β 系数

投资组合的 β 系数等于组合中个别证券 β 系数的加权平均数。

$$\beta_p = \sum_{j=1}^{n} W_j \beta_j$$

式中：β_p 为证券投资组合的 β 值；β_j 为第 j 种证券的 β 值；W_j 为第 j 种个别证券占全部证券的比重(权数)；n 为证券的种类。

如果一个高 β 值股票($\beta>1$)加入一个平均风险组合(β_p)中，则组合风险将会提高；反之，如果一个低 β 值股票($\beta<1$)加入一个平均风险组合中，则组合风险将会降低。所以，一只股票的 β 值可以度量该股票对整个组合风险的贡献，β 值可以作为这一股票风险程度的一个大致度量。

【例7.11】某公司目前持有由 A、B、C 三只股票构成的证券组合，每只股票的 β 系数分别为 0.6、1.0 和 1.8。假定三只股票在证券组合中的比重分别为 25%、40%和 35%，据此

计算的证券组合的 β 系数为多少。

解：

β=0.6×25%+1.0×40%+1.8×35%=1.18

【例7.12】 承上例，如果该公司为降低风险，售出部分 C 股票，买进部分 A 股票，使 A、B、C 三只股票在证券组合中所占的比重变为 45%、40%和 15%，其他条件不变，则该公司新证券组合的 β 系数为多少？

解：

β=0.6×45%+1.0×40%+1.8×15%=0.94

(三)资本资产定价模型的基本表达式

一般来说，风险越大，投资者期望的收益率就越高，因此，风险和收益率的关系密不可分，可用资本资产定价模型(Capital Asset Pricing Model)来表示。

$$E(R_i) = R_F + \beta_i(R_M - R_F)$$

式中：$E(R_i)$ 为第 i 种资产或第 i 种投资组合的必要收益率；R_F 为无风险收益率(通常以国库券的收益率作为无风险收益率)；β_i 为第 i 种资产或第 i 种投资组合的 β 系数；R_M 为市场组合的平均收益率。

【例7.13】 某股票为固定成长股，其成长率为 3%，预期一年后的股利为 4 元，假定目前国库券收益率为 7%，平均风险股票必要收益率为 12%，而该股票的 β 系数为 1.2，那么该股票的内在价值为多少元？

解：

该股票的必要收益率=7%+1.2×(12%-7%)=13%

该股票的内在价值=4÷(13%-3%)=40(元)

【例7.14】 甲股票的 β 系数为 0.5，乙股票的 β 系数为 1.0，丙股票的 β 系数为 1.5，丁股票的 β 系数为 2.0，无风险利率为 7%，假定同期市场上所有股票的平均收益率为 12%。要求：计算上述四种股票的必要收益率。

解： 甲股票的必要收益率 $E(R_1)$=7%+0.5×(12%-7%)=9.5%

乙股票的必要收益率 $E(R_2)$=7%+1.0×(12%-7%)=12%

丙股票的必要收益率 $E(R_3)$=7%+1.5×(12%-7%)=14.5%

丁股票的必要收益率 $E(R_4)$=7%+2.0×(12%-7%)=17%

证券投资收益率与 β 系数的关系，通常用图形来表示，叫证券市场线，简称 SML。它说明了必要收益率与不可分散风险 β 系数之间的关系，如图 7.4 所示。

从图 7.4 中可以看到，无风险收益率为 7%，β 系数不同的股票有不同的风险收益率，当 β=0.5 时，风险收益率为 2.5%；当 β=1 时，风险收益率为 5%，依次类推。由此可见，β 系数越大，要求的风险收益率越高，如无风险收益率不变，则预期的投资收益率也越高。

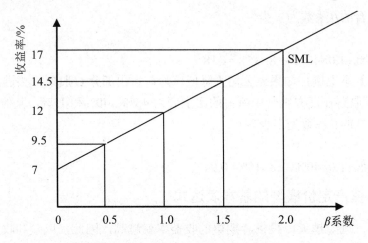

图 7.4 证券投资收益率与 β 系数的关系

【例 7.15】南海公司持有由 X、Y、Z 三只股票构成的证券组合,其 β 系数分别是 1.5、1.7 和 1.9,这三只股票在证券投资组合中所占比重分别为 30%、40%和 30%,市场投资组合的平均收益率为 9%,无风险收益率为 7%。要求:计算该证券组合要求的必要收益率。

解:

$\beta = 1.5 \times 30\% + 1.7 \times 40\% + 1.9 \times 30\% = 1.7$

$E(R_P) = 7\% + 1.7 \times (9\% - 7\%) = 10.4\%$

四、证券投资组合的策略

证券投资组合策略是投资者根据市场上各种证券的具体情况以及投资者对风险的偏好与承受能力,选择相应的证券进行投资组合时所采用的方针。常见的证券投资组合策略有以下几种。

(一)保守的投资组合策略

保守的投资组合策略要求尽量模拟证券市场现状(无论是证券种类还是各证券的比重),将尽可能多的证券包括进来,以便分散掉全部可分散风险,从而得到与市场平均收益率相同的投资收益率。这种投资组合是一种比较典型的保守型投资组合,其所承担的风险与市场风险相近。保守型投资组合策略基本上能分散掉非系统风险,但所得到的收益也不会高于证券市场的平均收益。

(二)冒险的投资组合策略

冒险的投资组合策略要求尽可能多地选择一些成长性较好的股票,而少选择那些低风险低收益的股票,这样就可以使投资组合的收益高于证券市场的平均收益。这种组合的收益高,风险也高于证券市场的平均风险。采用这种投资组合,如果做得好,可以取得远远超过市场平均收益的投资收益;但如果失败,则会造成较大的损失。

(三)适中的投资组合策略

适中的投资组合策略认为,股票的价格主要由企业的经营业绩决定,只要企业的经济效益好,股票的价格终究会体现其优良的业绩。所以在进行股票投资时,要全面深入地进行证券投资分析,选择一些品质优良的股票组成投资组合,如果做得好,就可以获得较高的投资收益,而又不会承担太大的投资风险。

五、证券投资灵活操作方法

(一)顺势投资法

当整个股市大势向上时,以买进股票持股为宜;当股市不灵或股价趋势向下时,则以卖出手中持股而拥有现金以待时而动较佳。这种跟着大势走的做法,似乎已成为小额投资者公认的"法则"。凡是顺势的投资者,通常可以轻松获利,而且获利也比较大;反之,如果逆势而为,即使财力庞大,也可能会得不偿失。

(二)"拔档子"操作法

"拔档子"操作法是投资者先卖出自己所持有的股票,待其价位下降之后,再买入补回的一种降低成本,保存实力的方法。投资者的"拔档子"并不是对后市看跌,也不是真正有意获利了结,只是希望趁价高时先行卖出,赚取差价。通常卖出与买回的间隔不会太久,短则隔一天即回补,长则可能达一两个月之久。"拔档子"法做对了可降低成本,增加利润,万一做错了则吃力不讨好。

(三)"守株待兔"法

投资者可每天将挂牌上市的股票各购进一手或几手。这样一来,任何股票涨跌都有可能获得收益而不至于全亏(当然,由于系统风险也可能导致股市整体下跌)。采用这种方法的人应该自己首先订立一个原则,如涨跌幅度超过两成则可售出或买进。甲股票涨了两成卖掉它;下轮轮到乙股票涨了两成也卖掉它;丙股票跌了两成买进,丁股票跌了两成也补进。这样的做法不用费太多时间来选择股票,省去了很多麻烦,也降低了投资对象选择中的风险,收益可观。

(四)摊平操作法

投资人的任何买卖进出都不用尽全部财力,以便下档摊平或上档加码。下档摊平的操作方法,是指投资人在买进股票后,由于股价下跌,使得手中持股形成亏损状态,当股价跌落一段时间后,投资人再以低价买进一些以便摊低成本的操作方式,可以采用逐次平均买进摊平法、加倍买进摊平法、加倍卖出摊平法等。反过来,如果股价上升了,投资人可再加码买进一些,以便持股数量增多,扩大获利的比率。

(五)分散投资组合法

1. 三分法

比较流行的投资组合三分法是:三分之一的资金存入银行,以备不时之需;三分之一的资金投资于债券、股票等有价证券;三分之一的资金投资于房地产等不动产。同样,投资于有价证券的资金也要进行三分,即三分之一的资金投资于风险较大、有发展前景的成长型股票;三分之一的资金投资于安全性较高的债券或优先股等有价证券;三分之一的资金投资于中等风险的有价证券。

2. 按风险等级和收益高低进行投资组合

证券的风险大小可以分为不同的等级,收益也有高低之分。投资者可以测定出自己期望的投资收益率和所能承受的风险程度,然后在市场中选择有相应风险和收益的证券作为投资组合。一般来说,在选择证券进行投资组合时,同等风险的证券应尽可能选择收益高的;同等收益的证券应尽可能选择风险低的,并且要选择一些风险呈负相关的证券进行投资。

3. 选择不同的行业、区域和市场的证券作为投资组合

(1) 尽可能选择足够数量的证券进行投资组合,这样可以分散掉大部分可分散风险。

(2) 选择证券的行业也应分散,不可集中投资于同一个行业的证券。

(3) 选择证券的区域也应尽可能分散,这是为了避免因地区市场衰退而使投资遭受重大损失。

(4) 将资金分散投资于不同的证券市场,这样可以防范同一证券市场的风险。

4. 选择不同期限的投资进行组合

这种投资组合要求投资者根据未来的现金流量安排各种不同投资期限的证券,进行长、中、短期相结合的投资组合。同时,投资者可以根据可用资金的期限来安排投资,长期不用的资金可以进行长期投资,以获取较大的投资收益;近期可能要使用的资金,最好投资于风险较小、易于变现的有价证券。

本 章 小 结

1. 证券投资是指投资者将资金投资于股票、债券、基金及其衍生物等证券资产,从而获取收益的一种投资行为。证券投资的目的,一般是为了获取收益或者获取控制权。

2. 债券是指筹资人依照法定程序发行的,约定在一定期限还本付息的有价证券。债券的价值是购买者按照合同规定从现在至债券到期日收到的利息和本金(现金流入)的现值。债券收益率是指以特定价格购买债券并持有至到期日(出售日)所能获得的收益率,主要包括利息收入和资本利得两部分。

3. 股票是股份公司发给股东的所有权凭证,是股东借以取得股利的一种有价证券。股票持有者即为该公司的股东,对该公司财产有要求权。股票的价值是指其预期的未来现金流入的现值，也称为股票的内在价值。股票的收益是指投资者从购入股票开始到出售股票为止整个持有期间的收入，这种收益由股息和资本利得两部分组成。

4. 市盈率可以粗略地反映股价的高低，表明投资人愿意用盈利的多少倍的货币来购买这只股票，是市场对该股票的评价。

5. 证券投资基金是一种利益共享、风险共担的集合证券投资方式，即通过发行基金单位，集中投资者的资金，由基金托管人托管，由基金管理人管理和运用资金，从事股票、债券、外汇、货币等金融工具投资，以获得投资收益和资本增值。基金收益率用以反映基金增值的情况，它通过基金净资产的价值变化来衡量。

6. 证券投资组合又叫证券组合，是指在进行证券投资时，不是将所有的资金都投向单一的某种证券，而是有选择地投向一组证券。其期望收益率是组成投资组合的个别证券期望收益率的加权平均数，但是其风险不是这些个别证券风险的加权平均数，投资组合能降低风险。

7. 资本资产定价模型的研究对象，是充分组合情况下风险与要求的收益率之间的均衡关系。风险越大，投资者期望的收益率越高，计算公式为：$E(R_i) = R_F + \beta_i(R_M - R_F)$。其中，$\beta$ 系数是单项资产(投资组合)所含的系统风险对市场组合平均风险的影响程度。

8. 证券投资组合策略是投资者根据市场上各种证券的具体情况以及投资者对风险的偏好与承受能力，选择相应证券进行组合时所采用的方针。

思 政 课 堂

多家企业登陆科创板

2021年1~4月，两市共计新增135家上市企业，合计募集资金962.88亿元。其中，科创板新增53家，合计募资406.02亿元。53家科创板企业中，共有49家企业选择了科创板上市标准一，1家企业选择了科创板上市标准三，3家企业选择了科创板上市标准四。

根据《上海证券交易所科创板股票发行上市审核规则》第二十二条，上市标准一为预计市值不低于人民币10亿元，最近两年净利润均为正且累计净利润不低于人民币5 000万元，或者预计市值不低于人民币10亿元，最近一年净利润为正且营业收入不低于人民币1亿元。共49家企业选择了第一套上市标准。诺禾致源1家企业选择了第三套上市标准，即预计市值不低于人民币20亿元，最近一年营业收入不低于人民币3亿元，且最近三年经营活动产生的现金流量净额累计不低于人民币1亿元。青云科技、天能股份、凯因科技3家企业选择了第四套上市标准，即预计市值不低于人民币30亿元，且最近一年营业收入不低于人民币3亿元。

(资料来源：中国经济网.前4月53家企业登陆科创板 49家选标准一 1家选标准三. https://baijiahao.baidu.com/s?id=1699144338088896193&wfr=spider&for=pc.2021-05-08.)

思考题：设立科创板并试点注册制是提升服务科技创新企业能力，增强市场包容性，强化市场功能的一项资本市场重大改革举措。请查找资料分别介绍一下创业板、科创板、新三板的联系与区别。不论是个人还是企业在进行证券投资时，都应重点考虑哪些因素？为什么？

复习与思考题

1. 简述证券投资的对象。
2. 简述证券投资交易的程序。
3. 如何计算债券的到期收益率？
4. 债券投资的风险包括哪些内容？
5. 影响股票价格变动的因素有哪些？
6. 如何用市盈率估计股票价格和股票风险？
7. 基金投资的吸引力为什么这么大？
8. 如何运用风险分散理论构造一个证券投资组合？
9. 简述 β 系数的含义。
10. 简述资本资产定价模型的基本内容。
11. 简述证券投资组合的策略与方法。

计 算 题

1. 甲公司拟购买乙公司发行的债券，该债券面值为 100 元，票面利率为 10%，期限为 5 年。甲公司要求的必要收益率为 12%。要求：计算以下两种情况下甲公司可以接受的债券市场价格。

(1) 债券每年年末付息一次，到期还本。

(2) 债券到期一次性还本付息(按单利计息)。

2. A 公司拟购买某公司债券作为长期投资(打算持有至到期日)，要求的必要收益率为 6%。现有三家公司同时发行面值为 1 000 元的 5 年期债券，其中：

甲公司债券的票面利率为 8%，每年付息一次，到期还本，债券发行价格为 1 041 元。

乙公司债券的票面利率为 8%，单利计息，到期一次还本付息，债券发行价格为 1 050 元。

丙公司债券的票面利率为零，债券发行价格为 750 元，到期按面值还本。

要求：

(1) 计算 A 公司购入甲公司债券的价值和到期收益率。

(2) 计算 A 公司购入乙公司债券的价值和到期收益率。

(3) 计算 A 公司购入丙公司债券的价值和到期收益率。

(4) 根据上述计算结果，评价甲、乙、丙三种公司债券是否具有投资价值，并为 A 公司作出购买何种债券的决策。

3. 某股票为固定增长型股票，预计上年末发放的股利为每股 3 元，年股利增长率为 3%，投资者要求的必要收益率为 10%，试计算该股票的内在价值。

4. 预计 ABC 公司未来年度的税后利润为 1 000 万元，发行在外的普通股为 500 万股。

要求：

(1) 假设其行业平均市盈率为 12，计算其股票的价值。

(2) 假设股利固定增长率为 7%，必要收益率为 10%，预计税后利润的 60%用于发放股利，用股利固定增长模型计算股票价值。

5. 某公司持有由 A、B、C 三只股票构成的证券投资组合，三只股票所占比重分别为 50%、30%和 20%，其 β 系数分别为 1.2、1.0 和 0.8，股票的市场收益率为 10%，无风险收益率为 8%。

要求：
(1) 计算该证券投资组合的风险收益率。
(2) 计算该证券投资组合的必要收益率。

6. A 公司股票的 β 系数为 2.5,无风险利率为 6%,市场上所有股票的平均收益率为 10%。

要求：
(1) 计算该公司股票的必要收益率。
(2) 若该股票为固定成长股票，成长率为 3%，预计 1 年后的股利为 1.5 元，则该股票的价值为多少？
(3) 若股票未来 3 年股利为零成长，每年股利为 1.5 元，预计从第四年起转为正常增长，增长率为 5%，则该股票的价值为多少？

案 例 分 析

1. 日前，美国投资公司协会(ICI)发布 2020 年度报告显示，2020 年年底我国开放式公募基金规模首次超过日本和澳大利亚，成为亚太地区第一。从全球来看，2020 年年底我国开放式公募基金规模位居全球第五，超过英国、法国等发达国家。

20 多年来，中国公募基金不仅为持有人带来了丰厚的回报，而且逐步登上全球舞台。截至 2020 年年底，我国开放式公募基金规模达 2.81 万亿美元。2015 年至 2018 年，中国开放式公募基金规模亚太排名在第二、第三徘徊。2019 年，开放式公募基金规模排在澳大利亚和日本之后，位列亚太地区第三。2020 年中国股市表现出众，基金发行火热。在多重因素影响下，2020 年年底，中国开放式公募基金超越澳大利亚和日本，成为亚太地区冠军。

查找材料分析一下：什么是基金？目前我国的基金现状如何？基金收益率大体在什么水平上？与股票和债券相比，基金的收益和风险如何？有哪些优缺点？

(资料来源：中国证券报. 重大突破：亚太第一、全球第五 中国公募基金排名跃升. https://baijiahao.baidu.com/s?id=1699258832211097942&wfr=spider&for=pc.2021-05-09.)

2. 市场上比较稳健的理财产品并不是很多，并且随着市场利率降低，现在理财产品的预期收益率普遍都不是很高。在稳健的理财产品当中，国债拥有的粉丝较多，原因很简单，国家发行的债券安全性是没问题的，并且利率也还说得过去。

根据财政部发布的信息来看，在 2021 年 5 月 10 日，会有两批储蓄国债发行，这两批储蓄国债均为电子式。具体来看是 2021 年第三期和第四期储蓄国债，其中第三期国债期限为 3 年，票面利率能达到 3.8%，最大发行额度为 200 亿元。第四期国债期限为 5 年，票面利率为 3.97%，最大发行额度也是 200 亿元。也就是说，两批国债总的最大发行额度不会超过 400 亿元。

如果买 20 万元 5 年期的储蓄国债,一年的利息收益接近 8 000 元,在收益上面还算不错,毕竟能够保本保息,市场上比较难找到与之媲美的产品。

请问:如果你要投资理财,会选择国债吗?为什么?你认为投资国债有哪些优缺点?

(资料来源:费边财商. 一大拨安心躺赚的理财,收益远超余额宝.
https://xueqiu.com/5085786292/179419315.2021-05-10.)

3. 在以往一个多世纪里,股票的名义投资收益率为 9.5%,其中包括 4.5%的年均股息收益率和 5.0%的年均收益增长率。在此基础上,还要加上 0.1 个百分点,也就是我所说的投机收益率,具体体现为市盈率从早期的 15 倍增加到期末的 18 倍,从而导致最终的总年均收益率达到 9.6%。

不过,让我们感到不解的是,以往 25 年的股票投资却无法令人振奋。3.4%的年均股息收益率加上 6.4%的年均收益增长率为 9.8%,与 9.5%的历史标准收益率相差无几。但是,要预测投资者愿意为每一美元企业收益支付多少钱,仅靠投机收益是无法做到的,因此,投机收益远非常态。

随着投资者信心的不断升温,股票市盈率也随之上涨,在近 30 年的时间里,从 9 变成 18,足足增加了 100%,在实实在在的 9.8%的年均收益率基础上又增添了 2.7%,达到 12.5%。在该期间 12.5%的年均收益率中,来自投机收益的"贡献"占 20%左右。在目前情况下,指望预期市盈率翻番是不现实的,因此,再度出现 12.5%的年均收益率几乎是不太可能的。常识告诉我们,当今正处于一个股市收益正在萎缩的时代。

请问:你同意作者的观点吗?如果你投资股市仅获得了大约 10%的名义收益率,你会满意吗?为什么?市盈率是什么意思?为什么市盈率会随着投资者信心的变动而变化呢?

(资料来源:博格. 长赢投资:打败股票市场指数的简单方法[M]. 刘寅龙,译. 北京:中信出版社,2008.)

4. 美国经济学家马克维茨(Markowitz)1952 年首次提出投资组合理论(Portfolio Theory),并进行了系统、深入和卓有成效的研究,他因此获得了诺贝尔经济学奖。该理论包含两个重要内容:均值——方差分析方法和投资组合有效边界模型。

在发达的证券市场中,马克维茨投资组合理论早已在实践中被证明是行之有效的,并且被广泛应用于组合选择和资产配置。这种分析方法有助于投资者选择最有利的投资,以求得最佳的资产组合,使投资报酬最高,而其风险最小。但是,我国的证券理论界和实务界对于该理论是否适合于我国股票市场一直存有争议。

请查找资料介绍一下马克维茨的证券(资产)投资组合理论,你认为在我国这一理论适用吗?

(资料来源:百度百科. 投资组合理论.
https://baike.baidu.com/view/363622.htm.2003.)

第八章

营运资金管理

【学习要点及目标】

通过本章的学习，要求学生了解企业持有现金的动机、现金的成本；了解应收账款的功能和成本；了解存货的功能和成本；熟悉现金的日常管理；熟悉收账政策和应收账款的日常管理；熟悉存货的日常管理；掌握现金管理的模型；掌握信用标准制定、信用条件选择；掌握存货决策方法。

【核心概念】

现金　交易性动机　预防性动机　投机性动机　现金管理模型　现金日常管理　应收账款　信用标准　信用条件　收账政策　存货　取得成本　储存成本　缺货成本　存货总成本　经济订货量　ABC分类法

【引导案例】

戴尔公司存货管理

很多企业都犯过囤积上游材料的错误。1989 年，戴尔公司刚从资本市场获取了大量资金，它急于做大市场，于是用巨资"购买能够买到的存储器，实施存储器囤积计划，以便谋求暴利和发展"。后来因市场发展变化，戴尔存储器产品被套牢，于是被迫低价甩卖库存，使公司收益下降，受到华尔街资本界的质疑和批评。这对戴尔公司造成的压力是难以估计的。

由于这个事件的冲击，戴尔公司进行了"重大反省"。这迫使戴尔调整脚步，并且"重新发现存货管理的价值和重要性"。从这次教训中戴尔公司总结出了"摈弃存货"的经营原则。戴尔认为，库存流动速度的重要性远大于库存量的大小。戴尔追求的不是准时制生产中的"零库存"，而是强调加快库存的流转速度。

目前，在 PC 制造行业，原材料的价格每星期都在下降，通过加速库存流动速度，相比竞争对手而言，可以有效地降低物料成本，反映到产品底价上，就意味着戴尔拥有了更大的竞争空间。事实上，在 PC 行业，物料成本在运营收入中的比重高达 80%，物料成本下降 10%，其效果远远大于劳动生产率的提高。为了控制库存，在技术上，戴尔将现有的资源规划和软件应用于其分布在全球各地的所有生产设施中，在此基础上，戴尔对每一家工厂的每一条生产线每隔两个小时就作出安排，戴尔只向工厂提供足够两小时使用的物料。这就加快了戴尔各家工厂的运行周期，并且减少了库房空间，在节省下的空间内，戴尔代之以更多的生产线。

戴尔的库存时间非常短，效率很高，当客户把订单传至戴尔信息中心时，由控制中心将订单分解为子任务，并通过 Internet 和企业间信息网分派给上游配件制造商。各制造商按电子订单进行配件生产组装，并按控制中心的时间表供货。戴尔只需在成品车间完成组装和系统测试，剩下的就是客户服务中心的事情。一旦获得由世界各地发来的源源不断的订单，生产就会循环不停、往复周转，形成规模化。这样纷繁复杂的工作如果没有一个完善的供应链系统在后台支撑，而是通过普通的人工管理来做好，将是"不可能的任务"。在得州圆石镇，戴尔公司的托普弗制造中心巨大的厂房可以容纳五个足球场，而其零部件仓库却不超过一个普通卧室那么大。工人们根据订单每三五分钟就组装出一台新电脑。

(资料来源：企博网．戴尔公司存货管理．http://www.bokee.net/company/weblog_viewEntry/.2016.)

智慧仓储：库存管理的魅力所在

智慧仓储是一种仓储管理理念，是通过信息化、物联网和机电一体化共同实现的智慧物流，从而降低仓储成本，提高运营效率，提升仓储管理能力。举个例子，比如市场上一些企业利用射频识别(RFID)等信息化技术，实现信息自动采集、管理，这也是一种智慧仓储。归纳来看国内智慧仓储系统的发展大致经历了三个主要阶段。

起步阶段：1975—1985 年，属于我国自动化仓储物流系统的起步阶段。在这一时期，我国已完成部分系统的研制与应用，但由于经济发展的限制，应用极其有限。

发展阶段：1986—1999 年，属于我国自动化仓储物流系统的发展阶段。随着现代制造业向中国逐步转移，相关企业认识到现代化物流系统技术的重要性，其核心的自动化仓储技术获得市场认可，相关技术标准也陆续出台，促进了行业发展。

提升阶段：2000年至今，可看作我国自动化仓储物流系统的提升阶段。在这一阶段，市场需求与行业规模迅速扩大，技术全面提升。现代仓储系统、分拣系统和自动化立体库技术在国内各行业开始得到应用，尤其以烟草、冷链、新能源汽车、医药、机械制造等行业更为突出。更多国内企业进入自动化仓储物流系统领域，通过引进、学习世界最先进的自动化仓储物流技术以及加大自主研发的投入，使国内的自动化仓储物流技术水平有了显著提高。

智慧仓储具备如下几大亮点。①SaaS模式的云进销存：业务管理变得轻松，随时随地移动办公，高效流转，简单易用，实时掌控业务动态，有完整的进销存销售管理体系。②手机PC端实时同步，高效协同；支持手机端操作，不受办公地点的限制，能够随时随地进行办公，工作进程快，效率高。③快速迭代，应对各类行业的场景需求：手机数码支持序列号管理，生产制造支持BOM清单，食品生鲜支持批次、保质期管理。④无库存乱账，实时掌握库存变化：缓解制造行业零部件统计和库存信息传递压力，通过智慧仓储，实现企业经营信息的电脑全程记录、传递、分析和决策支持，全面提升运营效率。

(资料来源：搜狐网．智慧仓储：库存管理的魅力所在．https://www.sohu.com/a/307507063_464351,2019.)

营运资金有广义和狭义之分。广义的营运资金是指企业的流动资产总额。狭义的营运资金又称净营运资金，是指企业的流动资产减去流动负债后的净额。用公式表示为

$$净营运资金=流动资产-流动负债$$

我们通常所说的营运资金是指净营运资金。因此，营运资金管理既包括流动资产管理，又包括流动负债管理。流动资产主要包括现金、应收账款、存货等；流动负债有应付账款和短期借款等。本章重点介绍流动资产典型项目的管理。

第一节 现 金 管 理

狭义的现金只包括库存现金，而广义的现金则包括库存现金、银行存款、银行本票、银行汇票等。现金是企业流动性最强的一种资产，也是唯一能够转换为其他任何类型资产的资产。拥有足够的现金对于降低企业的风险，增强企业资产的流动性和债务的可清偿性有着重要意义。

一、现金概述

企业必须保持一定数量的现金，以满足正常经营活动的需要。如果货币持有数量不足，企业将不能应付业务开支从而蒙受损失，还有可能使企业付出无法估量的潜在成本。然而，现金的盈利能力非常低，如果企业留存过多的现金，又会降低企业的整体收益水平。因此现金的管理目标是：既要满足企业各种业务往来的需要，保持现金的流动性，又要能降低现金的占用量，并从暂时闲置的现金中获取最大的投资收益。

(一)企业持有现金的动机

企业持有一定量的现金,主要有以下三个方面的动机。

1．交易性动机

交易性动机是指企业在正常生产秩序下应当保持一定的现金支付能力。例如,企业购买原材料、支付工资、缴纳税款、偿还债务等。由于企业每日的现金收入和现金支出不可能同步同量,当收入大于支出时,形成现金留存;当支出大于收入时,需要筹措现金。为避免现金收支的暂时不平衡而中断日常交易的现象发生,企业持有一定量的现金并保留必要的现金余额是完全必要的。其持有量的大小会随着销售额的增加而增加。

2．预防性动机

预防性动机是指为了预防意外事件发生而需要保持的现金支付能力。由于市场行情瞬息万变,企业很难对未来现金收支情况作出准确的预期,一旦预期与实际情况发生偏差,必然会对企业正常经营秩序产生不利的影响。因此,为了应付现金收支的波动,保证正常经营的继续进行,持有一定量的现金并保留适当的余额是非常必要的。其持有量的大小与企业预测现金收支的可靠性、企业的举债能力以及企业愿意承担风险的程度相关。

3．投机性动机

投机性动机是指企业为了能利用潜在的获利机会而保持一定量的现金。例如,遇有廉价原材料的购买机会,便可利用留存的现金大量购入;或当证券市价跌入低谷并预期价格会反弹时,以一定量的现金购入有价证券即可获得高额收益。投机性动机只是企业确定现金余额时所考虑的次要因素,其持有量的大小与市场的投资机会及企业对待风险的态度相关。

企业持有现金时,一般应综合考虑上述三个动机。应该注意的是,由于现金可以在各种动机中调剂使用,企业现金持有量不等于上述三种动机的简单加总,而且三种动机所需保持的现金并不一定完全是货币形态,也可以是能够随时变现的有价证券和其他形态。

(二)现金的成本

现金的成本通常由以下三个部分组成。

1．持有成本

现金的持有成本是指企业因保留一定现金余额而增加的管理费用及丧失的再投资收益。企业保留现金,对现金进行管理,会发生一定的管理费用,如管理人员各种报酬及必要的安全设施费等。这部分费用与现金持有量无明显的比例关系,具有固定成本的性质。再投资收益是企业不能同时用该现金进行有价证券投资所产生的机会成本,该成本在数额上等同于将现金投资于有价证券所能获得的收益,或等同于企业向外筹集资金的资本成本。如某企业的年平均持有现金为10万元,资本成本率为7%,则该企业每年现金的机会成本为0.7万元。现金持有额越大,机会成本越高,因此放弃的再投资收益属于变动成本性质。

2. 转换成本

转换成本是指企业用现金购入有价证券以及转让有价证券换取现金时付出的交易费用，即现金同有价证券之间相互转换的成本，如委托买卖佣金、委托手续费、证券过户费、实物交割手续费等。在证券总额既定的条件下，无论变现次数怎样变动，所需支付的委托成交总金额都是相同的。因此，那些依据委托成交金额计算的转换成本与证券变现次数关系不大，属于决策无关成本，就像印花税只与成交额有关一样。这样，与证券变现次数密切相关的转换成本便只包括其中的固定性交易费用，如委托费与成交金额无关，而是按照委托的次数计算的，证券变现次数越多，委托费就越多。

3. 短缺成本

现金的短缺成本是指由于现金持有量不足而给企业造成的损失。企业缺乏必要的现金，不能应付业务开支的需要，会使企业蒙受损失或为此付出代价。例如，由于现金短缺而无法购进急需的原材料，从而使企业的生产经营中断而给企业造成损失，这是直接损失；由于现金短缺而无法按期支付货款或不能按期归还货款，将给企业的信用和企业的形象造成损失，这是间接损失。现金的短缺成本随着持有量的增加而下降，随着持有量的减少而上升，现金持有量与短缺成本成反方向变动关系。

二、现金管理模型

现金管理模型的作用在于确定最佳的现金持有额度，从而指导现金管理实践，为企业创造更好的经济效益。常用的现金管理模型主要有现金周转模型、成本分析模型、随机模型等。

(一) 现金周转模型

现金周转模型的计算公式为

$$最佳现金持有量 = \frac{预计现金年总需求量}{现金周转次数}$$

其中

$$现金周转次数 = \frac{360}{现金周转期}$$

$$现金周转期 = 存货周转期 + 应收账款周转期 - 应付账款周转期$$

现金周转期如图 8.1 所示。

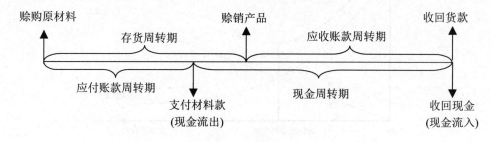

图 8.1 现金周转期

现金周转模型操作起来比较简单，但须具备以下两个条件：一是企业的生产经营一直持续稳定地进行，现金支出均匀，可以比较准确地预测现金总需求量；二是根据以往的历史资料可以较为准确地测算出现金周转次数，并且未来年度与历史年度的周转效率基本一致。

【例 8.1】某公司年现金需求量为 720 万元，其原材料购买和产品销售均采取赊账方式，应收账款的平均收款天数为 30 天，应付账款的平均付款天数为 20 天，存货平均周转天数为 90 天。请计算最佳现金持有量。

解：

现金周转期=30-20+90=100(天)

现金周转次数=360÷100=3.6(次)

最佳现金持有量=720÷3.6=200(万元)

(二)成本分析模型

成本分析模型是根据现金有关成本，分析预测其总成本最低时现金持有量的一种方法。持有现金的有关成本包括以下几个方面。

1. 机会成本

机会成本是指企业由于持有一定数量的现金，从而必然要放弃其他投资机会可能获得的收益，这种持有现金的代价就是机会成本。机会成本与现金持有金额成正比，一般通过现金持有量与有价证券利率或收益率的乘积来计算。

2. 管理成本

管理成本是指企业由于持有现金而发生的各种管理费用，如安全设施的建造、相关人员的报酬等。在一定的范围内，管理成本与现金持有金额之间无明显关系，属于固定成本。

3. 短缺成本

短缺成本是指企业由于现金持有不足，不能满足业务开支所需而蒙受的损失或付出的代价。短缺成本与现金持有数额成反比，即现金持有金额越大，短缺成本越低。另外，有价证券的转换成本其中的变动部分由于金额较小，难以精确计算，一般不予考虑。

在不考虑固定成本的情况下，现金的成本同现金持有量之间的关系如图 8.2 所示。

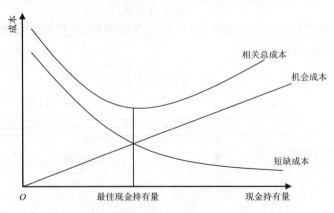

图 8.2　现金的成本同现金持有量的关系

从图 8.2 中可以看出，由于各项成本与现金持有量的变动关系不同，使得总成本曲线呈抛物线形，抛物线的最低点即成本的最低点，该点所对应的现金持有量就是最佳现金持有量。

在实际工作中，运用成本分析模型确定最佳现金持有量的具体步骤如下：①根据不同现金持有量测算并确定有关成本数值；②按照不同现金持有量及其有关成本资料编制最佳现金持有量测算表；③在测算表中找出相关总成本最低时的现金持有量，即最佳现金持有量。

【例 8.2】某企业有四种现金持有方案，其相应的成本资料如表 8.1 所示。试分析最佳现金持有量。

表 8.1　现金持有量备选方案表

项目	A	B	C	D
现金持有量/元	200 000	300 000	400 000	500 000
机会成本率/%	8	8	8	8
短缺成本/元	60 000	40 000	20 000	15 000

解析：根据上述资料，编制最佳现金持有量测算表，如表 8.2 所示。

表 8.2　最佳现金持有量测算表

单位：元

方　案	机会成本	短缺成本	总　成　本
A	16 000	60 000	76 000
B	24 000	40 000	64 000
C	32 000	20 000	52 000
D	40 000	15 000	55 000

比较各方案总成本可知，C 方案的总成本最低，该企业的最佳现金持有量应为 400 000 元。

(三)随机模型

默顿·米勒(Merton Miller)和丹尼尔·奥尔(Daniel Orr)创建了一种能在现金流入量和现金流出量每日随机波动情况下确定目标现金余额的模型，这就是随机模型，又叫米勒—奥尔模型。其应用的前提条件包括：①每日现金流入量和现金流出量的变化是随机的和不稳定的；②现金净流量即现金余额的变化接近于正态分布；③最佳的现金持有量就处于正态分布中间。

图 8.3 说明了米勒—奥尔模型的基本原理。该模型是建立在对控制上限(H)、控制下限(L)以及最佳现金持有量(Z)这三者进行分析的基础之上的。企业的现金余额在上、下限之间随机波动，当现金余额处于 H 和 L 之间时，不会发生现金交易。当现金余额升至 H 时，比如说点 X，则企业购入 $H\sim Z$ 单位的有价证券，使现金余额降至 Z。同样，当现金余额降至 L，如点 Y(下限)时，企业就需售出 $Z\sim L$ 单位的有价证券，使现金余额回升至 Z。这两种情

况都是使现金余额回升到 Z。其中，下限 L 的设置是根据企业对现金短缺风险的承受能力而确定的。

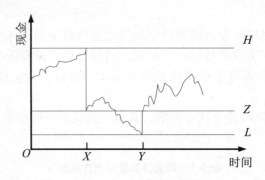

图 8.3　随机模型示意图

给定企业设定的 L，随机模型就可以解出目标现金余额 Z 和上限 H。即

$$Z = \sqrt[3]{\frac{3F\sigma^2}{4K}} + L$$

$$H = 3Z - 2L$$

其中，F 为每次转换有价证券的固定成本；σ^2 为日净现金流量的方差；K 为持有现金的日机会成本(证券日利率)。

【例 8.3】 假设某公司有价证券的年利率为 7.2%，每次转换有价证券的固定成本为 40 元，公司认为任何时候其现金余额不得低于 1 000 元，又根据以往经验测算出日现金净流量的标准差为 500 元。求最佳现金持有量是多少。

解：证券日利率=7.2%÷360=0.02%

$$Z = \sqrt[3]{\frac{3F\sigma^2}{4K}} + L = \sqrt[3]{\frac{3 \times 40 \times 500^2}{4 \times 0.02\%}} + 1\,000 = 4\,300 (元)$$

$$H = 3Z - 2L = 3 \times 4\,300 - 2 \times 1\,000 = 10\,900 (元)$$

即最佳现金持有量为 4 300 元，现金持有量上限为 10 900 元。

三、现金的日常管理

【知识链接】

现金池最佳实例——GE 现金池

所谓现金池(cash pooling)，也称现金总库，最早是由跨国公司的财务公司与国际银行联手开发的资金管理模式，以统一调拨集团的全球资金，最大限度地降低集团持有的净头寸。现金池业务主要包括的事项有成员单位账户余额上划拨、成员企业日间透支、主动拨付与收款、成员企业之间委托借贷，以及成员企业向集团总部的上存、下借分别计息等。

现金池的建立，在国际及国内都有广泛的应用，国际上最著名的就是通用电气(GE)公司"现金池"，而国内开展较为成功的是中石油和广东交通集团。现在以 GE 在中国的"现金池"为例，详细描述现金池的最佳实践。

2005 年 8 月，国家外汇管理局批复了 GE 通过招标确定招商银行实施在华的美元现金池业务。在 GE 现金池投入使用之前,GE 的 40 家子公司在外汇资金的使用上都是单兵作战,有些公司到银行存款,有些则向银行贷款,从而影响资金的使用效率。只有其人民币业务在 2002 年实现了集中控制,人民币的集中管理也是通过现金池业务的形式由建设银行实施的。GE 公司与招商银行合作,规避政策壁垒,实现了跨国公司集团总部对下属公司的资金控制。另外,以前 GE 的 40 个子公司的国际业务都是各自分别与各家银行洽谈,一旦 GE 总部将外汇资金上收之后,各子公司的开证、贴现等国际业务将会统一到招商银行。

GE 公司在中国设立一个母公司账户,在每天的下午 4 点钟,银行系统自动对子公司账户进行扫描,并将子公司账户清零,严格按照现金池的操作进行。例如,A 公司在银行享有 100 万美元的透支额度,到了下午 4 点钟,银行系统开始自动扫描,发现账上透支 80 万美元,于是便从集团公司的现金池里划 80 万美元归还,将账户清零。倘若此前 A 公司未向集团公司现金池中存钱,则记作向集团借款 80 万美元,而 B 公司如果账户有 100 万美元的资金盈余,则划到现金池,记为向集团公司贷款,所有的资金集中到集团公司后,显示的总金额为 20 万美元。

这种做法实现了集团内部成员企业资金资源的共享:集团内部成员企业的资金可以集中归拢到一个"现金池"中,同时成员企业可以根据集团内部财务管理的要求有条件地使用池内的资金。总部现金池账户汇集了各成员单位银行账户的实际余额,当成员单位银行账户有资金到账时,该笔资金自动归集到总部现金池账户;各成员单位银行账户上的实际资金为零,各成员单位的支付资金总额度不超过集团规定的"可透支额度";成员单位有资金支付时,成员单位银行账户与总部现金池账户联动反映,实时记录资金变化信息。实行集团资金"现金池"管理,盘活了沉淀资金,提高了资金利用率,通过管理过程中的可用额度控制,成功地降低了资金风险。

究其本质,招商银行的 GE 美元现金池项目就是对委托贷款的灵活应用。双方合作中,银行是放款人,集团公司和其子公司是委托借款人和借款人,然后通过电子银行来实现一揽子委托贷款协议,使得原来需要逐笔办理的业务,变成了集约化的业务和流程,从而实现了整个集团外汇资金的统一营运和集中管理。

(资料来源:高顿咨询. 现金池最佳实例:GE 现金池.
http://www.goldenfinance.com.cn/newFinance-102602.htm.2016.)

现金日常管理的目的是在维护现金安全完整的前提下尽量提高现金的使用效率,这就需要企业运用科学的现金管理策略。

(一)加速收款

加速收款主要是指企业采取各种措施,缩短应收账款的收回时间。一般来说,企业账款的收回需要经过四个时点,即客户开出付款票据、企业收到票据、票据交存银行和企业收到现金。企业账款收回的时间包括票据邮寄的时间、票据在企业停留的时间以及票据结算的时间。前两个阶段所需时间的长短不但与客户、企业、银行之间的距离有关,而且与收款的效率有关。图 8.4 描述了应收账款的回收过程,在实际工作中,缩短这两段时间的方法一般有邮政信箱法、银行业务集中法等。

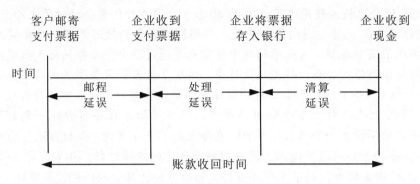

图 8.4 应收账款回收示意图

1. 邮政信箱法

邮政信箱法又称锁箱法，是西方企业加速现金流转的一种常用方法。企业可以在各主要城市租用专门的邮政信箱，并开立分行存款户，授权当地银行每日开启信箱，在取得客户票据后立即予以结算，并通过电汇再将货款划拨给企业所在地的银行。在邮政锁箱法下，客户将票据直接寄给客户所在地的邮箱而不是企业总部，不但缩短了票据邮寄时间，还免除了企业办理收账、货款存入银行等手续。但采用这种方法成本较高，因为被授权开启邮政信箱的当地银行除了要求扣除相应的补偿性余额外，还要收取办理额外服务的劳务费，导致现金成本增加。因此，是否采用邮政信箱法，需视提前回笼现金产生的收益与增加的成本的大小而定。

2. 银行业务集中法

在运用银行业务集中法的情况下，企业的销售部门通常要对客户支票的回收和处理过程负责。企业销售分支机构将客户的付款支票存入当地存款银行的企业户头，超过当地存款银行最低存款余额的资金则从当地存款银行转入企业总部所在地的中心银行。银行业务集中法的目的在于从客户邻近的银行收取客户付款支票。由于企业的销售分支机构要比企业总部离客户更近一些，因此，银行业务集中法就缩短了支票邮程时间。更进一步的是，由于客户支票通常在当地银行支取，因而，银行的支票清算时间也大大缩短了。采用这种方法须在多处设立收账中心，从而增加了相应的费用支出。因此，企业应在权衡利弊得失的基础上，作出是否采用银行业务集中法的决策。

(二)控制付款

企业如果能够有效地控制现金支出，尽可能地延缓现金支出的速度，则可以提高现金周转的效率。控制付款的具体措施如下。

1. 控制支付时间，延缓应付款的支付

控制支付时间，延缓应付款的支付是指企业在不影响自己信誉的前提下，尽可能地推迟应付账款的支付期，充分运用供货方所提供的信用优惠，从而最大限度地利用现金而又不丧失可能的现金折扣。另外，企业还可以通过汇票结算来支付货款、用支票结算或开设专门的工资存款账户来处理工资发放事宜等方式延缓应付款的支付。

2. 合理使用现金浮游量

所谓现金浮游量,是指从企业开出支票,收款人收到支票并存入银行,至银行将款项划出企业账户这段时间内,企业可占用的现金量。比如,企业的银行存款余额为10万元,但由于企业已开出一张5万元的付款支票,因此企业账面现金只剩下5万元。在收款方银行通知企业开户银行支付支票之前,这5万元的浮游量仍是企业可以运用的。不过,在使用现金浮游量时一定要控制使用时间,否则会发生银行存款透支的情况。

(三)力争现金流量同步

只有将加速收款和控制付款有效地结合起来,才能真正提高现金周转效率。也就是要求企业尽量使它的现金流入与流出发生的时间趋于同步,这样就可以使所持有的交易性现金余额降到最低水平,最大限度地减少现金持有量。因此,企业应认真编制现金预算,有效地组织销售和其他现金流入,合理地安排购销等其他现金支出,使现金流入线的波动和现金流出线的波动基本一致。

第二节 应收账款管理

应收账款是指企业因对外销售产品、材料或提供劳务及其他原因,应向购货单位或接受劳务的单位收取的款项。应收账款是伴随着商业信用的产生而产生的,在市场经济条件下是一种非常普遍的交易方式。加强对这部分资金占用的控制,在整个营运资金管理中占有重要地位。

【案例链接】

宝洁公司:应收账款管理模式

宝洁公司是一家具有百年历史的跨国日化公司,自1988年进入中国市场以来,无论是产品质量、销量还是销售额,始终在同行业中占有领先的地位。在每年数百亿元人民币的销售额下,应收账款的回款率始终保持在95%以上,这得益于其具有一个先进的应收账款管理体系。宝洁公司应收账款管理的具体做法如下。

一、组织上有一个完善的内部控制系统

宝洁公司对应收账款的控制,是由销售会计组来完成的。销售会计组分成两大体系:一是销售会计;二是分公司财务会计。前者负责应收账款等专项的总体策划、分析,后者负责对部分区域具体财务事项的运作,以及为前者提供准确、详细、及时的有关信息和数据。宝洁公司不仅对这一组织的每一环节都明确了其主要负责的工作任务,使之各有分工,还对每一工作环节都设定了衡量其工作好坏的标准,以便每月对其进行严格考核。

二、重视应收账款回款期的管理

应收账款回款期是用来衡量应收账款系统管理水平高低的重要工具。宝洁公司为了缩短回款期,从账龄分析与制定付款优惠政策两方面入手,具体的管理措施如下。

(一)设定账龄目标

规定每一个客户归还应收款项的日期,这是宝洁公司期望的最长付款期。宝洁公司一方面考虑客户的实际回款能力；另一方面结合客户目前的平均实际回款期，为每一地区信用客户设定了还款期限。如30天、60天、90天，用这三个时间将账龄分割成四个时间段进行考核和管理。

(二)分析账龄，了解客户的回款状况

宝洁公司要求分期了解每一客户的实际还款状况，这就需要进行账龄的统计及分析。宝洁公司通过电脑来完成应收账款分期报告。从应收账款分期报告中，公司可获得客户应收账款的额度是多少、客户的实际还款期限有多长等数据。在此基础上，公司将实际回款期限与原定目标期限进行比较，发现实际是否存在问题，有无超出目标期限的应收账款，从而针对问题分析原因，采取措施。

(三)制定付款优惠政策

为达到设定的回款期限，宝洁公司制定了一项"回款的分期优惠政策"，其目的在于鼓励客户提前还款，以便缩短回款期。

三、限制赊销额

(一)赊销额的建立

赊销不适用于第一次订货的新客户。要求个别类型的客户必须先付款后订货，如私有企业或是注册资金低于一定标准的单位等。新客户只有在实现了第一次订单以后，方可通过填写赊销额申请表申请一份客户的临时赊销额。客户的临时赊销额是根据客户七天的销售预测来计算的。另外，宝洁公司还规定赊销额不能超过客户的注册资金。临时赊销额将维持三个月。

(二)赊销额的修订

宝洁公司按季修订赊销额，上一季度的赊销额是下一季度赊销额的90%。也就是说，每过一个季度，给予客户的赊销额便会自动增长10%，这也是宝洁公司对严格遵守信用额管理制度的客户的进一步优惠政策，并且合作时间越长，信用越好，所取得的最大赊销额也越多。

四、控制超期应收账款

对于出现的超期应收账款，宝洁公司采取了以下几项措施。

(一)停止供货

当某一客户的一笔应收账款在超出40天后仍未付款时，必须马上通知应收账款控制员，停止该客户的信用额，并马上停止对其供货，直到款项付清，而其原有的信用额将取消并重新开始按新客户对待。

(二)实施收款计划

如果在停止供货后客户仍拒付货款，公司将指定销售代表在财务部的协助下，与该客户磋商以求达成收款协议，协议将要求客户在三个月内付清全部款项。如果一次无法负担，公司允许最多分三期付清所欠货款。如果客户选择了分期付款，那么，第一期付款金额不可小于拖欠总额的35%。对于无力偿付的客户，公司鼓励用有创意的方法来解决问题，如采取先帮助客户渡过难关的方式等，以期在日后可以收回更多的应收账款。

(三)采取法律行动

如果在实施了上述措施后仍无效果，将诉诸法律，以期在客户破产清算时得到债权的补偿。首先，公司请有关人员填写一份法律申请表，连同客户的执照及有关订货合同一起，报送给宝洁公司法律部和其他法律部门，由司法部门作出公正的裁决。对于公司损失的部分，财务部门将按坏账处理。

(资料来源：王心远. 浅谈企业应收账款的管理：以宝洁公司为例[J]. 浙江盐业，2017(1):51-54.)

一、应收账款概述

(一)应收账款产生的原因

应收账款的产生主要基于以下两方面原因。

1. 商业竞争

在市场经济条件下，企业的商品生产和经营活动面临着激烈的竞争。这种竞争机制迫使企业千方百计地扩大销售。除了依靠产品质量、价格、售后服务、广告等外，赊销也是扩大销售的手段之一。对于同等的产品价格、类似的质量水平、同样的售后服务，实行赊销的商品的销售额将大于现销的商品的销售额。为了扩大销售，在激烈的市场竞争中获胜，企业不得不以赊销或其他优惠方式招揽顾客，于是就产生了应收账款。

2. 销售和收款的时间差距

商品成交的时间和收到货款的时间不一致，也导致了应收账款的产生。对批发和大量生产的企业来讲，发货时间和收到贷款的时间往往不能同步。因为货款结算需要时间，并且结算手段越落后，结算所需时间越长，销售企业只能在这段时间垫付资金。由于销售和收款的时间差而造成的应收账款，不属于商业信用，所以不构成应收账款的主要内容。

(二)应收账款的功能与成本

1. 应收账款的功能

应收账款的功能就是它在生产经营中的作用，主要有以下两个方面。

1) 扩大销售，增强企业的竞争力

市场竞争越激烈就越需要赊销来促进销售。企业赊销实际上是向顾客提供了两项交易：向顾客销售产品以及在一个有限的时期内向顾客提供资金。在银根紧缩、市场疲软、资金匮乏的情况下，赊销具有比较明显的促销作用，对企业销售新产品、开拓新市场具有重要意义。

2) 减少存货

赊销可以加速产品销售的实现，加快产成品向销售收入的转化速度，从而大大降低产成品存货的数量。企业如果持有大量产成品存货，要追加管理费、仓储费和保险费等支出；相反，如果企业持有应收账款，则无须上述支出。因此，当企业产成品存货较多时，一般可采用较为优惠的信用条件进行赊销，把存货转化为应收账款，减少产成品存货，节约相关的开支。

2. 应收账款的成本

应收账款成本是指企业持有应收账款而付出的代价。对企业来说，应收账款是必要的，但持有应收账款需要付出一定的代价。应收账款的成本主要由机会成本、管理成本和坏账成本三部分组成。

1) 机会成本

应收账款的机会成本是指企业的资金投放在应收账款上放弃其他投资机会而丧失的潜在利益。这种成本一般按资本成本率或短期有价证券利率确定。其计算公式如下:

应收账款机会成本=维持赊销业务所需要的资金×资本成本率

=应收账款平均余额×变动成本率×资本成本率

=(年赊销收入÷360×平均收账期)×变动成本率×资本成本率

其中,变动成本率是企业的变动成本占销售收入的比率。

【例 8.4】假设某企业预测的年度赊销额为 240 000 元,应收账款平均收账天数为 30 天,变动成本率为 50%,资本成本率为 8%,试计算应收账款的机会成本。

解:

应收账款平均余额=240 000÷360×30=20 000(元)

维持赊销业务所需要的资金=20 000×50%=10 000(元)

应收账款机会成本=10 000×8%=800(元)

计算结果表明,企业仅投放 10 000 元的资金就可维持 240 000 元的赊销业务,相当于垫支资金的 24 倍。这一倍数在很大程度上取决于应收账款的收账速度。一般来说,应收账款周转速度越快,同等数量的资金所维持的赊销额就越大。

2) 管理成本

应收账款的管理成本是指企业因管理应收账款而发生的各种费用,主要包括对客户的资信调查费用、应收账款账簿记录费用、收账费用以及其他费用等。应收账款的管理成本通常可视为固定成本,可通过预测加以确定,无须计算。

3) 坏账成本

应收账款的坏账成本是指企业的应收账款不能及时收回而给企业造成的损失。这一成本一般同企业的应收账款数量成正比,即应收账款越多,坏账损失也越多。它可通过下列公式计算:

应收账款的坏账成本=赊销收入×实际或预期坏账损失率

二、信用政策的确定

企业对应收账款进行管理的目的,就是要对其进行收益和成本的权衡,用较小的成本、较低的风险获取更大的收益。要实现这一目标必须选择合适的信用政策。信用政策即应收账款的管理政策,是企业对应收账款进行规划和控制的基本原则与行为规范。它主要包括信用标准、信用条件和收账政策三部分内容。

(一)信用标准

信用标准是企业给予客户赊销的最低条件。它主要依据企业的实际经营情况、市场竞争的激烈程度和信用情况等综合因素来确定。如果一个企业的信用标准定得比较严格,会减少坏账损失和各种收账成本,但也会将只具备一般信用条件的客户拒之门外,从而影响企业的销售规模。反之,如果放宽信用标准,则会使一些信用品质较差的客户享受到企业的信用优惠,从而使超出信用期还款的现象增加,也加大了企业的坏账风险,增加了成本。因此,企业确定信用标准的关键是衡量不同客户的信用状况,从而最终决定是否对该客户实行信用销售。

客户信用状况的评定,是建立在资料可靠的基础之上的。因此,在评价客户信用状况之前,必须搜集客户的有关信息资料,对客户进行信用调查。通过对搜集来的信用资料加以整理、分析,对客户信用状况作出评定。分析客户的信用状况的方法有定性分析法和定量分析法。

1. 定性分析法

一旦信息收集好,公司将面对是否提供信用的两难选择。许多公司使用传统但主观的方法来评定信用等级,该方法主要是评估顾客信用品质的五个方面,称为"5C 评估法",其中信用的五个方面如表 8.3 所示。

表 8.3 信用 5C 的含义

项目	信用的 5C	含义	判断标准
品质	Character	客户履约偿还其债务的可能性	客户以往的付款履约记录
能力	Capacity	客户现金流量偿还债务的能力	流动资产、流动负债的结构关系
资本	Capital	客户拥有的资本金	财务报表中所有者权益的规模
抵押	Collateral	客户无力偿债时的保护性资产	能提供的抵押资产数量、质量
条件	Conditions	一般的经营环境	特定区域、特定行业的经济发展趋势

2. 定量分析法

定量分析法又叫信用评分法,它是利用客户有关财务指标计算出客户的信用得分,根据客户的信用得分评价其信用品质。企业根据自身重点的不同对不同的财务指标给予不同的权重,最终得出一个多元的信用评分公式。将不同客户的原始财务指标数据代入该公式,就能计算出该客户的信用得分。其具体步骤如下。

(1) 搜集与客户信用状况有关的财务指标。其一般包括流动比率、速动比率、资产负债率、销售净利率、应收账款周转率等。

(2) 对客户的各项重要财务指标逐项评价打分。

(3) 根据各项重要财务指标的重要程度确定其各自的比重,并以此作为权数。

(4) 计算客户加权平均的综合信用分数,确定有关客户的信用等级。

(二)信用条件

信用条件是指企业接受客户信用订单时所提出的付款要求,主要包括信用期限、折扣期限和现金折扣等。信用条件的基本表现方式为"2/10,1/20,n/30"等形式,其含义为:10

天内付款可享受价款2%的现金折扣，第11～20天内付款可享受1%的现金折扣，如果放弃折扣优惠，则全部款项必须在30天内付清。

1. 信用期限

信用期限是指企业允许客户从购货到支付货款的时间间隔。较长的信用期限会刺激客户的购货热情，促使产品销售收入增长。但较长的信用期限也会使应收账款周转期变长，给企业带来更高的机会成本、坏账成本和管理成本。反之，较短的信用期会减少企业的销售收入和应收账款相应成本。企业必须全面权衡，评价得失，确定其合适的信用期限。

【**例 8.5**】某企业预测的2020年度赊销额为240万元，其信用条件为$n/30$，变动成本率为60%，资本成本率为10%。假设企业收账政策不变，固定成本总额不变，该企业提出了三个信用条件的备选方案。A：维持$n/30$的信用条件；B：将信用条件放宽到$n/60$；C：将信用条件放宽到$n/120$。各备选方案估计的赊销水平、坏账损失率和收账费用等有关数据如表8.4所示。试对三个备选方案进行评价和选择。

表8.4 信用条件备选方案表

项 目	A($n/30$)	B($n/60$)	C($n/120$)
年赊销额/万元	240	270	300
应收账款平均收账天数/天	30	60	120
应收账款平均余额/万元	240÷360×30=20	270÷360×60=45	300÷360×120=100
维持赊销业务所需资金/万元	20×60%=12	45×60%=27	100×60%=60
坏账损失率/%	2	3	5
坏账损失/万元	240×2%=4.8	270×3%=8.1	300×5%=15
收账费用/万元	6	8	10

解析：根据以上资料，可计算出如表8.5所示的指标。

表8.5 信用条件分析评价表

单位：万元

项 目	A($n/30$)	B($n/60$)	C($n/120$)
年赊销额	240	270	300
变动成本	240×60%=144	270×60%=162	300×60%=180
信用成本前收益	96	108	120
信用成本：			
应收账款机会成本	12×10%=1.2	27×10%=2.7	60×10%=6
坏账损失	4.8	8.1	15
收账费用	6	8	10
小计	12	18.8	31
信用成本后收益	84	89.2	89

从表8.5中可知，三个方案中B方案最优，应该选择该方案。

2. 现金折扣

现金折扣是为了吸引客户在一定的日期内支付货款而给予的减除额。企业为客户提供现金折扣，一方面是为了吸引一批想要获得折扣的客户，从而提高销售数量，增加销售总额；另一方面是为了让这些客户为取得折扣而更快地付款，从而缩短平均应收账款占用期，减少资本成本。企业核定多长的现金折扣期限，以及给予客户多大程度的现金折扣率，必须与信用期间及加速收款所得到的收益与付出的现金折扣成本结合来分析。

【例 8.6】承例 8.5，如果企业选择了 B 方案，但为了加速应收账款的回收，决定将信用条件改为(2/10,1/35,n/60)，即 D 方案，估计约有 50%的客户(按赊销额计算)会利用 2%的折扣，20%的客户将利用 1%的折扣。坏账损失率降为 2%，收账费用为 5 万元。试评价企业是否应该改变信用条件。

解析：根据 D 方案：

应收账款平均收账天数=50%×10+20%×35+(1-50%-20%)×60=30(天)

应收账款平均余额=270÷360×30=22.5(万元)

维持赊销业务所需的资金=22.5×60%=13.5(万元)

应收账款机会成本=13.5×10%=1.35(万元)

坏账损失=270×2%=5.4(万元)

现金折扣=270×(2%×50%+1%×20%)=3.24(万元)

计算结果如表 8.6 所示，实行现金折扣以后，企业的收益增加 3.81 万元，因此，企业最终应选择 D(2/10,1/35,n/60)方案作为最佳方案。

表8.6 信用条件分析评价表

单位：万元

项 目	B(n/60)	D(2/10, 1/35, n/60)
年赊销额	270	270
减：现金折扣	—	3.24
年赊销净额	270	266.76
变动成本	162	162
信用成本前收益	108	104.76
减：信用成本		
应收账款机会成本	2.7	1.35
坏账损失	8.1	5.4
收账费用	8	5
小计	18.8	11.75
信用成本后收益	89.2	93.01

(三)收账政策

收账政策是指当客户违反信用条件，拖欠甚至拒付账款时企业所采取的收账策略与措施。为保证催收效果，收账政策的制定应该宽严适度。收账政策过宽，很难保证催收效果，甚至可能导致逾期付款的客户拖欠时间更长，应收账款的机会成本与坏账损失将会提高；收账政策过严，虽然可以使应收账款的机会成本与坏账损失有所下降，但收账费用也会相应增加，而且可能会得罪无意拖欠的客户，影响将来企业业务的拓展。

收账政策中的一个重要因素是收账费用。通常其他情况不变时增加收账费用，应收账款机会成本及坏账损失都会降低。因此，如何权衡收账费用的增加(减少)与坏账损失以及占用应收账款的机会成本的减少(增加)之间的利弊得失就成为收账政策的中心内容。

【例 8.7】 假设某企业资本成本率为 10%，企业应收账款原有的收账政策和拟改变的收账政策如表 8.7 所示。试分析是否应改变目前的收账政策。

表 8.7 企业原有的收账政策和拟改变的收账政策

项 目	现行的收账政策	拟改变的收账政策
年收账费用/万元	6	15
平均收账天数/天	60	30
坏账损失率/%	4	2
赊销额/万元	600	600
变动成本率/%	60	60

解析：

根据以上资料，计算过程如表 8.8 所示。

表 8.8 收账政策分析评价表

单位：万元

项 目	现行收账政策	拟改变的收账政策
赊销额	600	600
应收账款平均收账天数	60	30
应收账款平均余额	600÷360×60=100	600÷360×30=50
应收账款占用的资金	100×60%=60	50×60%=30
收账成本：		
应收账款机会成本	60×10%=6	30×10%=3
坏账损失	600×4%=24	600×2%=12
年收账费用	6	15
收账总成本	36	30

计算结果表明，拟改变的与收账政策相关的收账成本低于现行收账政策的收账成本，因此，改变收账政策的方案是可以接受的。

三、应收账款的日常管理

制定合理的收账政策，优化应收账款结构，是提高应收账款收现率、降低坏账损失的保障。在此基础上，企业还应该进一步强化应收账款的日常管理和控制，主要包括以下内容。

(一)建立客户档案

企业通常都建立了客户档案。客户档案的建档范围不仅包括欠款客户,也包括信誉良好的客户。档案内容包括:客户的法定代表人、法定地址、联系电话等工商登记情况;业务经办人情况;银行账户情况;交易合同、协议情况;双方历次对账情况;客户信用记录;客户对其债务偿还的承诺情况等。考虑到客户档案是企业的重要商业机密,所以企业一般指定专人妥善保管。

(二)加强应收账款追踪分析

为达到足额收回应收账款这一目的,企业往往在收账之前,对该项应收账款的运行过程进行追踪分析、把握,分析的重点放在客户的信用品质、现金持有量以及现金的可调剂程度等基本内容上,尤其要对那些金额较大或信用品质较差的客户进行分析。如发现客户信誉不佳或现金匮乏等,应立即采取相应措施,促使应收账款的收回。通过对应收账款进行追踪分析,企业可以准确预测应收账款发生呆/坏账风险的可能性,研究和制定合理的收账政策,从而提高收账效率,减少坏账损失。

(三)应收账款账龄分析

企业已发生应收账款的时间有长有短,有的尚在收款期内,有的则超过收款期很长时间。一般来说,拖欠时间越长,款项收回的可能性就越小,形成坏账的可能性也就越大。因此,企业可用应收账款的账龄来分析判断发生坏账的可能性。账龄分析表是一张能显示应收账款在外天数(账龄)长短的报告,其格式如表 8.9 所示。可以看出,50%的应收账款是在信用期限内,但是有相当大的比例超出了信用期,甚至有很多款项已逾期 90 天以上,这表明客户拖欠款项的情况比较严重,应该引起有关部门的重视。

表 8.9 应收账款账龄分析表

应收账款账龄/天	金额/万元	占应收账款总额的百分比/%
0~30	500	50
31~60	250	25
61~90	150	15
90 天以上	100	10
合计	1 000	100

(四)建立应收账款坏账准备制度

企业无法收回的应收账款称为坏账,由此而造成的损失称为坏账损失。无论企业采取怎样严格的信用政策,只要存在着商业信用行为,坏账损失就不可避免。对于坏账损失,企业应有充分准备,这就是坏账准备金制度。根据规定提取坏账准备金,处理好坏账损失,能够缓解坏账损失对企业正常经营秩序造成的冲击,正确反映各期财务成果的真实水平,加速企业营运资金的周转。

第三节 存货管理

存货是指企业在生产经营过程中为销售或者耗用而储备的各种物资，包括材料、燃料、低值易耗品、在产品、半成品、产成品、外购商品等。

一、存货概述

(一)持有存货的动机

如果制造业企业能在生产经营过程中随时购入所需的原材料，或者商品流通企业能在销售时随时购入商品，就不需要存货。但实际上，企业因为种种原因并不能及时购入所需物资，这样就有储备存货的需要，并因此占用或多或少的资金。企业储备存货主要有以下动机。

1. 防止停工待料，适应市场变化

企业持有一定数量的原材料和在产品，主要是为了保证生产活动的顺利进行。实际上，为了预防可能出现某种材料的市场断档，或企业距供货点较远而频繁发生的运输故障等，企业有必要储备一定数量的存货。另外，存货储备能增强企业在生产和销售方面的机动性以及适应市场变化的能力。企业有了足够的库存产成品，能够更好地满足顾客的需要，抓住各种销售的良机。

2. 便于组织均衡生产，降低产品成本

有的企业生产活动具有比较明显的季节性，有的企业产品需求很不稳定。如果企业根据市场需求状况时高时低地进行生产，就会出现低谷时生产能力不能充分利用，高峰时超负荷生产的情况，这些情况都会使生产成本上升。为了降低生产成本，实现均衡生产，就要储备一定的产成品存货和相应的原材料存货。

3. 降低进货成本，获取规模效益

一方面，企业一次性购货达到一定数量时，常常会在价格上获得不少折扣优惠；另一方面，通过增加每次的进货数量，减少进货次数，可以降低采购费用支出。即使是在以零存货为管理目标的今天，仍然有很多企业义无反顾地选择大批量购货。

(二)存货成本

企业持有存货的成本，主要包括以下几项。

1. 取得成本

取得成本是指为取得某种存货而支出的成本，通常用 TC_a 来表示。它又可分为订货成本和购置成本。

1) 订货成本

订货成本是指取得订单的成本，如采购人员的工资、采购部门的一般经费(如办公费、水电费、折旧费等)和采购业务费(如差旅费、邮电费、检验费等)。订货成本中有一部分与订货次数无关，如常设采购机构的基本开支等，称为订货的固定成本，用 F_1 表示；另一部分与订货次数有关，如差旅费、邮电费等，称为订货的变动成本。每次订货的变动成本用 K 表示；订货次数等于存货年需要量(用 D 表示)与每次进货量(用 Q 表示)之商。订货成本的计算公式为

$$订货成本 = F_1 + \frac{D}{Q} \cdot K$$

2) 购置成本

购置成本是指存货本身的价值，经常用购货数量与单价的乘积来确定。年需要量用 D 表示，单价用 U 表示，于是购置成本为 DU。

订货成本加上购置成本，就等于存货的取得成本。其公式可表达为

$$TC_a = F_1 + \frac{D}{Q} \cdot K + DU$$

2．储存成本

储存成本是指因储存存货而发生的各种成本，包括支付给储运部门的仓储费、存货占用资金应计的利息、保险费、损耗费、公司自设仓库的一切费用、存货破损和变质的损失费等，通常用 TC_c 来表示。

储存成本也分为固定成本和变动成本。储存固定成本与存货数量的多少无关，如仓库折旧、仓库职工的固定月工资等，常用 F_2 表示。储存变动成本与存货的数量有关，如存货资金的应计利息、存货的破损和变质损失、存货的保险费用等，单位储存变动成本用 K_c 来表示。储存成本用公式表达为

$$TC_c = F_2 + K_c \cdot \frac{Q}{2}$$

3．缺货成本

缺货成本是指由于存货供应中断而造成的损失，包括材料供应中断造成的停工损失、产成品库存缺货造成的拖欠发货损失和丧失销售机会的损失(还应包括需要主管估计的商誉损失)。如果生产企业以紧急代购代用材料解决库存材料的中断之急，那么缺货成本表现为紧急额外购入成本(一般大于正常采购的开支)。缺货成本用 TC_s 表示。

4．存货总成本

如果以 TC 来表示存货的总成本，那么它的计算公式为

$$TC = TC_a + TC_c + TC_s = F_1 + \frac{D}{Q} \cdot K + DU + F_2 + K_c \cdot \frac{Q}{2} + TC_s$$

企业存货管理的目标就是努力使存货的总成本趋于最小。存货总成本的构成如图8.5所示。

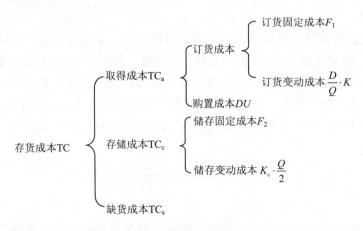

图 8.5　存货成本的构成

二、存货决策

在存货决策当中,财务部门要做的是决定进货时间和进货批量(分别用 T 和 Q 表示)。按照存货管理的目的,需要通过合理的进货批量和进货时间,使存货的总成本最低,这个批量叫作经济订货量或经济批量。有了经济订货量,可以很容易地找出最适宜的订货时间。

与存货总成本有关的变量(即影响总成本的因素)很多,为了解决比较复杂的问题,有必要简化或舍弃一些变量,先解决比较简单的问题,然后再扩展到复杂的问题。这需要设立一些假设,在此基础上建立经济订货量的基本模型。

(一)经济订货量基本模型

经济订货量基本模型需要设立的假设条件如下。
(1) 企业能够及时补充存货,即需要订货时便可立即取得存货。
(2) 能集中到货,而不是陆续入库。
(3) 无短缺成本,这是因为良好的存货管理本来就不应该出现缺货成本。
(4) 需求量稳定,并且能预测,即 D 为已知常量。
(5) 存货单价不变,不考虑折扣,即 U 为已知常量。
(6) 企业现金充足,不会因现金短缺而影响进货。
(7) 所需存货市场供应充足,不会因买不到需要的存货而影响其他。

设立了上述假设后,存货总成本的公式可以化简为

$$TC = F_1 + (D/Q) \cdot K + DU + F_2 + K_c \cdot (Q/2)$$

当 F_1、D、U、F_2 为常数量时,TC 的大小取决于 Q。即

$$TC = (D/Q) \cdot K + K_c \cdot (Q/2)$$

为了求出 TC 的极小值,对其进行求导演算,可得出下列公式

$$Q^* = \sqrt{\frac{2KD}{K_c}}$$

其中,Q^* 称为经济订货批量,可使 TC 达到最小值,如图 8.6 所示。

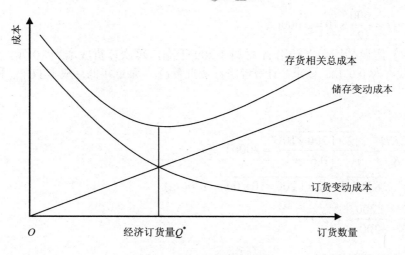

图 8.6　经济订货量示意图

这个基本模型还可以演变出其他结果，具体如下。

每年最佳订货次数：

$$N^* = \frac{D}{Q^*}$$

最低年储存成本：

$$TC_{(Q^*)} = \frac{KD}{\sqrt{\frac{2KD}{K_c}}} + \frac{\sqrt{\frac{2KD}{K_c}}}{2} \cdot K_c = \sqrt{2KDK_c}$$

最佳订货周期：

$$t^* = \frac{360}{N^*}$$

经济订货量占用资金：

$$I^* = \frac{Q^*}{2} \cdot U$$

【例 8.8】某企业每年耗用某种材料 7200 千克，该材料的单位成本为 10 元，单位存储变动成本为 1 元，一次订货成本为 25 元。要求：计算经济订货批量 Q^*、最低年储存成本 $TC_{(Q^*)}$、最佳订货次数 N^*、最佳订货周期 t^* 和经济订货量占用资金 I^*。

解：

$$Q^* = \sqrt{\frac{2KD}{K_c}} = \sqrt{\frac{2 \times 7\,200 \times 25}{1}} = 600(千克)$$

$$TC_{(Q^*)} = \sqrt{2KDK_c} = \sqrt{2 \times 25 \times 7\,200 \times 1} = 600(元)$$

$$N^* = \frac{D}{Q^*} = \frac{7\,200}{600} = 12(次)$$

$$t^* = \frac{360}{N^*} = \frac{360}{12} = 30(天)$$

$$I^* = \frac{Q^*}{2} \cdot U = \frac{600}{2} \times 10 = 3\,000(元)$$

【例 8.9】 假设某厂全年耗用 A 材料 1 200 千克,每次订货成本为 10 元,每千克 A 材料的年储存成本为 0.6 元。要求:计算经济订货批量 Q^*、最低年储存成本 $TC_{(Q^*)}$ 和最佳订货次数 N^*。

解:

$$Q^* = \sqrt{\frac{2KD}{K_c}} = \sqrt{\frac{2 \times 1\,200 \times 10}{0.6}} = 200(千克)$$

$$TC_{(Q^*)} = \sqrt{2KDK_c} = \sqrt{2 \times 1\,200 \times 10 \times 0.6} = 120(元)$$

$$N^* = \frac{D}{Q^*} = \frac{1\,200}{200} = 6(次)$$

(二)基本模型的扩展

经济订货量的基本模型是在前述各假设条件下建立的,但现实生活中能够满足这些假设条件的情况十分罕见。为了使模型更接近实际情况,具有较高的可用性,需逐一放宽假设,同时改进模型。

1. 实行数量折扣的经济订货量模型

在现实生活中,当企业一次性购入大量商品时,销售企业通常会给予不同程度的价格优惠,即实行商业折扣。购买越多,所获得的价格优惠越明显。这时,存货的购置成本是决策相关成本,因为存货的一次进货数量已经与进货单价有了直接关系。即在经济订货量模型其他假设条件都具备的前提下,存在数量折扣时的存货相关总成本可按下式计算:

$$TC = DU(1-折扣率) + \frac{D}{Q} \cdot K + K_c \cdot \frac{Q}{2}$$

实行数量折扣的经济订货量具体确定步骤如图 8.7 所示。

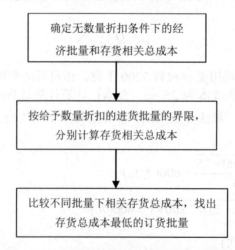

图 8.7 实行数量折扣的经济订货量计算步骤

其中,第二个步骤解释如下:假定客户每批购买量不足 500 千克的,按照标准价格计算；每批购买量为 500 千克及以上，1 000 千克以下的，价格优惠 3%；每批购买量在 1 000 千克及以上的，价格优惠 5%。此时按给予数量折扣的最低进货批量，即 500 千克和 1 000 千克分别计算存货相关总成本。因为在给予同等数量折扣的进货批量范围内，无论进货量是多少，存货购置成本总是相同的，只有在销售方给予不同折扣界限时，客户的存货相关总成本才会急剧降低，有可能低于无数量折扣条件下的经济订货批量对应的存货相关总成本。

【例 8.10】某企业甲材料的年需要量为 4 000 千克，每千克标准价为 20 元，单位存储成本为 3 元，一次订货成本为 60 元。销货方规定：客户每批购买量不足 1 000 千克的，按照标准价格计算；每批购买量在 1 000 千克及以上，2 000 千克以下的，价格优惠 2%；每批购买量在 2 000 千克及以上的，价格优惠 3%。要求：计算经济订货批量及存货相关总成本。

解：

(1) 按照基本模型确定无数量折扣情况下的经济进货批量及其总成本。

$$经济进货批量 = \sqrt{\frac{2 \times 4\,000 \times 60}{3}} = 400(千克)$$

$$存货相关总成本 = 4\,000 \times 20 + \frac{4\,000}{400} \times 60 + \frac{400}{2} \times 3 = 81\,200(元)$$

(2) 考虑数量折扣的进货批量及其存货相关总成本。

每次进货 1 000 千克时的存货相关总成本
=4 000×20×(1−2%)+4 000÷1 000×60+1 000÷2×3=80 140(元)

每次进货 2 000 千克时的存货相关总成本
=4 000×20×(1−3%)+4 000÷2 000×60+2 000÷2×3=80 720(元)

(3) 比较判断。每次进货 1 000 千克时的存货相关总成本最低，是最佳方案。

2. 存货陆续供应和使用

在建立基本模型时，假设存货一次全部入库，故存货增加时存量变化为一条垂直的直线。实际中，各批存货可能陆续入库，存量陆续增加。尤其是产成品入库和在产品转移，几乎总是陆续供应和陆续耗用的，如图 8.8 所示。

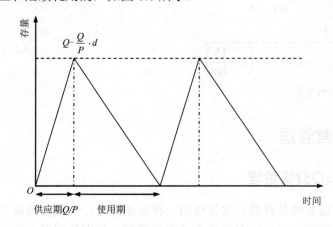

图 8.8　存货陆续供应和使用示意图

设每批订货数为 Q，由于每日送货量为 P，故该批货全部送达所需的天数为 Q/P，称为供应期或送货期。

因零件每日耗用量为 d，故送货期内的全部耗用量为

$$\frac{Q}{P} \cdot d$$

由于零件边送边用，所以每批送完时，最高库存量为

$$Q - \frac{Q}{P} \cdot d$$

平均库存量为

$$\frac{1}{2}\left(Q - \frac{Q}{P} \cdot d\right)$$

这样有关的总成本为

$$TC = \frac{D}{Q} \cdot K + \frac{Q}{2}\left(1 - \frac{d}{P}\right) \cdot K_c$$

在订货变动成本与储存变动成本相等时，TC 有最小值，故存货陆续供应和使用的经济订货量公式为

$$Q^* = \sqrt{\frac{2KD}{K_c} \cdot \frac{P}{P-d}}$$

将这一公式代入上述 TC 公式，即可得出存货陆续供应和使用的经济订货量的总成本公式：

$$TC_{(Q^*)} = \sqrt{2KDK_c\left(1 - \frac{d}{P}\right)}$$

【例 8.11】某零件年需用量(D)为 6 000 件，每日送货量(P)为 60 件，每日耗用量(d)为 15 件，一次订货成本(K)为 75 元，单位储存变动成本(K_c)为 4 元。要求：计算经济订货批量及存货相关总成本。

解：将上述数据代入，则

$$Q^* = \sqrt{\frac{2 \times 75 \times 6\,000}{4} \times \frac{60}{60-15}}$$

$$\approx 547.72(件)$$

$$TC_{(Q^*)} = \sqrt{2 \times 75 \times 6\,000 \times 4 \times \left(1 - \frac{15}{60}\right)}$$

$$\approx 1\,643.17(元)$$

三、存货的日常管理

(一)存货的归口分级管理

存货的归口分级管理是存货日常管理的一种基本方法，主要包括以下几项内容：①实行存货资金的统一管理。②实行存货资金的归口管理。根据使用资金和管理资金相结合、物资管理和资金管理相结合的原则，每项资金由哪个部门使用，就归哪个部门管理。③实行存货资金的分级管理。各归口部门要将分管的计划和定额按照具体情况进行分解，分配

给所属单位，即车间、班组甚至个人等基层，实行存货的分级管理。④由财会部门统一组织企业存货的核算、检查与分析工作，评定各归口分级管理部门的职责履行情况，奖优罚劣，促进企业整体存货管理水平的提高。

(二)ABC 分类法

1. ABC 分类法概述

企业存货品种繁多，尤其是大中型企业中的存货品种多达几百种甚至更多。实际上，不同的存货对企业财务目标的实现具有不同的作用。有的存货尽管品种数量很少，但金额巨大，如果管理不善，可能会给企业造成极大的损失。相反，有的存货虽然品种数量繁多，但金额微小，即便管理当中出现一些问题，也不至于对企业产生较大的影响。因此，无论是从能力还是从经济角度来说，企业均不可能也没有必要对所有的存货同等对待。

ABC 分类管理正是基于这一考虑由意大利经济学家巴雷特(Pareto)于 19 世纪首创，以后经过不断发展和完善，现已广泛用于存货管理、成本管理和生产管理。ABC 分类法就是根据存货的重要程度，把存货分成 A、B、C 三类分别就不同情况加以控制的一种方法。其目的在于使企业分清主次、突出重点、兼顾一般，提高存货资金管理的整体效果。ABC 管理法有两个步骤：一是对存货进行分类；二是对存货进行管理。

2. 存货 ABC 分类的标准

分类标准主要有两个：一是金额标准；二是品种数量标准。其中，金额标准是最基本的，品种数量标准仅作为参考。具体做法如下。

A 类：金额巨大，但品种数量较少的存货(品种数量占总品种数量的 10%左右，金额占总金额的 70%左右)。

B 类：介于 A、C 两类之间的存货(品种数量占总品种数量的 20%左右，金额占总金额的 20%左右)。

C 类：金额微小，但品种数量众多的存货(品种数量占总品种数量的 70%左右，金额占总金额的 10%左右)。

不同类别的存货，其管理要求如表 8.10 所示。

表 8.10 A、B、C 三类存货管理要求

管理项目	A 类存货	B 类存货	C 类存货
控制方法	按品种严格控制	按类别控制	按总额控制
采购批量	按经济订购量控制	适当放宽	简单估算
盘点要求	实行永续盘存制	定期检查	实行实地盘存制
记录要求	序时记录	定期记录	定期汇总记录
保险储备	按品种确定	按类别确定	视情况而定

3. ABC 分类法在存货管理中的应用

【例 8.12】某企业共有材料 35 种，共占用资金 600 000 元，该企业存货控制采用 ABC 分类法，各种材料的归类情况如表 8.11 所示。试对存货进行 ABC 分类管理的分析。

表 8.11 某企业存货 ABC 分类表

类 别	品种数量	品种比重/%	资金总额/元	资金比重/%
A 类存货	4	11.43	430 000	71.67
B 类存货	9	25.71	110 000	18.33
C 类存货	22	62.86	60 000	10.00
合计	35	100.0	600 000	100.0

解析：

根据以上分类，该企业分别确定对 A、B、C 三类存货的不同控制措施。

A 类存货品种少，资金占用量大，对其管理得好坏关系极大，是存货管理的重点。抓好 A 类存货的管理，有利于降低成本，节约资金占用。对于 A 类存货要实行分品种重点规划和管理，科学地确定经济订购批量；经常检查其库存情况，严格控制库存数量，对存货的收、发、存进行详细记录，定期盘点，并努力加快其周转速度。

C 类存货品种繁多，资金占用较少，一般可以采用比较简化的方法进行管理，通常采用总额控制的方式。可根据经验确定其资金占用量，或者规定一个订货点。当存货低于这个订货点时就组织进货，酌情增大每次的订货量，减少订货次数。

B 类存货介于 A、C 两类存货之间，实行次重点管理，一般按存货类别进行控制，可适当地放宽经济采购量，尽量节约人力、物力，以降低其成本。

本 章 小 结

1. 狭义的现金只包括库存现金，而广义的现金包括库存现金、银行存款、银行本票、银行汇票等。企业必须保持一定数量的现金，以满足正常经营活动的需要。企业持有现金的动机包括交易性动机、预防性动机和投机性动机。现金的成本包括持有成本、转换成本和短缺成本。

2. 现金管理模型的作用在于确定最佳的现金持有额度，从而指导现金管理实践，为企业创造更好的经济效益。现金管理模型主要有现金周转模型、成本分析模型、随机模型等。现金日常管理的目的是在维护现金安全完整的前提下尽量提高现金的使用效率。现金的日常管理主要包括加速收款、控制付款和力争现金流量同步。

3. 应收账款是指企业因对外销售产品、材料或提供劳务及其他原因，应向购货单位或接受劳务的单位收取的款项。应收账款的产生主要基于商业竞争、销售和收款的时间差距两方面的原因。应收账款的功能就是它在生产经营中的作用，包括扩大销售，增强企业的竞争力，减少存货。应收账款成本是指企业持有应收账款而付出的代价，包括机会成本、坏账成本和管理成本。

4. 信用政策即应收账款的管理政策，是企业对应收账款进行规划和控制的基本原则与行为规范。它主要包括信用标准、信用条件和收账政策三部分内容。信用标准是企业给予客户赊销的最低条件。信用条件是指企业接受客户信用订单时所提出的付款要求，主要包括信用期限、折扣期限和现金折扣等。企业必须全面权衡，评价得失，确定合适的信用期限和现金折扣。收账政策是指当客户违反信用条件，拖欠甚至拒付账款时企业所采取的收账策略与措施。为保证催收效率，收账政策的制定应该宽严适度。

5. 企业还应强化应收账款的日常管理和控制，包括建立客户档案、加强应收账款追踪分析、应收账款账龄分析和建立应收账款坏账准备制度。

6. 存货是指企业在生产经营过程中为销售或者耗用而储备的各种物资，包括材料、燃料、低值易耗品、在产品、半成品、产成品、外购商品等。企业储备存货主要有以下动机：①防止停工待料，适应市场变化；②便于组织均衡生产，降低产品成本；③降低进货成本，获取规模效益。企业持有存货的成本，主要包括取得成本、储存成本和缺货成本。

7. 在存货决策中，财务部门要做的是决定进货时间和进货批量。这需要设立一些假设，在此基础上建立经济订货量的基本模型和扩展模型。存货还应进行分级、归口管理，常见的存货管理方法是 ABC 分类法。

思 政 课 堂

废旧共享单车"堆积如山"该如何治理？

据近日《北京青年报》报道，一组名为《无处安放》的摄影作品走红网络，公众首次看到如此多的城市正在面临废旧共享单车堆积场景。画面中，数万辆共享单车无序地堆放在城市的空地，高达数米。这组摄影作品是由 55 岁自由摄影师吴国勇拍摄的。他利用半年时间，从深圳出发，寻访全国近 30 个城市 45 个共享单车堆放处，共拍摄 1 万余张照片。近年来，随着共享单车的大规模投放，各大中城市不同程度地出现了废旧共享单车堆积成"垃圾山"的现象，不仅严重地影响城市的市容市貌，还容易造成环境污染和资源浪费。那么，废旧共享单车堆积如山的原因何在？法律关于处理废旧共享单车有何规定？如何有效地治理废旧共享单车问题？

相关专家认为：

(1) 对共享单车前期过量投入、低质量投入缺乏监管，是造成废旧共享单车堆积如山的主要原因。

(2) 从民事法律关系上分析，共享单车运营企业与用户之间是租赁合同关系，用户支付租金后享有车辆使用权，运营企业拥有车辆所有权。运营企业负有车辆维护、修理及报废的义务。

(3) 交通主管部门是共享单车的主要监管部门，应当履行监管责任，加强对共享单车及运营企业的检查力度。

(资料来源：赵衡.废旧共享单车"堆积如山"该如何治理.
https://www.spp.gov.cn/spp/llyj/201812/t20181229_403853.shtml.2018-12-29.)

思考题：共享单车在中国的发展并不是一蹴而就的，而是先后经历过几次模式迭代，才真正兴起。其发展历程经过了萌芽期、初创期、无序发展期和健康成长期。共享单车的所有权属于运营企业，但在会计上如何处理目前存在一定的争议。无论如何，共享单车的购置会占用运营企业的资金，请查资料分析一下运营企业应该如何对共享单车进行管理，特别是对于大量废旧的共享单车应该如何进行治理。

复习与思考题

1. 企业持有现金的动机有哪些？现金的成本包括哪些？
2. 简述现金的成本分析模型和随机模型。
3. 简述现金日常管理的举措。
4. 应收账款的成本包括哪些？
5. 简述 5C 评估法。
6. 如果你是经理人员，你会怎样催收账款？
7. 存货成本的组成部分包括哪些？
8. 什么是经济订货批量模型？
9. 简单介绍存货的 ABC 分类法。

计 算 题

1. 某企业有四种现金持有方案，具体如表 8.12 所示。试计算该企业最佳现金持有量。

表 8.12 现金持有量备选方案

项 目	甲	乙	丙	丁
现金持有量/元	25 000	50 000	75 000	100 000
短缺成本/元	20 000	12 000	6 000	0
机会成本率/%	8	8	8	8

2. 某公司为保障日常现金收支的需要，任何时候银行结算账户和库存现金余额均不能低于 2 500 元，公司有价证券的年利率为 10.8%，每次固定转换成本平均为 30 元，根据历史资料测算出现金余额波动的标准差为 600 元。要求：

(1) 计算公司的最佳现金持有量。

(2) 计算公司现金控制的上限。

3. 某企业目前年销售收入为 30 万元，信用条件为 $n/30$，变动成本率为 70%，有价证券年收益率为 12%，该企业为扩大销售拟定了 A、B 两个信用条件方案。

A 方案信用条件为 $n/60$，预计销售收入将增加 10 万元，坏账损失率为 3%，预计收账费用为 2 万元。

B 方案信用条件为 $(1/40, n/90)$，预计销售收入将增加 15 万元，坏账损失率为 5%，估计约有 60% 的客户(按销售额计算)会利用折扣，预计收账费用为 2.4 万元。

要求：确定该公司应选择哪种信用条件方案。

4. 南海公司目前的收账政策过于严厉，不利于扩大销售，且收账费用较高，该企业正在研究修改现行的收账政策，现有甲和乙两个放宽收账政策的备选方案，有关数据如表 8.13 所示。

表 8.13 收账政策的备选方案

项 目	现行收账政策	甲方案	乙方案
年销售额/万元	240	260	280
收账费用/万元	4	2	1
所有账户的平均收账期/月	2	3	4
所有账户的坏账损失率/%	2	3	4

已知该公司变动成本率为 70%，应收账款投资要求的最低收益率为 10%，假设不考虑所得税的影响。请问：

(1) 是否应该改变现行的收账政策？

(2) 如果要改变，应选择甲方案还是乙方案？

5. 东方公司计划年度销售收入 1 000 万元，全部采用商业信用方式销售，即(2/10,1/20, n/30)。预计客户在 10 天内付款的比率为 50%，20 天内付款的比率为 20%，超过 20 天，但在 30 天内付款的比率为 30%，有价证券年利率为 8%，变动成本率为 65%。要求：

(1) 计算企业应收账款平均收账期。

(2) 计算每日信用销售额。

(3) 计算应收账款平均余额。

(4) 计算维持赊销业务所需资金。

(5) 计算应收账款机会成本。

6. 某公司年耗用材料 36 000 千克，单位采购成本为 200 元，单位储存成本为 8 元，平均每次进货费用为 100 元，假设该材料不存在缺货情况。要求：

(1) 计算该材料的经济进货批量。

(2) 计算经济进货批量下的相关总成本。

(3) 计算经济进货批量下的平均占用资金。

(4) 计算年度最佳进货次数。

7. 某企业甲材料年需用量为 2 500 吨，每吨采购成本为 1 000 元，年单位储存成本为采购成本的 20%，每次订货成本为 500 元，且每次材料采购均是一次到货，在订货间隔期内均匀耗用。要求：

(1) 计算在基本模型条件下的经济订购批量以及相关总成本。

(2) 假设供应商规定，每次购货量在 100 吨及以上，500 吨以下的，价格优惠 10%；每次购货量在 500 吨及以上的，价格优惠 15%。试确定最佳经济订购批量。

8. 某企业全年需采购甲材料 3 600 吨，甲材料每吨进价为 1 500 元，每次订货成本为 1 800 元，每吨甲材料年平均储存保管费用为 100 元。要求：

(1) 计算甲材料经济订货批量和全年订货次数。

(2) 若甲材料由一次性批量供应改为陆续供应，每日送货量为 30 吨，该企业每日耗用甲材料 22.5 吨。试计算甲材料陆续供应和使用条件下的经济订货批量和该订货批量下的总成本。

案例分析

1. 随着经济全球化及电子商务的迅猛发展，服装企业面临着更大的机遇和挑战，同时，严重的库存问题越来越成为制约企业健康成长的桎梏。在保证企业生产经营需求的情况下，保持合理的库存水平，有利于企业减少成本，加速流动资金周转的速度。相反，大量不合理的库存会成为企业的负担，不但造成企业资金周转不良等问题，还会给社会经济资源造成不必要的浪费。西班牙的 ZARA 凭借其优异的供应链库存管理方法，创造了服装业的奇迹。ZARA 公司采用的是极速供应链下的库存管理，试查找资料分析这种优异的库存管理模式，以期为我国服装企业的库存管理提供一些借鉴。

(资料来源：陈运平，等. 财务管理案例[M]. 大连：东北财经大学出版社，2019.)

2. 以下是某企业应收账款预警管理制度中的部分内容。

预警管理以应收账款付款逾期情况、到期回收率及后续期业务发生情况作为预警控制要素，预警管理分为一、二、三级，其中三级为最高预警等级。

(1) 付款逾期：超过合同规定付款期的期间。

逾期	预警等级
2 个月内	一级预警
3 个月内	二级预警
4 个月及以上	三级预警

(2) 应收账款到期回收率＝应收账款累计回收额/(应收账款累计发生额－合同付款期内的应收账款余额)×100%

式中，应收账款累计回收额是指到本期期末止累计回收应收账款额；应收账款累计发生额是指到本期期末止应收账款累计借方发生额；合同付款期内的应收账款余额是指到本期期末止尚未超过合同付款期限的应收账款余额。

到期回收率	预警等级
80%～90%	一级预警
50%～80%	二级预警
50%以下	三级预警

(3) 后续期业务发生情况：应收账款在合同付款期限内但无后续业务发生的期间。

后续无业务发生的期间	预警等级
2 个月内	一级预警
3 个月内	二级预警
4 个月及以上	三级预警

按以上三个要素，将客户分别列入不同的预警等级，一般按其中级别最高的预警等级进行预警管理。

各业务单位财务部门根据客户合同付款期及应收账款动态变化情况，每月根据上述应收账款预警管理制度的相关规定对各自单位期末的应收账款进行分析，并将分析结果报送集团财务管理部、管理监察审计部、各业务单位总经理。集团财务管理部将此情况上报总裁。

各业务单位总经理根据财务部门上报的应收账款预警情况，组织制定本单位的应收账款催收措施，并将催收措施上报总裁，同时报送集团财务管理部、管理监察审计部。

管理监察审计部对各业务单位预警管理应收账款的催收措施的执行情况进行跟踪检查，并将检查情况上报总裁，同时报送集团财务管理部。

请问：应收账款日常管理的举措主要有哪些？此应收账款预警管理制度合理吗？有哪些值得改进的地方？实际操作过程中会碰到哪些问题？应该如何解决？

3. 1953年，日本丰田公司的副总裁大野耐一创造了一种高质量、低库存的生产方式——即时生产(Just In Time，JIT)。JIT技术是存货管理的第一次革命，其基本思想是"只在需要的时候，按需要的量，生产所需的产品"，也就是追求一种无库存或库存量达到最小的生产系统。在日本JIT又称为"看板"管理，在每一个运送零部件的集装箱里面都有一个标牌，生产企业打开集装箱，就将标牌给供应商，供应商接到标牌之后，就开始准备下一批零部件。理想的情况是，下一批零部件送到时，生产企业正好用完上一批零部件。通过精确地协调生产和供应，日本的制造企业大大地降低了原材料的库存，提高了企业的运作效率，也增加了企业的利润。事实上，JIT技术成了日本汽车工业竞争优势的一个重要来源，而丰田公司也成为全球在JIT技术上较领先的公司之一。

存货管理的第二次变革的动力来自数控和传感技术、精密机床以及计算机等技术在工厂里的广泛应用，这些技术使得工厂的整备时间从早先的数小时缩短到几分钟。在计算机的帮助下，机器很快从一种预设的工模具状态切换到另一种工模具状态，而无须走到遥远的工具室或经人工处理之后再进行试车和调整，整备工作的加快使待机时间发生了关键的变化，围绕着传统工厂的在制品库存和间接成本也随之减少。仍然是丰田公司在20世纪70年代率先进行了这方面的开拓。作为丰田的引擎供应商，洋马柴油机公司(Yanmar Diesel)效仿丰田进行了作业程序的改革，在不到五年的时间里，差不多将机型增加了4倍，但在制品的存货却减少了一半之多，产品制造的总体劳动生产率也提高了100%以上。

20世纪90年代信息技术和互联网技术兴起之后，存货管理发生了第三次革命。通过信息技术(如ERP、MRPⅡ等)在企业中的运用，可以使企业的生产计划与市场销售的信息充分共享，计划、采购、生产和销售等各部门之间也可以更好地协同。而通过互联网技术可以使生产预测较以前更加准确和可靠。戴尔公司是这次革命的成功实践者，它充分运用信息技术和互联网技术开展网上直销，根据顾客的要求定制产品。戴尔公司根据顾客在网上的订单来组织生产，提供完全个性化的产品和服务，同时提出了"摒弃库存、不断聆听顾客意见、绝不进行间接销售"三项黄金律。戴尔公司完全消灭了成品库存，其零件库存量是以小时计算的。

请根据以上资料回答：存货成本包括哪些部分？存货管理的目标是什么？

(资料来源：周展宏. 财经分析：存货管理经历的三次变革.
http://finance.sina.com.cn/d/20011010/114775.html.2001.)

4. 顺丰控股股份有限公司成立于广东顺德。2016年12月12日，顺丰速运取得证监会批文获准登陆A股市场，2017年2月24日，正式更名为顺丰控股。公司致力于成为独立第三方行业解决方案的数据科技服务公司，为客户提供涵盖多行业、多场景、智能化、一体化的供应链解决方案。公司的主要产品和服务包括时效快递、经济快递、同城即时物流、仓储服务、国际快递等多种快递服务，以零担为核心的快运服务，为生鲜、食品和医药领域的客户提供冷链运输服务，以及保价、代收货款、包装服务、保鲜服务等增值服务。2016—2020年顺丰控股的存货周转率数据分别为141.6、135.1、118.1、109.0、137.9，其中，存货周转率=货物销售成本/存货总额。

请查找资料分析一下顺丰控股的存货管理，并对不同物流公司的存货周转率进行比较。

(资料来源：财报说. 顺丰控股(002352)存货周转率. http://caibaoshuo.com/terms/002352/inventories_turnover_ratio.2023.)

第九章

利润分配管理

【学习要点及目标】

通过本章的学习,要求学生了解利润分配的基本内容和程序;了解股利理论;了解影响利润分配的因素;了解股票回购的含义;理解股利支付的方式;掌握典型的四种股利分配政策;掌握股票股利、股票分割的含义及影响。

【核心概念】

利润分配　股利相关论　股利无关论　剩余股利政策　固定或持续增长的股利政策　固定股利支付率政策　低正常股利加额外股利政策　股票股利　股票分割　股票回购

【引导案例】

微软公司股利政策

在 2000 年以前，微软公司业务收入每年的增长率都超过了 20%；2000 年以后，增长率稳定在每年百分之十几。2000 年成为微软公司发展的一个分水岭，公司自此从高速增长的发展阶段步入成熟阶段。微软在不同阶段采取了不同的股利政策，具体如下。

(1) 发展期的政策是"只送不发"。公司成立之初，时值软件行业高速增长，业务发展需要大量的资金，发放现金股利会使公司的发展后劲不足，且将利润留在企业使用不需要支付利息，还可以减轻公司的财务压力，所以发放股票股利成为必然选择。

(2) 成熟期的政策是"高派息"。公司步入成熟期以后，增长的速度变缓，对资金的需求减少，业务发展不需要太多的资金注入，太多的现金留在企业会降低公司的盈利能力，这时就用现金股利代替股票股利，使股东直接从公司的发展中获益。

(3) 成熟期逐步减少股票期权的政策。在公司快速发展的时候，股价飙升，采取股票期权作为激励措施能取得良好的效果。在公司发展的成熟期，由于业务增长相对缓慢，公司股价处于比较平稳的状态，继续采用股票期权作为激励手段效果不明显，因此，微软公司根据环境的变化逐步减少股票期权是自然而又明智之举。

(资料来源：灵动未来股权激励. 见证历史的经典：微软股权激励四十载.
https://zhuanlan.zhihu.com/p/252334089. 2020.)

第一节　利润分配的内容

企业利润是指企业在一定时期(或一年)内生产经营活动所取得的财务成果，主要包括营业利润和营业外收支净额等。利润分配是指企业按照国家财经法规和企业章程，对所实现的税后净利润在企业与投资者之间进行分配。股利分配是指公司制企业向股东分派股利，是企业利润分配的重要组成部分。

一、利润分配的项目

按照我国《公司法》的规定，公司利润分配的项目包括以下几部分。

1. 法定盈余公积金

按照《公司法》的规定，法定盈余公积金要按公司当年利润分配基数的 10%来提取。当累计的法定盈余公积金达到注册资本的 50%时，可不再提取。法定盈余公积金可用于弥补亏损或者转增资本金，但转增资本金后，公司的法定盈余公积金一般不能低于注册资本的 25%。

2. 任意盈余公积金

任意盈余公积金的提取由股东会或董事会根据需要决定。

3. 股利(向投资者分配的利润)

公司向股东(投资者)分派股利(分配利润)，要在提取公积金之后。股利的分配应以各股东持有股份的数额为依据，每一股东取得的股利与其持有的股份数成正比。股份有限公司原则上应从累计盈利中分派股利，无盈利不得支付股利，即所谓"无利不分"的原则。

二、利润分配的顺序

公司向股东(投资者)分派股利(分配利润)，应按一定的顺序进行。按照我国《公司法》的有关规定，利润分配应按下列顺序进行。

1. 计算可供分配的利润

将本年度税后利润(或亏损)与年初未分配利润(或亏损)合并，即得到可供分配的利润。如果可供分配的利润为负数(即亏损)，不能进行后续分配；如果可供分配的利润为正数(即本年累计盈利)，则可进行后续分配。企业在弥补以前年度的亏损时，如果未能在5年内用税前利润弥补完，就要用税后利润弥补。

2. 计提法定盈余公积金

按抵减年初累计亏损的本年净利润计提法定盈余公积金。计提盈余公积金的基数，不一定是可供分配的利润，也不一定是本年的税后利润。只有不存在年初累计亏损时，才能按本年税后利润计算应提取数。

3. 计提任意盈余公积金

任意盈余公积金的计提基数与法定盈余公积的计提基数一致。

4. 向股东(投资者)分派股利(分配利润)

公司股东会或董事会违反上述分配顺序，在弥补亏损和提取法定盈余公积金之前向股东分配利润的，必须将违反规定发放的利润退还给公司。

【例9.1】某股份有限公司2022年实现利润总额5 000万元，所得税税率为25%；公司前两年累计亏损1 200万元(可在税前弥补)；法定盈余公积的提取比例为10%，任意盈余公积的提取比率为5%；支付2 000万股普通股股利，每股股利为0.8元。试进行利润分配的分析。

解：根据上述资料，该公司利润分配的顺序如下。

(1) 弥补亏损、计缴所得税后的净利润=(5 000-1 200)×(1-25%)=2 850(万元)

(2) 提取法定盈余公积金=2 850×10%=285(万元)

(3) 提取任意盈余公积金=2 850×5%=142.5(万元)

(4) 可用于支付股利的利润=2 850-285-142.5=2 422.5(万元)

(5) 实际支付普通股股利=2 000×0.8=1 600(万元)

(6) 年末未分配利润=2 422.5-1 600=822.5(万元)

第二节　股利支付的程序和方式

一、股利支付的程序

股份有限公司在决定分派股利之前,应由公司董事会将分派股利的事项向股东宣告。然后经过一定的程序,最终将股利发放给股东。一般情况下,股利从宣告到发放,其过程主要经历股利宣告日、股权登记日、除息日和股利支付日等几个阶段。

1. 股利宣告日

股利宣告日是指公司董事会开会并将股利支付情况予以公告的日期。公告中将宣告每股支付的股利、股权登记期限、股利支付日期等事项。我国的股份公司通常一年派发一次股利,也有在年中派发中期股利的。

2. 股权登记日

股权登记日是指有权领取股利的股东资格登记的截止日期,也称除权日。只有在股权登记日前在公司股东名册上有名的股东,才有权分享股利。证券交易所的中央清算登记系统为股权登记提供了便利,一般在营业结束的当天即可打印出股东名册。

3. 除息日

除息日是指领取股利的权利和股票相互分离的日期。在除息日前,股利权从属于股票,持有股票者即享有领取股利的权利。除息日开始,领取股利权与股票相互分离,股票价格会下降。如果采用"T+0"的交易制度,可将除息日定为除权日的下一个交易日,因为除权日当天购买公司股票的股东都可在股东名册上记名,可以享受领取股利的权利,而在除息日当天或以后新购买股票的股东则不能享受这次股利。

4. 股利支付日

股利支付日是指向股东发放股利的日期。

股利支付程序举例说明如下。

【例9.2】 假定南海公司2020年11月18日发布公告:"本公司董事会在2020年11月16日的会议上决定,上半年发放每股2元的股利;本公司将于2020年12月22日将上述股利支付给在2020年12月17日登记为本公司股东的人士。"试分析南海公司的股利宣告日、股权登记日和股利支付日。

解析: 2020年11月18日为南海公司的股利宣告日;2020年12月17日为其股权登记日;2020年12月22日则为其股利支付日。

二、股利支付的方式

股利支付的方式多种多样,常见的主要有以下几种。

1. 现金股利

现金股利是指将股东应得的股东收益以现金的形式支付给股东，它是股利支付的主要方式。一般情况下，发放现金股利须具备以下四个条件：公司要有足够的未指名用途的留存收益；有足够的剩余留存收益来保证再投资对资金的需求；有足够的现金来保证正常生产经营；这样做有利于提高公司普通股的市场价值。

2. 财产股利

财产股利是指以现金以外的资产支付的股利，主要以公司所拥有的产品或拥有的其他企业的有价证券(如债券、股票等)作为股利支付给股东。

3. 负债股利

负债股利是指公司以负债支付的股利。通常以公司的应付票据支付给股东，不得已的情况下也有发行公司债券抵付股利的。财产股利和负债股利实际上是现金股利的替代。这两种股利支付方式目前在我国公司实务中很少使用，但也并非法律所禁止。

4. 股票股利

股票股利是指公司以增发的股票作为股利的支付方式。股票股利将在本章第四节详细讨论。

第三节 股利理论和股利分配政策

一、股利理论

有关股利分配影响的理论观点大致可以分为两种：股利无关论和股利相关论。股利无关论认为，股利政策不会影响企业的股票价值；而股利相关论则认为，股利政策对企业的股票价值有相当大的影响。

【案例链接】

2020年A股分红总额突破1.5万亿元再创历史新高

2020年度A股总分红预案首次突破1.5万亿元，再创历史新高，相比2019年度的1.36万亿元增长近12%，已连续4年分红总额突破万亿元大关。两市共有3 000多家公司发布现金分红方案，占A股上市公司数量约70%，有24家上市公司分红额越过100亿元大关。

证券时报·数据宝发布的《A股分红排行榜》显示，2020年度(含年中分红)共有3 000余家上市公司披露现金分红方案(包含实施完毕、董事会预案等)，合计分红金额15 206.63亿元，刷新历史纪录。从2017年开始，A股已连续四年分红总额超万亿元。

数据宝统计，尽管2020年新冠疫情对经济社会产生了深远影响，但A股仍保持分红力度的强劲增长势头。相较上一年，A股分红总额同比增长11.81%，超过2019年的10.55%和2018年的9.2%。

从行业来看，银行当属分红最积极、最慷慨的行业，38只银行股均发布2020年度分红预案,行业分红比例(分红公司数/行业内公司总数)高达100%,行业分红总额为4 884.18亿元,远远领先于其他行业,占据A股分红总额的32.12%。食品饮料、钢铁的行业分红比例次之,均逼近八成;较低的有休闲服务、传媒行业,是少数行业分红比例未过半的行业。

请问:我国上市公司分红的基本境况如何?为什么会造成这种情况的发生?这与相关股利理论矛盾吗?

(资料来源:证券之星. 2020年A股分红总额突破1.5万亿元再创历史新高. https://baijiahao.baidu.com/s?id=1699328706309363845&wfr=spider&for=pc.2021.)

(一)股利无关论

股利无关论是由美国财务学家米勒(Miller)和莫迪格莱尼(Modigliani)首先提出的,因此称为MM理论[①]。MM理论认为在完善的资本市场条件下,股利分配对公司的市场价值(或股票价格)不会产生影响。公司的总值只由公司本身的投资决策和获利能力决定,而不取决于公司的利润分配与留存的比例情况。当然这一理论的提出有四个基本假设作为前提:①不存在任何个人或公司所得税;②不存在任何股票的发行和交易费用(即不存在股票筹资费用);③公司的投资决策与股利决策彼此独立(即投资决策不受股利分配的影响);④公司的投资者和管理当局可同等地获得关于未来投资机会的信息。

上述假设描述的是一种完美无缺的市场,因而股利无关论又被称为完全市场理论。股利无关论观点如下。

1. 投资者并不关心公司股利的分配

若公司留存较多的利润用于再投资,会导致公司股票价格上升,此时尽管股利较低,但需用现金的投资者可以出售股票换取现金。若公司发放较多的股利,投资者又可以用现金再买入一些股票以扩大投资。也就是说,投资者对股利和资本利得并无偏好。

2. 股利的支付比率不影响公司的价值

既然投资者不关心股利的分配,公司的价值就完全由其投资的获利能力所决定。公司的盈余在股利和留存收益之间的分配并不影响公司的价值(即使公司有理想的投资机会而又支付了高额股利,也可以募集新股,新投资者会认可公司的投资机会)。

由于在现实条件下MM理论的多种假设不成立,致使该理论不一定有效。因为公司和投资者都必须缴纳所得税;公司也不可避免地会发生股票发行费用和交易成本;公司管理人员得到的信息总要强于外部投资者。但该理论仍然具有重要的参考价值。

(二)股利相关论

股利相关论认为公司的股利分配对公司的市场价值(或股票价格)并非无关,而是相关的。在现实生活中,不存在股利无关论提出的假定前提,股利分配不仅影响股票价格,也影响公司的市场价值。股利相关论的流派较多,但最具代表性的有以下四种。

1. "一鸟在手"理论

这种理论认为,出于自身利益,投资者更希望公司将留存收益用来分配股利而不是用

---

① 与第五章所述的MM理论是同一理论的不同方面。

来再投资。因为虽然再投资效益可提高公司股票的未来价值,也可给股东带来资本收益,但这种价值的收益在很大程度上是不确定的。

这种理论还认为,即使公司承诺将来支付较高的现金股利,这种现金股利的获得也是不确定的。因此,从收益确定性考虑,投资者宁可以较高的价格购买现在就支付较高现金股利的股票,也不愿意购买将来才有较高现金股利和较高资本收益的股票。

于是,如果把将来获得的较高现金股利和较高资本收益比喻为"双鸟在林",把现在就得到的较高现金股利比喻为"一鸟在手",那么"双鸟在林,不如一鸟在手"。

2. 信号传递理论

这种理论认为,股利分配政策向投资者传递公司财务状况方面的信息。例如,如果公司股利支付水平发生变化,传递给投资者的信息为:公司未来的盈利水平将发生变化,股票价格将发生变化。因此,从信号传递的角度来看,股利政策会影响股票价格。

3. 代理理论

这种理论认为,股利政策实际上体现的是公司内部人与外部股东之间的代理问题。在存在代理问题的前提下,适当的股利政策有助于保证经理们按照股东的利益行事。而所谓适当的股利政策,是指公司的利润应当更多地支付给股东。否则,这些利润就有可能被公司内部人所滥用。因此股东具有多分红、少留利的偏好。根据这一理论,在存在代理问题时,股利政策的选择至关重要。

4. 税收效应理论

在不存在税收因素的情况下,公司选择何种股利支付方式并不重要。但是,如果对现金红利和资本利得课以不同的税赋(如现金股利的税赋高于资本利得的税赋),那么,在公司及投资者看来,支付现金股利就不再是最优的股利分配政策。由此可见,在存在差别税赋的前提下,公司选择不同的股利支付方式,不仅会对公司的市场价值产生不同的影响,而且也会使公司(及个人)的税收负担出现差异。

二、影响股利分配的因素

(一)法律因素

为了保护公司债权人和股东的权益,很多法律法规对公司的股利分配进行了一定的限制,主要包括以下几方面。

1. 资本保全

公司不能用筹集的经营资本(包括股本和资本公积)发放股利,用于发放股利的资金只能是公司的当期利润或留存收益。

2. 企业积累

公司在分配股利之前,必须先按净利润的10%提取法定盈余公积金。

3. 净利润

公司年度累计净利润必须为正数时才可发放股利，以前年度亏损必须足额弥补，且公司发放股利后不能影响其正常的偿债能力。

4. 超额累积利润

在国外，由于股东收到股利缴纳的所得税高于其进行股票交易的资本利得税，因此，许多公司通过积累利润使股价上涨的方式来帮助股东避税。鉴于此，许多国家规定公司不得超额累积利润，一旦公司的保留盈余超过法律认可的水平，将被加征额外税额。但我国法律对公司累积利润尚未作出限制性规定。

(二)股东因素

股东从自身需要出发，对公司的股利分配往往产生以下影响。

1. 稳定的收入

公司股东的收益一般包括两部分：股利收入和资本利得。对于一些依靠股利维持生活的股东来说，往往要求公司支付较为稳定的股利，而且一般这些股东认为股票交易价格产生的资本利得具有很大的不稳定性，因此，与其获得不稳定的未来收益，不如得到现实的确定的股利。若公司留存较多的利润，肯定会受到这部分股东的反对。

2. 避税考虑

一些高股利收入的股东出于避税的考虑(股利收入的所得税高于股票交易的资本利得税)，往往要求限制股利的支付。我国目前对股息收入征收个人所得税，而对股票交易所得暂不征收个人所得税，因此，股东对股价上涨比股利支付更关心。

3. 控制权的稀释

公司支付较高的股利，导致留存盈余减少，这意味着将来发行新股的可能性加大，而发行新股必然会稀释股东的控制权。因此，公司的老股东往往主张限制股利的支付，而愿意保留较多的留存收益，以便从股价上涨中获利。

(三)公司因素

就公司的经营需要来讲，也存在一些影响股利分配的因素，具体如下。

1. 盈余的稳定性

盈余相对稳定的公司能够较好地把握自己，有可能支付比盈余不稳定的公司更高的股利；而盈余不稳定的公司一般采取低股利政策。对于盈余不稳定的公司来讲，低股利政策可以减少因盈余下降而造成的股利无法支付的风险，还可将更多的盈余进行再投资，以提高公司权益资本比重，减少财务风险。

2. 资产的流动性

较多地支付现金股利，会减少公司的现金持有量，使资产的流动性降低，而保持一定的资产流动性，是公司所必需的。因此，如果公司的资产流动性差，即使收益可观，也不宜分配过多的现金股利。

3. 举债能力

不同的公司在资本市场上举借债务的能力是有一定差别的,具有较强举债能力(与公司资产的流动性相关)的公司能够及时地筹措到所需的现金,有可能采取较宽松的股利政策;而举债能力弱的公司则不得不多留盈余,因而往往采取较紧的股利政策。

4. 投资机会

有着良好投资机会的公司,需要有强大的资金支持,因而往往较少发放股利,而将大部分盈余用于投资;缺乏良好投资机会的公司,保留大量现金会造成资金的闲置,于是倾向于支付较高的股利。正因为如此,处于成长中的公司投资机会多,资金需求量大,多采取低股利政策;处于成熟期或经营状况停滞不前的公司,投资机会减少,资金需求量降低,多采取高股利政策。

5. 资本成本

与发行新股和举债筹资相比,采用留存收益来筹集资金,不需花费筹资费用,是一种比较经济的筹资方式。因此,很多企业在考虑投资分红时,首先将企业的净利润作为筹资的第一选择渠道,特别是在负债资金较多、资本结构欠佳时。

(四)其他因素

1. 债务合同约束

公司的债务合同,特别是长期债务合同,往往有限制公司现金支付程度的条款,如对每股现金股利最高数额的限制,对发放现金股利时公司的流动比率、速动比率等重要财务指标的限制等,这时公司只得采取低股利政策。

2. 通货膨胀

在通货膨胀的情况下,公司折旧基金的购买力水平下降,会导致没有足够的资金来源重置固定资产。这时盈余会被当作弥补折旧基金购买力水平下降的资金来源,因此,在通货膨胀时期公司股利政策往往偏紧。

三、股利分配政策

在进行股利分配的实务中,公司要综合考虑各种因素来确定自己的股利分配政策,通常有以下几种政策。

(一)剩余股利政策

剩余股利政策就是在公司有着良好的投资机会时,根据一定的目标资本结构(最佳资本结构),测算出投资所需的权益资本,先从盈余当中留用,然后将剩余的盈余作为股利予以分配。

采用剩余股利政策时,应遵循四个步骤:①设定目标资本结构,即确定权益资本与债务资本的比率，在此资本结构下，加权平均资本成本将达到最低水平；②确定目标资本结构下投资所需的股东权益数额；③最大限度地使用(提取盈余公积后)保留盈余来满足投资方案所需的权益资本数额；④投资方案所需权益资本已经满足后若有剩余盈余，再将其作为股利发放给股东。

【例 9.3】假定东方公司某年提取了盈余公积金后的税后净利润为 6 000 万元，第二年的投资计划所需资金为 8 000 万元，公司的目标资本结构为权益资本占 60%，债务资本占 40%。试按照剩余股利政策进行分析。

解析：公司投资方案所需的权益资本数额为

8 000×60%=4 800(万元)

公司当年全部可用于分配股利的盈余为 6 000 万元，满足上述投资方案所需的权益资本数额各有剩余，剩余部分作为股利发放。当年发放的股利额即为

6 000-4 800=1 200(万元)

假定该公司当年流通在外的普通股有 1 000 万股，那么每股股利即为

1 200÷1 000=1.2(元)

奉行剩余股利政策，意味着公司只将剩余的盈余用于发放股利。这样做的根本目的是为了保持理想的资本结构，使加权平均资本成本最低，可以实现企业价值的长期最大化。其缺陷主要表现在：完全遵照剩余股利政策，将使股利发放额每年随投资机会和盈利水平的波动而波动，不利于投资者安排收入和支出，也不利于公司树立良好的形象。

(二)固定或持续增长的股利政策

这一股利政策是将每年发放的股利固定在某一水平上并在较长的时期内保持不变，只有当公司认为未来盈余会显著地、不可逆转地增长时，才会提高年度的股利发放额，如图 9.1 所示。不过，在通货膨胀的情况下，大多数公司的盈余会随之提高，且大多数投资者也希望公司能提供足以抵消导致通货膨胀的股利，因此，在长期通货膨胀的年代里也应提高股利发放额。

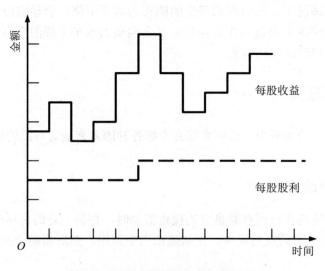

图 9.1 固定或持续增长的股利政策

固定或持续增长的股利政策的主要目的是避免出现由于经营不善而削减股利的情况。采用这种股利政策的理由有以下几点。

(1) 稳定的股利向市场传递着公司正常发展的信息，有利于树立公司良好的形象，增强投资者对公司的信心，稳定股票的价格。

(2) 稳定的股利有利于投资者安排股利收入和支出，特别是那些对股利有着很高依赖性的股东更是如此。而股利忽高忽低的股票，则不会受这些股东的欢迎，股票价格会因此而下降。

(3) 稳定的股利政策可能不符合剩余股利理论，但考虑到股票市场受到多种因素的影响，其中包括股东的心理状态和其他要求，因此为了使股利维持在稳定的水平上，即使推迟某些投资方案或者暂时偏离目标资本结构，也可能要比降低股利或降低股利增长率更有利。

该股利政策的缺点是股利的支付与盈余相脱节。当盈余较低时仍要支付固定的股利，这可能导致资金短缺，财务状况恶化；同时不能像剩余股利政策那样保持较低的资本成本。

(三)固定股利支付率政策

固定股利支付率政策是公司确定一个股利占盈余的比率，并长期按此比率支付股利的政策。在这一股利政策下，每年股利额随公司经营的好坏而上下波动，获得较多盈余的年份股利额高，获得盈余较少的年份股利额低，如图9.2所示。

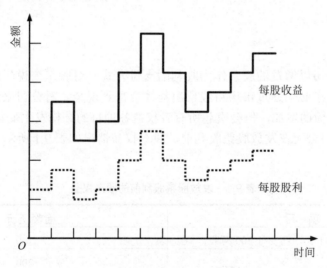

图 9.2　固定股利支付率政策

主张实行固定股利支付率政策的人认为，这样做能使股利与公司盈余紧密地配合，以体现多盈多分、少盈少分、无盈不分的原则，才算真正公平地对待了每一位股东。但是，在这种政策下，各年的股利变动比较大，极易造成公司盈利不稳定的感觉，对于稳定股票价格不利。

(四)低正常股利加额外股利政策

低正常股利加额外股利政策是指公司在一般情况下每年只支付固定的、数额较低的股利;在盈余多的年份,再根据实际情况向股东发放额外股利。但额外股利并不固定化,不意味着公司永久地提高了规定的股利率。

这种股利政策的优点如下。

(1) 使公司具有较大的灵活性。当公司盈余较少或投资需用较多资金时,可维持设定较低但正常的股利,股东不会有股利跌落感;而当盈余有较大幅度的增加时,可适度地增发股利,把经济繁荣的部分利益分配给股东,使他们增强对公司的信心,这有利于稳定股票的价格。

(2) 可使那些依靠股利度日的股东每年至少可以得到虽然较低,但比较稳定的股利收入,从而吸引住这部分股东。

这种股利政策的主要缺点有以下几个方面。

(1) 股利派发仍然缺乏稳定性,额外股利随盈余的变化而变化,容易给人漂浮不定的印象。

(2) 如果公司在较长时间内一直发放额外股利,股东就会认为这是正常股利,一旦情况有变,容易造成很大的负面影响,股价下跌在所难免。

以上各种股利政策各有所长,公司在分配股利时应借鉴其基本思想,制定适合自己实际情况的股利政策。

第四节 股票股利和股票分割

一、股票股利

股票股利是公司以增发的股票作为股利的支付方式。对股东来说,股票股利不直接增加股东的财富,股东必须通过市场将股票出售才会得到现金。对公司来说,也不会导致公司资产的流出或负债的增加,但会引起所有者权益各项目的结构发生变化。

【例 9.4】 南海公司在发放股票股利前,股东权益情况如表 9.1 所示。试根据资料分析股东权益变动情况。

表 9.1 发放股票股利前的股东权益

项 目	金额/万元
普通股(每股面额为 1 元,已发行 200 万股)	200
资本公积	200
未分配利润	1 000
股东权益合计	1 400

解析: 假定该公司宣布发放 10% 的股票股利,即发放 20 万股普通股股票,现有股东每持 10 股可得 1 股新发放股票。若该股票当时市价为 10 元,随着股票股利的发放,需从"未分配利润"项目划转出的资金为

10×200×10%=200(万元)

由于股票面额(1 元)不变,发放 20 万股股票,只应增加"普通股"项目 20 万元,其余的 180(200-20)万元应作为股票溢价转至"资本公积"项目,而公司股东权益总额保持不变。

发放股票股利后，公司股东权益各项目如表 9.2 所示。

表 9.2　发放股票股利后的股东权益

项　目	金额/万元
普通股(每股面额为 1 元，已发行 220 万股)	220
资本公积	380
未分配利润	800
股东权益合计	1 400

可见，发放股票股利不会对公司股东权益总额产生影响，但会发生资金在各股东权益项目间的再分配。需要指出的是，上例中以市价计算股票股利价格的做法，是很多西方国家所通行的，除此之外，有些公司会按股票面值计算股票股利价格。

发放股票股利后，如果盈利总额不变，会由于普通股股数增加而引起每股收益、每股市价的下降，但由于股东所持股份的比例不变，每位股东所持股票的市场价值总额仍保持不变。

【例 9.5】 承例 9.4，假定南海公司本年盈余为 440 万元，某股东持有 2 万股普通股，试分析发放股票股利对该股东的影响。

解析： 发放股票股利对该股东的影响如表 9.3 所示。

表 9.3　发放股票股利对股东影响

项　目	发 放 前	发 放 后
每股收益/(元/股)	440÷200=2.2	440÷220=2
每股市价/元	10	10÷(1+10%)≈9.09
持股比例	2÷200×100%=1%	2.2÷220×100%=1%
所持股总价值/万元	10×2=20	9.09×2.2≈20

发放股票股利对每股收益和每股市价的影响，可以通过对每股收益、每股市价的调整直接算出，具体计算公式为

$$发放股票股利后的每股收益 = \frac{E_0}{1+D_s}$$

式中，E_0 为发放股票股利前的每股收益，D_s 为股票股利发放率。

$$发放股票股利后的每股市价 = \frac{M}{1+D_s}$$

式中，M 为股利分配权转移日的每股市价，D_s 为股票股利发放率。

依上例资料：

$$发放股票股利后的每股收益 = \frac{2.2}{1+10\%} = 2(元)$$

$$发放股票股利后的每股市价 = \frac{10}{1+10\%} \approx 9.09(元)$$

尽管股票股利不直接增加股东的财富，也不增加公司的价值，但对股东和公司都有特殊意义。

1. 股票股利对股东的意义

(1) 事实上，有时公司发放股票股利后其股价并不成同比例下降；一般在发放少量股票股利(如 2%~3%)后，大体不会引起股价的立即变化，这可使股东得到股票价值相对上升的好处。

(2) 发放股票股利通常是成长中的公司所为，因此投资者往往认为发放股票股利预示着公司有较大的发展，利润将会大幅度增长，足以抵消增发股票带来的消极影响。这种心理会稳定住股价甚至会使股价略有上升。

(3) 在股东需要现金时，还可以将分得的股票股利出售，有些国家的税法规定出售股票所需缴纳的资本利得(价值增值部分)税率比收到现金股利所需缴纳的所得税率低，这使得股东可以从中获得纳税上的好处。

2. 股票股利对公司的意义

(1) 发放股票股利可使股东分享公司的盈余而无须分配现金，这使公司留存了大量现金，便于进行再投资，有利于公司长期发展。

(2) 在盈余和现金股利不变的情况下，发放股票股利可以降低每股价值，从而吸引更多的投资者。

(3) 发放股票股利往往会向社会传递公司将会继续发展的信号，从而提高投资者对公司的信心，在一定程度上能够稳定股票价格。但在某些情况下，发放股票股利也会被认为是公司周转不灵的征兆，从而降低投资者的信心，加剧股价的下跌。

(4) 发放股票股利的费用比发放现金股利的费用大，会增加公司的负担。

二、股票分割

股票分割又称拆股，是指将面额较高的股票交换成面额较低的股票的行为。例如，将原来的一股股票交换成两股股票。从会计的角度看，股票分割对公司的资本结构、资产的账面价值、股东权益的各账户等都不产生影响，只是使公司发行在外的股票总数增加，每股股票的账面价值降低，其所产生的效果与发放股票股利近似，故而在此一并介绍。

【例 9.6】假设例 9.4 中，南海公司决定实施两股换一股的股票分割计划代替 10%的股票股利，普通股每股面额从 1 元变为 0.5 元，分割前的股东权益如表 9.1 所示，试对分割后的股东权益进行分析。

解析：分析结果如表 9.4 所示。

表 9.4　股票分割后的股东权益

项　目	金额/万元
普通股(每股面额为 0.5 元，已发行 400 万股)	200
资本公积	200
未分配利润	1 000
股东权益合计	1 400

从表 9.4 中不难看出，在会计上，股票分割仅仅是对股票的数量和面值进行了调整，其他均未发生变化。而发放股票股利时，除了股票面值和股东权益合计数未发生变化外，其他均发生了变化。

对于公司来讲，实行股票分割的主要目的在于通过增加股票股数降低每股市价，提高公司股票的流通性，从而吸引更多的投资者。此外，股票分割往往是成长中公司的行为，所以宣布股票分割后容易给人一种"公司正处于发展之中"的印象，这种信息会对公司有所帮助。

对于股东来讲，股票分割后各股东持有的股数增加，但持股比例不变，持有股票的总价值不变。不过，只要股票分割后每股现金股利的下降幅度小于股票分割幅度，股东仍能多获得现金股利。例如，假定某公司股票分割前每股现金股利为 1 元，某股东持有 1 000 股，可分得现金股利 1 000 元；公司按 1 换 2 的比例进行股票分割后，该股东股数增为 2 000 股，若现金股利为每股 0.54 元，该股东可得现金股利 1 080 元，仍然大于其股票分割前所得的现金股利。另外，股票分割向社会传播的有利信息和降低了的股价，可能导致购买该股票的人增加，反使其价格上升，进而增加股东财富。

尽管股票分割和发放股票股利都能达到降低公司股价的目的，但一般来讲，只有在公司股价猛涨且预期难以下降时，才采用股票分割的办法降低股价，而在公司股价上涨幅度不大时，一般通过发放股票股利将股价维持在理想的范围内。股票股利和股票分割的比较如表 9.5 所示。

表 9.5 股票股利和股票分割的比较

项 目	股票股利	股票分割
股东的现金流量	不增加	不增加
普通股股数	增加	增加
股票市场价格	下降	下降
股东权益总额	不变	不变
股东权益结构	变化	不变
收益限制程度	有限制	无限制

三、股票回购

(一)股票回购及其法律规定

股票回购是指上市公司出资将其发行的流通在外的股票以一定价格购买回来予以注销或作为库存股的一种资本运作方式。

我国《公司法》规定公司不得收购本公司股份，但是有下列情形之一的除外。
(1) 减少公司注册资本。
(2) 与持有本公司股份的其他公司合并。
(3) 将股份奖励给本公司职工。
(4) 股东因对股东大会作出的公司合并、分立决议持异议，要求公司收购其股份的。

(二)股票回购的目的

(1) 现金股利的替代。
(2) 提高每股收益。
(3) 改变公司的资本结构,提高财务杠杆水平。
(4) 传递公司的信息,以稳定或提高公司的股价。
(5) 巩固既定控制权或转移公司控制权。
(6) 防止敌意收购。
(7) 满足认股权的行使。
(8) 满足企业兼并与收购的需要。

(三)股票回购的影响

1. 对上市公司的影响

(1) 股票回购需要大量资金支付回购的成本,容易造成资金紧张、资产流动性降低,影响公司的后续发展。
(2) 公司进行股票回购,无异于股东退股和公司资本的减少,在一定程度上削弱了对债权人利益的保障。
(3) 股票回购可能使公司的发起股东更注重创业利润的兑现,而忽视公司的长远发展,损害公司的根本利益。
(4) 股票回购容易导致公司操纵股价。

2. 对股东的影响

与现金股利相比,股票回购不仅可以节约个人税收,而且具有更大的灵活性。但如果公司急于回购相当数量的股票,而对股票回购的出价太高,以至于偏离均衡价格,那么结果会不利于选择继续持有股票的股东,因为回购行动过后,股票价格会出现回归性下跌。

【例 9.7】 南海公司流通在外的普通股为 500 万股,每股市价为 20 元,公司有税后净利 300 万元,公司决定回购 100 万股。如果公司的盈利水平不变,股票回购会引起股票市价如何变动?

解析: 股票回购前后对股票市价的影响如表 9.6 所示。

表 9.6 股票回购前后的比较

项 目	股票回购前	股票回购后
税后净利润/万元	300	300
流通股数/万股	500	400
每股收益/(元/股)	0.6	0.75
每股市价/元	20	25

本 章 小 结

1. 利润分配是指企业按照国家财经法规和企业章程,对所实现的税后净利润在企业与投资者之间进行分配。股利分配是指公司制企业向股东分派股利,是企业利润分配的重要组成部分。利润分配的项目包括法定盈余公积金、任意盈余公积金和股利(向投资者支付的利润)。

2. 股利从宣告到发放,其过程主要经历股利宣告日、股权登记日、除息日和股利支付日等几个阶段。股利支付的方式主要有现金股利、财产股利、负债股利和股票股利。

3. 有关股利分配影响的理论观点可以分为两种:股利无关论和股利相关论。股利无关论认为,股利政策不会影响企业的股票价值;而股利相关论则认为,股利政策对企业的股票价值有相当大的影响。

4. 影响股利分配的因素有法律因素、股东因素、公司因素和其他因素。股利分配政策有剩余股利政策、固定或持续增长的股利政策、固定股利支付率政策、低正常股利加额外股利政策。

5. 股票股利是公司以增发的股票作为股利的支付方式。股票分割又称拆股,是将面额较高的股票交换成面额较低的股票的行为。股票回购是指上市公司出资将其发行的流通在外的股票以一定价格购买回来予以注销或作为库存股的一种资本运作方式。

思 政 课 堂

格力电器的股份回购及员工持股计划

2021年4月15日晚间,格力电器发布公告,为建立和完善劳动者与所有者的利益共享机制,改善公司治理水平,提高职工的凝聚力和公司竞争力,促进公司长期稳定健康地发展,拟推出员工持股计划。公告显示,在符合相关法律法规的前提下,本次员工持股计划拟持有的股票总数累计不超过公司股本总额的3%,单个员工拟所获股份权益对应的股票总数累计不超过公司股本总额的1%。

据了解,本次员工持股计划的股票来源为公司回购专用账户内累计已回购的股份、二级市场购买等法律法规允许的方式取得的股份。格力电器自2020年4月首次发布《关于回购部分社会公众股份方案的公告》后,一年时间内,已经进行了两期巨额股份回购。首期股份回购,格力电器以集中竞价方式累计回购公司股份1.08亿股,占公司总股本的1.80%,支付总金额为60亿元(不含交易费用)。随后,格力电器又马不停蹄地开展了第二期股份回购,累计回购公司股份7 451.39万股,占公司总股本的1.24%,支付总金额为44.21亿元(不含交易费用)。连续两次回购,格力电器合计耗资104.21亿元,占公司总股本的比例为3.04%,可以完全覆盖此次员工持股计划。

(资料来源: 21世纪经济报道.格力电器员工持股计划启动在即 104亿回购用于股权激励. https://baijiahao.baidu.com/s?id=1697183399022586501&wfr=spider&for=pc.2021-04-16.)

思考题:格力电器作为中国制造业的代表,在空调逐渐饱和的状态下开始慢慢转型,但转型的道路并不顺利,除了空调,格力股价也出现了大幅度的下滑。请查找资料解释一下:什么是股份回购和员工持股计划?格力电器为何频频地进行股份回购?股份回购和员工持股计划对公司有何影响?

复习与思考题

1. 简述利润分配的项目。
2. 利润分配的顺序如何？应注意哪些问题？
3. 股利支付的程序如何？涉及哪些关键的日期？
4. 股利支付方式有哪几种？什么是股票股利？
5. 股利理论有哪几种观点？其主要论点是什么？
6. 股利政策有哪几种？各有哪些优缺点？
7. 如何区分股票股利和股票分割？股票股利和股票分割对公司有何影响？

计 算 题

1. 某公司 2020 年 12 月 10 日发布公告：该公司将在 2021 年 1 月 20 日支付给在 2020 年 12 月 20 日登记的该公司的股东每股 0.89 元的红利。试问：该公司的股利宣告日、股权登记日及股利支付日分别是哪一天？

2. 某公司目标资本结构为权益资本占 58%，债务资本占 42%，当年流通在外的普通股为 200 万股，本年度该公司提取盈余公积金后的净利润为 1 000 万元，假定下一年度该公司的固定资产投资计划为 1 500 万元。试计算：该公司按剩余股利政策发放当年的股利总额为多少？每股股利为多少？

3. 某公司 2020 年实现的税后净利润为 2 000 万元，法定盈余公积金、任意盈余公积金的提取率一共为 15%，若 2021 年的投资计划所需资金为 1 500 万元，公司的目标资本结构为自有资金占 60%。

要求：

(1) 若公司采用剩余股利政策，计算 2020 年年底可发放的股利数。

(2) 若公司发行在外的股数为 2 000 万股，计算每股收益及每股股利。

(3) 若 2021 年公司决定将公司的股利政策改为逐年稳定增长的股利政策，股利的逐年增长率为 2%，投资者要求的必要报酬率为 10%，计算该股票的内在价值。

4. 某公司年末利润分配前的股东权益项目如表 9.7 所示。

表 9.7 发放股票股利及股票分割前的股东权益

项 目	金额/万元
普通股股本（每股面额为 2 元，200 万股）	400
资本公积	160
未分配利润	840
所有者权益合计	1 400

公司股票现行每股市价为 35 元。

要求:

(1) 计划按每 10 股送 1 股的方案发放股票股利,并按发放股票股利后的股数派发每股现金股利 0.2 元,股票股利的金额按现行市价计算。计算完成这一分配方案后的股东权益各项目数额。

(2) 如果按 1 股换 2 股的比例进行股票分割,计算股东权益各项目数额、普通股股数。

5. 某公司所有者权益账户如下。

普通股股本(每股面额为 4 元)	400 000 元
资本公积	250 000 元
未分配利润	1 650 000 元
股东权益合计	2 300 000 元

该公司股票的市价目前为 45 元/股,股票股利的金额按现行市价计算。

试计算:

(1) 在发放 10%的股票股利后,公司的股东权益账户有何变化?

(2) 在按 2∶1 的比例分割股票后,公司的股东权益账户有何变化?

6. 某公司 2020 年股利分配前有关资料如下。

普通股股本(每股面额为 1 元)	1 000 万元
资本公积	4 500 万元
未分配利润	1 500 万元
合计	7 000 万元

要求:

(1) 若公司决定发放 10%的股票股利,并按发放股票股利后的股数支付现金股利,每股 0.1 元,该公司股票目前市价为 10 元/股。计算分析发放股利后该公司股东权益结构的变化。

(2) 预计 2021 年净利润将比 2020 年的净利润 1 000 万元增长 10%,若保持 2020 年 10%的股票股利与稳定的股利支付率,计算确定 2021 年发放的现金股利。

(3) 如果 2021 年年底有一个大型项目将要上马,该项目需资金 2 500 万元,若要保持负债率占 40%的目标资本结构,判断当年能否发放股利(法定盈余公积金、任意盈余公积金提取率共为 15%)。

案 例 分 析

1. 1989 年以前,IBM 公司的股利每年以 7%的速度增长。从 1989—1991 年,IBM 公司的每股股利稳定在 4.89 美元/年股,即平均每季度 1.22 美元/股。1992 年 1 月 26 日上午 9 时 2 分,《财务新闻直线》公布了 IBM 公司新的股利政策,季度每股股利从 1.22 美元调整为 0.54 美元,下降超过 50%。维持多年的稳定的股利政策终于发生了变化。

在此之前,许多投资者和分析人士已经预计到 IBM 将削减其股利,因为它没有充分估计到微型计算机的巨大市场,没有尽快从大型计算机市场转向微型计算机市场。IBM 的大量资源被套在销路不好的产品上。同时,在 20 世纪 80 年代,IBM 将一些有利可图的项目,如软件开发、芯片等拱手让给微软和英特尔，使得它们后来获得丰厚的、创纪录的利润。结果是：IBM 公司在 1992 年创造了美国企业历史上最大的年度亏损，股票价格下跌 60%，股利削减 53%。

IBM 公司董事会指出：这个决定是在慎重考虑 IBM 的盈利和公司未来的长期发展的基础上作出的，同时也考虑到了给广大股东一个合适的回报率。这是一个为了维护股东和公司未来最好的长期利益，维持公司稳健的财务状况，综合考虑多种影响因素之后作出的决定。1993 年，IBM 的问题累积成堆，股利不得不从 2.16 美元再次削减到 1.00 美元。

面对 IBM 的问题，老的管理层不得不辞职。到了 1994 年，新的管理层推行的改革开始奏效，公司从 1993 年的亏损转为盈利，1994 年的 EPS 达到 4.92 美元，1995 年 EPS 则高达 11 美元。因为 IBM 公司恢复了盈利，股利政策又重新提到议事日程上来。最后，IBM 董事会批准了一个庞大的股票回购计划——回购 50 亿美元，使得股东的股利达到 1.4 美元/股。

请问：

(1) 在上述案例中 IBM 分别采用了哪几种类型的股利政策？

(2) 分析 IBM 每次调整股利政策的原因及其合理性。

(3) 在本案例中，你认为股票回购计划的作用是什么？

2. 随着 2020 年年报披露逐步增多，A 股上市公司分红方案陆续出炉，业绩稳定增长的高分红品种备受市场关注。《证券日报》记者根据同花顺数据统计发现，截至 3 月 4 日收盘，已有 38 家公司公布了 2020 年度分红方案，拟分红金额共计 266.88 亿元。

进一步统计发现，上述 38 家公司中，有 11 家公司 2020 年度分红方案拟每 10 股派现金额均在 5 元以上。其中，爱美客分红最慷慨，拟每 10 转 8 股派 35 元(含税)，紧随其后的是中国平安，该公司去年分配预案为中国平安拟每 10 股派 14 元(含税)，同花顺拟每 10 股派 12 元(含税)，锋尚文化拟每 10 股转 9 股派 10 元(含税)，金达莱拟每 10 股派 10 元(含税)。除了现金分红之外，锋尚文化、爱美客、奥飞数据、英联股份、汇通能源等 5 家公司计划实施送转方案。

请问：我国上市公司分红的基本境况如何？这与相关股利理论矛盾吗？

(资料来源：赵子强，任世碧. 38 家公司公布 2020 年度分红方案 社保基金重仓 10 只分红概念股. https://baijiahao.baidu.com/s?id=1693301820643959798&wfr=spider&for=pc.2021.)

3. 2022 年 2 月 1 日，全球最大的搜索引擎公司谷歌的母公司 Alphabet 宣布，将按照 20:1 的比例进行股票分割。截至当天的收盘价，每股超过 2750 美元的 Alphabet 股票将被分割至 138 美元的水平。股票分割是在不增加股本的情况下增加已发行股票的数量。据彭博社报道，Alphabet 股票分割是自 2014 年以来的第一次，并将在股东批准程序后于 7 月生效。

不过谷歌并不是最近唯一一家宣布拆股的公司，亚马逊(Amazon)也实行了 1∶20 的股票分割，特斯拉(Tesla)则计划以 1∶3 的方式分割股票。电子商务公司 Shopify 刚刚进行了 1∶10 的股票拆分，尽管拆股对其非常有力，但是该股的表现仍逊于预期。

请问：什么是股票分割？股票分割和股票股利有什么区别和联系？在什么情况下需要进行股票分割？

(资料来源：智投分析师 James. 谷歌分拆股票会带动股价上涨吗？https://baijiahao.baidu.com/s?id=1737564557950657640&wfr=spider&for=pc.2022.)

4. 从海外股市发展的经验来看，高股息回报和股利再投资，一直是市场长期投资理念制胜的基石。资料显示，过去 50 年中美国所有上市公司的收益大约有 50%作为股利发放给股东。即使在低利率的经济环境下，出于股票风险溢价必然高于债券市场的考虑，美国上市公司的现金分红股息率仍比货币市场基准利率高出 0.5~1 个百分点。

请查找资料比较我国和美国上市公司在股利政策方面的不同之处。

(资料来源：深圳特区报. 高分红的股市才有高投资价值. http://finance.sina.com.cn/money/lczx/20080825/09042390559.shtml.2008.)

第十章

资本运营

【学习要点及目标】

通过本章的学习，要求学生了解买壳或借壳上市的方式；了解企业破产清算的程序；熟悉兼并与收购的含义、分类及动因；熟悉企业反并购的策略；熟悉企业财务重组的含义及种类；掌握企业资本运营的含义及主要形式；掌握企业并购财务分析的方法；掌握破产财产的概念、范围及破产财产的处理与分配。

【核心概念】

资本运营　买壳/借壳上市　兼并　收购　并购的财务分析　并购的风险分析　反并购　财务重整　公司清算

【引导案例】

永不停息的并购

2020 年是我国资本市场注册制改革探索的关键之年，在创业板注册制正式落地之后，资本市场对实体经济的支撑作用进一步稳固。伴随着上市门槛的降低，国内企业进行并购和资产重组的通道亦同步拓宽。在这一大背景之下，并购市场又有何"亮眼"之处呢？

一、并购总数平稳，交易金额回升

2020 年是黑天鹅事件频发的一年，也是中国资本市场改革的关键一年。伴随着上交所科创板注册制常态化运行、深交所创业板试点注册制稳步落地，企业上市的通道逐步放开，通过资本市场实现业务整合升级的能力也逐步增强。2020 年全年各类并购事件共发生 1 893 起，同比微增 3.3%；并购合计总规模达到 12 111.77 亿元人民币，同比上升 19.6%。2020 年，全球范围内量化宽松的大环境和国内资本市场的改革带来的上市公司资金充裕小环境互相叠加，为并购市场带来了充足的"干火药"，进而推动了并购市场交易规模的回暖。

二、跨境并购蛰伏，国内交易反弹

2020 年国内外并购市场呈现了冰火两重天的景象。跨国并购的两大分支——外资交易(外买内)和海外交易(内买外)分别受制于美国政府对华投资设限、"长臂管辖"制裁、并购审查趋严等逆全球化贸易政策而开展困难。但人民币并购交易却凭借科技创新鼓励、资本市场改革等政策驱动而稳步走高。全年国内并购交易数量达到 1 817 起(+6.6%)，金额达 11 431.80 亿元(+34.8%)。相比之下，跨境交易总数仅 76 起(-40.6%)，总金额仅 679.97 亿元(-58.7%)。

三、科创脉络贯穿全年并购，金融业并购规模最大

2020 年并购市场的变化也体现在被并购的热门行业向科创领域的倾斜。按被并购方统计，全年数量前三位的行业分别为机械制造(216 起，+36.7%)、IT(182 起，+14.5%)以及生物技术/医疗健康(153 起，-13.6%)；此外，被并购数量位于前排的行业还包括半导体及电子设备、化工原料及加工等。上述行业与近期多项政策所支持的科技创新领域具有高度重合性，体现出本轮并购热潮在定位上更加偏重于科创相关实体经济领域。

四、并购呈现地域集中的趋势，江浙活跃度超过北京

地理分布方面，2020 年并购市场的地域集中特征更明显。前 20 位地区的案例数占总并购数量的比例为 87.7%，较 2019 年上升 2.3 个百分点，前 20 位总金额占比为 90.0%，较 2019 年上升 2.6 个百分点。

京、沪、苏、浙、粤五个东部省(市)的并购活跃度最突出，在数量和金额方面均贡献了超过 40%的事件。其中江苏、浙江两省的并购上升最突出，2020 年已超过常年位居并购之首的北京，主要原因是两地的产业结构与科技创新主题更加契合，在科创标受到关注的当下能更有效地实现企业整合。另外，2020 年无论以数量还是以金额排序，被并购方数量前 20 位均在国内，跨境收购活跃度下降明显。

(资料来源：清科研究.2020，全年1893起并购，金额1.2万亿! https://baijiahao.baidu.com/s?id=1690009760800245393&wfr=spider&for=pc.2021.)

第一节 资本运营概述

一、资本运营的含义和原则

资本运营,是资本所有者或代理人以价值形态为特征,以产权交易为基础,以资本实力为纽带,以资本增值为目标的资本运作。资本运营可分为以商品、劳务交易为主的资本运营和以产权、资本交易为主的资本运营。前者以资本最大化为目标,后者以增值为目标。

资本运营是企业自我积累、自我发展的需要,它可实现资源的最佳配置和生产力的最快发展。在一定的情况下,资本运营的动力机制是所有者给运营者提供激励,运营者给劳动者提供激励。企业进行资本运营应坚持以下原则:①资本增值最大;②运营效率最高;③股东利益得到最充分保障。

二、资本运营的形式

1. 兼并和收购

不论是兼并还是收购,本质上都是企业产权的有偿转让,即企业的所有权或产权按照市场规则实现让渡和转移。

2. 资产重组和清算

当公司因财务困难而被迫停业时,可以将资产、债务重新加以整合,以恢复正常的生产经营,这就是资产重组。它又可分为准重组和债务重整两种方式。但是当资产重组无法挽救公司时,就只能破产清算。

3. 上市运营

例如:包装上市运营,这种运营是公司将部分或全部优质资本重新组合,并形成一定规模后上市;买壳或借壳上市运营,这种运营又称间接上市运营,本节后面会详细介绍。

4. 配股增资运营

上市公司将所发新股按一定比例配售给现有股东,并将所融资本用于投资获利。

5. 分拆套现运营

这是公司将部分资产独立出来进行出售,以获取现金,然后用于投资获利的一种运营形式。

6. 股票回购和出售运营

这种运营可使公司控制股票价格,但会受到有关法规的限制。

7. 股份制运营

这种运营可使公司通过股份改造改善经营机制和内部人员治理结构,从而实现公司价值最大化。

三、买壳或借壳上市——一种典型的上市运营方式

所谓"买壳或借壳上市",是指非上市公司通过并购控股上市公司的股份来取得上市地位,然后利用反向收购方式注入自己的相关业务和资产,从而实现间接上市的目的。之所以各企业都热衷于"买壳或借壳上市",最重要的原因在于我国企业上市资格是一种稀缺资源,上市资格是一种无形资产。上市资格的获得除了为持有公司股份的股东提供一个富有流通性和高溢价的资本市场,使上市公司价值得以市场化以外,最重要的是可以为上市公司提供直接融资的便利,使上市公司的长远发展拥有较为固定的输血管道。诸多优势使得"买壳或借壳上市"成为当前资本证券市场一道亮丽的风景线。买壳或借壳上市可采用以下方式。

1. 资本完全置换方式

根据这种方式,壳公司原有的资本将被完全剥离出来。与此同时,等值的壳外优良资本将被置换进去。这种方式一般适用于业务差距较大的公司间的上市并购。

2. 资本逐渐置换方式

根据这种方式,壳公司原有的资本将被分期分批地由壳外资本所置换。这种方式一般适用于业务较为接近的公司间的上市并购。由于分期分批置换,动用的资金量不大。

3. 反向收购方式

根据这种方式,壳公司利用资金来反向收购非上市公司的资产和业务,并将其上市。这种方式的主要缺点是必须短期内动用大量资金。

【案例链接】

顺丰控股借壳上市

在我国现行的 IPO 上市制度中,对企业的审核相当烦琐,需要的上市周期很长,而企业在发展机遇期中的时间非常宝贵,所以上市成本低并且耗时较短的借壳上市便成了快递企业一个不错的选择。借壳上市分为狭义和广义。从狭义上说,借壳上市是资产重组的一种方式,非上市公司通过将自身优质资产注入到上市公司中的方法,实现公司上市的目的。而反向收购则是广义借壳上市手段中的一种。

鼎泰新材作为顺丰控股的壳公司,具有以下特点:鼎泰新材的总市值为 32.77 亿元,总股本也才 1.21 亿股,市值小并且其股本少。鼎泰新材的主营业务是传统制造业,近些年来,其公司主营业务发展缓慢,但总体来说是没有亏损的。2016 年 5 月 23 日午间,鼎泰新材发布公告,宣布将其全部资产和负债与顺丰控股 100%股权进行置换。2017 年 2 月 23 日,顺丰借壳鼎泰新材(002352)正式在深圳证券交易所敲钟,这意味着顺丰控股借壳上市成功。

(资料来源:Co 说财经. 作为快递"龙头"企业,顺丰为什么选择借壳上市?
https://baijiahao.baidu.com/s?id=1727449653650342646&wfr=spider&for=pc.2022.)

第二节 企业兼并与收购

并购作为现代经济中常见的企业重新配置资源的方式，是改善企业资产存量结构和质量，促进产业结构调整的有力手段。近年来，中国国内并购活动交易金额稳步增长，在全球并购市场所占份额也在同步增加，在全球市场中扮演着越来越重要的角色。

一、兼并与收购的概念

(一)兼并的含义

兼并(merger)含有吞并、吸收、合并之意。从狭义上讲，兼并通常是指一个企业采取各种形式有偿接受其他企业产权，使其他企业丧失法人资格或者改变法人实体，并取得对这些企业决策控制权的经济行为。从这个意义上讲，兼并等同于我国《公司法》中的吸收合并。吸收合并是指一个公司吸收其他公司而存续，被吸收公司解散。但是广义的兼并还包括新设合并，是指两个或两个以上公司合并设立一个新的公司，合并各方的法人实体地位都消失。

(二)收购的含义

收购(acquisition)是指企业用现金、债券或股票购买另一家企业的部分或全部资产或股权，以获得该企业的控制权。收购作为企业资本运营的一种形式，其经济意义是指一家企业的经营控制权易手，原来的投资者丧失了对该企业的经营控制权。收购的形式一般有两种：收购股权和收购资产。这两者的差别在于：收购股权在于购买一家企业的股份，收购方将成为被收购企业的股东，因此要承担该企业的债权、债务；而收购资产则仅仅是一般的资产买卖行为，收购方无须承担其债务。

企业兼并和收购，本质上都是企业产权的有偿转让，即企业的所有权或产权按照市场规则实现让渡和转移，其产生的动因及在经济运行中产生的作用基本上是一致的。因此，通常将兼并和收购统称为并购或者购并。

二、企业并购的分类

(一)按并购双方产品与产业的联系分类

按照并购双方产品与产业的联系划分，企业并购可分为纵向并购、横向并购、混合并购。

1. 纵向并购

纵向并购又称垂直并购，是指生产和销售中互为上下游关系的公司之间的并购。这种并购，主要集中在加工制造业以及与加工制造业有关联的原材料供应、运输、贸易等行业。如对原材料生产厂家的并购、对产品使用用户的并购等。

2. 横向并购

横向并购又称水平并购,是指经营领域和生产产品相同或相近公司的并购。例如,两家航空公司的并购,或两家石油公司的结合等,美国波音公司和麦道公司的合并,便属于横向并购。

3. 混合并购

混合并购是指生产和职能没有任何联系或联系很小的公司之间的并购。如美国埃克森公司通过混合并购,从主要经营石油产品转而经营除石油之外的海运、能源、电器、化工和矿产品等,因此大大提高了公司的抗风险能力。但混合并购容易导致公司的财务分散。

(二)按并购的实现方式分类

按并购的实现方式分类,企业并购可以分为现金并购、承担债务式并购、互换式并购和综合并购。

1. 现金并购

现金并购,即收购公司使用现金购买目标公司全部或绝大部分资产在短期内实现对目标公司的并购。采用这种方式进行并购的公司,一般都是财务实力较强的公司。例如,上海巴士股份先后出资 5 000 万元并购了上海新新汽车公司和上海公共交通总公司下属的 11 家公司。通过一系列并购,上海巴士股份迅速占领了上海本地的客运市场。

2. 承担债务式并购

这种并购是在目标公司资不抵债或资产债务基本相同的情况下,并购方以承担目标公司全部或部分债务为条件,取得目标公司的资产所有权和经营权,并购方不再支付目标公司任何款项。例如,三峡油漆公司曾以负责偿还 1 702 万元的债务和安置全部职工的许诺,整体收购了成都造漆总厂。

3. 互换式并购

这种并购不发生现金往来,而是通过股权换股权、债权换股权或资产换股权等方式予以实现。这种并购是目标公司以损失股权为代价来换取收购公司的股权、债权或者资产,最终实现资产的盘活或者债务的取消等,提高目标公司的经济效益。

4. 综合并购

这种并购不只使用现金,还使用股票、债券、认股权证、应付票据和其他资产等,这样可以大大减小并购公司支付现金的压力。综合并购是一种常用的并购出资方式。

(三)按并购双方是否友好协商分类

按并购双方是否友好协商分类,企业并购可分为善意并购和敌意并购。

1. 善意并购

善意并购又称友好并购,是指并购双方友好协商,通过谈判达成一致完成的并购活动。善意并购的双方有合作意向,对收购的方式、价格、人事安排等重大事项有商讨余地,提高了并购的成功率。如联想集团收购 IBM 个人电脑业务。

2. 敌意并购

敌意并购又称强迫并购，是指并购方在目标公司不知情或持反对态度的情况下强行实施的并购行为。因此，并购方会有突然的并购手段及苛刻的条件而使目标公司不能接受，后者在得知并购公司的意图后会采取一系列的反并购措施，比如大家耳熟能详的达能集团欲强制收购娃哈哈。

企业并购的分类如表 10.1 所示。

表 10.1 企业并购的分类

分类标准	类别
按并购双方产品与产业的联系	纵向并购、横向并购、混合并购
按并购的实现方式	现金并购、承担债务式并购、互换式并购、综合并购
按并购双方是否友好协商	善意并购、敌意并购

三、并购的动因

并购是企业实现资本扩张的重要手段，是企业间存量资源合理流动、增量资产合理使用的有效途径，也是实现财务管理目标的一个重要手段。企业并购的动因主要包括以下几个方面。

(一)协同效应

并购的协同效应主要表现在以下三个方面。

1. 经营协同效应

由于经济的互补性及规模经济，两个或两个以上的企业合并后可提高其生产经营活动的效率，这就是所谓的经营协同效应。经营协同效应主要表现为规模经济。规模经济是指由于企业经营规模扩大而给企业带来的经济有利性。

2. 财务协同效应

财务协同效应是指企业通过并购在财务上获得的各种利益。表现为随着资金的扩大，企业在动用资金方面产生的资金规模效应；企业筹资渠道的多元化所带来的资本成本降低，借款能力增强；通过并购行为及相应的财务处理合理避税；因并购使证券市场对企业股票评价发生改变而对股票价格的有利影响；等等。

3. 人才技术协同效应

通过并购，企业可以获得目标企业所拥有的有效管理队伍、优秀的高级技术人才以及专有技术、商标、专利权等无形资产，这是其他方式(如高薪诚聘等)难以实现的。

(二)扩大市场份额

企业的横向并购可以减少竞争者的数量，降低行业竞争的激烈程度，横向并购及资产重组也有助于行业内过剩生产力向行业外转移,降低了行业退出壁垒。企业的纵向并购提高了企业同供应商和客户的讨价还价能力。企业的混合并购则以复合方式提高了上述两方面的竞争能力,这些都有助于扩大实施并购企业的市场份额。

(三)多元化经营分散风险

在激烈的市场竞争中,专门从事单一业务经营的企业往往要经受较大的经营风险,而多元化经营可以分散风险,稳定收入来源,增强企业资产的安全性。多元化经营可以通过内部积累和外部并购两种途径来实现,但在大多数情况下,并购途径更有利。尤其是当企业面临变化了的环境而调整战略时,并购可以使企业低成本地迅速进入被并购企业所在的增长相对较快的行业,并在很大程度上保持被并购企业的市场份额以及现有的各种资源,从而保持企业持续不断的盈利能力。

(四)管理层利益驱动

在经营决策中,经济因素固然重要,但有时多半出于经理人个人的动机。对于许多经理人员来讲,经营大企业比屈居小企业更有权势,也更能实现其自身价值的心理需要,而通过并购方式,很容易实现经理人员的这种利益要求。另外,通过并购,也可以使经理人员的个人收入大幅度提高。

四、企业并购的财务分析

(一)并购成本效益分析

1. 并购成本

企业并购的成本有广义和狭义之分。广义的并购成本是指由于并购而发生的一系列代价的总和,包括的成本项目有以下几方面。

(1) 并购完成成本。并购完成成本是指并购行为本身所发生的直接成本和间接成本。直接成本是指并购直接支付的费用。间接成本是指并购过程中发生的一切费用,包括债务成本、交易成本和更名成本。

(2) 整合与营运成本。并购企业不仅应当关注并购完成时的完成成本,还应测算并购后为使被并购企业健康发展而需支付的长期营运成本。

(3) 注入资金的成本。并购公司要向目标公司注入优质资产,拨入启动资金或开办费,为新企业打开市场而需增加的市场调研费、广告费、网点设置费等。

(4) 并购机会成本。并购机会成本是指企业并购实际支付或发生的各种成本费用如果用于其他投资而给企业带来的投资收益。

2. 并购收益

并购收益是指并购后新企业的价值超过并购前各企业价值之和的差额。

假定 A 公司并购 B 公司,并购前 A 公司的价值为 V_A,B 公司的价值为 V_B,并购后形成的新公司的价值为 V_{AB},则并购收益为 $S=V_{AB}-(V_A+V_B)$。如果 S 大于 0,则说明并购在财务方面具有协同效应。

3. 并购溢价

在一般情况下，并购方将以高于被并购方价值的价格作为交易价，以促使被并购方股东出售其股票。假定并购方支出的交易价格为 P_B，被并购方的价值为 V_B，则并购溢价为 $P=P_B-V_B$。并购溢价的高低反映了获得对目标公司控制权的价值的高低，它取决于被并购企业前景、股市行情和并购双方讨价还价的情况。

4. 并购净收益

对于并购方来说，并购净收益(NS)等于并购收益减去并购溢价、并购费用的差额，也就是并购后新企业的价值减去并购完成成本、实施并购前并购方企业价值的差额。假定用 F 表示并购费用，则

$$NS=S-P-F=V_{AB}-P_B-F-V_A$$

【例 10.1】假定 A 公司拟收购 B 公司。A 公司的市场价值为 6 亿元，B 公司的市场价值为 1.2 亿元。A 公司估计合并后新公司的价值达到 10 亿元。B 公司的股东要求以 1.8 亿元的价格成交。并购交易费用为 0.1 亿元。试计算并购净收益。

解：

并购收益(S)=10－(6+1.2)=2.8(亿元)

并购完成成本=1.8+0.1=1.9(亿元)

并购溢价(P)=1.8－1.2=0.6(亿元)

并购净收益(NS)= $S-P-F=V_{AB}-P_B-F-V_A$=2.8－0.6－0.1=2.1(亿元)

上述并购使 A 公司股东获得净收益 2.1 亿元。说明这一并购活动对 A、B 公司都有利，这是并购活动能够进行的基本条件。

(二)并购目标企业的价值评估

价值评估是指并购方与被并购方对标的(股权或资产)作出的价值判断。通过一定的方法评估标的价值，为并购是否可行提供价格基础。在并购过程中，对被并购企业的估价是并购要约的重要组成部分。对被并购企业价值评估一般可以采用以下方法。

1. 资产价值基础法

资产价值基础法是指通过对被并购企业的资产进行估价来评估其价值的方法。确定被并购企业资产的价值，关键是选择合适的资产评估价值标准。目前国际上通行的资产评估价值标准主要有以下几种。

(1) 账面价值。账面价值是指会计核算中账面记载的资产价值。

(2) 市场价值。市场价值与账面价值不同，是指把该资产视为一种商品在市场上公开竞争，在供求关系平衡状态下确定的价值。市场价值法通常将股票市场上与企业经营业绩相似的企业最近平均实际交易价格作为估算参照物，或以企业资产和其市值之间的关系为基础对企业进行估值。其中最著名的是托宾(Tobin)的 Q 模型，即一个企业的市值与其资产重置成本的比率。具体如下：

$$Q=企业价值/资产重置成本$$

$$企业价值=资产重置成本+增长机会价值=Q×资产重置成本$$

(3) 清算价值。清算价值是指在企业出现财务危机而破产或歇业清算时，把企业中的实物资产逐个分离而单独出售的资产价值。

(4) 折现价值。折现价值是将被并购企业在未来持续经营情况下所产生的预期收益，按照设定的折现率折算成现值，并以此确定其价值。

2. 贴现现金流量法(拉巴波特模型)

这一模型是将目标企业未来一段时期内的一系列预期现金流量按某一贴现率得到的现值与并购企业的初期现金投资相比较，如果现值大于投资额，则可认为这一并购是可以接受的。采用这种方法评估企业价值的基本步骤如下。

(1) 预测自由现金流量。一般认为它是指企业在持续经营的基础上除了在库存、厂房、设备、长期股权等类似资产上所需投入外，企业能够产生的额外现金流量。

(2) 估计贴现率或加权平均资本成本。假设目标公司的未来风险与并购企业总的风险相同，则可以把目标公司现金流量的贴现率作为并购企业的资本成本。但是当并购后导致并购企业总风险发生变化时，可用下列公式计算预期资本成本率：

$$预期资本成本率 = 市场无风险收益率 + 市场风险收益率 \times 目标企业的风险程度$$

(3) 计算现金流量现值，估计购买价格。可以根据预测的目标企业自由现金流量、预测的目标企业终值在估计折现率的基础上折现，计算目标企业的现值作为合适的购买价格。

(4) 贴现现金流量的敏感性分析。由于预测过程存在不确定性，并购企业还应检查目标企业的股价对各变量预测值的敏感性。这种分析可能会揭示出现金流量预测中存在的缺陷以及一些需要并购企业关注的重大问题。

3. 收益法

收益法是指根据目标企业的收益和市盈率确定其价值的方法，也可称为市盈率模型。采用收益法确定企业价值的步骤如下。

(1) 检查、调整目标企业近期的利润业绩。

(2) 选择、计算目标企业估价收益指标。一般来说，最简单的估价收益指标可采用目标公司最近一年的税后利润，因为其最接近目标公司的当前状况。但是，考虑到企业经营中的波动性，尤其是经营活动具有明显周期性的企业，采用其最近三年税后利润的平均值作为估价收益的指标将更适当。

(3) 选择标准市盈率。

(4) 计算被兼并企业的价值。

$$企业价值 = 估价收益指标 \times 标准市盈率$$

【例 10.2】A 公司拟横向兼并同行业的 B 公司，假设双方公司的长期负债利率均为 10%，所得税税率均为 25%。按照 A 公司现行会计政策对 B 公司的财务数据进行调整后，双方的基本情况如表 10.2 和表 10.3 所示。其中，表 10.2 是 A、B 两公司 2020 年的简化资产负债表；表 10.3 是 A、B 两公司 2020 年度的经营业绩及其他指标。试根据收益法对公司价值进行评估。

表10.2　A、B两公司2020年的简化资产负债表

单位：万元

资　产	A公司	B公司	负债及所有者权益	A公司	B公司
流动资产	2 000	1 000	流动负债	500	250
长期资产	1 500	500	长期负债	500	250
			股本	1 500	600
			留存收益	1 000	400
资产总计	3 500	1 500	负债及所有者权益合计	3 500	1 500

表10.3　A、B两公司2020年度的经营业绩及其他指标

指　标	A公司	B公司
2020年度经营业绩：		
息税前利润/万元	600	125
减：利息/万元	50	25
税前利润/万元	550	100
减：所得税/万元	137.5	25
税后利润/万元	412.5	75
其他指标：		
资本收益率=息税前利润/(长期负债+所有者权益)	20%	10%
利润增长率/%	20	14
近三年的平均利润：		
税前/万元	367.5	88
税后/万元	275.625	66
市盈率	18	12

解析： 由于并购双方处于同一行业，从并购企业的角度出发，预期目标企业未来可达到同样的市盈率是合理的，所以A公司可以选择其自身的市盈率为标准市盈率。在其基础上，选用不同的估价收益指标，分别运用公式计算目标企业的价值。

(1) 选用目标企业最近一年的税后利润作为估价收益指标。

B公司最近一年的税后利润=75(万元)

同类上市公司(A公司)的市盈率=18

B公司的价值=75×18=1 350(万元)

(2) 选用目标企业近三年税后利润的平均值作为估价收益指标。

B公司近三年税后利润的平均值=66(万元)

同类上市公司(A公司)的市盈率=18

B公司的价值=66×18=1 188(万元)

(3) 假设目标企业并购后能够获得与并购企业同样的资本收益率，以此计算出的目标企业并购后税后利润作为估价收益指标。

B公司的资本额=长期负债+所有者权益=250+1 000=1 250(万元)

并购后 B 公司的资本收益(息税前利润)=1 250×20%=250(万元)

减：利息=250×10%=25(万元)

税前利润=250-25=225(万元)

减：所得税=225×25%=56.25(万元)

同类上市公司(A 公司)的市盈率=18

B 公司的价值=(225-56.25)×18=3 037.5(万元)

采用收益法估算目标企业的价值，是以投资为出发点，着眼于未来经营收益，并在测算方面形成了一套较为完整有效的科学方法，尤其适用于通过证券二级市场进行并购的情况。但该方法在使用时，不同估价收益指标的选择具有一定的主观性，而且我国股市建设尚不完善，投机性较强，股票市盈率普遍偏高，适当的市盈率标准难以取得，所以在我国当前的情况下，很难完全运用收益法对目标企业进行准确估价。

(三)企业并购的风险分析

【案例链接】

双龙破产留给中国海外并购的最大教训

2004 年，韩国双龙汽车奄奄一息，而上汽则意气风发。上汽对双龙的并购激起了双方国民的高度期待。谁知历史似乎总是爱和世人开一些不大不小的玩笑，4 年后，双龙汽车重归破产边缘，曾被视作中国汽车业最成功的海外并购典范，现在得到的却是 30 亿元投资灰飞烟灭的惨痛教训。这不能不让国人深究这次海外投资失败背后的深层原因。

不少人把双龙的这次破产归结为海外并购的悬殊文化差异。实际上，把这次破产的责任完全推卸给上汽的不作为和中、韩两国的悬殊文化差异，难免让人觉得有些避重就轻之嫌。

上汽正式入主双龙后，通过整顿长期散乱的生产秩序，建立起精益化生产体系，实行质量控制的"全面振兴计划"，当年就实现了主营业务盈利。2007 年，通过扩大海外市场销售、降低成本等措施，克服了韩国政府取消柴油车补贴的不利因素，进一步取得了整体扭亏为盈的业绩。这是双龙近十年以来的首次盈利，不能不说是上汽的改革措施取得了一定成效。此外，利用上汽的影响力，双龙先后有了 4 次包括获得巨额贷款和发行债券的成功融资。

随着全球性金融危机的突然爆发，首当其冲的除了那些曾赚得盆钵满盈的金融企业，其次便是汽车制造业，而以生产 SUV 为主的悍马、双龙更是损失惨重。据韩国汽车制造商组织的统计，2009 年 6 月，双龙汽车的销量为 90 辆；7 月只有 71 辆；双龙汽车上半年的全球销售量仅为 1.3 万辆，与年初制定的 5.5 万辆销售量无法匹配。仅在第一季度，双龙汽车的亏损就在 2 700 亿韩元，预计第二季度的亏损会远大于第一季度。

雪上加霜的是，年初双龙汽车的工人大规模罢工，双龙汽车少生产了至少 6 385 辆汽车，损失在 1 400 亿韩元以上。当然，将韩国过度紧张的劳资关系归结为上汽入主双龙汽车之后再度濒临破产边缘的直接原因，并不是为上汽开脱应有之责。

不容推卸的是，上汽在这场海外并购启动之前，没有充分考虑到这一海外投资的潜在政治经济风险。实际上，韩国劳资关系、外商投资环境对竞争力的影响排名均为 OECD 组织国家之末。但是，中国汽车制造商对企业收购整合的理解，似乎一直停留在买设备、买厂房、买技术的阶段，并没有认识到背后的被收购方经营环境和整合互补效率的重要性。

(资料来源：陈宇峰. 双龙破产留给中国海外并购的最大教训[J]. 上海证券报，2009-8-21.)

企业并购是高风险经营，财务分析应在关注其各种收益、成本的同时，更重视并购过程中的种种风险。

1. 营运风险

所谓营运风险，是指并购方在并购完成后，可能无法使整个企业集团产生经营协同效应，难以实现规模经济和经验共享互补。通过并购形成的新企业，因规模过于庞大而产生不经济现象，甚至整个企业集团的经营业绩都被并购进来的新企业所拖累。

2. 筹资风险

企业并购需要大量资金，所以企业并购决策会同时对企业资金规模和资本结构产生重大影响。与并购相关的筹资风险具体包括资金是否可以保证并购的需要、筹资方式是否适应并购动机、现金支付是否会影响企业正常的生产经营、偿债风险等。

3. 反并购风险

被并购企业在通常情况下对并购行为持不欢迎和不合作态度，尤其在面临敌意并购时，它们会不惜一切代价布置反并购措施，这些措施可能是各种各样的。这些反并购行为无疑会对并购方构成相当大的风险。

4. 法律风险

各国关于并购的法律法规，一般通过增加并购成本而提高其难度。如我国目前的收购规则，要求收购方持有一家上市公司 5%的股票后必须公告并暂停买卖，以后每递增 5%就要重复该过程，持有 30%的股份后即被要求发出全面收购要约。这套程序造成的收购成本之高，收购风险之大，收购程序之复杂，足以使收购者气馁，反收购则相对比较轻松。

(四)并购对每股收益及每股市价影响的分析

以支付企业股票的方式进行并购，实际上就相当于用并购方企业的股票来交换目标企业的股票。这时就涉及股票交换比率的问题，同时它还会对每股收益、每股市价等产生影响。因此，企业在评估并购方案的可行性时，应将其对并购后存续企业的影响列入考虑范围。

1. 每股收益变动分析

【例 10.3】A 公司计划以发行股票的方式收购 B 公司，并购时有关资料如表 10.4 所示。试分析并购对每股收益的影响。

表 10.4　A、B 两公司的基本资料

项　目	A 公司	B 公司
本年净利润/万元	1 500	360
普通股股数/万股	500	150

续表

项目	A公司	B公司
每股收益/(元/股)	3	2.4
市盈率	16	8.75
每股市价/元	48	21

解析：分别假设A公司以1∶1、1∶1.25和1∶2.5三种不同的股票交换率与B公司交换股票。

当按1∶1交换时，A公司需要发行新股150(150×1÷1)万股；当按1∶1.25交换时，A公司需发行新股120(150×1÷1.25)万股；当按1∶2.5交换时，A公司需要发行新股60(150×1÷2.5)万股。以上三种情况对每股收益的影响如表10.5所示。

表10.5 并购的影响

项目	并购前	按1∶1交换	按1∶1.25交换	按1∶2.5交换
本年净利润/万元	1 500	1 860	1 860	1 860
股票发行总量/万股	500	650	620	560
每股收益/(元/股)	3	2.86	3	3.32

从表10.5中可以看出，当按1∶1的比例交换时，A公司每股收益比并购前每股收益减少了0.14元；当按1∶1.25的比例交换时，A公司每股收益保持不变；当按1∶2.5的比例交换时，A公司每股收益比并购前每股利益增加了0.32元。

2. 对每股市价的影响分析

在并购过程中，每股市价的交换比率是谈判的重点。公开上市的股票，其价格反映了众多投资者对该企业的内在价值的判断。因此，股价可反映该企业的获利能力、股利、企业风险、资本结构、资产价值以及其他与企业价值有关的因素。股票市价的交换比率为

$$股票市价交换比率=\frac{并购企业每股市价×股票交换率}{目标企业每股市价}$$

当该指标小于1时，表示交换价格低于目标企业股票的市价；当该指标等于1时，表示交换价格等于目标企业股票的市价；当该指标大于1时，表示交换价格高于目标企业股票的市价。

【例10.4】依例10.3的资料，将有关资料代入股票市价交换比率公式，试计算股票市价交换比例。

解析：

(1) 当股票交换率为1∶1时。

股票市价交换比率=48×1÷1÷21≈2.29(倍)。

(2) 当股票交换率为1∶1.25时。

股票市价交换比率=48×1÷1.25÷21≈1.83(倍)。

(3) 当股票交换率为1∶2.5时。

股票市价交换比率=48×1÷2.5÷21≈0.91(倍)。

计算结果表明，当按1∶1交换股票时，交换价格相当于B公司股票市价的2.29倍；当

按 1：1.25 交换股票时，交换价格相当于 B 公司股票价格的 1.83 倍；当按 1：2.5 交换股票时，交换价格相当于 B 公司股票价格的 0.91 倍。

这一比率若大于 1，表示并购对目标企业有利，企业因被并购而获利；若该比率小于 1，则表示目标企业因被并购而遭受损失；若该比率等于 1，在不考虑其他因素的情况下，表明两个企业并未从并购中获得收益。但事实上从并购行为本身来说，其目的就是获取并购协同效应，即提高并购后公司预期每股收益，这样并购双方都能从中获取收益。由于影响并购后公司预期每股收益的因素比较多，这里不再赘述。

五、反并购的策略

面对并购公司咄咄逼人的并购气势，目标公司可以采用以下一些反并购策略。

1. 制订"毒药丸"计划

这一计划的主要内容是，目标公司事先设计、发行一种认股权证，并将其以股利的形式"分配"给股东。如果并购公司持有目标公司股票的数目达到一定的量，目标公司股东则行使股票认购权，从而减少并购公司对目标公司的持股比例，限制其控股意图。

"毒药丸"计划由美国并购和反并购专家马丁·利普顿(Martin Lipton)于 1983 年发明。由于它对并购公司犹如一粒"毒药丸"，故称作"毒药丸"计划。

2. 修改公司章程

例如，在得到股东大力支持的情况下，目标公司可将公司章程中的董事会全选条款改写成轮选条款，以此防止并购公司以较快的速度进入目标公司的董事会。又如，如果目标公司将公司章程中的控股比例修改得高一点，并购公司控制目标公司的难度就会加大。

3. 利用"金色降落伞"和"灰色降落伞"方案

前者是为目标公司管理层特别设计的保护性方案；后者是为目标公司员工特别设计的补偿性方案。设计这些方案的目的就是要抬高并购公司的并购成本，阻止并购公司对目标公司的随意并购。例如，美国克朗·塞勒巴克公司曾用"金色降落伞"方案使 16 名高管领取了 3 年的额外工资和全部的退休保证金，并因此使并购遇到阻力。

4. 利用"白衣骑士"方案

"白衣骑士"方案，是指通过与目标公司相好的"白衣骑士"公司，人为地抬高并购价格，以此为并购设置价格障碍。

5. 制订"人员毒药丸"计划

这个计划是指目标公司与公司高管人员签署一项协议：如果公司被不公正并购，并购后，公司高管人员将集体辞职，以此为并购设置障碍。"人员毒药丸"计划由美国波顿公司于 1989 年首创，之后，成为许多公司的反并购策略。

6. "焦土战术"

这是公司在遇到收购袭击而无力反击时，所采取的一种两败俱伤的做法。例如，将公司中引起收购者兴趣的资产出售，使收购者的意图难以实现；或是增加大量与经营无关的资产，大大提高公司的负债率，使收购者望而却步。

7. 利用相关法律

例如，美国太阳化学公司曾向哈萧化学公司提出并购要约。但哈萧化学公司以太阳化学公司违反反托拉斯法为由，对其提起法律诉讼，并最终获得反并购成功。

第三节 公司重组与清算

【案例链接】

关于通用电气大重组你需要了解的三件事

2015年4月，通用电气宣布，将出售旗下通用资本大部分业务，转型为一家"更简单、更有价值的公司"，专注于核心的工业领域。

此决策对通用电气有里程碑式的意义。这家企业从电气设备、电灯和家电制造起家，经过一系列战略收购、创新和重组，成为全球性的多元化企业。

当你在密切关注通用电气大规模重组的新闻时，牢记以下三点可以让你厘清头脑。

(1) 投资者不喜欢综合性大企业。这是通用电气此举的基本原理，也是一个很好的理由。多元化经营的主要优势之一应该是分散风险，可几十年前很多公司就发现，投资者不喜欢这种模式。比起投资一家旗下业务众多的综合性大企业，投资者更愿意自己在各行业配置多元化投资组合，这就是众所周知的"集团化折价"(conglomerate discount)。通用电气首席执行官杰夫•伊梅尔特(Jeffrey Immelt)多年来一直努力"去集团化"，具体举措包括出售美国国家广播电视公司NBC、剥离塑料业务、退出家电市场等。随着通用资本的出售，它迈出了漫长的"去集团化"计划中最大的一步，也是最引人注目的一步。剥离通用资本的消息一公布，通用电气的股价应声而涨。

(2) 企业的成功最终要看剔除成本后取得多少资本回报——这是显而易见的事实，却很少有人注意到。非常重要却被忽视的一点是，伊梅尔特自上任以来，通用电气的资本规模大幅扩张。金融危机期间，该公司失去了宝贵的AAA信用评级，融资成本随之增加，这不是好事。剥离大部分通用资本的业务后，伊梅尔特也成功地削减了大量资本。但只有当通用电气其他资本密集型业务获得高回报时，才能确信此举对公司有利。此外，出售通用资本后有个重要的负面影响，即通用电气的融资成本将进一步提高，因为信用评级机构穆迪已经因此下调其债务评级。

(3) 股票回购有利也有弊。宣布重组的同时，通用电气还公布了股票回购计划，金额高达500亿美元，听起来像是投资者喜闻乐见的消息。但不要忘了，企业回购股票和散户投资股票一样，只有在合适的价格购入才是划算的交易。过去，通用电气曾在交易价远超当前价位时回购股票，金融危机期间又不得不以极低的价格抛售。高买低卖当然无法让企业蓬勃发展。希望这次回购不会重蹈覆辙，但结局究竟怎样谁也不知道。

(资料来源：网易财经.关于通用电气大重组你需要了解的三件事.
http://money.163.com/15/0415/07/AN7Q4VMG00253IOM.html.2016-04-21.)

一、公司重组

公司重组(corporate reorganization)，又称财务重整，是指公司因财务困难而被迫停业时，不实施破产清算，而是将资产、债务重新加以整合，以期恢复正常的生产经营。公司重整按是否通过法律程序分为非正式财务重整和正式财务重整。

(一)非正式财务重整

所谓非正式财务重整，是指不通过正式法律程序，由公司的债权人和债务人自行达成的谅解或协议。事实上，当债务人只是面临暂时性的财务危机时，债权人通常更愿意直接同债务人联系，帮助其渡过难关，以避免因正式进入法律程序而发生的庞大费用和冗长的诉讼时间。

非正式财务重整通常采用债务展期和债务和解的方式。

债务展期，即推迟到期债务付款的期限。债务和解是指债权人同意减少债务人的债务，包括同意减少应偿还的本金数额，或同意降息，或同意将债权转化为股权，或将上述选择混合使用。

债务展期与债务和解作为挽救企业经营失败的两种方法，都能使企业继续经营并避免支付法律费用。虽然由此可能给债权人带来一些损失，但是，一旦债务人从困境中走出来，债权人不仅能如数收取账款，进而还能给企业带来长远效益。因此，债务展期与债务和解的方法在实际工作中被普遍采用。

(二)正式财务重整

正式财务重整，是指在法院受理债权人申请破产案件的一定时期内，经债务人及其委托人申请，与债权人会议达成和解协议，以利于企业进行整顿、重组的一种制度。在正式财务重整中，因涉及许多正式的法律程序，法院起着重要的作用，特别是要对协议中公司重整计划的公正性和可行性作出判断。

按照规定，在法院批准重整之后不久，应成立债权人会议，所有债权人均为债权人会议成员。其主要职责是：审查有关债权的证明材料，确认债权有无财产担保，讨论通过改组计划，保护债权人的利益，确保债务企业的财产不至流失。债务人的法定代表人必须列席债权人会议，回答债权人的询问等。

正式财务重整的程序如下。

1. 向法院提出重整申请

基于企业处于财务困境或濒临破产边缘，企业的董事会或主管机关应依照法定程序向企业所在地人民法院提出整顿申请。

2. 法院受理重整申请

法院接到企业财务重整申请后，在裁定之前为了防止债务人转移财产和其他影响债权人利益的行为，可以冻结相关财产，限制公司的某些不正当行为，然后法院应当选派法官或委任无利害关系的人员对申请重整的公司进行调查。调查内容包括企业有无整顿必要、企业财务状况、负债情况、经营情况等。经过周密调查之后，如果符合重整的条件，可以裁定企业进入财务重整，正式启动相应程序。

3. 制订并执行企业重整计划

重整的一般程序是由公司重整人制订重整计划，提交重整关系人会议审查并报法院认可后实施。重整计划主要包括以下几方面内容：①变更全部或者部分股东或债权人的权利、债务清偿的方法、期限和履行的担保及作出清偿的条件；②变更经营范围和方法，改进公司生产、营销等各项工作；③变更资本结构，重新选择资金来源；④处置财产，对资产进行估价；⑤修改公司章程，进行改组；⑥裁减、调整员工；⑦具体执行重整计划。

4. 经法院认定宣告重整的完成

重整的完成是指重整债务公司按照重整计划的要求，完成了预期的目标，实现了公司的恢复。重整完成后，重整人应及时报请法院裁定重整程序结束。改组后的股东会、董事会和监事会开始行使权利，领导公司，开展公司业务。

法院裁定重整程序完成将产生下列法律效果：

(1) 重整债权移交给重整后的公司，由公司按照减免后重新确定的债权数额进行清偿，已经免除的部分丧失请求权，但债务人自愿清偿的，不受限制。

(2) 股东权经重整协议予以变更或减除的部分，也随之消失，未申报的无记名股东权也随之消失。

(3) 因重整设立的各类机构的任务已经终结，应予以撤销。重整人的职务也应随重整完成而予以解除。

二、公司清算

公司清算是指在公司终止过程中，为保护债权人、所有者等利益相关者的合法权益，依法对公司财产、债权债务进行全面清查，处理企业未了事宜，收取债权、变卖财产、偿还债务、分配剩余财产、终止其经营活动等一系列工作的总称。

公司清算按其原因可分为解散清算和破产清算；按是否自行组织可分为普通清算和特别清算；按公司是否自愿分为自愿清算和非自愿清算。此处主要介绍破产清算。

(一)公司破产清算的程序

根据我国有关法律的规定，企业破产清算一般按以下程序进行。

1. 提出破产申请

破产申请是指债务人或债权人向人民法院提出的关于宣告债务人破产的请求。破产申请应向债务人所在地人民法院提出。

根据规定，申请人向法院提出破产申请时，须提供以下资料：①书面申请；②会计师事务所审计后出具的审计报告；③上级主管部门同意公司破产的文件；④公司的会计报表、对外投资情况、银行账户情况、各项财产明细表；⑤债权人名单、地址及破产公司欠款金额；⑥法院需要的其他相关材料。

2. 法院受理

人民法院收到当事人提出的破产申请后,应当依法审查,并在 7 日内决定是否立案受理。人民法院审查后认为破产申请符合法律规定的,应当受理案件;认为不符合法律规定的,应裁定驳回。申请人不服人民法院不予受理破产申请裁定的,可以向上一级人民法院提起上诉。

3. 债权申报

债权人在规定时间内向法院申报债权数额和债权担保情况,并提交有关证据。如果债权人逾期未申报债权,则视为放弃债权。

4. 宣告破产

宣告破产是指法院依法审定和宣布债务人破产的诉讼活动。法院经审查,认为债务人已具备了宣告破产条件时,才能依法宣告其破产。

5. 成立清算组

人民法院自宣告债务人企业破产之日起 15 日内成立清算组。清算组成员由人民法院从破产企业上级主管部门、清算中介机构及会计师、律师中产生,也可以从政府相关部门中指定。

清算组负责破产财产的保管、清理、估价、处理和分配,具体包括:①接管破产企业;②清理破产企业财产,编制财产明细表和资产负债表,编制债权债务清册;③回收破产企业的财产,向破产企业的债务人和财产持有人依法行使财产权利;④管理、处分破产财产,决定是否履行破产企业未履行合同,在清算范围内进行经营活动;⑤进行破产财产的委托评估、拍卖及其变现工作;⑥依法提出并执行破产财产处理和分配方案;⑦提交清算报告;⑧代表破产企业参加诉讼和仲裁活动;⑨办理企业注销登记等破产终结事宜。

6. 清理财产

清算小组在清理、处置破产公司财产并验证相关债权人后,即拟定财产分配方案。如果财产分配方案得到债权人同意,并经法院裁定,即可实施。

7. 核准裁定

财产分配完毕后,清算小组向法院报告清算情况,并提请核准裁定。

8. 办理企业注销登记

清算小组接到法院核准裁定后,办理破产公司的注销手续。

(二)公司破产清算的实施

1. 破产财产的界定与变卖

破产财产是指破产人所有财产中可供分配给破产债权人的财产。根据我国《破产法》的规定,破产财产的范围包括以下几方面。

(1) 宣告破产时,破产企业经营管理的全部财产。

(2) 破产企业在破产宣告后至破产程序终结前所取得的财产。
(3) 清算组通过行使撤销权所追回的、本属于破产企业而被非法处理的财产。
(4) 抵押物或者其他担保物价值超过其担保债务金额的部分。
(5) 债务人的开办人注册资本投入不足的，应当由该开办人予以补足。
(6) 债务人依法取得代位求偿权的，该代位求偿权享有的债权。
(7) 应当由破产企业行使的其他财产权利等。

2. 破产债权的范围

根据相关破产法规规定，破产债权的范围包括以下几方面。
(1) 破产宣告前发生的无财产担保债权。
(2) 破产宣告前发生的债权人放弃优先受偿权利的有财产担保的债权。
(3) 破产宣告前发生的有财产担保的债权，数额超过担保物价款未受优先清偿部分的债权。
(4) 票据出票人被宣告破产，付款人或者承兑人不知其事实而向持票人付款或者承兑所产生的债权。
(5) 清算组解除破产企业未履行合同，对方当事人依法或者依照合同约定产生的对债务人可以用货币计算的损失赔偿债权。
(6) 债务人的受托人在债务人破产后，为债务人利益处理委托事务所发生的债权。
(7) 债务人发行债券形成的债权。
(8) 债务人的保证人代替债务人清偿债务后依法可以向债务人追偿的债权。
(9) 债务人的保证人预先行使追偿权而申报的债权。
(10) 以债务人为保证人的，在破产宣告前已经被生效的法律文书确定承担的保证责任。
(11) 债务人在破产宣告前因侵权、违约给他人造成财产损失而产生的赔偿责任。

3. 破产财产的处置与分配

1) 破产财产的处置

破产企业的财产全部清理核实之后，在处理破产财产前，可以确定由具有相应评估资质的评估机构对破产财产进行评估，评估的结果应得到债权人会议、清算组的认可。对破产财产的评估结论、评估费有异议的，按相关法规的要求，可申请重新鉴定。

破产财产的变现应当以拍卖的方式进行。由清算组负责委托有拍卖资格的拍卖机构进行拍卖。为了充分发挥破产财产的使用价值，减少社会财富的损失，破产财产中的成套设备一般应当整体出售，不能整体出售的，也可以分散出售。依法属于限制流通的破产财产，应由国家指定的部门收购或者按照有关法律规定处理。

2) 破产财产的分配

清算组应当根据对破产企业的清算结果制作破产财产明细表、资产负债表，并提出破产财产分配方案。破产财产的分配，以货币分配为原则，也可以采用实物方式，或者兼用两种方式。以实物分配时，其作价应当合理，应以最后一次拍卖底价为基本依据。

破产财产的分配，应优先支付破产费用。破产费用包括：①破产管理、变卖和分配所需费用；②破产案件的诉讼费用；③为债权人的共同利益在破产程序中支付的其他费用，如债权人会议费、催收债务所需费用等。

破产费用支付后,破产财产应按以下顺序清偿:①破产企业所欠职工工资和劳动保险费等;②破产企业所欠税款;③破产债权。在前一顺序的债权得到全额偿还之前,后一顺序的债权不予分配。破产财产不足以清偿同一顺序的清偿要求时,按照同一比例向债权人清偿。试计算银行贷款应分配的财产债余金额。

【例10.5】南方公司申请破产,破产前经审计后的资产负债表简表如表10.6所示。试计算银行贷款应分配的财产结余金额。

表10.6 南方公司资产负债表简表

单位:万元

资　　产	金　　额	负债及所有者权益	金　　额
流动资产	9 500	应付账款	8 100
固定资产——厂房	15 500	应付职工薪酬	2 000
固定资产——设备	10 500	应交税费	4 000
无形资产	4 800	银行贷款	8 200
		抵押债权	8 700
		所有者权益	9 300
合　　计	40 300	合　　计	40 300

解析:

表10.6中的银行贷款是信用贷款,而抵押债权以公司厂房为抵押。公司进入清算程序后,资产变卖收入如下:流动资产5 500万元,厂房8 000万元,设备9 000万元,无形资产不能变现,合计变现22 500万元。清算期间发生清算费用2 100万元。

该公司破产财产价值=22 500-8 000=14 500(万元)

扣除清算费用后的清算财产结余=14 500-2 100=12 400(万元)

扣除应付职工薪酬、应交税费的财产结余=12 400-2 000-4 000=6 400(万元)

一般债权的求偿总额=8 100+8 200+(8 700-8 000)=17 000(万元)

结余收入的分配比率=6 400÷17 000≈37.65%

银行贷款应分配的财产结余金额=8 200×37.65%=3 087.3(万元)

本 章 小 结

1. 资本运营,是指资本所有者或代理人以价值形态为特征,以产权交易为基础,以资本实力为纽带,以资本增值为目标的资本运作。资本运营的形式包括兼并和收购、资产重组和清算、上市运营、配股增资运营、分拆套现运营、股票回购和出售运营、股份制运营等。

2. 兼并通常是指一个企业采取各种形式有偿接受其他企业产权,使其他企业丧失法人资格或者改变法人实体,并取得对这些企业决策控制权的经济行为。收购是指企业用现金、债券或股票购买另一家企业的部分或全部资产或股权,以获得该企业的控制权。企业兼并和收购,本质上都是企业产权的有偿转让,即企业的所有权或产权按照市场规则实现让渡和转移,其产生的动因及在经济运行中产生的作用基本上是一致的。因此,通常将兼并和收购统称为并购或者购并。

3. 企业并购的动因主要包括以下几方面：协同效应、扩大市场份额、多元化经营分散风险、管理层利益驱动。企业并购需要进行财务分析、风险分析以及并购对每股收益及每股市价影响的分析。面对并购公司咄咄逼人的并购气势，目标公司可以采用一些反并购策略。

4. 公司重组又称财务重整，是指公司因财务困难而被迫停业时，不实施破产清算，而是将资产、债务重新加以整合，以期恢复正常的生产经营。公司重整按是否通过法律程序分为非正式财务重整和正式财务重整。公司清算是在公司终止过程中，为保护债权人、所有者等利益相关者的合法权益，依法对公司财产、债权债务进行全面清查，处理企业未了事宜，收取债权、变卖财产、偿还债务、分配剩余财产、终止其经营活动等一系列工作的总称。

思 政 课 堂

中国对"一带一路"沿线跨境并购历程及发展前景

中国对外直接投资的主要模式包括绿地投资、跨国并购、股权或非股权参与等。近年来跨境并购已成为中国对外直接投资的重要方式，2016 年后中国对外直接投资监管加强，但在"一带一路"倡议深化合作的大背景下，中国对"一带一路"沿线跨境并购逆势增长，并在区域与行业覆盖上呈现明显的多元化特征。2020 年新冠疫情危机对全球经济和供应链安全产生了巨大冲击，受此影响，短期内中国对"一带一路"沿线并购投资将有所放缓。长期看，"一带一路"沿线国家外向型发展路径在"一带一路"倡议下与中国经济联系日益密切，有望成为中国企业跨境并购投资的主要动力。

对比中国企业跨境并购发展历程，中国对"一带一路"沿线国家跨境并购呈现出几大特征。

(1) "一带一路"沿线跨境并购以东南亚、南亚等周边区域重点国家为主，2008 年后投资区域呈现更加多元化态势；

(2) "一带一路"沿线跨境并购行业呈现多元化发展趋势，并基本贴合区域产业结构特征；

(3) 中国对"一带一路"沿线跨境并购与"一带一路"倡议合作深化形成积极配合。

对中国而言，中国国内资源禀赋优势并不突出，劳动力成本优势下降，这使中国与"一带一路"沿线国家优势互补仍较为明显，因此在"加快形成以国内大循环为主体、国内国际双循环相互促进的新发展格局"过程中，以国内需求为中心推进区域产业链和供应链布局，有望成为中国企业在"一带一路"沿线并购投资的长期发展动力。

(资料来源：东方金诚评级.中国对"一带一路"沿线跨境并购历程及发展前景.
https://cj.sina.com.cn/articles/view/5867571692/15dbc09ec01900qp3p.2020-09-09.)

思考题：越来越多的国有企业通过国际化经营，在全球范围内配置资源，提升国际竞争力，其中海外并购成为企业"走出去"的重要途径。在"一带一路"倡议的背景下，更多的中国企业走向了国际舞台。请查找资料介绍一下什么是跨境并购，其主要特点是什么，"一带一路"倡议会对跨境并购带来什么影响。

复习与思考题

1. 资本运营的形式有哪些?
2. 并购的动因是什么?
3. 如何进行并购中的财务分析?
4. 试分析顺丰控股的借壳上市过程。
5. 反并购策略主要有哪些?
6. 正式财务重整与非正式财务重整的区别及各自的优缺点是什么?
7. 破产清算的基本步骤是什么?
8. 破产财产的处置与分配步骤是什么?

计算题

1. A公司发行股票收购B公司,并购时双方的财务资料如表10.7所示。

表10.7 A、B两公司的基本资料

项目	A公司	B公司
净利润/万元	800	600
普通股股数/万股	400	200
每股市价/元	20	15
每股收益/(元/股)	2	3
市盈率	10	5

若B公司同意以每股16元的价格由A公司股票与其股票交换,试计算并购后A公司的每股收益以及这次合并的股票市价交换率。

2. A公司拟收购B公司,收购拟采用增发普通股的方式,相关资料如表10.8所示。

表10.8 A、B两公司的基本资料

项目	A公司	B公司
净利润/万元	2 000	500
普通股股数/万股	1 000	400
市盈率	12	8

A公司计划支付给B公司高于其市价20%的溢价。试计算:
(1) 股票交换率为多少?需增发多少股票?
(2) 收购后新的A公司每股收益为多少?
(3) 收购后新的A公司市盈率假定为16,则其每股市价为多少?

3. A公司的市场价值为5亿元,拟收购B公司,B公司的市场价值为1亿元。A公司估计合并后新公司价值达到7亿元。B公司股东要求以1.5亿元的价格成交。并购交易费用为0.2亿元。计算并购收益、并购完成成本、并购溢价、并购净收益。

4. 某企业被法院宣告破产后，经清算小组整理，各类财产的变现价值如下。

货币资产　　　　15 000 元
应收账款　　　　 5 000 元
存货　　　　　　82 000 元
固定资产　　　　87 000 元
其中：房屋 46 000 元(担保财产 40 000 元)，设备 41 000 元。
需由破产财产支付的款项如下。
应付未付的职工薪酬　　　68 000 元
应缴未缴的税费　　　　　36 000 元
破产费用　　　　　　　　15 000 元
破产债权　　　　　　　 125 000 元
要求：计算破产债权的清偿比例。

案 例 分 析

1. 2016 年 6 月 21 日，腾讯发布公告称，经与芬兰手游开发商 Supercell 协商后，收购 Supercell 84.3%的股权，该交易金额预计为 86 亿美元。

腾讯公告显示，本次投资由腾讯参与的买方财团组成，腾讯公司目前预计将通过金融工具(某些金融工具附带赎回权)保持在财团的 50%的投票权益。

此次交易的具体支付方式为，收购价中大约 41 亿美元(减去受递延认沽期权规限的 Supercell 待售证券的金额)将由买方在交割时向卖方支付。收购价中大约 2 亿美元将在交割三年后支付给卖方。买方将于延迟收购价发布日时将收购价中余下的大约 43 亿美元支付给卖方(须根据在交割前估计的现金结余净额与根据股份收购协议确定的交割时的现金结余净额的差额作出调整)。

买方应支付的收购价预计将由买方出资，并由腾讯通过财团投资约 30 亿~40 亿美元，收购价的余额预计由潜在共同投资者对财团的投资及买方的银行借款支付。最终融资组合须按照财团内的要求及与融资渠道协商而调整。

请回答如下问题：按照企业并购的三种分类方式，试分析上述并购分别属于哪类并购。

(资料来源：21 世纪经济报道. 腾讯斥资 86 亿美元收购芬兰手游开发商 Supercell 股权. http://finance.sina.com.cn/roll/2016-06-21/doc-ifxtfmrp2493725.shtml.2016-06-21.)

2. 在 2015 年中国啤酒业年度峰会上，由中国酒业协会啤酒分会发布的年度工作报告显示，2014 年可以说是近年来并购行为最少的一年，被并购资源稀缺是理所当然的缘由。但作为并购主体的嘉士伯也好，华润雪花也好，纷纷表示，并购后的整合效果非一日之功，不同企业合并后带来的阵痛包括业绩、产能消化、人员变动、文化融合等，一般会长达 3 年之久。

2014 年，搅动啤酒业并购潮的是三家大腕：百威英博、青岛啤酒和嘉士伯。百威英博收购了吉林省四平金士百集团和江苏省大富豪啤酒有限公司这两个被行业认为是年内规模最大、并购金额最高的啤酒企业，此外，青岛啤酒收购山东华狮集团旗下的绿兰莎品牌，

第十章　资本运营

嘉士伯成功收购重啤集团东部资产,成为年内仅有的四起并购行为。

事实上,早在2012年,我国啤酒行业没有完成一起成功的并购案,已经说明在长达10年的跑马圈地后,啤酒业依靠兼并、收购的快速扩张方式从今以后将退居次席。

2012年发生的两起收购(或增持)案年内均未完成:华润雪花53.8亿元收购金威啤酒,嘉士伯29亿元要约增持重啤股份。可以看出,收购价格水涨船高,优质资产所剩无几,各大集团趋之若鹜。但由于随着可供收购对象的日益减少,2012年没有一桩成功并购,这在近十年间是很少见的。

2013年,已完成的行业收购案为华润雪花以53.84亿元成功收购金威啤酒;百威英博收购亚洲啤酒在华四家啤酒公司;嘉士伯要约收购重庆啤酒30.29%股份后,成为绝对控股股东。和兼并、收购作为啤酒行业大型集团快速扩张的主要手段减少相比,2013年,大型啤酒集团新建和改扩建也明显减速。

请查找资料介绍一下中国啤酒市场的重大并购事件。为何啤酒生产业十几年来并购不断,近期却数量有所减少?

(资料来源:中国酒业并购圈.2014年是啤酒业近年来并购最少的一年. http://dongying.dzwww.com/jiu/jdxw/201505/t20150506_12337997.htm.2015-05-06.)

3. 毫无疑问,中国最不缺钱的互联网巨头就是阿里和腾讯。在巨大的规模体量之下,两巨头都需要寻找外延扩张的途径,它们组建了庞大的投资团队,准备在适当的时候扩大并表范围。

在外界看来,阿里和腾讯在资本运作方面的差异非常明显:阿里喜欢全面并购,腾讯喜欢战略投资和联营。阿里经常会作出几百亿级别的并购。比如,耗资349亿元人民币收购饿了么,将饿了么与口碑网合并,对菜鸟网络实现全面并表,收购土耳其第一大电商平台……饿了么、口碑网、菜鸟都是从阿里的联营公司转为并表子公司。此外,阿里还追加了对早已并表的东南亚电商公司Lazada的投资。然而,在偶尔并购之余,腾讯在联营/合营方面就占据绝对优势了:电商方面的京东、拼多多、唯品会,O2O方面的美团点评、58同城、猫眼娱乐,游戏和电竞方面的虎牙、金山软件、Epic、Netmarble,海外电商方面的Flipkart、Sea Ltd、Go-Jek,与互联网行业距离遥远的万达商业、中金公司、华南城……通过联营,腾讯将影响力伸向多个战略方向。

请查找资料分析一下:为什么腾讯喜欢联营,阿里喜欢并购?两者的区别在哪里?

(资料来源:资鲸网.为什么阿里喜欢全面并购,腾讯喜欢战略投资? http://www.capwhale.com/newsfile/details/20200323/6a8db36aebef4d5a9b7142d3ae21fee4.shtml.2023-04-03.)

4. 去年一整年,大众全球销量突破千万辆,市场占有率达到了惊人的12.2%!其之所以能够反超丰田稳坐头把交椅,也和频繁并购密不可分,据统计,大众旗下共有12个子品牌,除了大家熟知的斯柯达和奥迪,还有保时捷、宾利、兰博基尼和布加迪,其中,保时捷作为举世闻名的性能车,堪称很多年轻人心中的梦想座驾。

大众主打主流家用车,定位高端的保时捷是怎么委身下嫁的呢?事情还得追溯到十几年前。那时候,保时捷疯狂增持大众股票,并成为集团最大的股东。后来,部分管理层信心膨胀,试图"蛇吞象",将大众招致麾下,由于赶上了2008年的经济危机,导致销量大跌，负债累累，最终不仅没能实现收购大众的梦想，反而被大众"反收购"，成为旗下的子品牌。

大众和保时捷联姻算是"落叶归根"，因为这两个品牌的创始人都是波尔舍，此外，合并也能更好地应对全球竞争。据了解，大众收购保时捷共分为两个阶段：2009年，大众耗资39亿欧元得到保时捷49.9%的股份；2012年，大众增持44.6亿欧元购入余下的50.1%股份，两次共花费83.6亿欧元，至此完成了对保时捷的全面收购。83.6亿欧元的价格按照当时的汇率，相当于约110亿美元，也算是一笔非常高昂的投资了。事实证明，斥巨资购入保时捷是极富远见的，该品牌不仅提升了大众的品牌形象，而且还成为一颗摇钱树。据悉，从2009年亏损44亿欧元，到2019年盈利37亿欧元，在大众集团的治理下，保时捷经历短暂低谷后迅速爆发，成为回报率最高的汽车品牌之一！

请回答如下问题。

(1) 什么是协同效应？一般如何计算？

(2) 大众收购保时捷对两家公司有什么好处？谁是最大的受益者？

(资料来源：萌熊汽车.2012年大众110亿收购保时捷，如今价值几何？https://baijiahao.baidu.com/s?id=1671251604950905528&wfr=spider&for=pc.2020-07-04.)

5. 美国当地时间2015年11月16日早晨，万豪国际酒店集团宣布以122亿美元现金加股票收购喜达屋酒店与度假酒店国际集团(以下简称"喜达屋")。据美国酒店权威杂志 HOTELS 公布的2014年度"全球酒店集团325强"排名，希尔顿全球排名第一，房间总数超过71.5062万间，酒店总数为4322家；万豪国际原本排名第二，房间总数为71.4765万间，酒店总数为4175家。收购完成之后，万豪将在全球拥有5500处产业，总计约110万间房间，相当于增加了50%的酒店房间，这项交易将缔造全球最大酒店业公司。

腾讯财经从喜达屋大中华区确认了消息的真实性。两家公司表示，预计将在2016年年中完成交易。万豪国际CEO埃尼·索伦森(Arne Sorenson)在公司推特上表示，收购喜达屋将创造一个独特的酒店业品牌，合并后的企业将拥有一个多样化且专业的团队。埃尼说："在万豪88年的历史上，这是最大的一笔收购。首先，我们可以为两家公司的股东都创造价值。第二，我们相信，扩大规模将让我们保持在迅速变化的市场中有竞争优势。"

根据外媒报道，每股喜达屋公司普通股将置换0.92股万豪A级普通股和2美元现金。喜达屋将拥有合并之后公司37%的股份。交易消息公布后，美股盘前万豪国际期指上涨1.04%，喜达屋小跌0.92%。

CNBC评论说，万豪拿下这项交易十分聪明。此前外界传言有中国买家对喜达屋有意，业界当时对交易价格有更高的期许。但是现在万豪国际以一个较低的价格将喜达屋拿下。

请查找资料分析一下此次并购。

(资料来源：腾讯财经.万豪嫌弃喜达屋处于困境缘何还"出尔反尔"收购？http://yn.winshang.com/news-546785.html.2015-11-18.)

参考文献

[1] 中国注册会计师协会. 财务成本管理[M]. 北京：中国财政经济出版社，2021.
[2] 财政部会计资格评价中心. 财务管理[M]. 北京：经济科学出版社，2022.
[3] 段九利. 财务管理(非会计专业)[M]. 北京：清华大学出版社，2007.
[4] 谷祺，刘淑莲. 财务管理[M]. 大连：东北财经大学出版社，2007.
[5] 郭复初，王庆成. 财务管理学[M]. 5版. 北京：高等教育出版社，2019.
[6] 荆新，王化成，刘俊彦. 财务管理学[M]. 8版. 北京：中国人民大学出版社，2018.
[7] 周炜，宋晓满. 财务管理案例分析[M]. 上海：立信会计出版社，2020.
[8] 陆正飞. 财务管理[M]. 3版. 大连：东北财经大学出版社，2010.
[9] 李雪莲. 公司财务学[M]. 北京：科学出版社，2007.
[10] 刘淑莲，牛彦秀. 企业财务管理[M]. 大连：东北财经大学出版社，2007.
[11] 资中筠. 财富的归宿[M]. 上海：上海人民出版社，2006.
[12] 刘姝威. 上市公司虚假会计报表识别技术[M]. 北京：经济科学出版社，2003.
[13] 刘玉梅. 财务分析习题与实训[M]. 大连：大连出版社，2010.
[14] 陈玉菁，宋良荣. 财务管理[M]. 北京：清华大学出版社，2011.
[15] 杜玉梅. 成功企业如何做好财务管理[M]. 北京：企业管理出版社，2001.
[16] 杰斯汀·隆内克，等. 开发商业计划[M]. 郭武文，等，译. 北京：华夏出版社，2002.
[17] 林军. 沸腾十五年[M]. 北京：中信出版社，2009.
[18] 李明伟，等. 财务管理学[M]. 北京：经济科学出版社，2009.
[19] 刘建位. 巴菲特股票投资策略[M]. 北京：机械工业出版社，2005.
[20] 博格. 长赢投资：打败股票市场指数的简单方法[M]. 刘寅龙，译. 北京：中信出版社，2008.
[21] 朱清贞，颜晓燕，肖小玮. 财务管理案例教程[M]. 北京：清华大学出版社，2006.
[22] 刘方乐，等. 财务管理理论与实务[M]. 北京：清华大学出版社，2009.
[23] 王辛平. 财务管理学[M]. 北京：清华大学出版社，2007.
[24] 中华人民共和国财政部. 企业会计准则2021年版[M]. 上海：立信会计出版社，2021.
[25] 杨金峰. 企业财务通则实务问题释疑[M]. 北京：经济管理出版社，2009.
[26] 法律出版社法规中心. 最新公司法及司法解释汇编(2021)[M]. 北京：法律出版社，2021.
[27] 法律出版社法规中心. 中华人民共和国证券法(注释法)[M]. 北京：法律出版社，2022.
[28] 吴晓求. 证券投资学[M]. 5版. 北京：中国人民大学出版社，2020.